Das große Album der
KINO STARS

Peter W. Engelmeier

Das große Album der KINO STARS

Internationale Stars auf über 1000 Fotos

Koordination: Swantje Thomae (Gesamtleitung),
Annette Württemberger
Fotoredakton: Regine Engelmeier
Texte: Sabine Pichlau, Angelika Berg,
Caroline Colsmann, Birgit Amon, Ingo
Dittmar, Imme Schröder, Thomas Wessel,
Jochen Müssig, Hans W. Fink, Wolfgang
Heller, Beate Fischer, Annette Württember-
ger, Swantje Thomae
Layout: Antje Reincke
Das Bildmaterial stammt ausschließlich
aus der Filmhistorischen Sammlung
Peter W. Engelmeier, Scheinerstr. 9,
8000 München 80

Lektorat/Redaktion: Karin Wienecke
Einbandgestaltung: Peter Engel, München
Gesamtherstellung: Appl, Wemding
Printed in Germany

ISBN 3-89350-318-8

Hallo, Jean Harlow

„Schöne Fotos öffnen magisch einen Blick in die Tiefen des Kosmos Kino. Sie schaffen Lusterlebnisse eigener Art – manchmal mehr als der Film selbst es tut, dem sie entstammen . . ."
KATHARINE HEPBURN

Die Beschäftigung mit dem Foto führt zu zweierlei: Erstens will man immer mehr Bilder besitzen. Zweitens steigert man den Anspruch. Eine mißliche Sache. Denn wer hat schon die Möglichkeit, sich mit so vielen kostbaren Originalfotos zu umgeben, daß die Sammlerleidenschaft befriedigt wird (was nie wirklich der Fall ist)? Und wer leistet sich den Luxus, immer noch bessere Qualitäten und Raritäten bei den Sammlerstücken zu erreichen? Eine Lösung des Dilemmas bot sich mir an: Die Kommerzialisierung der verrückten Idee, ein möglichst komplettes filmhistorisches Bildarchiv zu haben. Dadurch, daß ich meine Bilderschätze auch anderen zugänglich machte – Buchverlagen, Zeitungen, Magazinen, Fernsehsendern, Museen –, konnte ich die Mittel schaffen, die Sammlung stetig zu verbessern und wohlbehütet wachsen zu lassen.
Ein umfangreicher Bildband wie dieser kann nur aus einem sehr großen Fundus entstehen. Ich bin stolz auf manches darin veröffentlichte Foto, das der Betrachter nie vorher in einer Publikation gesehen hat und das manchem Starporträt tatsächlich den persönlichen Charakter eines Albumblattes geben kann: Hallo, Jean Harlow . . .
Meine Frau Regine und die Redakteurin dieses Buches, Swantje Thomae (beide sind bewundernswert gut informierte und in der Bildbeurteilung sichere Experten), haben die Materialfülle mit Freude, Entdeckerlust und viel Geduld gesichtet und dem Band mit den ausgewählten Fotos seine Struktur gegeben. Ihnen gilt, neben der engagierten Schlußredakteurin Annette Württemberger und den Textern, mein ganz besonderer Dank.

Peter W. Engelmeier

F. Murray Abraham, geboren als Fahrid Murray Abraham am 24. Oktober 1939 in El Paso, Texas

Als Sohn eines syrischen Einwanderers wuchs F. Murray Abraham in El Paso auf. Dort besuchte er auch die Universität, bis er Anfang der 60er Jahre nach Los Angeles ging. In der kalifornischen Filmmetropole lernte er seine spätere Frau Kate Hannah kennen. Nach einem Schauspielstudium unter Uta Hagen gab er 1965 sein Theaterdebüt in „The Wonderful Ice-Cream Suit". Lange Zeit bemühte er sich um ein Engagement in New York, arbeitete als Parkwächter und Kaufhausnikolaus und betätigte sich als Hausmann. „Eine wichtige Zeit", erklärte er später, „dabei legte ich mein Machogehabe ab." Nach Auftritten am Broadway, Off-Broadway und im Fernsehen erhielt er 1971 seine erste Filmrolle an der Seite von Henry Fonda und Paul Newman in „Sie möchten Giganten sein". Der Durchbruch gelang ihm 13 Jahre später. Für seine Darstellung des Salieri in Milos Formans „Amadeus" wurde er 1984 mit dem „Golden Globe", dem „Los Angeles Film Critics Award" und dem „Oscar" ausgezeichnet. Seitdem ist er ein international gefragter Charakterdarsteller, der in den unterschiedlichsten Rollen zu sehen ist: als Inquisitor in „Der Name der Rose", als Sträfling in „Von Bullen aufs Kreuz gelegt" und als Gangsterboß in „Mobsters".

Mit Sean Connery bei den Dreharbeiten zu „Der Name der Rose", 1986

„Amadeus", 1984

Maud Adams, geboren als Maud Wikström am 12. Februar 1945 in Lulea, Schweden

Im Alter von 18 Jahren startete Maud Adams eine Karriere als Fotomodell. Sie zählte schon bald zu den begehrtesten Mannequins Skandinaviens und arbeitete von 1965 bis 1967 erfolgreich in Paris. Danach zog sie nach New York, wo sie in Werbefilmen auftrat und Schauspielunterricht nahm. Ihr Leinwanddebüt gab sie 1970 in „The Christian Liquorice Store“. Vier Jahre später wurde sie für das James Bond-Spektakel „Der Mann mit dem goldenen Colt“ engagiert. Doch auf den kurzen Ruhm folgte Ernüchterung. Nach einer Reihe nur mäßig erfolgreicher Filmchen (von denen „Tattoo“ am besten in Erinnerung ist, weil Maud Adams hierfür alle Hüllen fallen ließ und viel tätowierte Haut zeigte) schien ihre Karriere beendet zu sein, ehe sie eigentlich begonnen hatte. 1983 war es wieder ein James Bond-Film, der sie rettete. Maud erhielt die weibliche Hauptrolle in „Octopussy“. Damit brachen die 007-Macher mit einer eisernen Regel: Maud Adams war das erste Girl, das in zwei Bond-Abenteuern auftreten durfte. Doch auch diesmal hielt der Ruhm nicht lange an. Die Schauspielerin bekommt nur zweitklassige Rollen und wartet weiterhin auf ihr Traumprojekt: ein Kinodrama unter der Regie von Ingmar Bergman.

Maud Adams

„Rollerball“ mit James Caan, 1975

Isabelle Adjani

Isabelle Adjani, geboren am 25. Juni 1955 in Paris

Die Tochter eines Algeriers und einer Deutschen bekam mit 14 Jahren ihre erste kleine Filmrolle in „Blacky – Abenteuer eines Ausreißers". Zwei Jahre später spielte der Teenager in „Faustine und der schöne Sommer". 1974 erhielt Isabelle Adjani die Hauptrolle in Claude Pinoteaus Film „Die Ohrfeige". Ihre Darstellung eines jungen Mädchens, das durch einen Fluchtversuch die Ehe der Eltern zu retten versucht, begeisterte Publikum und Kritiker. Sie wurde als „Jahrhundertbegabung" bezeichnet – die Regisseure rissen sich um sie. François Truffaut, der eine „geheimnisvolle, schöne, verinnerlichte und zu allem fähige junge Frau" für seinen Film „Die Geschichte der Adèle H." (1975) suchte, fand in Isabelle Adjani die ideale Besetzung. Roman Polanski war von ihrer emotionalen Kraft und Schönheit begeistert und engagierte sie für „Der Mieter" (1976). Nach dem eher durchschnittlichen Film „Barocco" zeigte die Schauspielerin ihre komödiantischen Fähigkeiten in „Violette und François" (1977). Im gleichen Jahr gelang es Walter Hill, die Adjani für seinen Actionfilm „Driver" zu gewinnen. Nach den Dreharbeiten sagte der Regisseur über seinen Star: „Sie ist sehr nett, aber total verrückt". Nach diesem kurzen Hollywood-Intermezzo drehte sie mit Werner Herzog das Remake von „Nosferatu". 1983 war Isabelle in „Das Auge" eine mordende Verführerin und erhielt für „Ein mörderischer Sommer" den französischen Filmpreis „César". Mit ihrer eigenen Produktionsgesellschaft kämpfte die Adjani jahrelang um das Filmprojekt „Camille Claudel", die Geschichte über die Geliebte und Kollegin des französischen Bildhauers Auguste Rodin. Ihre Interpretation der Camille Claudel wurde mit einer „Oscar"-Nominierung belohnt. Das Geheimnis der „besten Schauspielerin der 80er Jahre" beschrieb Françoise Sagan so: „Sie zieht keine Grenze zwischen Gefühl und Beruf, sondern bringt alles unter in ihrem Schauspielerleben und ist ganz einfach ein Star."

„Die Geschichte der Adèle H.", 1975

„Subway", 1985

Mario Adorf, geboren am 8. September 1930 in Zürich

Mario Adorf, Sohn eines italienischen Chirurgen und einer Deutschen, verbrachte seine Kindheit bei der Mutter. Nach dem Studium der Philosophie, Anglistik und der Theaterwissenschaften entschloß er sich, Schauspieler zu werden. Von 1953 bis 1955 wurde er an der renommierten Münchner Falckenberg-Schule ausgebildet und danach für das Ensemble der Kammerspiele engagiert. 1954 hatte Adorf sein Filmdebüt in „08/15". 1958 erhielt er den Bundesfilmpreis für seine Rolle in Robert Siodmaks „Nachts, wenn der Teufel kam". In Deutschland auf Schurkenrollen festgelegt, suchte der Schauspieler Anfang der 60er Jahre neue Aufgaben in Italien. Dort spielte er in diversen Western, Krimis und Komödien, bis er zu Beginn der 70er Jahre vom neu erwachten deutschen Film wiederentdeckt wurde. Mit Roland Klick drehte er „Deadlock", mit Volker Schlöndorff „Die verlorene Ehre der Katharina Blum". Seine besten komödiantischen Leistungen bot Adorf in „Bomber und Paganini" und in „Milo Milo". Die Rolle des Alfred Matzerath in „Die Blechtrommel" brachte Mario Adorf 1979 internationalen Ruhm.

„Fedora", 1978

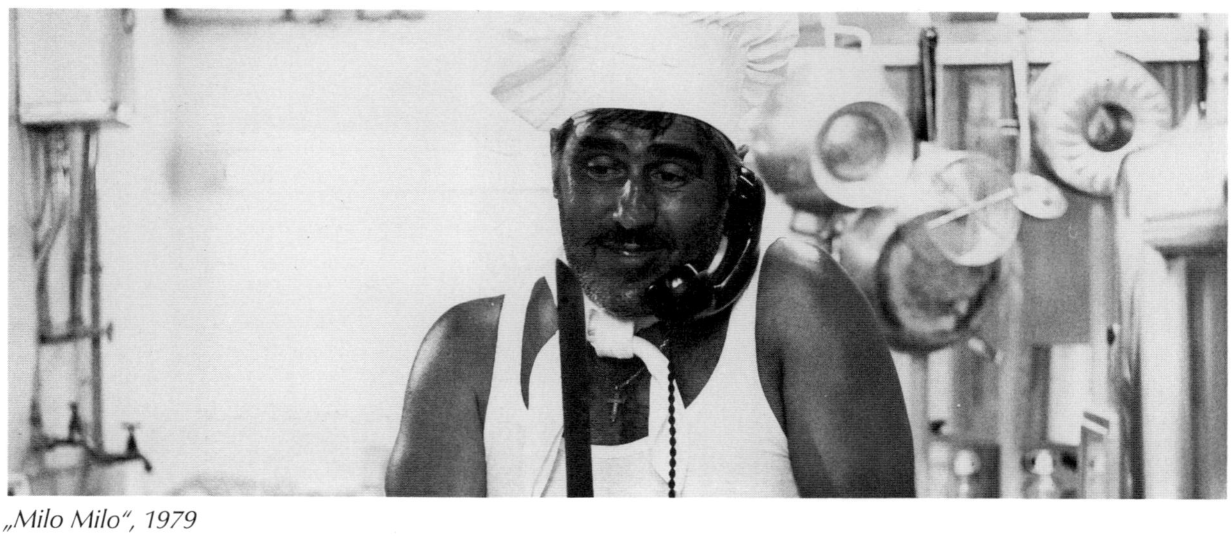

„Milo Milo", 1979

Anouk Aimée, geboren als Françoise Sorya Dreyfus am 27. April 1932 in Paris

Schon als 14jährige war die Tochter eines Schauspielers von so auffallender Schönheit, daß Regisseur G. Calef sie von der Straße weg für seinen Film „La maison sous la mer" engagierte. Das Werk blieb unvollendet, aber Anouk wußte nun, was sie werden wollte, und nahm Schauspielunterricht. Die Filmangebote ließen nicht auf sich warten. Jacques Prévert schrieb eigens für sie die Rolle der Julia in „Die Liebenden in Verona" (1949) und gab ihr den Spitznamen „Aimée" (Geliebte), der zu ihrem Künstlernamen wurde. Viele bekannte Regisseure waren von ihrer zartgliedrigen Eleganz fasziniert, konnten ihrem Talent jedoch nicht gerecht werden: In frühen, französischen Produktionen blieb Anouk Aimée farblos. Fellini engagierte sie 1959 für „Das süße Leben" und 1962 für „8½", Filme, die ihr die verdiente internationale Anerkennung brachten. Ihr größter Erfolg war „Ein Mann und eine Frau", der 1966 unter der Regie von Claude Lelouch entstand. Danach übernahm die Schauspielerin nur noch wenige handverlesene Rollen: „Justine" (1969), „The Appointment" (1970), „Die Tragödie eines lächerlichen Mannes" (1981) und „Ein Mann und eine Frau – 20 Jahre später" (1986).

„Ein Mann und eine Frau", 1966

„Das süße Leben", 1959

Hans Albers, geboren am 22. September 1891 in Hamburg, gestorben am 24. Juli 1960

Hans Philipp August Albers opferte schon während der Schul- und Lehrzeit sein gesamtes Taschengeld für Theaterbesuche. Nach Schauspielunterricht in Frankfurt/Main bekam er noch vor dem Ersten Weltkrieg Engagements in Bad Schandau, Frankfurt/Main, am Hamburger Thalia Theater und in mehreren Berliner Revuen. Der Schlager „Ich küsse Ihre Hand, Madame" wurde ein Welterfolg. Schon in Stummfilmen war Hans Albers präsent. Mit dem Siegeszug des Tonfilms avancierte er zu den führenden deutschen Schauspielern. Viele seiner Leinwanderfolge sind gekoppelt mit heute noch bekannten Schlagern, wie „Hoppla, jetzt komm' ich!" (aus „Der Sieger") oder „Das ist die Liebe der Matrosen" (aus „Bomben auf Monte Carlo"; beide 1931). Der deutsche Star wirkte in fast 160 Spielfilmen mit und landete mit der Darstellung des „Münchhausen" (1942) auch einen großen internationalen Erfolg. Die Filme „Große Freiheit Nr. 7" (1943) und „Auf der Reeperbahn nachts um halb eins" (1954) machten den „blonden Hans" zur Legende.

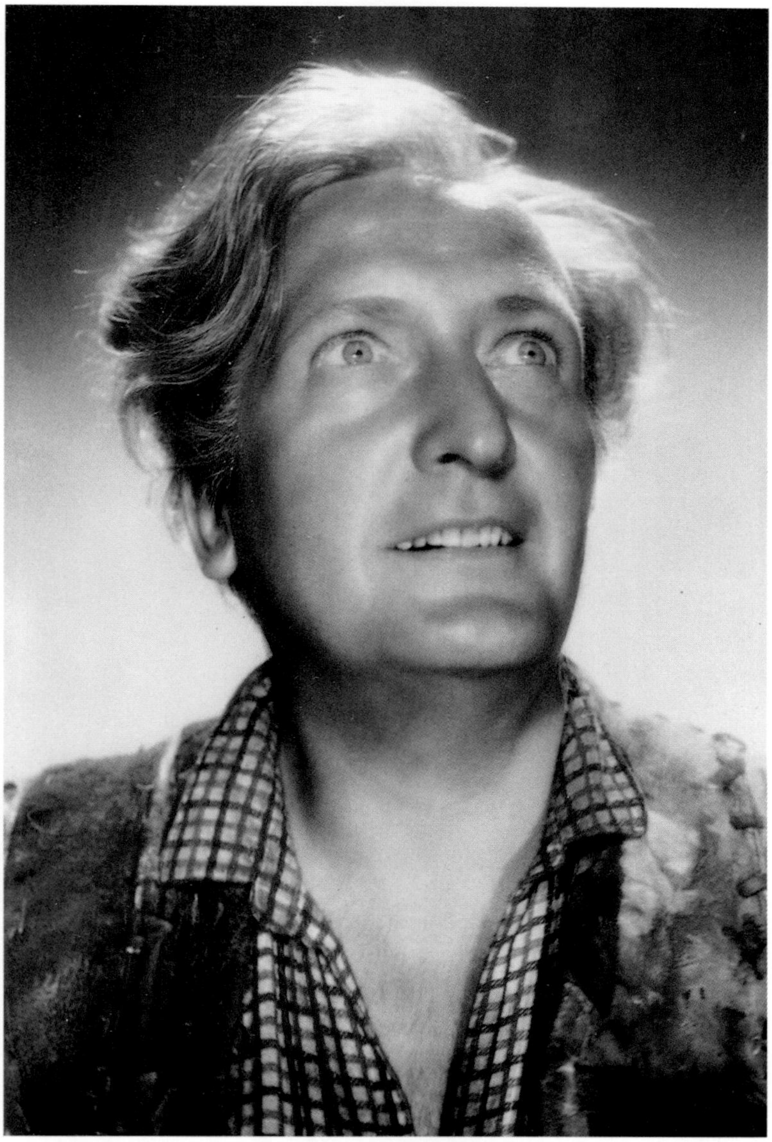

„Peer Gynt", 1934

„Münchhausen" mit Brigitte Horney, 1942

„Die letzte Nacht des Boris Gruschenko", 1974

„Der Stadtneurotiker" mit Diane Keaton, 1977

„Manhattan", 1979

„Manhattan", 1979

Woody Allen, geboren als Allen Stewart Konigsberg am 1. Dezember 1935 in Brooklyn, New York

Woody Allen besuchte noch die Midford High-School, als er schon als Witzautor für Zeitungen sein erstes Geld verdiente. Bald verlegte er sich hauptberuflich auf das Schreiben von Gags für amerikanische Film- und Fernsehshows. 1961 begann er widerstrebend, selbst auf Kleinbühnen aufzutreten. Zu seinem eigenen Erstaunen wurde er ein begehrter Entertainer – eine unschätzbare Erfahrung für seine spätere Filmarbeit. Erste Spuren im Medium Film hinterließ er als Autor und Darsteller in der Komödie „Was gibt's Neues, Pussy?" (1965). Allen schrieb zwei Broadwaystücke („Don't Drink the Water" und „Mach's noch einmal, Sam"), gewann Ruhm mit seiner irrwitzigen Synchronisation der japanischen Agentenstory „What's up Tiger Lilly?" und widmete (und widmet) sich weiter seinem fast berufsmäßig betriebenen Hobby als Jazz-Klarinettist. 1969 inszenierte er mit „Woody – der Unglücksrabe" zum erstenmal sein eigenes Drehbuch mit sich selbst als Hauptdarsteller. Bis 1989 drehte er 21 Filme, davon 14 in Personalunion als Regisseur, Autor und Schauspieler. Woody Allen sind einige der schönsten Komödien der Kinogeschichte zu verdanken, wobei sein gagreicher Frühstil („Was Sie schon immer über Sex wissen wollten ...", 1972; „Der Schläfer", 1973), zusehends mit ernsteren Untertönen vermischt, an Tiefe gewann. Sein erstes

„Broadway Danny Rose" mit Mia Farrow, 1984

Reifezeugnis war 1977 „Der Stadtneurotiker" (drei „Oscars"), dem 1978 mit „Manhattan" eine weitere Liebeserklärung an die Stadt New York folgte, in deren angeknacksten Schickeria-Zirkeln die meisten Allen-Werke spielen. In diesen Komödien war Diane Keaton Allens Partnerin (und Lebensgefährtin); sie wurde im Privatleben und auf der Leinwand von Mia Farrow abgelöst. Mit cineastischen Geniestreichen wie „Zelig" (1982), „The Purple Rose of Cairo" (1984) oder „Hannah und ihre Schwestern" (1985) entzückte er Zuschauer wie Kritiker gleichermaßen. Der Komödiant Woody Allen wandte sich auch immer wieder „seriösen" Themen zu – ein Weg, auf dem ihm weder Publikum noch Kritik so recht folgen mochten. Allen jedoch beharrt darauf, daß Komödien die Chance haben, „besser zu werden, wenn die Komiker von Zeit zu Zeit einen ernsthaften Film machen." Zu dieser Kategorie zählen „Innenleben", „Eine andere Frau" und „Verbrechen und andere Kleinigkeiten".

„Mach's noch einmal, Sam", 1972

Ursula Andress, geboren am 19. März 1936 in Bern

Entdeckt wurde das 17jährige Filmsternchen Ursula Andress von Marlon Brando. Paramount wollte die schöne Blonde zu einer neuen Greta Garbo oder einer zweiten Marlene Dietrich machen. Der Busenstar aber zeigte wenig Interesse am täglichen Schauspiel-, Tanz- und Englischunterricht. Die Folge war der Rausschmiß. 1962 hatte Ursula Andress, Tochter einer Schweizerin und eines Deutschen, den „Blitzerfolg", der sie zum Weltstar machte: als Bikinimädchen im James Bond-Streifen „007 jagt Dr. No", der ihren Ruf als „Sexgöttin" begründete. Die große Schauspielkarriere leitete er aber nicht ein, obgleich es an Filmangeboten mit Starbesetzung nicht mangelte: 1963 folgte „Vier für Texas" mit Dean Martin, Frank Sinatra und Charles Bronson sowie „Acapulco" mit Elvis Presley. Die Schweizerin spielte an der Seite zahlreicher männlicher Schauspielstars (u. a. Belmondo, Mastroianni; mit beiden war sie auch liiert), nahm aber immer wieder Rollen in zweitklassigen Filmen an, wie „Lollipops und heiße Höschen" oder „Wilde Betten". Seit der Geburt ihres Sohnes Dimitri (1980) wurde es ruhiger um den Filmstar.

„Scaramouche, der Teufelskerl", 1975

„Acapulco", 1963

„Victor/Victoria", 1982

Julie Andrews, geboren als Julia Elizabeth Welles am 1. Oktober 1935 in Walton-on-Thames, England

Ihre ersten Gehversuche im Showbusiness machte Julie Andrews bereits als Kind mit ihrer Familie bei Auftritten in Revuen und Varietés, Rundfunk und Fernsehen. Mit 19 bekam sie eine Hauptrolle in der Broadway-Produktion „The Boyfriend". 1956 hatte die begabte Tänzerin und Sängerin ihren ersten großen Erfolg in dem Musical „My Fair Lady". Ihre Darstellung der Eliza Doolittle erhielt wesentlich bessere Kritiken als die von Audrey Hepburn in der gleichnamigen Verfilmung. Acht Jahre später wurde Julie Andrews als „Mary Poppins" in dem Filmmusical weltberühmt und erhielt den „Oscar". Ihr zweiter großer Erfolg kam 1965 mit der Verfilmung der ungewöhnlichen Lebensgeschichte der österreichischen Familie Trapp; „The Sound of Music" war über Jahre neben „Vom Winde verweht" der kassenträchtigste Film aller Zeiten. Julie Andrews konnte in der Rolle der Maria Trapp alle Register ihres Könnens ziehen, was mit einer „Oscar"-Nominierung belohnt wurde. Durch ihre Heirat mit dem berühmten Regisseur und Komödienspezialisten Blake Edwards (1968) – eine der wenigen stabilen Beziehungen Hollywoods – sah man sie vor allem in heiteren Filmen ihres Mannes, wie zum Beispiel „Die Party", „Darling Lily", „Zehn – Die Traumfrau" und vor allem „Victor/Victoria" (1982), einem intelligenten und witzigen Kabinettstück. Julies Ausflüge ins ernste Fach kamen bei der Kritik nicht gut an. 1987 sah man sie an der Seite von Jack Lemmon in „That's Life – So ist das Leben", ebenfalls von Blake Edwards inszeniert, in dem sie sich in einer problematischen Rolle versuchte und keinen großen Erfolg damit hatte. Ihr Publikum verbindet mit dem Namen Julie Andrews „Mary Poppins", einen Film, der zwar schon lange zurückliegt, ihr aber in der Kinogeschichte ein kleines Stück Unsterblichkeit verschaffte.

„Star", 1968

„Zehn – Die Traumfrau" mit Dudley Moore, 1979

Pier Angeli, geboren am 19. Juni 1932 in Cagliari, Sardinien, gestorben am 12. September 1971

Anna Maria Pierangeli, Tochter eines Architekten, wurde zum Studium nach Rom geschickt. „Kunstgeschichte ist eine gefällige Beschäftigung für ein junges Mädchen aus gutem Haus", meinte die Familie, bis Anna entdeckt wurde: Von Leonide Moguy, der sie als Mirella für seinen Film „Morgen ist es zu spät" (1949) engagierte. Der Film wurde in Venedig bei der Biennale preisgekrönt – und Hollywood-Regisseur Fred Zinnemann auf die scheue Anna aufmerksam: Die Hauptrolle in seinem Film „Teresa" (1951) machte sie zum Star Pier Angeli, zur „kleinen Garbo". Sie drehte einen Film nach dem anderen („Autostraße", „Die Hölle ist in mir", „Unter glühender Sonne") und lernte den jungen, noch unbekannten James Dean kennen und lieben. Seinen Tod im Jahre 1955 konnte sie nie überwinden, auch als sie zehn Jahre später den italienischen Komponisten Armando Trovajoli heiratete, sagte sie: „Ich liebte nur Jimmy." Seit dieser Zeit beschäftigten sich mehr Klatschreporter als Filmkritiker mit ihr. Pier Angeli beging 1971 in Kalifornien Selbstmord.

Pier Angeli

„Mamsell Nitouche" mit Fernandel, 1954

„Die Frau nebenan", 1981

Fanny Ardant, geboren 1949 in Saumur, Frankreich

„Eine Liebe von Swann", 1984

Die Tochter eines Offiziers verbrachte ihre Kindheit in Schweden und Marokko. Nach der Ernennung ihres Vaters zum Militärgouverneur von Monaco besuchte Fanny Ardant dort eine Klosterschule und machte ihre ersten Schauspielerfahrungen am Schülertheater. In Aix-en-Provence studierte sie politische Wissenschaften und absolvierte ein Praktikum an der französischen Botschaft in London. Danach gab sie ihre Diplomatenlaufbahn auf und entschloß sich, Schauspielerin zu werden. Nach zwei Jahren Unterricht bei Périmony in Paris debütierte sie beim Festival du Marais in dem Stück „Polyeucte" von Corneille. 1979, nach fünf Jahren Theaterspielen in Rom, Palermo und auf verschiedenen französischen Bühnen bekam die mittlerweile 30jährige Schauspielerin von der Regisseurin Nina Companeez die Hauptrolle in der Fernsehserie „Die Damen von der Küste". Im gleichen Jahr war Fanny Ardant in „Les chiens" zum ersten Mal auf der Leinwand zu sehen. Der große Durchbruch kam 1981 an der Seite von Gérard Depardieu in „Die Frau nebenan". Regisseur François Truffaut über seine Entdeckung: „Ich erkannte und bewunderte in Fanny Ardant sofort jene Qualitäten, die ich mir bei meinen Schauspielern und Schauspielerinnen am häufigsten wünsche: Vitalität, Mut, Enthusiasmus, Humor, Intensität, dazu auf der anderen Seite aber auch ein Hauch von Geheimnis, ein gewisses ungezähmtes Etwas und eine Schattierung Wildheit, vor allem aber Wärme." François Truffaut fand an Fanny Ardant nicht nur als Regisseur Gefallen. Er lebte mit ihr bis zu seinem Tod zusammen; aus der Beziehung ging eine Tochter hervor. 1982 spielte Fanny Ardant wieder in einer Fernsehproduktion von Nina Companeez, „Evas Töchter". Im gleichen Jahr holte sie Alain Resnais für „Das Leben ist ein Roman" vor die Kamera. 1983 spielte sie in François Truffauts letzter Produktion „Auf Liebe und Tod". Ihre schönsten Filme nach dem Tod des Regisseurs waren „Eine Liebe von Swann" und „Die Familie".

„Auf Liebe und Tod", 1983

Jean Arthur, geboren als Gladys Georgianna Greene am 17. Oktober 1905 in New York

Die Tochter eines Fotografen verließ mit 15 Jahren die Schule, wurde Model und Stummfilmdarstellerin. Ihre erste Rolle bekam sie 1923 von John Ford in „Cameo Kirby". Aber erst 1935, mit John Fords „Stadtgespräch", wurde sie als (Ton-)Filmschauspielerin bekannt. Unter der Regie von Frank Capra, der Jean Arthur als seine „favorite actress" bezeichnete, drehte sie ihre berühmtesten Filme: „Mr. Deeds geht in die Stadt" (1936), „Lebenskünstler" (1938) und „Mr. Smith geht nach Washington" (1939). Dabei mimte die Frau mit der ungewöhnlich tiefen und heiseren Stimme zumeist Figuren vom Typ emanzipiertes amerikanisches Großstadtgirl mit Sinn für Romantik. Trotz zahlreicher Erfolge war die attraktive Jean Arthur fast krankhaft schüchtern und zog sich nach einem Streit mit „Columbia"-Chef Harry Cohn, bei dem sie unter Vertrag stand, fast gänzlich aus der Glamourwelt Hollywoods zurück.
Sie drehte nur noch zwei Filme. Nach ihrem letzten, „Mein großer Freund Shane" (1953), spielte sie gelegentlich Theater am Broadway und hatte im amerikanischen Fernsehen „The Jean Arthur Show" (1956). Danach gab sie an verschiedenen Colleges Schauspielunterricht.

„Harte Burschen – Steile Zähne", 1943

„Der Held der Prärie" mit Gary Cooper, 1936

„Vorhang auf!", 1953

„Vorhang auf!" mit Cyd Charisse, 1953

„Abenteuer der Lüfte" mit Joan Leslie, 1943

„Der goldene Regenbogen", 1968

Fred Astaire, geboren als Frederick Austerlitz am 10. Mai 1899 in Omaha, Nebraska, gestorben am 22. Juni 1987

Fred Astaire begann seine Karriere im Alter von fünf Jahren beim Varieté in New York, wo er zusammen mit seiner zwei Jahre älteren Schwester Adele auftrat. Gemeinsam tingelte das Geschwisterpaar in den kommenden Jahren durch Amerika und England. Als Adele sich nach 30 Jahren vom Beruf zurückzog, um einen britischen Lord zu heiraten, wagte der immerhin schon 33jährige den Sprung nach Hollywood und wurde gleich mit seinem ersten Part, an der Seite von Ginger Rogers in „Flying Down To Rio" (1933), zum Publikumsliebling. Sein unnachahmlich eleganter und präziser Tanzstil, sein nahezu unerschöpflicher Ideenreichtum und sein berüchtigter Perfektionismus, kombiniert mit einer gehörigen Portion Selbstironie, revolutionierten die gesamte Musical-Filmgeschichte. Tanzen war jetzt nicht mehr nur Auflockerung innerhalb einer durchgehenden Handlung, sondern trieb vielmehr die oft dürftige Story an. Wo Fred nicht mit Worten bei seiner Angebeteten landen konnte, begann er zu tanzen und wurde unwiderstehlich. Das neue Hollywood-Traumpaar Fred Astaire/Ginger Rogers drehte gemeinsam zehn Komödien (darunter „Tanz mit mir" von 1934 und „Shall We Dance" von 1937), als deren schönste „Ich tanz' mich in Dein Herz hinein" (1935) gilt. 1939 trennte sich das Duo und traf

„Reich wirst du nie", 1941

sich nur noch einmal, zehn Jahre später, zu einem gemeinsamen Film, „Tänzer am Broadway". Die beiden Stars, denen man jahrelang ein privates Verhältnis anzudichten versucht hatte, waren zunehmend in lähmende Routine verfallen. Der alte Zauber war dahin. Zu Astaires nun folgenden Filmpartnerinnen gehörten die schönsten Frauen der Traumfabrik: Rita Hayworth, Judy Garland, Cyd Charisse, Leslie Caron und Audrey Hepburn. Sein Privatleben geriet dennoch nie in die Schlagzeilen. Selbst seine Heirat mit Phyllis Livingston-Potter im Jahr 1933 blieb von der Öffentlichkeit so gut wie unbeachtet. 1949 wurde Fred Astaire der Ehren-„Oscar" für seine langjährigen Verdienste um das Filmmusical verliehen. Als Ende der 50er Jahre die Glanzzeit des Genres vorüber war, verabschiedete sich auch der Tänzer Fred Astaire nach einem durchtanzten halben Jahrhundert von der Leinwand und kehrte nur noch als ernsthafter Schauspieler („Flammendes Inferno", 1974, „Ghost Story", 1981) dorthin zurück. Fred Astaire starb im Alter von 88 Jahren.

„Ein süßer Fratz", 1957

Mary Astor, geboren als Lucille Vasconcelos Langhanke am 3. Mai 1906 in Quincy, Illinois, gestorben am 25. September 1987

Von einem ehrgeizigen Vater ins Showbusiness gedrängt, gab Mary Astor 1921 ihr Leinwanddebüt in „Sentimental Tommy". 1924 gelang ihr an der Seite von John Barrymore in „Beau Brummel" der Durchbruch. Barrymore war es auch, der der jungen Schauspielerin 1926 zu ihrer ersten Rolle in einem Tonfilm verhalf: „Don Juan – Der große Liebhaber". Ihre Karriere drohte 1936 vorzeitig zu enden, als während gerichtlicher Streitigkeiten mit ihrem zweiten Ehemann ein Tagebuch veröffentlicht wurde. Mary Astor, die hier detailliert über ihre zahlreichen Affären berichtete, stand plötzlich im Mittelpunkt des größten Skandals der 30er Jahre. Ihre Popularität erhielt dadurch jedoch neuen Auftrieb, und die Schauspielerin bekam wieder attraktive Rollenangebote. Mit Filmen wie „Der Gefangene von Zenda", „Der Malteserfalke" (mit Humphrey Bogart) und „The Great Lie" („Oscar"-Auszeichnung) festigte sie ihr Image der kratzbürstigen Frau von Welt und blieb bis Mitte der 60er Jahre eine gefragte Darstellerin. Nach dem 1965 entstandenen Film „Wiegenlied für eine Leiche" (mit Bette Davis) zog sie sich aus gesundheitlichen Gründen von der Schauspielerei zurück und machte sich als Romanautorin einen Namen.

Mary Astor

„Der Malteserfalke" mit Humphrey Bogart (l.), Peter Lorre (M.) und Sydney Greenstreet (r.), 1941

„Haben und Nichthaben", 1945

Lauren Bacall mit Ehemann Humphrey Bogart

„Tote schlafen fest" mit Humphrey Bogart und Martha Vickers, 1946

„Tote schlafen fest", 1946

Lauren Bacall, geboren als Betty Joan Perske am 16. Juni 1924 in New York

Lauren Bacall war sechs Jahre alt, als sich ihre Eltern scheiden ließen. Nach einer Schauspielausbildung an der American Academy of Arts erhielt sie kleinere Rollen in Broadway-Produktionen und arbeitete als Model. Ihre Entdeckung für den Film verdankte Lauren Bacall der Frau von Howard Hawks, die sie 1943 auf dem Cover der Modezeitschrift „Harper's Bazaar" sah und ihren Mann dazu anregte, die Schöne für Probeaufnahmen nach Hollywood zu holen. Bacalls unnachahmlicher, fast provokanter Anmacheblick veranlaßte die Studios, ihr den Titel „The Look" zu geben. Howard Hawks drehte mit Lauren Bacall und Humphrey Bogart 1944 „Haben und Nichthaben", der die 20jährige sofort zum Star machte. Mit diesem Film begann eine der schönsten Liebesgeschichten Hollywoods. Ihre Ehe (1945 geschlossen), aus der die beiden Kinder Stephen und Leslie hervorgingen, verlief harmonisch und ohne Skandale. Das Paar Bacall/Bogart stand insgesamt viermal gemeinsam vor der Kamera. Die bekanntesten Filme waren „Tote schlafen fest" und „Gangster in Key Largo". Lauren Bacall nahm während ihrer Ehe mit „Bogey" nur wenige Filmangebote an – die meisten Rollen sagten ihr nicht zu. Ihre besten Filme aus dieser Zeit waren „Wie angelt man sich einen Millionär" und „Warum hab' ich ja gesagt". 1957 starb Humphrey Bogart. Für Lauren Bacall

„Haben und Nichthaben", 1945

bedeutete sein Tod eine große Veränderung in ihrem Leben. Sie war auf einmal nur noch die Witwe des großen Stars Humphrey Bogart. Um dem Presserummel zu entfliehen, ging sie nach New York und später nach London. Nach einer angeblichen Affäre mit Frank Sinatra heiratete sie 1961 den Schauspieler Jason Robards. Mit ihm blieb sie acht Jahre zusammen, obwohl sie die Ehe als „Fehlleistung" beurteilte. Ihr Comeback erlebte Lauren Bacall nicht im Film, sondern am Broadway. Ihre Auftritte in „Die Kaktusblüte", „Woman Of The Year" und „Applause" („Tony" 1970) wurden von Publikum und Presse gleichermaßen gefeiert. „Das starke Girl, von dem Hollywood lange geträumt hat" (Kritikerpapst James Agee), war in den 80er Jahren nur noch selten auf der Leinwand zu sehen. Einen herausragenden Filmauftritt hatte sie 1988 in „Mr. North – Liebling der Götter".

Lauren Bacall

„Seven Women", 1965

Anne Bancroft, geboren als Anna Maria Louise Italiano am 17. September 1931 in New York

Die Tochter italienischer Eltern wuchs im New Yorker Stadtteil Bronx auf. Bereits als Vierjährige wußte sie, daß sie Schauspielerin werden wollte. „Sie tanzte und spielte vor wildfremden Passanten auf der Straße" erzählen ihre Geschwister. Nach der High-School, wo Anne in zahlreichen Schüleraufführungen brillierte, besuchte sie die American Academy of Dramatic Arts. Noch während des Studiums trat sie als Anna Marno regelmäßig im Fernsehen auf (49 Rollen in nur 16 Monaten!). Den Künstlernamen Anne Bancroft legte sie sich zu, als sie 1951 von der Twentieth Century Fox unter Vertrag genommen wurde. Das mächtige Filmstudio verpflichtete die talentierte Nachwuchskünstlerin sechs Jahre lang für so peinliche Machwerke wie „Der Gorilla ist los" oder „Der Würger von Coney Island". „Frustrierend" nannte Anne Bancroft ihre Erfahrung als Vertragsschauspielerin und ging 1957 an den Broadway. Ein Jahr später erhielt sie für ihre Rolle in „Zwei auf der Schaukel" die höchste amerikanische Theaterauszeichnung, den „Tony". Mit „Licht im Dunkel" erreichte die unterschätzte Darstellerin ihren Karrierehöhepunkt: Für die Bühnenrolle gab es erneut den „Tony", für die gleichnamige Filmversion drei Jahre später den begehrten „Oscar". Anne Bancroft galt nun auch im Filmgeschäft als versierte Schauspielerin und wurde für hochkarätige Rollen in „Schlafzimmerstreit", „Die Reifeprüfung", „Am Wendepunkt" und „Agnes – Engel im Feuer" noch viermal für den „Oscar" nominiert. Bei einem Fernsehauftritt lernte Anne den amerikanischen Komiker Mel Brooks kennen. Sie heiratete ihn 1964. Sohn Maximilian kam 1972 zur Welt. In den genialen Komödien ihres Mannes bewies Anne, daß sie auch komische Rollen spielen kann. Zu sehen in: „Silent Movie" und „Sein oder Nichtsein". Mit „Fatso" wagte sich Anne Bancroft 1980 erstmals selbst ans Drehbuchschreiben und Inszenieren.

„Die Reifeprüfung" mit Dustin Hoffman, 1968

„Am Wendepunkt", 1977

„In ihren Augen ist immer Nacht", 1957

„Und immer lockt das Weib", 1956

Bei Dreharbeiten mit Roger Vadim, 1957

„Geliebte Brigitte", 1964

Brigitte Bardot, geboren am 28. September 1934 in Paris

Die kleine Brigitte wuchs im 8. Arrondissement von Paris auf. Vater Louis und Mutter Anne-Marie, die das Mädchen liebevoll „Bri-Bri" nannten, waren gutsituierte Bürger. Nach dem Zweiten Weltkrieg zog die Familie in eine vornehme Wohnung in der Rue Nicolo. Bereits als Sechsjährige zeigte Brigitte eine große Neigung zum Tanzen. Neben dem regulären Unterricht an der vornehmen Privatschule Hattemar wurde die Elevin von einem Tänzer der Pariser Oper, dann von der bekannten Madame Bourget ausgebildet. Mit 13 Jahren war Brigitte so weit fortgeschritten, daß sie die Aufnahmeprüfung für das Nationalkonservatorium für Musik und Tanz bestand. Unter der Anleitung des hervorragenden russischen Tänzers Boris Kniaseff entwickelte sich aus dem schüchtern-unauffälligen Mädchen eine jugendliche Schönheit voller Grazie. Ihre Mutter, die eine Hutboutique besaß, verschaffte ihr im Januar 1949 einen Auftritt als Mannequin bei einer Modenschau. Die 15jährige beeindruckte vor allem Madame Lazareff, die Herausgeberin des Modemagazins „Jardin des Modes". Am 2. Mai 1949 war es soweit: An allen Pariser Kiosken lächelte das naiv-verführerische Gesicht der jungen Brigitte vom Cover der Zeitschrift. Das Titelbild mit den Initialen B. B. fiel dem Regisseur Marc Allégret auf. Sein Freund Roger Vadim sollte Brigitte zu Probeaufnahmen überreden. Aus dem Film wurde

„Die Verführerin" mit Anthony Perkins, 1963

nichts, dafür aber aus der Beziehung Vadim/Bardot. Der junge Regisseur erkannte das Starpotential der Blonden mit dem Schmollmund und baute sie kontinuierlich auf. Nach mehreren Kurzauftritten in Filmen wie „Das Gänseblümchen wird entblättert" folgte 1956 Roger Vadims Regiedebüt „Und immer lockt das Weib". Hauptdarstellerin Brigitte Bardot wurde über Nacht zum Sexsymbol Frankreichs. Sie war der neue Typus Frau, der die berechnenden Vamps ablöste: naiv, verspielt, natürlich, aber mit einer ungemein starken erotischen Ausstrahlung. Während ihrer Leinwandkarriere, in der sie mit Filmen wie „Die Wahrheit" oder „Viva Maria" das französische Kino weltweit populär machte, sorgten B. B.'s Affären (u. a. mit Jean-Louis Trintignant) und ihre dritte Ehe mit Gunther Sachs für Schlagzeilen. Mitte der 70er Jahre zog sich Brigitte Bardot vom Film- und Starrummel zurück und widmete sich vornehmlich dem Tierschutz und der Pflege des eigenen Privatzoos.

„Trois histoires extraordinaires d'Edgar Poe" mit Alain Delon, 1967

„The Girl in the Kremlin" mit Zsa Zsa Gabor, 1957

Lex Barker, geboren als Alexander Crichlow Barker am 6. Mai 1919 in Rye, New York, gestorben am 11. April 1973

Lex Barker, Sohn reicher Eltern, besuchte standesgemäß die elitäre Princeton Universität, gab das Studium aber nach zwei Jahren auf, um Schauspieler zu werden. 1941 ging er zum Militär und wurde im Krieg schwer verwundet. Seine Leinwandkarriere begann 1945 mit kleinen Parts in Filmen wie „Doll Face", „Im Kreuzfeuer" und „Der Schrecken von Texas". 1949 gelang ihm der Durchbruch. Der Produzent Saul Lesser suchte einen Nachfolger für den Tarzan-Darsteller Johnny Weissmüller und fand ihn in dem hochgewachsenen und muskulösen Lex Barker. Nach „Tarzan und das blaue Tal" agierte Lex Barker in vier weiteren Filmen um den Dschungelhelden. 1954 hatte er genug von seinem Image als Urwaldmensch und ging nach Rom. Dort spielte er Piraten und Abenteurer in Billigproduktionen wie „Die Vergeltung des roten Korsaren", „Das Geheimnis der roten Maske" und „Robin Hood und die Piraten". Als Ehemann von Anita Ekberg war er 1956 in Fellinis „Das süße Leben" zu sehen, dem anspruchsvollsten Film seiner Karriere. 1962 stand Lex Barker erstmals für eine deutsche Produktion vor der Kamera: „Im Stahlnetz des Dr. Mabuse". Kurz darauf übernahm er die Rolle des Old Shatterhand in „Der Schatz im Silbersee". Der Film wurde ein großer Erfolg, für Lex Barker der Beginn einer neuen Karriere. Er spielte in neun weiteren Karl-May-Verfilmungen und wurde zum Liebling des europäischen und besonders des deutschen Publikums. Bis zuletzt versuchte sich Barker auch als Actionstar in Filmen wie „In Beirut sind die Nächte lang" und „Mister Dynamit – Morgen küßt euch der Tod". Seinen letzten Film „Winnetou und Old Shatterhand im Tal der Toten" drehte er 1968. 1973 brach Lex Barker in New York auf der Straße zusammen. Er starb kurz darauf an Herzversagen.

„Winnetou III" mit Pierre Brice, 1965

„Old Shatterhand", 1964

Ellen Barkin, geboren 1954 in New York

Die Tochter eines Handelsvertreters wuchs in dem berüchtigten New Yorker Stadtteil Bronx auf. Sie wurde an der School of Performing Arts in New York und am Hunter College zur Schauspielerin ausgebildet. Ihre Karriere begann mit einigen kleineren Fernsehauftritten und dem Thriller „Tod auf dem Campus" (1981). Danach spielte sie unbedeutende Rollen in den Filmen „Eddie And The Cruisers", „Harry & Son", „In der Hitze der Nacht", „Todespoker" und in Jim Jarmushs Kultfilm „Down By Law". 1986 brachte ihr „The Big Easy – Der große Leichtsinn" mit Dennis Quaid den entscheidenden Durchbruch. Sie wurde als erotische Neuentdeckung gefeiert. Kritiker bezeichneten Ellen Barkin als „weibliches Ereignis, das die Leinwand zum Schmelzen bringt". 1987 spielte sie die Hauptrolle in dem Psycho-Thriller „Siesta". Partner war ihr Ehemann Gabriel Byrne, mit dem sie einen Sohn hat. Nach „Made in Heaven" und „Blood Money" drehte sie mit Al Pacino ihren bisher größten Erfolg „Sea of Love". Die Presse überschlug sich mit Lobeshymnen auf die neue „Sexgöttin" der 90er Jahre. 1990 war die eigenwillige Schönheit Partnerin von Mickey Rourke in „Johnny Handsome".

Ellen Barkin

„The Big Easy – Der große Leichtsinn" mit Dennis Quaid, 1986

Kim Basinger

Kim Basinger, geboren am 8. Dezember 1953 in Athens, Georgia

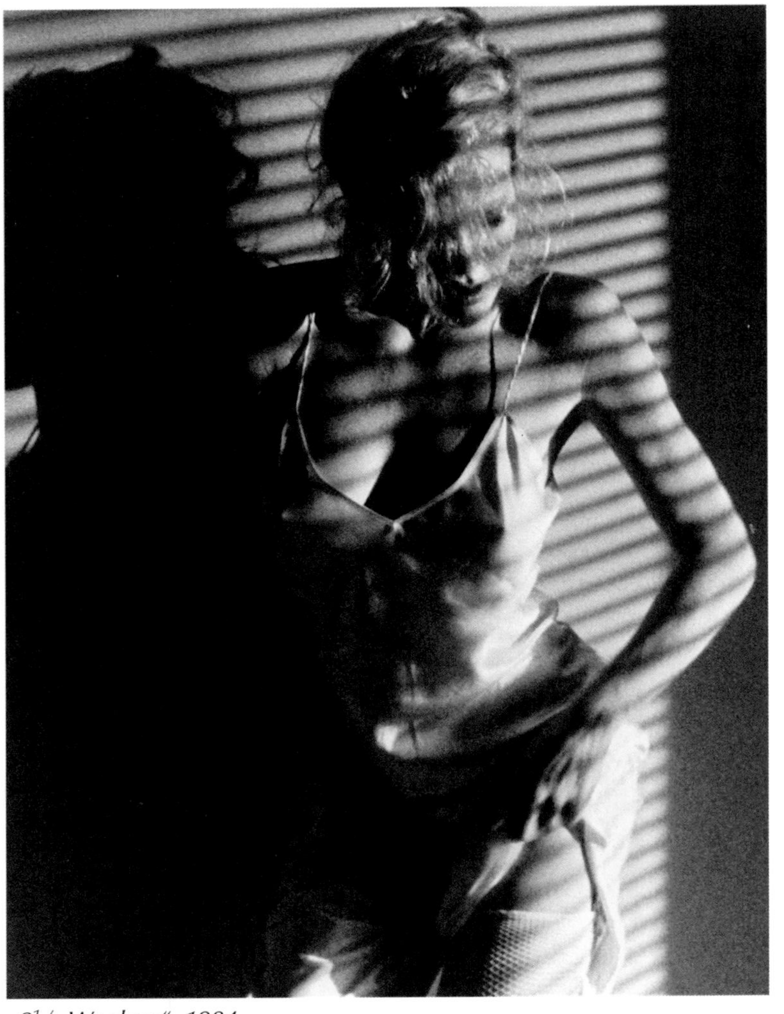
„$9^1/_2$ Wochen", 1984

Die Tochter einer Mittelklasse-Familie wuchs in den Südstaaten Amerikas auf. Als Kind war Kim scheu und schüchtern, spielte aber schon den Filmstar: „Papi, umarme mich wie im Kino". 1973 traute sich die blondmähnige Schönheit an einer Mißwahl teilzunehmen und gewann den Titel der „Junior Miss Georgia". Wenig später unterschrieb sie einen Vertrag als Fotomodell bei der weltberühmten Eileen-Ford-Agentur. Kims sinnlicher Schmollmund glänzte auf den Titelblättern fast aller Modezeitschriften, und sie wurde zum Revlon-Mädchen gewählt. Als 27jährige hatte die Südstaatlerin genug vom Posieren und zog nach Hollywood, um eine Filmkarriere zu beginnen. Die ersten Rollen in „Hard Country" und „Goldfieber" waren Flops, weitere Angebote blieben aus. Kim Basinger wußte sich zu helfen. Sie ließ sich für „Playboy" fotografieren und schickte die acht Seiten mit Kim pur an die wichtigsten Adressen der Filmbranche. „Der Prototyp einer neuen, galaktischen Frau" meinte Federico Fellini bei ihrem Anblick, und Sean Connery fand sie „einfach sagenhaft". Die Folge: 1983 spielte sie das Bond-Girl Domino in „Sag' niemals nie". Der Name Kim Basinger wurde weltweit bekannt. Im selben Jahr drehte sie mit Burt Reynolds „Frauen waren sein Hobby". Nach dem Softporno „$9^1/_2$ Wochen" mit Mickey Rourke gehörte Kim 1984 endgültig zur Starriege von Hollywood. Es folgten die Filme „Fool For Love", „Gnadenlos" und „Nadine". Mit dem Lacherfolg „Meine Stiefmutter ist ein Alien" wagte sich Kim an einen Komödienstoff. 1989 war sie als Reporterin Vicky Lane im Kassenknüller „Batman" zu sehen. „Marrying Man" folgte ein Jahr später. Ihre achtjährige Ehe mit dem Schminkmeister Ron Britton wurde 1990 geschieden. „Die Monroe der 80er Jahre" lebt privat eher zurückgezogen und meidet Hollywoods Glamourpartys. Denn ihrer Meinung nach hat ihr Image als Sexsymbol mit der wirklichen Kim Basinger nichts zu tun.

„Fool For Love", 1985

Anne Baxter, geboren am 7. Mai 1923 in Michigan City, Indiana, gestorben am 12. Dezember 1985

Anne Baxter gehörte zu den Frühstarterinnen im Showbusiness. Bereits als Elfjährige bekam sie Schauspielunterricht und trat zwei Jahre später erstmals am Broadway auf. Ihr Leinwanddebüt hatte sie 1940. Als 19jährige beeindruckte sie Publikum und Kritiker mit ihrer schauspielerischen Leistung in „Der Glanz des Hauses Amberson". Ihre nächsten Filme waren „Fünf Gräber bis Kairo", „Fünf Helden", „Skandal bei Hofe" und „Smoky, König der Prärie". Ihr größter Erfolg war 1946 „Auf Messers Schneide". Anne Baxter erhielt den „Oscar" für die beste weibliche Nebenrolle. In der Folgezeit beeindruckte sie in Filmen wie „Herrin der toten Stadt", „Alles über Eva" und „Gardenia – Eine Frau will vergessen". Mit ihrem zweiten Mann Randolph Galt verließ sie 1960 Hollywood, um auf einer einsam gelegenen Ranch in Australien zu leben. Die Erfahrungen beschrieb Anne Baxter in einem vielbeachteten Buch. Während der acht Jahre in Australien drehte sie die Filme „Auf glühendem Pflaster" (1962), „Hundert Stunden Angst" (1962) und „Die durch die Hölle gehen" (1966). Ihr letzter Film war 1980 „Jane Austen in Manhattan".

Anne Baxter

„Alles über Eva" mit George Sanders, 1950

„Der Gentleman-Zinker", 1966

Warren Beatty, geboren am 30. März 1937 in Richmond, Virginia

Der schöne „kleine" Bruder von Shirley MacLaine gehört seit Anfang der 60er Jahre zu den Stars der Kinowelt. Warren Beatty ist nicht nur ein guter Schauspieler, sondern auch ein talentierter Regisseur und Produzent. Mit seinem ersten Film „Fieber im Blut" wurde er 1961 bekannt und bekam Engagements für „Mein Bruder ... ein Lump", „Mickey One", „Versprich ihr alles". 1967 produzierte Warren Beatty den Erfolgsfilm „Bonnie und Clyde", in dem er an der Seite von Faye Dunaway auch die Hauptrolle spielte. Das Gangsterepos wurde für zehn „Oscars" nominiert. Acht Jahre später verfilmte er die Geschichte eines unermüdlichen Hollywood-Don Juans: „Shampoo" wurde auch deshalb ein Riesenhit, weil man süffisant vermutete, daß Frauenliebling Beatty sein eigenes Liebesleben zur Vorlage genommen hatte. 1978 entstand „Der Himmel soll warten". Beatty war am Drehbuch und an der Regie beteiligt und spielte die Hauptrolle. Acht „Oscar"-Nominierungen belohnten die Mühe. Seine Popularität verdankt der schöne Warren aber nicht nur seinen Kinoerfolgen oder dem politischen Engagement als Wahlhelfer für Präsidentschaftskandidaten von Kennedy bis Gary Hart. In die Schlagzeilen brachte ihn auch sein spektakulärer Ruf als Frauenheld. Zu Beattys Freundinnen zählten die schönsten und berühmtesten Frauen der Welt, unter ihnen Joan Collins, Julie Christie und Diane Keaton. Mit ihr spielte er 1981 die Hauptrolle in „Reds" und wurde für insgesamt vier „Oscars" als Schauspieler, Autor, Regisseur und Produzent nominiert. Der mehrfach preisgekrönte Film war allerdings kein finanzieller Erfolg, ebensowenig wie „Ishtar", den das Multitalent 1987 mit Dustin Hoffman und Isabelle Adjani drehte. Beatty ließ drei Jahre verstreichen und kam mit einem Knüller in die Kinos zurück: „Dick Tracy", eine Comicverfilmung mit vielen Stars; unter ihnen: Al Pacino, Madonna und Dustin Hoffman.

„Bonnie und Clyde" mit Faye Dunaway, 1967

„Reds", 1981

„Der Panther wird gehetzt“, 1959

„Außer Atem" mit Jean Seberg, 1960

„Außer Atem", 1960

„Der Dieb von Paris", 1967

Jean-Paul Belmondo, geboren am 9. April 1933 in Neuilly-sur-Seine, Frankreich

Jean-Paul Belmondo stammt aus einer Künstlerfamilie. Seine Mutter war Malerin, sein Vater Bildhauer und Präsident der Pariser Akademie der Schönen Künste. Nach 30 Kämpfen als Amateurboxer besuchte Jean-Paul eine Schauspielschule und zog zwei Jahre lang mit Wanderbühnen durch die Provinz. Zurück in Paris, bekam er 1957 seine erste Filmrolle: „A pied, à cheval et en voiture". In fünf weiteren Filmen spielte er hauptsächlich komische Rollen, bis er von Jean-Luc Godard in einem Café entdeckt und für „Außer Atem" (1960) an der Seite von Jean Seberg engagiert wurde. Der Kultfilm machte ihn über Nacht berühmt. In den 60er und 70er Jahren verkörperte Belmondo Abenteurer, Gangster und komische Helden, ebenso gut Verlierer und tragische Liebhaber. Jean-Pierre Melville über Belmondos Vielseitigkeit: „Er kann einfach alles, er ist der größte Schauspieler seiner Generation." Dieses Lob rechtfertigte „Bebel", wie er in Frankreich zärtlich genannt wird, in zahllosen Filmen, darunter „Der Panther wird gehetzt", „Das Haus in der Via Roma", „Abenteuer in Rio", „Das Geheimnis der falschen Braut" und „Borsalino". Belmondo begann nun, sich den Ruf eines Superstars der Action-Komödie zu schaffen. Rasant und mit dem ihm eigenen Siegerlächeln stürmte er in den 70er Jahren durch Filme wie „Le Magnifique", eine hinreißende Selbst-

„Geliebter Schuft" mit Mylène Demongeot, 1967

parodie, „Der Unverbesserliche" und „Ein irrer Typ". Ein Grund für den Erfolg seiner actionreichen Filme war Belmondos Vorliebe für gefährliche und spektakuläre Szenen, die er ohne Stuntman selbst spielte. Besonders den Frauen gefiel sein Draufgänger-Image. Nach der Scheidung von seiner ersten Frau Elodie (nach 13 Jahren Ehe) lebte er mit Ursula Andress, Laura Antonelli und der brasilianischen Schönheit Carlos Sotto-Mayor. Ende der 80er Jahre kehrte der beliebte Schauspieler zum Theater zurück und überraschte mit hervorragenden Leistungen in „Kean" und „Cyrano de Bergerac".

„Elf Uhr nachts" mit Anna Karina, 1965

Marisa Berenson

Marisa Berenson, geboren am 15. Februar 1948 in New York

„Cabaret", 1972

Die schöne Marisa kommt aus einer reichen amerikanischen Familie. Großonkel Bernard war ein berühmter Kunsthistoriker, Großmutter Elsa Schiaparelli eine legendäre Modeschöpferin. Von ihr hat Marisa den unfehlbaren Instinkt für schöne Kleider (1976 wurde sie zur bestangezogenen Frau der Welt erklärt), vornehme Eleganz und gediegenen Luxus. Die Tochter eines Diplomaten besuchte ab ihrem fünften Lebensjahr Privatschulen in der Schweiz, Italien und England, wo man höheren amerikanischen Töchtern die feine europäische Art beibringt. Als 16jährige hatte Marisa genug vom elitären Benimmunterricht und ging nach New York, um Model zu werden. Die mächtige Eileen-Ford-Agentur lehnte den Teenager ab, aber die Chefin der amerikanischen „Vogue", Diana Vreeland, war von Marisas Flair begeistert. In der Folge waren die makellosen Züge der grazilen Schönen in Amerikas edelsten Modejournalen zu sehen. Auch die Klatschpresse interessierte sich für das Model, das im internationalen Jet-set an der Seite von so berühmten Männern wie David de Rothschild oder Ricky von Opel gesehen wurde. Aber Marisas Ziel war nicht die Modebranche, sie wollte Schauspielerin werden. Die Chance kam, als Helmut Berger die Freundin Luchino Visconti vorstellte, der sie 1971 für „Tod in Venedig" engagierte. Ein Jahr später spielte Marisa die Rolle der schönen Jüdin Natalie Landauer im preisgekrönten Kultfilm „Cabaret". Stanley Kubrick war sofort von ihr begeistert („Sie ist sensationell zärtlich, aber auch eine Tigerin") und nahm Marisa für sein Historiengemälde „Barry Lyndon" unter Vertrag. Die Rolle der tragisch-schönen Lady Lyndon war ihr auf den eleganten Leib geschrieben, und der Film wurde ein voller Erfolg. In den folgenden Jahren wurde es stiller um Marisa Berenson. In „S. O. B." spielte sie 1982 ihre Paraderolle als Luxusgeschöpf, und 1985 bekam sie wieder begeisterte Kritiken für die Fernsehserie „Sins".

„Barry Lyndon", 1975

Candice Bergen

Candice Bergen, geboren am 9. Mai 1946 in Los Angeles

Wenn Kritiker über Candice Bergen schreiben, sind sie sich über zwei Dinge einig: Sie ist schön, und sie ist intelligent. Die bemerkenswerte Blondine wuchs im Nobelort Beverly Hills als Tochter des populären Bauchredners Edgar Bergen und der Schauspielerin Francis Weston auf. Candice studierte in den USA und in der Schweiz und hatte sich als Fotomodell in New York bereits einen Namen gemacht, als sie mit Sidney Lumets Film „Die Clique" (1966) ihren ersten schauspielerischen Erfolg hatte. Die „Schönheit mit Grips" war daraufhin an Drehorten in der ganzen Welt beschäftigt: auf Formosa für „Kanonenboot am Yangtse-Kiang", in Griechenland für „Der Tag, an dem die Fische kamen" und in Frankreich für „Lebe das Leben". Candice Bergen spielte sich durch die ganze Palette der Frauenrollen und überzeugte als blondes Dummchen ebenso wie als aktive Feministin. Zu ihren Erfolgen zählen Filme wie „Das Wiegenlied vom Totschlag", „Tanja Baskin – Anruf genügt" und „Die Kunst zu lieben". Dennoch nahm die vielseitige Schauspielerin ihren Beruf lange nicht ernst. „Ich betrachtete das als einen Job zum Geldverdienen", sagte Candice damals. „Ich dachte, meine Begabungen lägen beim Fotografieren und beim Schreiben". In einer zweijährigen Filmpause arbeitete sie als Bildjournalistin. Ihre vielbeachteten Reportagen über China, die Massai in Kenya, Kaiser Haile Selassi und US-Präsident Ford verschafften ihr den Respekt der Presseprofis. Mit 30 Jahren hatte sie genug vom Reisen und vom unsteten Leben zwischen zwei Berufen. Candice entschied sich endgültig für die Schauspielerei und für Rollen in den Filmen „Auf ein Neues", „Die wilden Reichen", „Olivers Story" und „Gandhi". 1980 heiratete sie den französischen Regisseur Louis Malle; vier Jahre später kam ihr Bestseller „Knock Wood" auf den Markt. Mit „Murphy Brown" feierte die schöne Candice Ende der 80er Jahre im US-Fernsehen Triumphe. Die Serie wurde mit dem „Golden Globe" und dem „Emmy" ausgezeichnet.

„Der Wind und der Löwe", 1976

„Die Clique", 1966

„Die Verdammten", 1969

Helmut Berger, geboren als Helmut Steinberger am 29. Mai 1944 in Bad Ischl, Österreich

Helmut Berger, Sohn eines Gastwirtehepaares, beschloß nach dem Besuch des Franziskaner-Kollegs in Feldkirch Schauspieler zu werden. Er ging nach Paris und jobbte als Fotomodell, ehe er nach Italien zog, um an der Universität von Perugia zu studieren. Der Regisseur Luchino Visconti sah ihn als Statist in einem Film und bot ihm 1969 die Hauptrolle in „Die Verdammten“ an. Nach dem erfolgreichen Auftakt seiner internationalen Karriere drehte Berger mit Elizabeth Taylor („Die Rivalin“) und Fabio Testi („Der Garten der Finzi Contini“) und überzeugte auch in „Das Bildnis des Dorian Gray“. Den größten Erfolg seiner Laufbahn konnte er 1972 in dem Visconti-Film „Ludwig II.“ feiern, in dem er an der Seite von Romy Schneider grandios den weltfremden und introvertierten Bayernkönig verkörperte. Es schien nur noch eine Frage der Zeit, bis Helmut Berger zum Weltstar avancieren würde, als 1976 sein Freund und Mentor Visconti starb. Berger, der von sich sagte, er sei „ohne Visconti ein armer Hund“, drehte kaum noch Filme, trank übermäßig viel Alkohol und unternahm am ersten Todestag seines Freundes einen Selbstmordversuch. Der „schönste Mann der Welt“, wie er immer wieder genannt wurde – Marlene Dietrich schenkte ihm einst ein Filmplakat mit ihrem Konterfei als „Der blaue Engel“ und schrieb dazu: „Wer von uns beiden ist eigentlich der Schönere?“ –, machte eher durch Jet-set-Anekdoten von sich reden als durch erfolgreiche Filme. Was er ablieferte, war mittelmäßig wie „Unternehmen Entebbe“, „Das fünfte Gebot“ und „Rosen von Danzig“. Bergers große Zeit scheint vorbei. Im Herbst 1984 gab er – Tiefpunkt einer internationalen Karriere – sein Debüt in der amerikanischen Fernsehserie „Denver Clan“.

„Gewalt und Leidenschaft“ mit Silvana Mangano, 1974

„Ludwig II.“ 1972

Senta Berger, geboren am 13. Mai 1941 in Wien

Die Tochter des Komponisten Josef Berger begann ihre Schauspielausbildung 1957 am Max-Reinhardt-Seminar. Sie wurde vorzeitig entlassen, weil sie gegen das Verbot, während der Ausbildung in Filmen mitzuspielen, verstoßen hatte. Nach einigen kleinen Rollen brachte ihr der Auftritt an der Seite von Albert Finney in „Die Sieger" einen Vertrag mit der Columbia ein. Senta Berger kehrte nach einer kurzen Zeit in Hollywood nach Europa zurück und heiratete den Arzt, Schauspieler, Regisseur und Produzenten Michael Verhoeven. Während der 60er Jahre spielte sie in Filmen wie „Es muß nicht immer Kaviar sein" oder „Das Testament des Dr. Mabuse". Im folgenden Jahrzehnt bekam Senta Berger vornehmlich Rollen, in denen weniger ihr schauspielerisches Können als ihre erotische Ausstrahlung gefragt war. Die meisten dieser Klamotten wie „Als die Frauen noch Schwänze hatten" und „Toll trieben es die alten Germanen" entstanden in Italien. In den 80er Jahren legte sie ihr Image als Sexhäschen ab, spielte ernsthafte Theaterrollen und startete eine Fernsehkarriere mit „Kir Royal" und „Die schnelle Gerdi".

„Die Moral der Ruth Halbfass", 1972

„Reigen" mit Helmut Berger, 1973

Ingrid Bergman

„Spiel mit dem Schicksal", 1945

„Gefährliche Liebe", 1941

Ingrid Bergman, geboren am 29. August 1915 in Stockholm, gestorben am 29. August 1982

Ingrid Bergman wurde mit zwölf Jahren Waise. Sie war einsam, scheu, zog sich in sich selbst zurück – und nahm sich „fest vor, Schauspielerin zu werden", um „das, was ich nicht wirklich war", wenigstens spielen zu können. 1933 begann sie das Schauspielstudium, und schon ein Jahr später bekam sie ihre erste Filmrolle. Gustav Molander, einer der besten schwedischen Regisseure jener Zeit, nahm das Jungtalent unter seine Fittiche. Er inszenierte auch das Melodram „Intermezzo" (1936), das Amerika auf die schöne Schwedin aufmerksam machte. Produzent David O. Selznick holte sie nach Hollywood, pries die „Kombination von aufregender Schönheit und frischer Reinheit", und mit einem Remake von „Intermezzo" (1939) begann die US-Karriere der Ingrid Bergman. Mit ihrer Ausstrahlung und ihrer künstlerischen Ausdruckskraft wurde die „Palmolive-Garbo" (Selznick) zum Superstar. Die Bergman arbeitete mit Top-Regisseuren wie Hitchcock („Ich kämpfe um dich", 1945; „Berüchtigt", 1946) oder Sam Wood („Wem die Stunde schlägt", 1943) und hatte Hollywood-Helden wie Cary Grant, Gary Cooper und Charles Boyer als Partner. 1943 drehte sie an der Seite von Humphrey Bogart mit „Casablanca" jenes Melodram, das zum größten Kultfilm der Kinogeschichte wurde. Dann aber beging Hollywoods „Heilige Johanna" (ihren Traumpart spielte sie

„Wem die Stunde schlägt", 1943

„Lieben Sie Brahms?", 1960

1948) den „Sündenfall". Sie provozierte einen ungeheuren Skandal, als sie 1950 ihren Mann Peter Lindström und Tochter Pia verließ, um den italienischen Regisseur Roberto Rossellini zu heiraten. Sieben Jahre währte diese Beziehung, aus der drei Kinder (darunter die ebenfalls schauspielernde Tochter Isabella Rossellini) und sechs Filme (u. a. „Stromboli", 1950) hervorgingen. 1956 wurde die Verstoßene von Hollywood wieder in Gnaden aufgenommen und als „Anastasia" mit dem zweiten „Oscar" ihrer Laufbahn geehrt; den ersten hatte sie 1944 für „Das Haus der Lady Alquist" bekommen, einen dritten erhielt sie 1974 für eine Nebenrolle in „Mord im Orient-Express". Die Bergman drehte Erfolgsfilme wie „Indiskret" (1958), „Die Kaktusblüte" (1969) und 1978 „Herbstsonate". Ein letztes Mal beeindruckte sie, schon von der Krebskrankheit gezeichnet, 1982 in der Teleproduktion „Golda".

„Die Herberge zur 6. Glückseligkeit", 1958

Elisabeth Bergner

Elisabeth Bergner, geboren am 22. August 1897 in Drohobycz, UdSSR, gestorben am 12. Mai 1986

Privaten Schauspielunterricht erhielt Elisabeth Bergner erstmals im Alter von zehn Jahren. Gegen den Willen ihrer Eltern besuchte sie sechs Jahre später das Konservatorium in Wien und wechselte von dort nahtlos an das Innsbrucker Stadttheater. Über Zürich, Wien und München kam sie an Max Reinhardts Deutsches Theater in Berlin, wo sie in den 20er Jahren als „Heilige Johanna", „Fräulein Julie", „Kameliendame" oder „Königin Christine" Triumphe von heute kaum noch nachvollziehbarem Ausmaß feierte. „Sie steht jenseits von irgendwelchem Könnerprotz, etwas Großes, Vereinzeltes", schwärmte beispielsweise Kritikerpapst Alfred Kerr. Kurt Tucholsky schrieb: „Bergner! Bergner! Wie das blüht und duftet! Wie das im höchsten Sinne Kunst ist und im höchsten Sinne Natur!" Und das Publikum kopierte hemmungslos den von ihr kreierten androgynen Garçonne-Look und die in die Stirn fallende Bergner-Locke. Ihr Leinwanddebüt gab die „Elfe mit dem Pagenkopf" 1924 in „Der Evangelimann". Auch in diesem Medium gehörte sie bald zu den Spitzenstars: „Nju" (1924), „Der Geiger von Florenz" (1926), „Ariane" (1930) und „Der träumende Mund" (1932), ausnahmslos von ihrem späteren Mann Paul Czinner in Szene gesetzt, waren weltweit Kassenhits. Vor den Nazis floh das Ehepaar Bergner/Czinner 1932 nach London. Hier startete die Schauspielerin eine zweite, ebenso glanzvolle Bühnenkarriere, die sie während des Zweiten Weltkriegs für ein Gastspiel am Broadway unterbrach. Erst 1962, nach 30 Jahren im britischen Exil, kehrte sie für Wolfgang Staudtes „Die glücklichen Jahre der Thorwalds" nach Deutschland zurück. Von ihrem spitzbübischen Charme, ihrer sparsamen Mimik und ihrer suggestiven Stimme hatte sie noch nichts eingebüßt, als sie in den 70er Jahren für „Der Fußgänger" und „Der Pfingstausflug" sowie 1981 – immerhin 84jährig – für „Feine Gesellschaft" vor der Kamera stand. 1978 veröffentlichte sie ihre „unordentlichen Erinnerungen": „Bewundert und viel gescholten".

„Katharina die Große" mit Douglas Fairbanks, jr., 1934

„Die glücklichen Jahre der Thorwalds" mit Dietmar Schönherr, 1962

Willy Birgel, geboren am 19. September 1891 in Köln, gestorben am 29. Dezember 1973

Nach dem Abschluß seines Kunststudiums ging Willy Birgel zur Schauspielschule in Köln, erhielt 1913 sein erstes Bühnenengagement und war schon bald ein beliebter Theaterschauspieler. 1934 entdeckte ihn Paul Wegener für den Film „Ein Mann will nach Deutschland". Willy Birgel wurde schnell zum Inbegriff des kultivierten und gutaussehenden Charmeurs. Mit Filmen wie „Das Mädchen Johanna", „Einer zuviel an Bord", „Schlußakkord" und „Zu neuen Ufern" avancierte er zum Publikumsliebling und Kassenmagneten und trat in den 30er Jahren gemeinsam mit Zarah Leander in einer Reihe von simpelgestrickten Unterhaltungsfilmen auf. Während des Zweiten Weltkrieges machten sich die Nationalsozialisten Birgels Image des Vorzeigedeutschen zunutze und setzten ihn in propagandistischen Epen wie „... reitet für Deutschland" ein. Seiner Popularität schadeten diese Auftritte nicht. Nach dem Krieg wirkte er wieder erfolgreich in Dramen („Das ewige Spiel") und Liebesgeschichten („Rosenmontag") mit. Willy Birgel, der auch häufig in Fernsehspielen und auf der Theaterbühne zu sehen war, beendete seine Karriere 1968 mit dem Kriminalfilm „Sommersprossen".

„Der Blaufuchs" mit Zarah Leander, 1938

„Wenn die Abendglocken läuten" mit Julia Fjorsen, 1951

Jane Birkin 1976

Jane Birkin, geboren am 14. Dezember 1946 in London

„Cannabis – Engel des Bösen" mit Serge Gainsbourg, 1970

Die Tochter der Schauspielerin Judy Campbell und Cousine des berühmten Regisseurs Carol Reed wuchs in London auf, wo sie eine solide Bühnenausbildung absolvierte. 1963 debütierte sie am Theater. Aufmerksamkeit erregte sie wenig später durch die Freizügigkeit, mit der sie sich in kleinen Filmrollen zeigte, wie z. B. in Antonionis „Blow Up", wo sie als Groupie nackt mit David Hemmings herumbalgte. Als Brigitte Bardot das bereits aufgenommene Skandallied „Je t'aime – moi non plus" nicht freigab, produzierte Serge Gainsbourg die Platte mit der bedenkenlosen Jane und machte sie damit berühmt. Mehr als 2,5 Millionen Kopien wurden von dem Stöhnsong verkauft. Gleichzeitig wurde Jane Birkin Gainsbourgs Lebensgefährtin. Damit begann ihre Karriere in Frankreich, die sie bis auf wenige Ausnahmen (wie die Agatha-Christie-Verfilmung „Tod auf dem Nil", 1978) auf anspruchslose Rollen von sinnesfreudigen Sexkätzchen festlegte: in „Don Juan 73" (1973), „Die Piratin" (1984), „Beethovens Neffe" (1985) und „La femme de ma vie" (1988). Auf ihre erotische Ausstrahlung angesprochen, äußerte die Schauspielerin in einem Interview: „Ich habe mich nie ganz fraulich gefühlt. Ich habe keinen Busen, aber krumme Beine, zu lange Zähne, runde Augen und, wenn ich einer Verkäuferin glauben soll, eine Wirbelsäulenverkrümmung, die Serge liebevoll meine ‚Verbiegung' nennt." Vor ihrer Liaison mit Gainsbourg war Jane Birkin mit dem James Bond-Komponisten John Barry verheiratet und lebte kurze Zeit mit dem Regisseur Jacques Doillon zusammen. Von jedem ihrer (drei) Männer hat sie eine Tochter. Charlotte Gainsbourg ist seit dem Film „Die kleine Diebin" (1988) in Frankreich bereits ein Star. In den 80er Jahren entwickelte sich Jane Birkin zu einer ernstzunehmenden Schauspielerin und Sängerin, der die Regisseurin Agnès Varda 1988 ein persönliches Filmporträt widmete, „Jane B". Im selben Jahr kam auch „Die Zeit mit Julien" in die Kinos, zu dem Jane Birkin das Drehbuch schrieb.

„Je t'aime", 1975

Jacqueline Bisset

Jacqueline Bisset, geboren am 13. September 1944 in Weybridge, England

Ein schönes Mädchen in einem Schaumbad auf einem Werbeplakat in London, vor dem der Regisseur Richard Lester fasziniert stehenbleibt: Beginn der Kinokarriere des Fotomodells Jacqueline Bisset, Tochter eines englischen Landarztes und einer französischen Anwältin. Die Schaumgeborene bekam in Lesters Komödie „Der gewisse Kniff" 1964 ihre erste Rolle. Auch Roman Polanski, Entdekker junger weiblicher Talente aus Lust und Profession, interessierte sich für die Newcomerin. Er engagierte sie für „Wenn Katelbach kommt". Nach einem weiteren Mini-Engagement übersiedelte die Bisset nach Hollywood. Weil Mia Farrow sich mit ihrem Ehemann Frank Sinatra zerstritten hatte, lehnte sie es ab, die Hauptrolle in „Der Detektiv" an seiner Seite zu spielen. Miss Bisset wurde Nutznießerin des Ehezwists – und bekam ihre erste Hauptrolle. Der steile Aufstieg: „Bullit" mit Star-Macho Steve McQueen, „Le Magnifique – Ich bin der Größte" mit Belmondo. Und dann der Triumph: eine Hauptrolle bei François Truffaut. In dem Film-im-Film-Film „Die amerikanische Nacht" zeigte Jacqueline Bisset sich von einer neuen Seite, anrührend und schön, wandelbar und deutlich vom Regisseur ins Rollenverständnis geführt. 1973 lief der Film in Cannes und war die Sensation des Festivals. Die Bisset: „Für Truffaut hätte ich auch ohne Gage gearbeitet!" Aus dem Model war ein Star geworden. Jacqueline nahm auch dürftige Rollen wie in dem Thriller „Die Tiefe" an – der Wet-Look (Taucherin in hautengem, nassen T-Shirt) als Ersatz für Darstellerleistung. Die zeigte sie dann wieder in „Der Richter und sein Henker" (1975) nach dem Dürrenmatt-Roman unter der Regie von Maximilian Schell und in Anthony Pages Judendrama „Versteckt" (1984). Die Schauspielerin lebte sieben Jahre mit dem Tänzer Alexander Godunow zusammen – wie mit dem Kollegen Michael Sarrazin und dem Maler Victor Drai. Seit 1989 ist sie mit dem Schauspieler und Regisseur Vincent Perez (17 Jahre jünger) liiert und lebt in Los Angeles.

„Die amerikanische Nacht" mit François Truffaut, 1973

„Unter dem Vulkan", 1985

Claire Bloom

Claire Bloom, geboren am 15. Februar 1931 in London

Als Neunjährige wurde Claire Bloom während der deutschen Angriffe auf London in die Vereinigten Staaten evakuiert, 1943 kehrte sie heim. Nach dem Besuch der Musik- und Schauspielschule Guildhall wurde die 15jährige Mitglied des Oxford Repertory Theatre und spielte bald in verschiedenen Shakespeare-Inszenierungen in Stratford-upon-Avon. Mit siebzehn debütierte sie in einer Episodenrolle beim Film („The Blind Goddess"). Über Nacht weltberühmt wurde Claire Bloom, als Charlie Chaplin ihr 1952 in seinem letzten amerikanischen Film „Rampenlicht" den Part des Mädchens Terry anvertraute, einer kleinen Tänzerin, die aus Verzweiflung über Fehlschläge Selbstmord begehen will und von einem alternden Clown (gespielt von Chaplin selbst) gerettet wird. „Für die Rolle des Mädchens", so schreibt Chaplin in seiner Autobiographie, „verlangte ich das Unmögliche: Schönheit, Talent und eine große Spannweite der Gefühle. Nach monatelanger vergeblicher Suche hatte ich schließlich das Glück, Claire Bloom zu verpflichten." Seither steht die dunkelhaarige, rehäugige Engländerin, die ebenso schön wie talentiert ist, selbst im Rampenlicht. „Sie könnte nicht schöner sein, ohne das Gleichgewicht der Natur zu stören", schrieb ein Kritiker. Obwohl Claire Bloom in erster Linie eine Theaterschauspielerin blieb, drehte sie immer wieder bemerkenswerte Filme. Dazu gehören „Richard III." (1955), „Die Brüder Karamasow" (1957), „Blick zurück im Zorn" (1959), „Der Spion, der aus der Kälte kam" (1965) oder „Verbrechen und andere Kleinigkeiten" (1989 mit Woody Allen). Dazu kamen Fernsehaufgaben wie etwa „Wiedersehen mit Brideshead" (1985). „Ich glaube, wenige Berufe haben so viel mit Zufall und so wenig mit klarer Zielsetzung zu tun", schrieb sie in ihrer 1982 erschienenen Autobiographie „Limelight & After: The Education of an Actress". Claire Bloom war von 1959 bis 1969 mit dem Schauspieler Rod Steiger verheiratet.

„Die Brüder Karamasow" mit Maria Schell (l.), 1957

„Rampenlicht" mit Charlie Chaplin, 1952

Karlheinz Böhm, geboren am 16. März 1928 in Darmstadt

Ursprünglich wollte der Sohn des Dirigenten Karl Böhm und der Sopranistin Thea Linhard Pianist werden. Auf Anraten von Experten gab er diesen Wunsch jedoch auf und nahm Schauspielunterricht. Bereits als 20jähriger Ensemblemitglied des Wiener Burgtheaters, spielte Karlheinz Böhm seine erste Filmrolle 1949 in „Der Engel mit der Posaune". Mit trivialen Unterhaltungsfilmen wie „Alraune" (1952), vor allem aber als Filmkaiser Franz Joseph in der „Sissi"-Trilogie (1955, '56 und '57) erspielte er sich in den 50er Jahren ein „Marzipanschweinchen-Image, das jede Entwicklung unmöglich machte" (Interview in „Cosmopolitan"). Daß er 1960 in „Augen der Angst" einen Mörder spielte, löste einen Skandal aus und beendete seine Filmkarriere. In den kommenden Jahren versuchte er sich als Opernregisseur und arbeitete gelegentlich für das Fernsehen. Sein schauspielerisches Potential entdeckte erst Rainer Werner Fassbinder, der ihn in „Effi Briest" (1974) und „Faustrecht der Freiheit" (1975) einsetzte. Seit 1981 ist Karlheinz Böhm mit seiner Organisation „Menschen für Menschen" als Entwicklungshelfer in Äthiopien tätig.

Karlheinz Böhm 1974

„Sissi" mit Romy Schneider, 1955

Dirk Bogarde

Dirk Bogarde, geboren als Derek van den Bogaerde am 28. März 1921 in London

„Sebastian", 1967

Von frühester Jugend an hatte Dirk Bogarde Kontakt zur Kunst. Kein Wunder, denn seine Mutter war die berühmte Schauspielerin Margaret Niven und sein Vater Kunstkritiker bei der Londoner „Times". Nach der Schule studierte Bogarde Literatur, Bildhauerei (unter anderem bei Henry Moore), Sprachen und Graphik, um Bühnenbildner zu werden. Doch während des Studiums änderte er seine Meinung und entschloß sich, seiner Mutter nachzueifern und sich als Schauspieler zu versuchen. Seine erste Rolle durfte er am Londoner „Q"-Theater spielen, als einer der Darsteller erkrankte und er einspringen konnte. Es folgten zwei mäßig erfolgreiche Bühnenjahre, bevor er 1941 in die Armee eintrat. Nach einer fünfjährigen Militärzeit versuchte Bogarde, in seinem Metier wieder Fuß zu fassen, und ergatterte einige Engagements. Mit der Zeit machte er sich als Charakterdarsteller einen Namen, bekam 1948 seine erste Filmrolle in „Esther Waters" und einen Vertrag mit der britischen Produktionsgesellschaft „Rank". In den folgenden Jahren spielte Bogarde sich in Filmen wie „Die blaue Lampe", „Verbrechen ohne Schuld" und „Sekunden der Verzweiflung" an die Spitze der europäischen Darstellerriege. Vier Jahre lang übernahm er die Hauptrolle in der erfolgreichen „Doktor"-Serie, bei der er in den 50er Jahren mit lockeren Späßen für volle Kinosäle sorgte. Erst in den 60ern bekam er die Chance, sein ganzes Können unter Beweis zu stellen. Mit Filmen wie „Der Diener" und „Tod in Venedig" (Regie: Luchino Visconti) gelang es Bogarde, sich auch als Darsteller ernster Rollen zu etablieren. Nach weiteren vielbeachteten Parts in „Der Nachtportier" und Fassbinders „Eine Reise ins Licht – Despair" wurde es jedoch lange Zeit still um den Schauspieler. Er veröffentlichte eine Autobiographie und zwei Romane und feierte 1990 mit „Daddy Nostalgie" an der Seite von Jane Birkin ein Comeback.

„Tod in Venedig", 1970

„African Queen", 1951

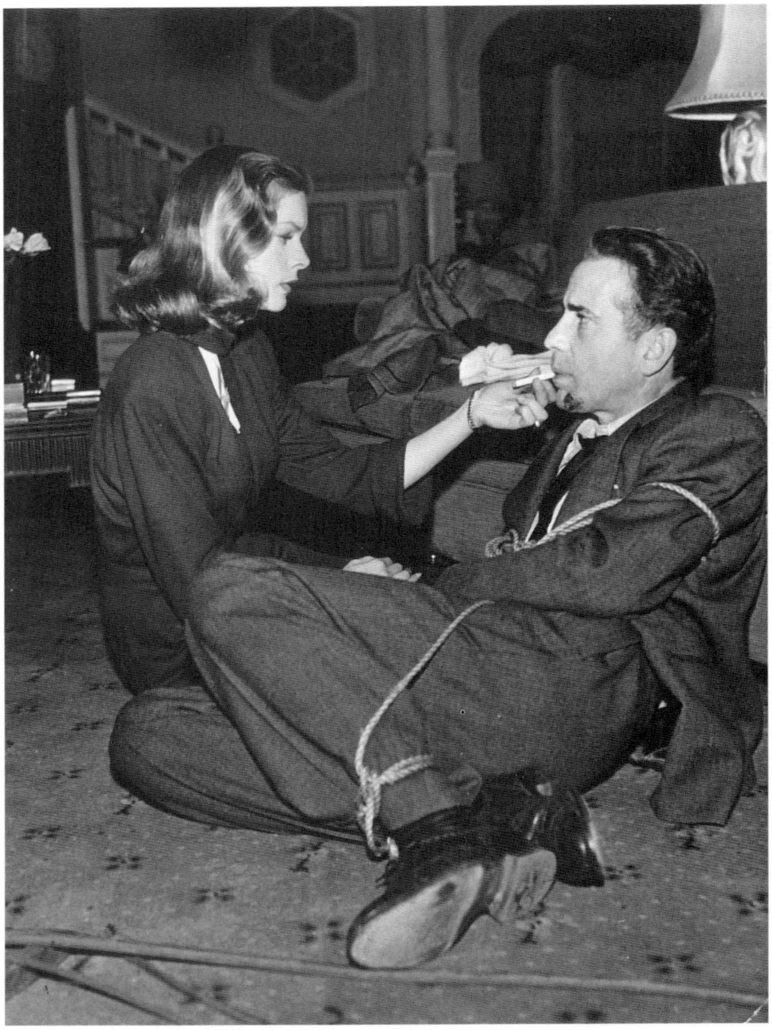

„Tote schlafen fest" mit Lauren Bacall, 1946

„Schach dem Teufel", 1953

Humphrey Bogart

Humphrey Bogart, geboren als Humphrey de Forest Bogart am 23. Januar 1899 in New York, gestorben am 14. Januar 1957

Statt in die Fußstapfen seines Vaters, eines New Yorker Chirurgen, zu treten, brach Humphrey Bogart während des Ersten Weltkrieges sein Medizinstudium in Yale ab und meldete sich freiwillig zur Marine. Nach seiner Entlassung jobbte er bei einem befreundeten Theaterproduzenten, der ihn als Statist am Broadway unterbrachte. Auf Kleinst- und Nebenrollen blieb er auch abonniert, als er in den 30er Jahren zum Film wechselte. „Ich habe mehr lausige Filme gemacht als jeder andere Schauspieler in der Geschichte", erinnerte sich Bogart später an diese Zeit, in der er vornehmlich Ganoven darstellte. Einen ersten Achtungserfolg konnte er 1935 in „Der versteinerte Wald" erzielen. Den ganz großen Durchbruch schaffte der damals bereits 42jährige jedoch erst 1941 als Privatdetektiv Sam Spade in „Die Spur des Falken". John Hustons Regiedebüt bot Bogart erstmals die Rolle, für die er noch heute berühmt ist: die des einsamen Großstadtwolfes, des harten Individualisten mit dem weichen Kern, des Verlierers, der sich dennoch stets treu bleibt. Eine Rolle, die er besonders eindrucksvoll in den Filmen der „Schwarzen Serie" Hollywoods wie „Haben und Nichthaben" (1944) und „Tote schlafen fest" (1946) verkörperte. Die weibliche Hauptrolle spielte jeweils Humphrey Bogarts vierte Ehefrau Lauren Bacall, mit der er bis

„Casablanca" mit Claude Rains, Paul Henreid und Ingrid Bergman (v. l.), 1942

zu seinem Tode eine äußerst glückliche Ehe führte. Unvergessen ist auch Bogarts Darstellung in Michael Curtiz' Kultfilm „Casablanca": Wenn „Bogey" alias Rick „Ich schau' Dir in die Augen, Kleines" schmachtet oder Rick und Elsa (Ingrid Bergman) sich zu Sams Song „As time goes by" an ihre vergangene Affäre in Paris erinnern, bekommen Cineasten in aller Welt bis heute feuchte Augen. Schauspielerische Bestleistungen zeigte Humphrey Bogart vor allem unter der Regie von John Huston, mit dem er „Der Schatz der Sierra Madre" (1947), „Key Largo" (1948) und „African Queen" (für den 1951 realisierten Klassiker erhielt er seinen einzigen „Oscar") drehte. Zu Bogarts späteren Glanzrollen zählen der spröde Millionär in „Sabrina" (1954), der distanzierte Manager in „Die barfüßige Gräfin" (1954) und der abgefeimte Sportjournalist in „Schmutziger Lorbeer" (1956).

„Casablanca" mit Ingrid Bergman, 1942

„The Catered Affair", 1956

Ernest Borgnine, geboren als Ermes Effron Borgnino am 24. Januar 1918 in Hamden, Connecticut

Ernest Borgnine dachte nach seinem High-School-Abschluß 1935 nicht daran, Schauspieler zu werden, und ging zur Marine. Nach fünf Jahren (davon zweieinhalb als Schiffskoch) wurde er als Soldat in den Zweiten Weltkrieg eingezogen. 1945, wieder in Zivil, wußte Ernest Borgnine nicht recht, was tun. Seine Mutter, eine italienische Gräfin, meldete den schwergewichtigen Sohn (über 100 Kilo) in der Randall School of Dramatic Art an, und Ernest wurde Schauspieler. Mit dem Barter Theatre tourte er vier Jahre lang durch die USA und verfügte am Ende über ein Repertoire von 14 Rollen. 1960 wurde Ernest Borgnine von dem Talentsucher Brock Pemberton entdeckt. Er holte den talentierten Charakterdarsteller für das Theaterstück „Harvey" an den Broadway. Kurz darauf spielte Borgnine neben Helen Hayes in dem Bühnenerfolg „Mrs. McThing" und stand für „Whistle at Eaton Falls" erstmals vor der Kamera. In den folgenden Jahren wechselten sich Theater- und Filmrollen ab, und Ernest brachte es nebenher auf 200 Auftritte in Fernsehspielen, die damals noch live gesendet wurden. 1953 gelang ihm der internationale Durchbruch mit der Darstellung des sadistischen Sergeant Fatso in dem Filmhit „Verdammt in alle Ewigkeit". Borgnine lief Gefahr, der Bösewicht und Schurke vom Dienst zu werden, bis er drei Jahre später den gutmütigen, trotteligen Metzger in „Marty" spielte. Das brachte ihm den „Oscar" und Rollenangebote ein, die seiner schauspielerischen Vielseitigkeit entsprachen. „Ich bin ein Vieh, das auf allen Weiden grasen kann" sagt Borgnine über sich selbst. Seine Filme bestätigen diese Selbsteinschätzung: In „Das dreckige Dutzend" ist er ein korrupter Offizier, in „Eisstation Zebra" ein verschlagener Russe, in „Revengers" ein Schweinehund, in „Die Höllenfahrt der Poseidon" ein gutherziger Polizist und in „Ein Zug für zwei Halunken" ein selbstgerechter Zugbegleiter. Einen freundlichen Piloten spielte Borgnine in der Fernsehserie „Airwolf".

„Eisstation Zebra", 1968

„Revengers", 1972

Dieter Borsche, geboren am 25. Oktober 1909 in Hannover, gestorben am 5. August 1982

Dieter Borsches Weg zur Bühne war vorbestimmt: Der Vater war Kammermusiker, die Mutter Sängerin und die erste Liebe eine Ballettänzerin. Borsche nahm Tanz-, Ballett- und Schauspielunterricht, schaffte aber den großen Durchbruch erst 1949 als Kaplan Imhoff in Harald Brauns „Nachtwache". Der Streifen wurde ein großer Publikumserfolg und legte den Schauspieler für längere Zeit auf die Rolle des distinguierten Herrn fest. In den 50er Jahren drehte er seine erfolgreichsten Filme, unter ihnen „Dr. Holl" (mit Maria Schell, 1951) und „Königliche Hoheit" (mit Ruth Leuwerik, 1953). Er spielte sich besonders in die Herzen der weiblichen Zuschauer. Später, vor allem in zahlreichen Edgar-Wallace-Filmen („Die toten Augen von London", 1960), schlüpfte Borsche auch in die Rolle des Bösewichts. Auf der Bühne profilierte er sich 1963 in Berlin als Papst Pius XII. in der Uraufführung von Rolf Hochhuths „Der Stellvertreter". Diese Rolle ermöglichte Borsche den Sprung zum geachteten Charakterdarsteller, der er auch später in zahlreichen Fernsehfilmen war („In der Sache J. Robert Oppenheimer", 1981).

„Königliche Hoheit" mit Ruth Leuwerik, 1953

„Die Barrings" mit Nadja Tiller, 1955

„Paris . . . Palace Hotel", 1956

Charles Boyer, geboren am 28. August 1897 in Figeac, Frankreich, gestorben am 26. August 1978

„Maria Walewska" mit Greta Garbo, 1937

Der Sohn eines Maschinenfabrikanten schloß an der Sorbonne in Paris zuerst sein Philosophiestudium ab, bevor er sich auf die Bühne wagte. 1920 debütierte Charles Boyer mit „L'homme du large" beim Film. In Deutschland stand er in den Produktionen „Tumult" und „F. P. 1 antwortet nicht" vor der Kamera. Der Ruf nach Hollywood kam in den 30er Jahren. Charles Boyer spielte in „Sensationsprozeß Mary Dugan" und „Liliom" und sprach nach Abschluß der Dreharbeiten perfekt Englisch. Seiner amerikanischen Karriere stand nichts mehr im Wege. 1936 erspielte er sich Starruhm: an der Seite von Marlene Dietrich in „Der Garten Allahs". Seinen größten Erfolg hatte Boyer ein Jahr später als Napoleon neben der „göttlichen" Greta Garbo in dem Film „Maria Walewska". Fortan galt er als Prototyp des galanten Franzosen, des Gentleman mit einer perfekten Mischung aus weltmännischer Gewandtheit und parkettsicherer Eleganz. In den folgenden Jahrzehnten spielte Boyer den Bonvivant und Charmeur neben den berühmtesten Schauspielerinnen seiner Epoche wie Bette Davis in „Das Glück in der Glaskugel", Sophia Loren in „Wie herrlich, eine Frau zu sein", Brigitte Bardot in „Die Pariserin", Lilli Palmer in „Julia, du bist zauberhaft", Ingrid Bergman in „Das Haus der Lady Alquist" und Audrey Hepburn in „Wie klaut man eine Million?". 1951 gründete Boyer mit den Kollegen David Niven und Dick Powell eine Fernsehproduktionsgesellschaft, die „Four Star Television", und trat sowohl in Eigenproduktionen („Gauner gegen Gauner") als auch immer wieder in Theaterstücken auf. Charles Boyer war seit 1934 mit der Engländerin Patricia Paterson verheiratet. Die Ehe galt als die glücklichste und stabilste Beziehung im scheidungsfreudigen Hollywood. Als seine Frau 1978 an Krebs starb, nahm Boyer zwei Tage später eine Überdosis Schlaftabletten.

„Das Haus der Lady Alquist" mit Ingrid Bergman (l.) und Joseph Cotten (r.), 1944

„Jenseits von Afrika", 1985

Klaus Maria Brandauer, geboren am 22. Juni 1944 in Bad Aussee, Österreich

Klaus Maria Brandauer, Sohn einer Österreicherin und eines deutschen Zollbeamten, interessierte sich schon früh für Theater und Film. Bereits als Schüler gründete er eine Schauspielgruppe. Nach dem Abitur absolvierte er die Hochschule für Musik und Theater in Stuttgart. Sein erstes Engagement erhielt er 1962 am Landestheater Tübingen. Nächste Stationen waren Salzburg, Düsseldorf, München, Hamburg, Berlin und Zürich. Seit 1972 ist er festes Mitglied des Wiener Burgtheaters. Ein Jahr zuvor gab er sein Filmdebüt in dem eher unbedeutenden Agentenstreifen „Top Secret". Seine eigentliche Filmkarriere begann erst zehn (!) Jahre später mit István Szabos hochgelobtem „Mephisto". Mit der Rolle des James Bond-Gegenspielers Largo in „Sag niemals nie" konnte Brandauer sich 1983 an der Seite von Sean Connery international etablieren. Nachdem er als Nero für die Fernsehserie „Quo Vadis" vor der Kamera gestanden hatte, drehte er zusammen mit István Szabo 1985 wieder fürs Kino: „Oberst Redl" war der zweite Film einer Art Trilogie, die 1988 mit „Hanussen" ihren Abschluß fand. Daneben gelang es dem Mimen, auch seine internationale Karriere auszubauen, und er spielte an der Seite von Robert Redford und Meryl Streep in dem Hollywood-Hit „Jenseits von Afrika". Für die Darstellung des egoistischen Baron Blixen bekam er den „Golden Globe" und eine „Oscar"-Nominierung. 1989 konnte der Schauspieler in Bernhard Wickis „Das Spinnennetz" überzeugen. Im gleichen Jahr inszenierte der Mime, der seit 1963 mit der Regisseurin Karin Brandauer verheiratet ist, zum ersten Mal selbst einen Kinofilm: „Georg Elser – Einer aus Deutschland". Daneben spielte er auch immer wieder Theater und begeisterte vor allem in Wien als „Hamlet" und bei den Salzburger Festspielen in Hugo von Hoffmannsthals „Jedermann". 1990 stand er wieder gemeinsam mit Sean Connery für die Verfilmung des John Le Carré-Romans „Das Rußland-Haus" vor der Kamera.

„Mephisto", 1981

„Sag' niemals nie" mit Barbara Carrera, 1983

„Der Besessene“, 1960

„Endstation Sehnsucht", 1951

„Der Wilde", 1953

„Zwei erfolgreiche Verführer", 1964

Marlon Brando, geboren am 3. April 1924 in Omaha, Nebraska

Marlon Brando war von Jugend an ein Mensch, der sich von niemandem Vorschriften machen ließ. Er flog von allen Schulen, einschließlich der Militärakademie, in der er sich mit Bombenbasteln beschäftigte. 1943 ging er nach New York. Dort arbeitete er in Hilfsjobs, während er die Theaterwerkstatt der New School of Social Research besuchte. Stella Adler, seine Klassenleiterin, erkannte die außergewöhnliche Begabung des jungen Mannes: „Marlon hat nie lernen müssen, wie man spielt; er wußte es. Nichts Menschliches war ihm fremd. Er hat das Talent zu jeder Rolle". Dank Stella erhielt Marlon Brando eine Rolle in „Truckline Cafe" und bekam hervorragende Kritiken. Regisseur Elia Kazan wurde auf ihn aufmerksam und gab ihm ein Jahr später den Part des Stanley Kowalski in dem Tennessee Williams-Stück „Endstation Sehnsucht". Die Broadway-Premiere am 3. Dezember 1947 machte Brando über Nacht zum Star. Hollywood überschüttete den Schauspieler mit Filmangeboten, doch Brando ließ durch seine Agentin sämtliche Angebote ablehnen und spielte das Stück bis zur letzten Vorstellung. Sein erster Film „Die Männer" (1950) war kein großer Erfolg, aber der Beweis dafür, daß der „Mann mit dem Körper eines Gewichthebers und dem reinen, freundlichen Gesicht" (Truman Capote) auch auf der Leinwand das Publikum in seinen Bann ziehen konnte. Obwohl er die Film-

„Der Pate", 1972

fabrik Hollywood verachtete und mit seiner Eigenwilligkeit zum Schrecken aller Produzenten wurde, startete Brando mit der Verfilmung von „Endstation Sehnsucht" eine beispiellose Karriere. In vier Jahren hintereinander wurde er für den „Oscar" nominiert und erhielt ihn schließlich für „Die Faust im Nacken". 1962 produzierte Brando das Remake von „Meuterei auf der Bounty" und spielte selbst die Rolle des Fletcher Christian. Nach einer Reihe von weniger bedeutenden Filmen wurde dem Star 1972 die begehrte Hauptrolle in „Der Pate" angeboten. Den „Oscar", den er für seine Darstellung des Don Vito Corleone erhalten sollte, lehnte er ab, um mit dieser demonstrativen Geste auf das Schicksal der Indianer hinzuweisen. „Der letzte Tango in Paris" und „Apocalypse Now" (1979) folgten, Filme, in denen Brando seine außergewöhnliche Wandlungsfähigkeit unter Beweis stellen konnte. Nach einigen Jahren der Isolation auf seiner Südseeinsel kehrte er 1989 mit dem Film „Weiße Zeit der Dürre" auf die Leinwand zurück.

„Meuterei auf der Bounty", 1962

Jeff Bridges

Jeff Bridges, geboren am 4. Dezember 1949 in Los Angeles

Sein Leinwanddebüt gab der Sohn des Hollywoodstars Lloyd Bridges 1950 im Alter von vier Monaten in „Auf Bewährung freigelassen". Seine ersten, einigermaßen bewußten schauspielerischen Erfahrungen machte Jeff Bridges als Achtjähriger in der TV-Serie „Abenteuer unter Wasser", mit der sein Vater 155 Folgen lang zwischen 1957 und 1961 die Zuschauer begeisterte. Auch in der Anschlußserie „The Lloyd Bridges Show" war Jeff, zusammen mit seinem Bruder Beau, in Gastauftritten zu sehen. Mit 14 Jahren ging er, ebenfalls an der Seite von Vater Lloyd, mit dem Stück „Anniversary Waltz" auf Theatertournee durch New England. Nach dem Schulabschluß in Los Angeles studierte Jeff am New Yorker Berghoff-Studio Schauspiel. Noch während seines Militärdienstes bei der Küstenwache drehte er 1969 „Halls Of Anger". Für „Die letzte Vorstellung" von Peter Bogdanovich erhielt Jeff Bridges 1971 seine erste „Oscar"-Nominierung. Eine weitere folgte zwei Jahre später für „Den Letzten beißen die Hunde" an der Seite von Clint Eastwood. Regie führte damals Michael Cimino, mit dem Jeff Bridges 1980 wieder zusammenarbeitete: „Heaven's Gate" hieß der ambitionierte Western, in dem Jeff seinen eigenen Vorfahren, den Bezirksrichter John H. Bridges, darstellte. Trotz guter schauspielerischer Leistungen wurde der Film der größte Flop der Kinogeschichte und trieb die Produktionsfirma United Artists in den Bankrott. 1984 konnte der Mime dann gleich zwei Kassenhits landen: „Gegen jede Chance" und die Science-fiction-Love-Story „Starman". Es folgten Hauptrollen in den mäßig erfolgreichen Filmen „8 Millionen Wege zu sterben", „Der Morgen danach" und „Tucker". Anfang der 90er Jahre erreichte Jeff Bridges einen Höhepunkt seiner Karriere: Zusammen mit seinem Bruder Beau und der attraktiven Michelle Pfeiffer begeisterte er als cooler Jazzpianist in „Die fabelhaften Baker Boys" und drehte die Fortsetzung zu „Die letzte Vorstellung": „Texasville".

„Gegen jede Chance", 1984

„Das Messer", 1985

„San Sebastian", 1967

Charles Bronson, geboren als Charles Dennis Buchinsky am 3. November 1921 in Ehrenfeld, Pennsylvania

Charles Bronson wurde als fünfter Sohn armer russischer Einwanderer geboren. Wie sein Vater, der 1933 starb, sollte Charles Minenarbeiter werden. 1939 machte er seinen High-School-Abschluß und versorgte ab 1941 allein die Familie: Während seine älteren Brüder im Krieg waren, schuftete er in einer Kohlenmine, bis er selbst eingezogen wurde. 1946 wurde er aus dem Militärdienst entlassen. Bei einem Test für Kriegsveteranen wurde Bronsons schauspielerische Begabung entdeckt. Er nahm Unterricht an der Hussien Art School. Das nötige Geld verdiente er sich mit Gelegenheitsjobs. Nach zwei Jahren in Atlantic City ging er mit seinem Kollegen Jack Klugman nach New York. 1949 zog es ihn weiter nach Kalifornien. Er bekam mehrere Nebenrollen und eine eigene Fernsehserie. In den 50er Jahren arbeitete er sich zum Hauptdarsteller in zweitklassigen Filmen hoch. Seine Rollen waren hauptsächlich harte Typen wie in „Die glorreichen Sieben“ und „Das dreckige Dutzend“. Der Durchbruch zum Topstar, der ihm in Amerika zu diesem Zeitpunkt versagt blieb, gelang ihm 1968 in dem französischen Film „Bei Bullen singen Freunde nicht“. Ein Jahr später engagierte ihn Sergio Leone für seinen Kultwestern „Spiel mir das Lied vom Tod“. Weitere Erfolgsfilme wie „Rivalen unter roter Sonne“ und „Kalter Schweiß“ ließen auch Hollywood auf den neuen Superstar aufmerksam werden. Charles Bronson kehrte in das Filmmekka zurück und wurde 1971 mit dem „Golden Globe“ als „populärster Schauspieler der Welt“ ausgezeichnet. Seine Gagen brachen zu dieser Zeit alle Rekorde. Filme wie „Chato's Land“, „Kalter Hauch“ und „Telefon“ waren weltweit Kassenerfolge. In den 80er Jahren machte Bronson mit der vierteiligen Serie „Death Wish“ von sich reden, die zu einem aufsehenerregenden Fall von Selbstjustiz führte. Von 1968 bis 1990 war er mit seiner ständigen Filmpartnerin Jill Ireland verheiratet. Sie starb nach jahrelangem Kampf gegen den Krebs.

„Rivalen unter roter Sonne“ mit Ursula Andress, 1971

„Das Gesetz bin ich“, 1974

„Die zehn Gebote", 1956

Yul Brynner, geboren als Julius Briner am 11. Juli 1915 auf der Insel Sachalin, UdSSR, gestorben am 10. Oktober 1985

Der Sohn eines Schweizers mongolischer Abstammung und einer rumänischen Zigeunerin wuchs in China, in der Schweiz und in Frankreich auf. Brynners Liebe zur Gipsymusik trieb ihn als Sänger und Gitarrist durch die Pariser Nachtclubs, ehe er an der Theaterschule Pioteff in Paris Schauspiel und Regie studierte. 1940 schaffte er mit einem Wandertheater den Sprung nach Amerika, wo er sich als Regisseur für das junge Medium Fernsehen einen Namen machte. Als Filmschauspieler versuchte er sich zum ersten Mal 1949 in „Port of New York" – und fiel durch. Seine große Stunde kam 1952, als er – wohl nicht zuletzt wegen seiner mongolischen Gesichtszüge und seiner exotischen Ausstrahlung – die Hauptrolle in dem Broadway-Musical „Der König und ich" bekam. 1956 wurde das Stück verfilmt, und die Rolle des goldgewandeten Siamkönigs Mongkut, der seine Untertanen mit Peitsche und entblößter Brust Gehorsam lehrte, brachte dem glatzköpfigen Schauspieler den begehrten „Oscar" ein. 1977 feierte Brynner, der sich jeden Morgen seinen Kopf rasieren mußte, mit dem Musical ein glanzvolles Broadway-Comeback. Seine späteren Filme setzten fast durchweg auf die Figur des ebenso anmaßenden wie faszinierenden Übermenschen: so in „Die glorreichen Sieben", „Taras Bulba", „Die Brüder Karamasow" oder „Pancho Villa reitet". Der viermal verheiratete Brynner, der seit den 70er Jahren in Hollywood kaum noch gefragt war, setzte seine Popularität auch für soziale Zwecke ein. Er arbeitete für die UNESCO an einer Studie über das Schicksal verschleppter Menschen, beteiligte sich unter Präsident Kennedy an dem Hilfsprogramm „Food For Peace" und baute 1969 in Verbindung mit „Terre des Hommes" ein Heim für Waisen aus Vietnam und Biafra.

„Adios Sabata", 1966

„Taras Bulba", 1962

Horst Buchholz, geboren am 4. Dezember 1933 in Berlin

Mit 14 Jahren feierte der Sohn eines Schuhmachers seinen ersten Theatererfolg („Emil und die Detektive") und stand kurz darauf neben so bedeutenden Kollegen wie Käthe Dorsch und Victor de Kowa auf der Bühne des Schillertheaters in Berlin. 1955 dann der erste Spielfilm: „Marianne, meine Jugendliebe". Schon ein Jahr später wurde Horst Buchholz als halbwüchsiger Rowdy in Georg Tresslers „Die Halbstarken" zum Star. „Hotte", wie er von seinen Freunden genannt wird, drehte Film auf Film („Herrscher ohne Krone" 1956, „Robinson soll nicht sterben" und „Monpti" mit Romy Schneider) und spielte seine wahrscheinlich beste Rolle in Kurt Hoffmanns „Bekenntnisse des Hochstaplers Felix Krull" (1957). Hollywood lockte den jungen Star, der 1958 die französische Schauspielerin Miriam Bru geheiratet hatte, mit einer Hauptrolle an der Seite von Yul Brynner. „Die glorreichen Sieben" (1960) und „Fanny" (mit Leslie Caron) wurden internationale Erfolge. Mit Billy Wilder drehte er 1961 „Eins, zwei, drei". In den folgenden Jahren wirkte Horst Buchholz in vielen, eher harmlosen Filmen in Europa mit und begann, sich wieder auf das Theaterspielen zu konzentrieren.

„Die glorreichen Sieben" mit Rosenda Monteros, 1960

„Monpti" mit Romy Schneider, 1957

Richard Burton

„Der Spion, der aus der Kälte kam", 1965

„Der große Regen" mit Lana Turner und Fred MacMurray, 1955

„Cleopatra", 1963

Richard Burton, geboren als Richard Jenkins am 10. November 1925 in Pontryhd-y-fen, Wales, gestorben am 5. August 1984

Richard stammte aus einer armen Bergarbeiterfamilie und hatte zwölf Geschwister. Daß er nicht wie sechs seiner Brüder Bergmann werden mußte, verdankte er seinem Lehrer Philip Burton, der ihm ein Oxford-Stipendium vermittelte. Aus Dankbarkeit nahm Richard den Nachnamen seines „zweiten Vaters" an. 17jährig trat Burton der Schultheatergruppe „The Ouds" bei und spielte erste dramatische Rollen. Er absolvierte freiwillig seine Dienstzeit bei der Air Force und spielte sofort wieder Theater. 1949 kam der erste große Bühnenerfolg mit „Die Lady ist nicht fürs Feuer", die erste Filmrolle in „The Last Days of Dolwyn" und seine erste Ehe mit Filmpartnerin Sybil Williams. Anfang der 50er Jahre trat Burton der angesehenen Old Vic Company bei und spielte Shakespeare-Rollen: Hamlet, Henry V., Jago und Othello. In Hollywood wurde man auf den männlich-attraktiven Charakterkopf aufmerksam und engagierte ihn für den Film „Meine Cousine Rachel". Das brachte Burton seine erste von insgesamt sechs „Oscar"-Nominierungen, internationale Anerkennung und viel Arbeit.
In mehr als vierzig Filmen steht er auf dem Vorspann, darunter „Das Gewand", „Der große Regen", „Alexander der Große", „Blick zurück im Zorn" und „Der längste Tag". Bei den Dreharbeiten zu „Cleopatra" lernte

Richard Burton mit seiner Ehefrau Elizabeth Taylor (l.) und Julie Andrews

Burton „die schönste Frau der Welt", Elizabeth Taylor, kennen und ließ sich von Sybil scheiden. Die stürmische Affaire der beiden Superstars hielt jahrelang die Klatschpresse in Atem. Zwei Ehen, zwei Scheidungen, einige Riesendiamanten, zehn gemeinsame Filme (darunter „Wer hat Angst vor Virginia Woolf" und „Der Widerspenstigen Zähmung") und unzählige Skandale waren das Ergebnis der explosiven Beziehung. Im Laufe der Jahre verwüsteten Alkoholexzesse das einst so markante Profil des Mannes, der Ende der 60er Jahre der höchstbezahlte Star der Welt war. Burton hatte sich immer wieder für drittklassige Filme wie „Exorzist II" hergegeben, konnte jedoch auch in unvergeßlichen Rollen überraschen: „Becket", „Die Nacht des Leguan", „Der Spion, der aus der Kälte kam", „Königin für 1000 Tage", „Das Mädchen und der Mörder" und „Equus". Richard Burton starb nach den Dreharbeiten zu der Orwell-Verfilmung „1984" in Genf.

In einer Drehpause von „Becket" mit Elizabeth Taylor

Nicolas Cage, geboren als Nicolas Coppola am 7. Januar 1964 in San Francisco

Nicolas Cage, Sohn des Literaturprofessors August Coppola und einer Jazztänzerin, nahm als 15jähriger Schauspielunterricht am Conservatory Theatre in San Francisco. Nach einer Rolle in der TV-Serie „The Best of Times" spielte Cage 1982 an der Seite von Sean Penn in „Fast Times at Ridgemont High". Martha Coolidge holte den jungen Schauspieler für ihr Regiedebüt „Valley Girl" (1983). Es folgten „Rumble Fish" und „Cotton Club", beide Filme unter der Regie seines Onkels, des Filmemachers Francis Ford Coppola. 1984 drehte Cage bei Alan Parker „Birdy". Seine Darstellung des entstellten Vietnamveteranen Al Columbato, der seinen introvertierten Freund Birdy wieder in die Wirklichkeit zurückholen soll, beeindruckte durch Überzeugungskraft und Intensität. Die Rolle beanspruchte ihn derart, daß er am Ende der Dreharbeiten 15 Pfund Untergewicht hatte und humpelte. 1985 beeindruckte er an der Seite von Kathleen Turner in „Peggy Sue hat geheiratet". Einen großen Triumph feierte Cage in der Rolle des verliebten Ronny Cammareri in „Mondsüchtig" (Partnerin: Cher). 1990 sah man ihn in David Lynchs „Wild at Heart".

„Mondsüchtig", 1988

„Peggy Sue hat geheiratet" mit Kathleen Turner, 1987

„The Picture Snatcher", 1933

James Cagney, geboren am 1. Juli 1899 in New York, gestorben am 31. März 1986

James Cagney schlug sich als Jugendlicher mit Hilfsjobs wie Kellner und Laufbursche durch, während er eine Karriere als Schauspieler anstrebte. Seinen ersten Auftritt hatte er in einer Revue. In den 20er Jahren trat er in Broadway-Shows auf und ging mit seiner Frau, einer Tänzerin, auf Tournee an die Ostküste. 1930 wurde er von Warner Brothers unter Vertrag genommen und bekam seine erste Rolle in dem Film „Sinner's Holiday". Ein Jahr später spielte er den Verbrecher Tom Powers in „Der öffentliche Feind" und schuf damit eine neue Art von Filmgangster: aggressiv, brutal und völlig rücksichtslos. In der Rolle des kleinen, aber ungemein giftigen Underdogs mit Drang nach oben wurde er zum Star der Gangsterfilme der 30er Jahre wie „Der FBI-Agent", „Chicago", „Die wilden Zwanziger" und „Todesangst bei jeder Dämmerung". Cagney konnte jedoch mehr als harte Gangster spielen. In dem Musicalfilm „Parade im Rampenlicht" brillierte er als Steptänzer, in den Komödien „Der Frauenheld„ und „Ein feiner Herr" spielte er sympathische Gauner. 1935 war er in Max Reinhardts „Ein Sommernachtstraum" zu sehen. Für seine Rolle in dem Musical „Yankee Doodle Dandy" erhielt Cagney 1942 den „Oscar". Während des Zweiten Weltkriegs spielte er in einer Reihe von Kriegsfilmen hauptsächlich Soldaten. 1949 kehrte er zum Gangsterfilm zurück. In „Maschinenpistolen" hatte er sein spektakulärstes Showdown: Mit den Worten „Ich hab's geschafft, Ma, ich bin ganz oben!" sprengte er sich, auf einem Gastank sitzend, in die Luft. In den 50er Jahren drehte Cagney Krimis, Komödien und Western und führte 1957 selbst Regie in „Mit dem Satan auf du". Nach einer brillanten Leistung in Billy Wilders Kultkomödie „Eins, zwei, drei" nahm er 1961 für 20 Jahre Abschied vom Film. 1981 gelang es Milos Forman, den 82jährigen noch einmal für „Ragtime" vor die Kamera zu holen.

„Im Schatten des Galgen", 1954

„Chicago", 1938

„Das vierte Protokoll", 1986

Michael Caine, geboren als Maurice Micklewhite am 14. März 1933 in Bermondsey, England

Wie viele seiner Kollegen mußte sich Michael Caine in seiner Jugend als Gelegenheitsarbeiter über Wasser halten: als Botenjunge, Bauarbeiter und Angestellter einer Wäscherei. 1956, nach seiner Heirat mit Patricia Haines, bekam er sein erstes Filmengagement in „An vorderster Front". Der Film spielt im Koreakrieg, dessen Schrekken Caine selbst miterlebt hatte. In der Folgezeit übernahm er Parts in Theater- und Fernsehproduktionen und in einigen unbedeutenden Filmen wie „Onkel George und sein Mörder" oder „Der Schlüssel". Mitte der 60er Jahre folgte die Trilogie „Ipcress – Streng geheim", „Finale in Berlin" und „Das Milliarden-Dollar-Gehirn". Michael Caines Darstellung des Geheimagenten Harry Palmer verschaffte ihm ersten Starruhm. In „Alfie" (1966) spielte er einen Frauenhelden und wurde erstmalig für den „Oscar" nominiert. Weitere Nominierungen erhielt er für „Mord mit kleinen Fehlern" (1973) und „Rita will es endlich wissen" (1983). Seit Anfang der 70er Jahre zählt Caine zu den gefragtesten englischen Schauspielern. Mit britischer Distanziertheit spielte er Agenten oder Militärs in „Die schwarze Windmühle", „Der Adler ist gelandet", „Die Brücke von Arnheim" und „Flucht und Sieg". Herausragend war auch seine Darstellung des mordenden Psychiaters in Brian de Palmas „Dressed to Kill" (1980). Doch Caine beeindruckte nicht nur in „schweren" Rollen. In den 80er Jahren brillierte er in zahlreichen Komödien: „Schuld daran ist Rio", „Wasser"; mit Steve Martin in „Zwei hinreißend verdorbene Schurken" und mit Ben Kingsley in „Genie und Schnauze". Eine Komödie war es schließlich auch, die ihm den bisher größten Erfolg bescherte. Für seine schauspielerische Leistung in Woody Allens „Hannah und ihre Schwestern" erhielt Michael Caine 1985 den „Oscar" als bester Nebendarsteller.

„Zulu", 1963

„Rita will es endlich wissen" mit Julie Walters, 1983

„Der Leopard", 1962

Claudia Cardinale, geboren am 15. April 1939 in Tunis

Claudia Cardinale, Tochter eines Italieners und einer Französin, gewann mit 18 Jahren bei einem Schönheitswettbewerb den Titel „Schönstes italienisches Mädchen in Tunesien" und eine Reise zu den Filmfestspielen in Venedig. Dort wurde die junge Schönheit von dem Produzenten Franco Cristaldi, ihrem späteren Mann, entdeckt und unter Vertrag genommen. Ihre ersten Filme drehte sie Ende der 50er Jahre: „Tre straniere a Roma", „Diebe haben's schwer", „Menschen, die im Schatten stehen" und „Diebe sind auch Menschen". International Karriere machte Claudia Cardinale zu Beginn der 60er Jahre. Unter der Regie von Luchino Visconti spielte sie an der Seite von Alain Delon in „Rocco und seine Brüder" und „Der Leopard". Mit Jean-Paul Belmondo drehte sie ebenfalls zwei Filme: „Das Haus an der Via Roma" und „Cartouche, der Bandit". Wie ihre Vorgängerinnen Sophia Loren und Gina Lollobrigida wurde auch Claudia Cardinale für Hollywood-Produktionen verpflichtet. Dort spielte sie in leichten Komödien und Unterhaltungswestern die atemberaubende dunkelhaarige Schönheit, so in „Der rosarote Panther" (1963) an der Seite von Peter Sellers und David Niven, in „Held der Arena" mit John Wayne und 1966 in „Die gefürchteten Vier" mit Burt Lancaster und Lee Marvin. Nach dem Kultwestern „Spiel mir das Lied vom Tod" (1969) folgte eine Reihe eher anspruchsloser Filme. 1974 holte sie Luchino Visconti erneut vor die Kamera für „Gewalt und Leidenschaft". Unter extrem anstrengenden und lebensgefährlichen Bedingungen drehte die Cardinale als Partnerin von Klaus Kinski 1982 das Dschungelepos „Fitzcarraldo" (Regie: Werner Herzog). Die Schauspielerin hat eine Tochter von Regisseur Pasquale Squitieri, mit dem sie vor allem in den 80er Jahren mehrfach zusammenarbeitete.

„Cartouche, der Bandit" mit Jean-Paul Belmondo, 1961

„Spiel mir das Lied vom Tod", 1969

„Die Schönen der Nacht" mit Gérard Philipe, 1952

Martine Carol, geboren als Marie-Louise-Jeanne Mourer am 16. Mai 1922 in Biarritz, Frankreich, gestorben am 6. Februar 1967

Daß sie unter ihrem umständlichen bürgerlichen Namen keine Karriere machen konnte, war der angehenden Schauspielerin früh klar. Nachdem sie bei Robert Manuel und Jean Wall Schauspielunterricht genommen hatte, debütierte sie auf der Bühne unter dem Künstlernamen Maryse Arley, um sich später in Martine Carol umzutaufen. 1940 erschien die 18jährige zum ersten Mal auf der Leinwand; doch es dauerte annähernd zehn Jahre, bis sie sich von Nebenrollen zu Starpartien heraufgespielt hatte. Um 1950 wurde sie als Frankreichs Topmimin gehandelt. Und spätestens seit sie als Caroline Chérie in dem Revolutionsspektakel „Am Anfang war nur Liebe" (1951) verführerisch in der Wanne planschte und die Zuschauer um die Tugend der Heldin bangen mußten, galt Martine Carol als Sexsymbol. Die Schauspielerin zeigte genügend Haut, Figur und ausreichend darstellerisches Talent, um diesem Anspruch gerecht zu werden – wenn auch Gerhard Lenne in seiner Abhandlung „Der erotische Film" mehr die „Unschuld", die „Naivität und volkstümliche Art" der Martine Carol als ihre Vampqualitäten rühmte. Die üppige Blondine enthüllte ihre Reize oft unter der Regie ihres Mannes Christian-Jaque. Die Zusammenarbeit des Paares begann 1952 mit „Liebenswerte Frauen?". Sie war die Titelheldin seiner Filme „Lucrezia Borgia" (1953), „Madame Dubarry" (1954), „Nana" (1955) und „Natalie" (1959), und sie arbeiteten gemeinsam in den Episodenfilmen „Liebe, Frauen und Soldaten" (1954) sowie „Die Französin und die Liebe" (1960). Zwei ihrer schönsten Rollen spielte Martine Carol 1952 in René Clairs „Die Schönen der Nacht" und 1954 in Max Ophüls' „Lola Montez". Mit dem Aufstieg von Brigitte Bardot zu Frankreichs neuem Sexidol begann der Ruhm der Carol zu verblassen. Die Schauspielerin starb, erst 44 Jahre alt, an einem Herzinfarkt.

„Lola Montez", 1954

„Miroir" mit Daniel Gélin, 1947

„Der gläserne Pantoffel", 1954

Leslie Caron, geboren am 1. Juli 1931 in Boulogne-sur-Seine, Frankreich

Ihrer Mutter, einst Solotänzerin bei den Greenwich-Follies in New York, hatte es Leslie zu verdanken, daß sie schon mit elf Jahren Ballettunterricht erhielt. Ihre Ausbildung schloß sie am Staatlichen Konservatorium in Paris ab – da war sie gerade 14. Zwei Jahre später reiste sie als Mitglied des Ballet des Champs Elysées durch Europa und Kleinasien. Für den Film entdeckt wurde Leslie Caron Anfang der 50er Jahre durch Gene Kelly. Der Hollywoodstar, der in Paris auf der Suche nach einer passenden Partnerin für seinen Film „Ein Amerikaner in Paris" war, ließ Probeaufnahmen von ihr machen und war hingerissen von der zierlichen, jungen Tänzerin. „Ein Amerikaner in Paris", eines der überzeugendsten Filmmusicals der Traumfabrik, wurde als „bester Film des Jahres 1952" ausgezeichnet und machte Leslie Caron über Nacht berühmt. Der Filmgigant MGM gab ihr einen über sieben Jahre laufenden Vertrag, und sie drehte ein halbes Dutzend Filme, von denen „Lili" (1952), eine gefühlvolle Geschichte über das Erwachsenwerden, am erfolgreichsten war. Von 1956 an pendelte Leslie Caron, die in zweiter Ehe mit dem amerikanischen Filmproduzenten Michael Laughlin verheiratet ist, zwischen Europa und den USA und spielte bis Mitte der 80er Jahre tragende Rollen in über 20 Filmen. Zu nennen sind hier „Das indiskrete Zimmer", „Versprich ihr alles", „Brennt Paris?" und „Der Mann, der die Frauen liebte" unter der Regie von François Truffaut. Aber auch im Fernsehen konnte Leslie Caron Erfolge verbuchen, so 1982 in der Titelrolle der Schweizer TV-Serie „Dr. med. Erika Werner" und in dem 1984 vom Norddeutschen Rundfunk koproduzierten Fernsehfilm „Duell ohne Gnade". 1986, anläßlich einer Gala zur Jahrhundertfeier der New Yorker Freiheitsstatue, tanzte Leslie Caron mit den Ballettgrößen Mikhail Baryshnikov und Rudolf Nurejew in New York noch einmal die Szenen aus ihrem Erfolgsfilm „Ein Amerikaner in Paris".

„Daddy Langbein" mit Fred Astaire, 1955

„Gigi" mit Louis Jourdan, 1958

„Joy in The Morning", 1965

Richard Chamberlain, geboren am 31. März 1935 in Los Angeles

George Richard Chamberlain, Sohn eines erfolgreichen Fabrikanten, wuchs in großzügigen Verhältnissen in Beverly Hills auf. Im letzten Jahr seines Kunststudiums – er wollte Designer werden – entdeckte er seine Neigung zur Schauspielerei. Doch erst nach seinem Wehrdienst, den er zum größten Teil in Korea ableisten mußte, nahm Chamberlain Schauspielunterricht. Seine erste Rolle bekam er 1959 in der beliebten TV-Serie „Gunsmoke", es folgten die Filme „The Secret of Purple Reef" und der Western „Massaker im Morgengrauen". Doch richtig populär wurde er als „Dr. Kildare" in der gleichnamigen Arztserie, die bis 1965 im Fernsehen lief. Und obgleich er sich nicht über mangelnde Angebote der Filmbranche beklagen konnte – so spielte er u. a. in „Julius Caesar", „Die drei Musketiere", „Die letzte Flut" und „Allan Quatermain – Auf der Suche nach der geheimnisvollen Stadt" – zog es ihn immer wieder zur TV-Arbeit zurück. Damit feierte er, der „König der Serien", auch weiterhin seine größten Erfolge. 1975 überzeugte er in der Titelrolle als „Graf von Monte Christo", 1978 als „Mann mit der eisernen Maske". Internationale Beachtung fand die Abenteuerserie „Shogun" (1980), die nach dem Bestseller von James Clavell gedreht und weltweit verkauft worden war. Noch größere Aufmerksamkeit wurde der TV-Verfilmung des Colleen McCullough-Romans „Die Dornenvögel" (1983) zuteil, in der Richard Chamberlain als Pater Ralph de Bricassart den Lockungen des Weibes in Gestalt einer frühreifen Farmerstochter verzweifelt zu widerstehen versucht. Die Beliebtheit dieser Serie übertraf alle Erwartungen. 1987 übernahm er die Titelrolle in Simon Langtons Fernsehfilm „Casanova", und in dem Zweiteiler „Agent ohne Namen" (1989) suchte er in der Rolle des Jason Bourne nach seiner wahren Identität.

„Die Dornenvögel" mit Sydney Penny, 1983

„Casanova" mit Faye Dunaway, 1987

„Der Goldrausch", 1924

„Die Gräfin von Hongkong“ mit Sophia Loren, 1966

„Der große Diktator“, 1940

Charlie Chaplin

Charlie Chaplin, geboren als Charles Spencer Tracy am 16. April 1889 in London, gestorben am 25. Dezember 1977

Charlie Chaplins Eltern waren Music-hall-Artisten. Seine Kindheit in den Slums und Armenhäusern Londons verlief „wie unter einer Wolke von Traurigkeit“ (so Chaplin in seiner Autobiographie „Die Geschichte meines Lebens“, 1964). Mit fünf Jahren stand er zum ersten Mal auf der Bühne, mit acht war er ein Profi-Kinderdarsteller. 1906 schloß er sich der bekannten Fred Karno-Truppe an, mit der er auch in Amerika gastierte. Dort sah ihn 1913 Mack Sennett und engagierte ihn für sein erfolgreiches Keystone Studio. In einem Jahr machte Chaplin 35 Slapstick-Kurzkomödien, zum Teil in eigener Regie. Gemeinsam mit D. W. Griffith, Mary Pickford und Douglas Fairbanks gründete er 1919 die United Artists. Zu diesem Zeitpunkt hatte Charlie Chaplin schon eine märchenhafte Karriere hinter sich. Er war reich und berühmt; die ganze Welt liebte die von ihm entwickelte Figur des Tramp, den kleinen Helden mit Hut, Stöckchen, verbeulten Hosen und Schlappschuhen. „Das trennt Chaplin von den anderen“, schrieb Siegfried Kracauer, „daß ihn in jedem Land der Erde die Armen und die Reichen verstehen, die Großen und die Kleinen“. „The Kid“ wurde 1921 sein erster langer Spielfilm; mit „Goldrausch“ drehte „das einzige Genie, das der Film hervorgebracht hat“ (G. B. Shaw) 1925 sein vielleicht größ-

„Moderne Zeiten", 1936

tes Meisterwerk. Dann bewies Chaplin mit „Lichter der Großstadt" (1931) und „Moderne Zeiten", daß „stumme" Filme auch zu Tonfilmzeiten erfolgreich sein konnten. 1940 machte er sich in „Der große Diktator" über Hitler lustig. Als er 1952 mit seiner vierten und letzten Frau Oona O'Neill, Tochter des Dramatikers Eugene O'Neill, zur Premiere von „Rampenlicht" nach Europa reiste, wurde dem als Kommunistenfreund verdächtigten Chaplin die Rückkehr verwehrt; mit drei gescheiterten Ehen hatte er schon zuvor für Skandalstoff gesorgt. Er zog sich in die Schweiz zurück, lebte dort mit Oona und acht Kindern (die älteste Tochter Geraldine brachte es ebenfalls zu Schauspielerruhm) und beendete seine Karriere mit den Filmen „Ein König in New York" (1957) und „Die Gräfin von Hongkong" (1966). Obwohl er nie mehr amerikanischen Boden hatte betreten wollen, nahm er 1972 in den USA den Ehren-„Oscar" unter Ovationen in Empfang.

Charlie Chaplin und Ehefrau Paulette Goddard

„Dr. Schiwago" mit Omar Sharif, 1965

Geraldine Chaplin, geboren am 31. Juli 1944 in Santa Monica, Kalifornien

Die älteste Tochter des berühmten Schauspielers und Regisseurs Charlie Chaplin hatte ihr Filmdebüt als Achtjährige in Chaplins „Rampenlicht". Im gleichen Jahr übersiedelte die Familie in die Schweiz, da ihr Vater ein Opfer der McCarthy-Ära zu werden drohte. In Lausanne besuchte sie eine Klosterschule, ging mit 17 nach Paris und arbeitete in einem Zirkus als Dompteuse. An der Royal Ballet School in London nahm sie zwei Jahre Ballettunterricht, kehrte wieder nach Paris zurück und debütierte in Prokofjews Ballett „Aschenbrödel". Geraldine Chaplin erkannte jedoch bald ihre Grenzen als Tänzerin und wurde Schauspielerin. 1964 spielte sie an der Seite von Jean-Paul Belmondo „An einem heißen Sommermorgen". Der große Durchbruch kam 1965 mit der Rolle der jungen Ehefrau des Titelhelden „Dr. Schiwago". Im gleichen Jahr spielte sie am Broadway erfolgreich in „Die kleinen Füchse" mit. Mit dem spanischen Regisseur Carlos Saura, den sie 1964 kennenlernte und mit dem sie bis 1979 zusammenlebte, drehte Geraldine „Peppermint Frappé". Es war der erste von insgesamt sieben Filmen, in denen Saura das spanische Bürgertum unter die Lupe nahm und in denen seine Freundin die Hauptrolle spielte (u. a. „Anna und die Wölfe", „Züchte Raben"). Über Geraldine sagte Carlos Saura: „Eine hochsensible Frau; man muß behutsam mit ihr arbeiten." Der amerikanische Regisseur Robert Altman holte sie dreimal vor die Kamera. In „Nashville" (1975) spielte sie eine Reporterin im Mekka der Country-music. In „Buffalo Bill und die Indianer" war sie als Kunstschützin Annie Oakley die Partnerin von Paul Newman und Burt Lancaster, und in „Eine Hochzeit" mimte Geraldine eine Zeremonienmeisterin. Altmans Schüler Alan Rudolph drehte mit ihr vielleicht einen ihrer besten Filme: „Du wirst noch an mich denken" (1978). Seitdem stand sie auch in unabhängigen europäischen Produktionen vor der Kamera.

„Nashville", 1975

„Züchte Raben" mit Anna Torent, 1975

„Broadway Melody 1950", 1945

Cyd Charisse, geboren als Tula Ellice Finklea am 8. März 1921 in Amarillo, Texas

Als Tochter eines ballettbegeisterten Juweliers begann Cyd Charisse schon als Kind mit einer Tanzausbildung. Im Alter von 17 Jahren ging sie mit dem Ballet Russe auf Europa- und Amerika-Tournee. 1939 heiratete sie ihren Tanzlehrer Nico Charisse, der ihr auch ihre erste Filmrolle verschaffte: In „Mission to Moscow" gab sie 1943 ihr Leinwanddebüt, erhielt bald darauf einen MGM-Vertrag und bekam kleinere Tanzrollen in „Broadway Melody 1950", „The Harvey Girls" und „Three Wise Fools". 1946 machte die Schauspielerin mit „Bis die Wolken vorüberziehen" und „Mexikanische Nächte" ein größeres Publikum auf sich aufmerksam. Die Chance zum Durchbruch verpaßte sie jedoch gleich zweimal: Wegen eines gebrochenen Beines mußte sie die Hauptrolle neben Fred Astaire in „Osterparade" an Judy Garland abgeben, und auch das Angebot, an der Seite von Gene Kelly in „Ein Amerikaner in Paris" aufzutreten, konnte sie nicht annehmen – sie war schwanger. Cyd Charisse nutzte erst die dritte Chance und ertanzte sich in „Singing in The Rain" internationalen Starruhm. Ihr Auftritt als verruchte Gangsterbraut gehört zu den bekanntesten Szenen der Kinogeschichte. Es folgten Filme wie „Sombrero" und „Vorhang auf!" (beide 1953), mit denen sie sich als talentierte Musical-Darstellerin etablierte. Darüber hinaus waren es vor allem ihre langen, makellosen Beine, die ihr Weltruhm einbrachten. In den folgenden Jahren stand sie noch zweimal mit Gene Kelly („Vorwiegend heiter", „Einladung zum Tanz") und einmal mit Fred Astaire („Seidenstrümpfe") vor der Kamera; Auftritte, die ihren Ruf als Meistertänzerin festigten. Unglücklicherweise verlor das aufwendige Hollywood-Musical Ende der 50er Jahre an Popularität, und Cyd Charisse gelang es nicht, in einem anderen Genre Fuß zu fassen. Zwar versuchte sie sich bis in die 70er Jahre hinein immer wieder auch als dramatische Darstellerin („Das Mädchen aus der Unterwelt", „Hart am Wind", „Tauchfahrt des Schreckens"), konnte aber nie an ihre alten Erfolge anknüpfen.

„Vorhang auf!" mit Fred Astaire, 1953

„Brigadoon" mit Gene Kelly, 1954

„Die Maske", 1985

Cher, geboren am 20. Mai 1946 als Cherilyn LaPiere Sarkisian in El Centro, Kalifornien

Chers Eltern waren ein frankoindianisches Starlet und ein armenischer Gelegenheitsarbeiter mit Drogenproblemen. Töchterchen Cherilyn wollte von klein auf berühmt werden und übte schon als Zwölfjährige ihre Autogrammunterschrift. Vier Jahre später traf das „frühreife Früchtchen" (Cher über sich) auf dem Sunset Strip den Sänger Sonny Bono. Sie heirateten 1964 und wurden als Pop-Duo „Sonny und Cher" zu den Hippie-Idolen der 60er Jahre. „I Got You, Babe", „Bang Bang" und „The Beat Goes on" waren die bekanntesten Hits des Paares. Nach elf Jahren ging die Ehe in die Brüche. Die gemeinsame Fernsehshow „The Sonny and Cher Comedy Hour" wurde in zwei Einzelprogramme gesplittet, aber Sonny allein war den Zuschauern zu langweilig. Seine Sendung „ging baden". Cher jedoch kassierte als Entertainerin Bombenerfolge. In 60 Minuten zeigte sie ihre langgliedrige Anatomie in 20 verschiedenen offenherzigen Glitzerroben. Chers Markenzeichen wurde der Brillant im freiliegenden Bauchnabel. In den 70er Jahren gewannen ihre Platten Gold und Platin, und ihre Bühnenshow in Las Vegas brach Rekorde. Doch mit ihrer Rolle als Amerikas Paradiesvogel allein war Cher nicht zufrieden. 1977 zog sie nach New York und bemühte sich um eine Filmkarriere. Ihr Image als singender Vamp stand ihr lange im Wege, bis Robert Altman sie zunächst für das Theaterstück „Komm zurück, Jimmy Dean" und später für die gleichnamige Filmversion engagierte. Die Kritiker waren beeindruckt und Regisseur Mike Nichols so begeistert, daß er die dunkelhaarige Schönheit neben Meryl Streep für den Film „Silkwood" unter Vertrag nahm. Als ihr Name auf dem Vorspann erschien, brach das Premierenpublikum in schallendes Gelächter aus, aber als die Lichter im Kino wieder angingen, war Cher als Schauspielerin akzeptiert. Sie spielte Hauptrollen in „Die Maske", „Die Hexen von Eastwick" und „Suspect – Unter Verdacht". 1987 erhielt sie für „Mondsüchtig" den „Oscar".

„Mondsüchtig" mit Nicolas Cage, 1987

„Suspect", 1987

Maurice Chevalier

Maurice Chevalier, geboren am 12. September 1888 in Paris, gestorben am 1. Januar 1972

Maurice Chevalier war das jüngste von neun Kindern einer Belgierin und eines trunksüchtigen Franzosen, der die Familie bei Nacht und Nebel verließ. Maurice hatte kaum Zeit für die Schule. Um seine Mutter zu unterstützen, mußte er für einen Pfenniglohn Reißnägel herstellen. Als Elfjähriger sang er in Straßencafés. In dem kleinen Lokal „Drei Löwen" in der Rue de Strasbourg bekam Maurice sein erstes Engagement – für fünf Francs pro Abend. Jahrelang sang und tanzte er sich durch die Provinz, bis er Partner der berühmten Mistinguette in den „Folies Bergère" wurde. Maurice machte Karriere, die Tänzerin war zehn Jahre lang seine Geliebte. Vor dem Sprung an die Spitze der Pariser Entertainer lag noch der Erste Weltkrieg. Maurice Chevalier verbrachte zwei Jahre in deutscher Kriegsgefangenschaft. Nach seiner Rückkehr wurde der Mann in der „unmöglichen Kombination" (Smoking und runder Strohhut) schnell „Mr. Paris". Nun begann auch Hollywood, sich für den Charmeur mit der „Kreissäge" zu interessieren. Dort drehte Chevalier 1930 „Die Liebesparade" und 1934 „Die lustige Witwe". 1935 kehrte er nach Europa zurück und trat wieder als Entertainer auf. 1947 erhielt er für „Schweigen ist Gold" beim Filmfestival in Locarno den Darstellerpreis. In den 50er Jahren war er auch in Hollywood wieder ein gefragter Schauspieler. Sein bekanntester Musicalfilm aus dieser Zeit war „Gigi" mit Leslie Caron. 1958 wurde Chevalier mit einem Ehren-„Oscar" ausgezeichnet. Seine Popularität nahm auch im Alter weiter zu. Als 75jähriger bekam er 25 000 Francs Gage für einen Abend im New Yorker Nobelhotel Waldorf Astoria. Drei Jahre später kassierte er in Las Vegas 100 000 Dollar pro Woche. Als 1971 bekannt wurde, daß Chevalier im Sterben lag, versammelten sich viele Menschen vor seinem Haus: Abschied von einem Großen seiner Zunft, der unzähligen Menschen Freude schenken konnte.

„Schweigen ist Gold", 1947

„Eine Stunde mit dir" mit Jeanette MacDonald, 1932

Julie Christie

Julie Christie, geboren am 14. April 1941 in Chukua, Indien

Die ersten Jahre ihrer Kindheit verbrachte Julie Christie auf der elterlichen Teeplantage in Indien. Schon damals spielte sie am liebsten Verkleiden und wollte Schauspielerin werden. 1947 kam sie nach England und lebte bei einem pensionierten Ehepaar. Wegen ihres ungestümen Temperaments und Freiheitsdranges mußte sie mehrmals die Schule wechseln. Nach einem längeren Aufenthalt in Frankreich kehrte sie mit 17 Jahren nach England zurück und schrieb sich als Schauspielschülerin an der Central School of Drama in London ein. Zwei wildbewegte Jahre folgten. 1960 wurde sie von dem Fernsehregisseur Michael Hayes entdeckt und für den TV-Mehrteiler „A For Andromeda" verpflichtet. Die erfolgreiche Serie brachte Julie Christie zwar ersten Ruhm, aber zunächst keine Engagements. Sie war für die Rolle der Honey Rider in „James Bond jagt Dr. No" im Gespräch. Regisseur Terence Young war begeistert von ihr, doch Produzent Albert Broccoli verpflichtete Ursula Andress. Julie spielte ihre ersten Hauptrollen 1962 in „Crooks Anonymous" und „Die schnelle Lady". Von nun an ging's bergauf. Es folgten „Geliebter Spinner", „Cassidy, der Rebell" und „Darling", für den sie 1965 den „Oscar" bekam. Während der Dreharbeiten zu diesem Film erhielt Julie Christie einen Anruf, der ihr Leben verändern sollte: Regisseur David Lean, der gerade „Dr. Schiwago" besetzte, gab ihr die Rolle der Lara. Nächster Höhepunkt ihrer Karriere war Truffauts „Fahrenheit 451". 1968 begann die Beziehung zwischen Julie Christie und Warren Beatty, die zehn Jahre lang bestand. In dieser Zeit spielten sie gemeinsam in „McCabe und Mrs. Miller", „Shampoo" und „Der Himmel soll warten". In „Wenn die Gondeln Trauer tragen" bot die Schauspielerin 1973 eine eindrucksvolle Darstellung. Nach einem mehrjährigen Tief gelang ihr Mitte der 80er Jahre ein Comeback in der TV-Serie „Väter und Söhne" und als Partnerin von Richard Gere in „Power – Weg zur Macht".

„McCabe und Mrs. Miller", 1971

„Der Himmel soll warten" mit Warren Beatty, 1977

Montgomery Clift

„Misfits – Nicht gesellschaftsfähig", 1960

„Rom, Station Termini", 1954

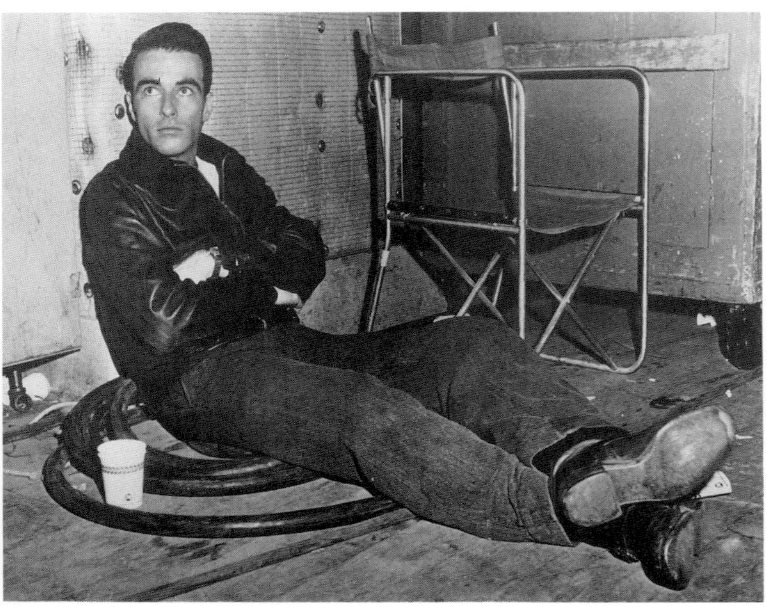

„Ein Platz an der Sonne", 1951

Montgomery Clift, geboren am 17. Oktober 1920 in Omaha, Nebraska, gestorben am 24. Juli 1966

Montgomery Clift war dreizehn Jahre alt, als er zum ersten Mal auf der Bühne stand. Schon in diesen jungen Jahren wurde er Berufsschauspieler, arbeitete sich zum Broadway durch, machte sich einen Namen. Natürlich wurde auch Hollywood auf den blendend aussehenden, talentierten jungen Mann aufmerksam. Doch Clift lehnte diverse Angebote ab, bis ihm Howard Hawks 1947 in dem Klasse-Western „Red River" die Rolle des Matt Garth, des aufmüpfigen Stiefsohns von John Wayne, gab. Fred Zinnemanns Werk „Die Gezeichneten", in dem Clift ebenfalls die Hauptrolle verkörperte, kam noch kurz vor dem Hawks-Western in die Kinos. Der Eindruck, den „Monty" hinterließ, war gewaltig. Der „zornige junge Mann" wurde zum „verheißungsvollsten Stern am Firmament von Hollywood" erkoren. Clift, der sensible, introvertierte Mime, wurde Jahre vor seinen Nachfolgern und Konkurrenten Marlon Brando und James Dean als jugendlicher Rebell zum Vertreter einer ganzen Generation. Für seine Interpretationen stützte er sich auf die vom Actors Studio praktizierte Methode der detaillierten Charakterforschung. Seinen nächsten großen Erfolg hatte Clift als opportunistischer Aufsteiger George Eastman in „Ein Platz an der Sonne"; 1953 folgte, wieder unter Fred Zinnemann, die vielfach ausgezeichnete Bestseller-Verfilmung „Verdammt in alle Ewig-

„Ein Platz an der Sonne" mit Elizabeth Taylor, 1951

keit". Zwei Angebote zu Produktionen, die unter der Regie von Elia Kazan Filmgeschichte machen sollten, lehnte er ab. Und so wurde die „Faust im Nacken" zu einem Triumph für Marlon Brando, während „Jenseits von Eden" James Deans Starruhm begründete. Um diese Zeit traten Clifts selbstzerstörerische Züge immer deutlicher hervor. Er kam mit Homosexualität, Drogen- und Alkoholmißbrauch ins Gerede; bei einem Autounfall trug er Narben davon. Doch noch immer vermochte er in der Darstellung an sich selbst zweifelnder Helden zu brillieren. Er drehte Filme wie „Die jungen Löwen", „Plötzlich im letzten Sommer", „Das Urteil von Nürnberg" und „Misfits – Nicht gesellschaftsfähig". Dann hatte Hollywood keine Verwendung mehr für den kranken Star; seinen letzten Film machte er 1966 in Frankreich. Clift erlag, 45 Jahre alt, einem Herzinfarkt, als er ein Comeback an der Seite von Elizabeth Taylor in Aussicht hatte.

„Verdammt in alle Ewigkeit", 1953

„Das Messer", 1985

Glenn Close, geboren am 19. März 1947 in Greenwich, Connecticut

Glenn Close kommt aus einer noblen amerikanischen Familie, die vor 300 Jahren die wohlhabende Stadt Greenwich gründete. Dort wuchs sie mit drei Geschwistern auf dem Landsitz der Familie auf. Als ihr Vater, ein engagierter Arzt, nach Afrika versetzt wurde, schickte er Glenn auf ein vornehmes Schweizer Internat. Sie spielte im Schultheater mit und stand später während ihres Anthropologiestudiums auch auf der Bühne des College of William and Mary. Glenn war noch ganz behütete Tochter, als sie sich 1960 der naiv-patriotischen Gesangsgruppe „Up With People" anschloß und als lyrischer Sopran durch Amerika tourte. Fünf Jahre später setzte sie sich ab, um nur noch Theater zu spielen. Nach Auftritten in der Provinz debütierte sie 1974 am Broadway und war bald darauf in Stücken von Shakespeare, Tennessee Williams und Tschechow zu sehen. Für das Theaterstück „The Real Thing" wurde Glenn Close 1983 mit dem „Tony" ausgezeichnet. Regisseur George Roy Hill sah die herbe Blonde in dem Musical „Barnums" und engagierte sie für die Rolle der emanzipierten Mutter in der Bestsellerverfilmung „Garp und wie er die Welt sah". Glenns Filmdebüt brachte ihr eine verdiente „Oscar"-Nominierung und eine Menge neuer Angebote ein. Die Rolle der starken, selbstbewußten Frau spielte sie 1983 in „Der große Frust", 1984 in „Der Unbeugsame" und 1987 in „Eine verhängnisvolle Affäre" und wurde jedesmal für den begehrten „Oscar" vorgeschlagen. Glenn Close gehörte zur Starriege Hollywoods, als sie 1988 die bösartige Intrigantin Marquise de Merteuil in „Gefährliche Liebschaften" so überzeugend verkörperte, daß sie zur meistgehaßten Frau Amerikas gewählt wurde. „Dabei bin ich ein friedfertiger Mensch", beteuerte der Star und übernahm die Rolle der Gattenmörderin in „Hamlet" (1990) und der frustrierten Millionärin in „Die Affäre der Sunny von B.". Eine sanfte, zerbrechliche Glenn Close war 1989 in „Second Hand Familie" zu sehen.

„Eine verhängnisvolle Affäre", 1987

„Gefährliche Liebschaften", 1988

Claudette Colbert

Claudette Colbert, geboren als Claudette Chauchoin am 13. September 1905 in Paris

Claudette war fünf Jahre alt, als ihre Eltern nach Amerika auswanderten. Sie besuchte in New York die Schule, studierte Kunst und wollte Modezeichnerin werden. Durch die Vermittlung einer Freundin lernte sie den Mitte der 20er Jahre einflußreichsten Theatermann am Broadway, Brock Pemberton, kennen. Claudette stellte sich als bekannte Schauspielerin aus Paris vor, die auf einer Amerikareise Erfahrungen am Broadway sammeln wollte. Pemberton war beeindruckt von der schlagfertigen, intelligenten Pariserin und gab ihr sofort die Hauptrolle in einer seiner Inszenierungen. Claudette fiel aus allen Wolken, probte dann aber wie besessen. Ihr kühner Schwindel kam heraus – allerdings erst nach der Premiere. Claudette hatte solchen Erfolg, daß sie Pemberton die Wahrheit gestehen konnte. Danach wurde sie schnell einer der beliebtesten Stars am Broadway. 1932 war sie in Cecil B. De Milles Monumentalfilm „Im Zeichen des Kreuzes" die erste Cleopatra des Tonfilms. Unvergessen: Claudettes frivoles Bad in Eselsmilch. Nächster Höhepunkt war Frank Capras „Es geschah in einer Nacht". Die Schauspielerin erhielt dafür 1934 den „Oscar" als beste weibliche Darstellerin, drehte pro Jahr zwei Filme und stieg zur „Königin der Hollywood-Komödien" auf. Nach der Ehe mit dem Schauspieler Norman Foster heiratete sie 1935 den Arzt Joel Pressman. Im gleichen Jahr erhielt sie eine „Oscar"-Nominierung für „Private Worlds". Nach einer Serie von Komödien drehte Claudette Colbert 1961 mit „Sein Name war Parrish" ihren letzten Film. 1964 zog sie mit ihrem Mann und den beiden Kindern nach Barbados. Dort lebte die Familie bis zu Pressmans Tod im Jahre 1968. Claudette war vom Verlust ihres Mannes so geschockt, daß sie sich mehrere Jahre zurückzog. 1973 feierte die Colbert am Broadway ein triumphales Comeback. In den folgenden Jahren ging sie regelmäßig auf Theatertournee.

„Atemlos nach Florida", 1942

„Blaubarts achte Frau" mit Gary Cooper, 1938

Joan Collins

Joan Collins mit 18 Jahren

„Das Mädchen auf der roten Samtschaukel" mit Farley Granger, 1955

„Der Denver Clan"

Joan Collins, geboren am 23. Mai 1933 in London

Die Tochter des Theateragenten Willi Collins gab schon im zarten Alter von neun Jahren ihr Bühnendebüt in Ibsens „Nora". Joan Collins studierte an der Royal Academy of Dramatic Arts in London und verdiente nebenbei Geld als Model. 1952 entdeckte der Film die attraktive Jungmimin, die in ihren ersten Rollen („Boccaccios große Liebe", 1952 und „Frauen auf Abwegen", 1954) strauchelnde junge Mädchen und kesse Sexgirls zu spielen pflegte. 1952 heiratete sie ihren Kollegen Maxwell Reed; die Ehe hielt fünf Jahre. Hollywood wurde auf die schöne Britin aufmerksam. Schon in ihrem ersten US-Film spielte Joan Collins (in Vorwegnahme ihres späteren Images) ein „Biest": Howard Hawks gab ihr in seinem Monumentalschinken „Land der Pharaonen" (1955) den Part einer ebenso verführerischen wie tückischen zypriotischen Prinzessin, die mit ihren Ränken den Pharao töten und sein Gold rauben will. Es folgten Fime wie „Die jungfräuliche Königin" mit Bette Davis in der Titelrolle (1955), „Treibgut der Leidenschaft" (1957), „Bravados" (1958) und „Sieben Diebe" (1960). Nach ihrer Heirat mit dem Sänger, Komponisten und Schauspieler Anthony Newley machte die Collins eine Filmpause. Ihre Kinder Tara, Alexander und Sacha wurden 1963, 1965 und 1966 geboren. Mit ihrem Mann und unter seiner Regie war sie 1969 in „Die Gelüste des Hieronymus" zu sehen. 1971 ging die Ehe aus-

Während Dreharbeiten zu „Island in the Sun", 1957

einander; im Jahr darauf heiratete die Schauspielerin den Filmproduzenten John Kass – im gleichen Jahr wurde Tochter Katyana geboren. Joan Collins drehte weiter einen mäßigen Film nach dem anderen; zwei der Produktionen („Die Stute", 1978 und „Lady Diamond", 1979) basieren auf Romanvorlagen ihrer schriftstellernden Schwester Jackie Collins. Dann, 1981, kam die Rolle, mit der ihr Leben als Superstar begann: Joan Collins übernahm den Part der rachsüchtigen Alexis, Exehefrau von Blake Carrington, und sorgte fortan als „Biest" in „Der Denver Clan" weltweit für Furore und Schlagzeilen. 1982 erhielt die Schauspielerin für diese TV-Rolle den „Golden Globe" und wurde zum „Weiblichen Star des Jahres 1982" gekürt. Sie posierte als 50jährige halbnackt für den „Playboy", ließ sich als schönste Fernsehfrau feiern und packte in ihrer Autobiographie „Past Imperfect" über ihr Privatleben aus.

„The Wayward Bus", 1957

„Liebesgrüße aus Moskau", 1963

„Sag niemals nie" mit Kim Basinger, 1983

„Der Name der Rose", 1985

„The Untouchables – Die Unbestechlichen", 1987

Sean Connery, geboren am 25. August 1930 in Fountainbridge, Schottland

Sean Connery wuchs in ärmlichen Verhältnissen auf. Sein Vater arbeitete als Fahrer, seine Mutter als Putzfrau. Er verließ die Schule frühzeitig, um zu arbeiten. Nach einem Zwischenspiel bei der Marine verdiente sich der 15jährige seinen Lebensunterhalt in den verschiedensten Jobs, unter anderem als Modell für Badehosen. Seine ersten darstellerischen Erfahrungen machte Connery in einem Theater in Edinburgh und später in London. Der junge Mime nahm Schauspielunterricht, tourte durch die Provinz und bekam Engagements bei Film und Fernsehen. Er spielte in Streifen wie „Die blinde Spinne", „Zwölf Sekunden bis zur Ewigkeit" und „Der längste Tag", bevor er die Rolle bekam, die ihn schlagartig zum Weltstar machte: James Bond 007. Seinen ersten Auftritt als Geheimagent hatte er 1962 in „James Bond – 007 jagt Dr. No". Es folgten (zunächst) fünf weitere Bond-Filme: „Liebesgrüße aus Moskau", „Goldfinger", „Feuerball", „Du lebst nur zweimal" und „Diamantenfieber". Vom Publikum auf die Rolle des smarten und attraktiven Superagenten festgelegt, war Connery in den 60er Jahren dennoch auch in gänzlich anderen Filmen zu sehen: etwa in Alfred Hitchcocks „Marnie" und in Sidney Lumets „Ein Haufen toller Hunde". Anfang der 70er Jahre verabschiedete er sich von James Bond und startete eine zweite

„James Bond - 007 jagt Dr. No" mit Ursula Andress, 1962

Karriere mit Filmen wie „Der Wind und der Löwe" und „Robin und Marian". 1981 sah man Connery in dem Science-fiction-Spektakel „Outland – Planet der Verdammten" und in dem Terry Gilliam-Werk „Time Bandits". Auf Drängen der Filmgesellschaft entschloß sich der Schauspieler 1983, nach zwölf Jahren erneut als 007 vor die Kamera zu treten: für „Sag niemals nie" – obwohl er sich geschworen hatte, nie wieder in die Rolle des Superagenten zu schlüpfen. Es folgten 1985 der europäische Superhit „Der Name der Rose" und 1987 Brian de Palmas Gangsterfilm „Die Unbestechlichen", für den Connery, in der Rolle des aufrechten schottischen Polizisten, den „Oscar" erhielt. Einen seiner schönsten und sympathischsten Leinwandauftritte hatte der inzwischen 60jährige Schauspieler als Filmvater von Harrison Ford in „Indiana Jones und der letzte Kreuzzug". Frauenzeitschriften erklärten ihn zum Schauspieler mit dem größten Sex-Appeal. Seine Mitwirkung in Filmen ist ein Garant für Kassenerfolge. 1990 sah man ihn in „Jagd auf Roter Oktober", im Jahr darauf in „Das Rußland-Haus".

„Der Wind und der Löwe", 1975

Eddie Constantine, geboren als Edward Constantinewski am 29. Oktober 1917 in Los Angeles

Der „Typ mit dem sympathischen Galgenvogelgesicht" begann seine Karriere als Chorsänger bei MGM. Nach seinem Wechsel nach Paris sang er sich durch die Nachtclubs der französischen Metropole und trat unter anderem mit Edith Piaf auf. In einem Pariser Bistro wurde er von dem französischen Regisseur Bernard Borderie entdeckt, der auf der Suche nach der idealen Besetzung für die Rolle des Lemmy Caution in seinem Film „Im Banne des blonden Satans" war. Eddie Constantine wurde in der Rolle des für Frauen unwiderstehlichen, für Gangster unüberwindlichen Detektivs zur Kultfigur der 60er Jahre. „Lemmy Caution gegen Alpha 60", inszeniert von Jean-Luc Godard, war der Abgesang auf Eddies Klischee „hart, aber smart". Nach einer längeren Karrierepause, in der er sich hauptsächlich seiner Leidenschaft für Pferde widmete, wurde Eddie Constantine vom deutschen Film wiederentdeckt. Er drehte mit Peter Lilienthal „Malatesta", mit Rainer Werner Fassbinder „Warnung vor einer heiligen Nutte", mit Ulli Lommel „Der zweite Frühling", mit Udo Lindenberg „Panische Zeiten", mit Rosa von Praunheim „Rote Liebe" und mit Torsten Emrich „Das Mikado-Projekt" (1983).

„Nick Carter schlägt alles zusammen", 1962

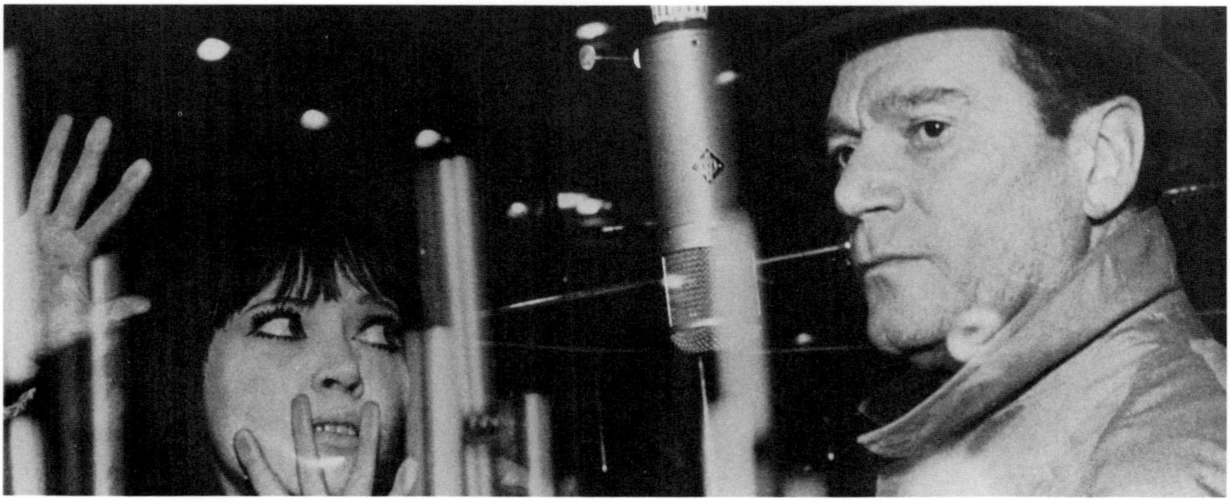

„Lemmy Caution gegen Alpha 60" mit Anna Karina, 1965

„Zwölf Uhr mittags", 1952

„Zwölf Uhr mittags" mit Grace Kelly, 1952

„Drei Fremdenlegionäre" mit Robert Preston (l.) und Ray Milland, 1939

Gary Cooper

Gary Cooper, geboren als Frank James Cooper am 2. Mai 1901 in Helena, Montana, gestorben am 13. Mai 1961

Nach einem Kunststudium im Grinell College in Iowa verdingte sich der Sohn eines britischen Einwandererpaares zunächst als Reklamegrafiker und politischer Cartoonist, ehe er sich 1925 in Hollywood als Statist bewarb. Dank seiner ausgezeichneten Reitkünste wurde er sofort engagiert und agierte für eine Wochengage von 100 Dollar in zehn der damals üblichen Fließbandwestern. Sein erster großer Erfolg, „Der Gewinn der Barbara Worth" (1925), in dem er für den erkrankten Hauptdarsteller einsprang, legte Gary Cooper auf das Image des einsamen, wortkargen Westernhelden fest. Auch privat eher schüchtern und introvertiert, feierte der schlaksige 1,98 Meter-Mann in diesem Genre seine größten Triumphe: „Der Held der Prärie" (1937) und „In die Falle gelockt" (1940) avancierten ebenso zu Klassikern wie „Vera Cruz" (1954) oder „Der Mann aus dem Westen" (1958). Den ersten „Oscar" erhielt er jedoch 1941 für seine Darstellung des Sergeant York in dem gleichnamigen Film. Seine wohl berühmteste Rolle, für die er einen zweiten „Oscar" erhielt, spielte Cooper in Fred Zinnemanns „Zwölf Uhr mittags" (1952). Obwohl er sich selbst als „Darsteller mit einer durchschnittlichen Begabung" bezeichnete, überzeugte „Coop" (so sein Spitzname) auch als Komödiant und romantischer Held. An der Seite

„Wem die Stunde schlägt" mit Ingrid Bergman, 1943

von Marlene Dietrich spielte er in „Marokko" (1930) und „Desire" (1936); Frank Capra holte ihn für „Mr. Deeds geht in die Stadt" (1936), Ernst Lubitsch für „Blaubarts achte Frau" (1938) vor die Kamera; Ernest Hemingway wünschte sich seinen Freund Cooper als Hauptdarsteller der Verfilmungen seiner Romane „In einem anderen Land" (1932) und „Wem die Stunde schlägt" (1943). Sogar im vorgerückten Alter sorgte er als Filmliebhaber von Audrey Hepburn („Liebe am Nachmittag", 1956), Maria Schell („Der Galgenbaum", 1959) und Rita Hayworth („Sie kamen nach Cordura", 1959) für volle Kinokassen. Nur Gangsterrollen gehörten nicht zum Repertoire Gary Coopers, dem 1960 – kurz bevor er seinem Krebsleiden erlag – ein dritter „Oscar" für seine Verdienste um den amerikanischen Film verliehen wurde. Schließlich erklärte er selbst seine enorme Popularität einmal damit, daß „ich immer die Rolle des Durchschnittsamerikaners spiele".

„Hier ist John Doe" mit Barbara Stanwyck, 1940

Kevin Costner, geboren am 18. Januar 1955 in Los Angeles

Als Kind träumte er davon, Baseballspieler zu werden, schrieb sich jedoch nach der High-School der Familientradition zuliebe erst einmal als Marketingstudent ein und war nebenbei Mitglied einer kleinen Schauspieltruppe. Nach Beendigung des Studiums nahm er eine Stellung bei einem großen Konzern an. Bereits drei Wochen später verblüffte Kevin Costner seine Umgebung jedoch mit dem Entschluß, nach Hollywood zu gehen. Seine erste Filmrolle in Lawrence Kasdans „Der große Frust" fiel der Schere zum Opfer. Auch die darauffolgenden Filme waren Flops. Erst mit der Steven Spielberg-Produktion „Fandango", in der er die Hauptrolle übernehmen konnte, ging es aufwärts. Seinen internationalen Durchbruch schaffte Costner als Eliot Ness in Brian de Palmas „Die Unbestechlichen" an der Seite von Sean Connery und Robert de Niro. Es folgten „No Way Out – Es gibt kein Zurück", „Annies Männer" und „Feld der Träume". Da war Kevin Costner längst ein Star. „Er ist smart, er ist sexy, und er kann auch noch spielen!" jubelte das „Time"-Magazin. 1991 bewies er mit seinem mit sieben „Oscars" ausgezeichneten Regiedebüt „Der mit dem Wolf tanzt", daß er auch inszenieren kann.

„Die Unbestechlichen", 1987

„Annies Männer" mit Susan Sarandon, 1988

Joan Crawford

„Wenn Frauen hassen", 1954

„Grand Hotel" mit Lionel Barrymore, 1932

Joan Crawford

Joan Crawford, geboren als Lucille LeSueur am 23. März 1908 in San Antonio, Texas, gestorben am 10. Mai 1977

Joan Crawford wurde in eine Schauspielerfamilie hineingeboren. Schon als Kind reiste sie mit der Theatertruppe ihres Vaters durch die USA und lernte tanzen, spielen und vor allem hervorragend steppen. Als junges Mädchen wurde sie Tanzgirl in Chicago und trat später in New York in Operetten und Musicals auf. Am Broadway wurde sie von MGM entdeckt, bekam einen Vertrag und begann mit „Our Dancing Daughters" Ende der 20er Jahre ihre sensationelle Karriere. Der Übergang zum Tonfilm verlief unproblematisch – Filme wie „Paid", „Grand Hotel" und „Zum Leben verurteilt" gaben Gelegenheit, ihr Talent unter Beweis zu stellen. Meist spielte sie selbständige, starke Frauen, die sich allein durchs Leben schlagen mußten. 1933 verkörperte sie die Prostituierte Sadie Thompson in der Verfilmung von Somerset Maughams weltberühmter Novelle „Rain". Die Entscheidung, diese Rolle zu übernehmen, dankten ihr die Kinogänger nicht. Um die Gunst ihrer Fans zurückzugewinnen, übernahm sie weniger „anstößige" Parts in harmlosen Unterhaltungsfilmen wie „Ich tanze nur für dich", „Ein Herz zu verschenken" und „Love on the Run". Anfang der 40er Jahre begann Joan Crawfords Stern zu sinken. MGM gab ihr keine Spitzenrollen mehr. Die Konkurrenz Warner Brothers bot ihr die Hauptrolle in dem

„Die wunderbare Rettung" mit Clark Gable, 1940

Film „Solange ein Herz schlägt" (1945) an. Für die Darstellung einer Frau, die die Liebe eines Mannes ihrer Unabhängigkeit opfert, bekam sie den „Oscar" – Start einer neuen Karriere als Frau in den 40ern. Joan Crawfords nächste Filme „Humoresque", „Hemmungslose Liebe" und „Im Solde des Satans" zeigten sie als biestige, vom Ehrgeiz besessene, unbezwingliche Femme fatale, die mit den Männern spielt. 1954, in dem Western „Wenn Frauen hassen", zog sie noch einmal alle Register ihres Könnens. Zum Ende ihrer Leinwandkarriere wurde die Crawford für den Thriller entdeckt. Unvergeßlich ihr Zusammenspiel mit Bette Davis in „Was geschah wirklich mit Baby Jane?". Joan Crawford war viermal verheiratet. Ihr letzter Ehemann war der Pepsi Cola-Aufsichtsratsvorsitzende Alfred Steele. Nach seinem Tod 1959 trat sie seine Nachfolge an. Ihre Adoptivtochter Christina veröffentlichte 1978 eine Biographie über die „Geliebte Rabenmutter", die 1981 mit Faye Dunaway in der Hauptrolle verfilmt wurde.

„Solange ein Herz schlägt", 1945

Bing Crosby

„Road to Utopia" mit Bob Hope, 1945

Bing Crosby

Bing Crosby, geboren als Harry Lillis Crosby am 2. Mai 1904 in Tacoma, Washington, gestorben am 14. Oktober 1977

Der Sohn eines Fabrikarbeiters wollte ursprünglich Rechtsanwalt werden. Während seines Studiums beschäftigte er sich jedoch lieber mit Schlagzeugspielen und Singen als mit Paragraphen und Satzungen. Bing Crosby mußte die Gonzaga Universität vorzeitig verlassen. Er entschloß sich, mit Musik sein Geld zu verdienen, und gründete eine Jazzband. 1926 traf er in San Francisco den Bandleader Paul Whiteman und begann bei den „Rhythm Boys" als Sänger. Er wurde schnell populär, kam nach Hollywood und arbeitete dort als Sänger in mehreren kleinen Filmproduktionen. Anfang der 30er Jahre startete Bing Crosby eine beispiellose Karriere. Er landete einen Plattenhit nach dem anderen, hatte eine eigene Radioshow und wurde nach seinem Auftritt in dem Revuefilm „The Big Broadcast" auch auf der Leinwand ein Star. In den 40er Jahren drehte er mit Bob Hope eine Serie von Komödien, die sogenannten „Road to . . ."-Filme. Den „Oscar" erhielt er 1944 für „Der Weg zum Glück". Bing Crosby brillierte vor allem in Musicalfilmen, konnte sich aber auch einen Namen als Charakterdarsteller machen mit Filmen wie „Die Glocken von St. Marien" und „Das Mädchen vom Lande". Seine Schallplattenverkäufe – insgesamt über 80 Millionen – und seine Kinoerfolge

In einer Drehpause von „Rhythm on the Range", 1936

„Ich küsse Ihre Hand, Madame" mit Joan Fontaine, 1948

machten ihn zu einem der reichsten Männer im Showbusiness. Gleichzeitig war er während vieler Jahre der beliebteste Mann der Vereinigten Staaten. Eine amerikanische Zeitschrift schrieb über ihn: „Bing Crosby hat einen stärkeren Einfluß auf unsere nationale Kultur als jeder andere Amerikaner vor ihm, ausgenommen höchstens Franklin D. Roosevelt." Der Star, der keine Gesangsausbildung genossen hatte, fand einen schlichten Grund für seinen Erfolg: „Ich singe einfach gern, im Badezimmer wie auf der Bühne. Mein Glück ist, daß die Welt meinen müden Bariton gerne hört." Er war zweimal verheiratet, mit der Sängerin Dixie Lee und mit der Schauspielerin Kathryn Grant. 1974 nahm Bing Crosby mit „That's Entertainment – Das gibt's nie wieder" Abschied vom Film. Ein treffender Titel für den unvergessenen Sänger, Schauspieler und Entertainer, der über Jahrzehnte hinweg sein Publikum mit unvergeßlichen Evergreens zum Träumen brachte. Bing Crosby starb 1977 beim Golfspielen.

„Die oberen Zehntausend" mit Grace Kelly, 1956

Tom Cruise

Tom Cruise, geboren als Thomas Cruise Mapother IV. am 3. Juli 1962 in Syracuse, New York

Tom Cruise, drittes Kind eines Elektroingenieurs und einer schauspielbegeisterten Mutter, zeigte schon als kleiner Junge Begabung für seinen späteren Beruf: Gekonnt imitierte er Donald Duck, Woody Woodpecker und W. C. Fields. Der Vater starb sehr früh. Tom mußte neben seinen schulischen Verpflichtungen, die er wegen einer Leseschwäche haßte, die Familie finanziell unterstützen. Nach einer Schulaufführung von „Guys and Dolls", in der er die Hauptrolle spielte, war für ihn seine berufliche Zukunft klar. Der junge Mann ging nach New York, arbeitete als Aushilfskellner und versuchte über Monate verzweifelt, eine Rolle zu ergattern. 1981 schließlich gab ihm Franco Zeffirelli seinen ersten Part in dem Rührstreifen „Endlose Liebe" mit Brooke Shields. Viel Ruhm war damit nicht zu ernten – Cruise wechselte den Agenten und wurde im gleichen Jahr für die Rolle des rebellischen Kadetten David Shawn in „Die Kadetten von Bunker Hill" verpflichtet. Sein intensives Spiel überzeugte Kritiker und Kollegen. 1982 hörte Tom von Francis Ford Coppolas Projekt „Die Outsider", stellte sich bei dem Regisseur vor und erhielt eine Rolle. Bei den Dreharbeiten zu „Lockere Geschäfte" lernte er die Schauspielerin Rebecca de Mornay kennen, mit der er dann mehrere Jahre zusammenlebte. Nach dem Flop „All the Right Moves" ging er für ein Jahr nach London und drehte dort „Legende". 1985 war es dann soweit: „Top Gun" machte Cruise zum Topstar. Nun akzeptierten ihn auch die Großen Hollywoods. Als Partner von Paul Newman spielte er in Martin Scorseses „Die Farbe des Geldes" eine Rolle, für die er wochenlang mit dem Billardqueue trainierte. In dem auf Dustin Hoffman ausgerichteten Film „Rain Man" konnte Tom Cruise trotzdem in der Rolle des Bruders überzeugen. 1990 folgten „Geboren am 4. Juli" (nominiert für acht „Oscars") und „Tage des Donners".

„Lockere Geschäfte" mit Rebecca de Mornay, 1983

„Rain Man" mit Dustin Hoffman, 1988

„Truck Driver", 1982

Jamie Lee Curtis, geboren am 22. November 1958 in Los Angeles

„Ein Fisch namens Wanda" mit John Cleese, 1988

Die Tochter des Schauspielerehepaares Janet Leigh und Tony Curtis hatte gerade ein Jurastudium begonnen, als ein Freund sie zum Vorsprechen für eine Fernsehrolle überredete. Jamie Lee Curtis bekam zwar die Rolle nicht, beschloß aber endgültig, Schauspielerin zu werden. Nach mehreren Versuchen, am Theater Fuß zu fassen, erhielt sie einen Siebenjahresvertrag bei den Universal Studios. Sie trat regelmäßig in der TV-Serie „Operation Petticoat" auf und war später Gaststar in Serien wie „Love Boat", „Columbo", „Quincy" und „Drei Engel für Charlie". 1978 entdeckte sie Regisseur John Carpenter für seinen Kinoschocker „Halloween – Die Nacht des Grauens". In den folgenden Jahren wirkte Jamie Lee Curtis fast ausschließlich in Horrorfilmen mit („Prom Night – Die Nacht des Schlächters", „The Fog – Nebel des Grauens"), was ihr den zweifelhaften Titel „Queen of Screams" einbrachte. Erst die 1983 entstandene Komödie „Die Glücksritter" mit Eddie Murphy und Dan Aykroyd brachte die Wende in Jamie Lee Curtis' Karriere: Für die Rolle einer Hure mit Herz erhielt sie den „British Academy Award" und bekam in der Folge vermehrt differenzierte Frauenrollen angeboten. Sie übernahm die Hauptrolle in dem Drama „Hörig", spielte zusammen mit John Travolta („Perfect"), Gregory Peck („Schweigende Stimmen") und Tom Hulce („Dominick und Eugene"), wartete aber immer noch auf ihren großen Durchbruch. Der gelang ihr 1988 mit der brillanten Komödie „Ein Fisch namens Wanda" an der Seite von John Cleese und Kevin Kline. Als hübsche Betrügerin avancierte die Dreißigjährige in den USA und in Europa zu einem gefragten Kinostar. Auch im Fernsehen war sie jetzt endlich auf dem Weg zum Erfolg. In der TV-Serie „Anything But Love" stellte sie erneut ihr komödiantisches Talent unter Beweis und wurde dafür mit dem „Golden Globe" und dem „People's Choice Award" ausgezeichnet. 1990 kehrte Jamie Lee Curtis mit dem Thriller „Blue Steel" auf die Leinwand zurück.

„Die Glücksritter" mit Eddie Murphy (l.) und Dan Aykroyd, 1983

„Vom Teufel verführt", 1955

Tony Curtis, geboren als Bernard Schwartz am 3. Juni 1925 in New York

Tony Curtis wuchs als Sohn eines ungarischen Schauspielers im New Yorker Armenviertel Bronx auf, wo er als Elfjähriger bereits Mitglied einer Straßengang war. Erste schauspielerische Erfahrungen sammelte er als Pfadfinder und später als Soldat bei diversen Amateuraufführungen. Bedingt durch eine Kriegsverletzung, die er sich auf einem U-Boot zuzog, wurde er frühzeitig aus der Wehrpflicht entlassen und begann, sich ernsthaft der Schauspielerei zu widmen. Curtis spielte zunächst Theater, wurde bald für den Film entdeckt und bekam kleine Nebenrollen in „Gilda" (1946) und „Criss Cross" (1948). Ersten Starruhm erspielte sich der attraktive Schwarzhaarige in den 50er Jahren. Er machte Filme wie „Der eiserne Ritter von Falsworth", „Trapez" und „Die Wikinger". Der 1958 gedrehte Film „Flucht in Ketten" brachte Tony Curtis ebenso wie seinem Partner Sidney Poitier eine „Oscar"-Nominierung ein. Seinen größten Erfolg feierte er 1959: In der Billy Wilder-Komödie „Manche mögen's heiß" brillierte er als hinreißend komischer Partner von Jack Lemmon und Marilyn Monroe. In den 60er Jahren sah man Curtis in eher seichten Unterhaltungsfilmen wie „Boeing-Boeing", „Arrivederci, Baby" und „Finger weg von meiner Frau". Ausnahmen waren „Der Außenseiter" (1961) und „Der Würger von Boston" (1969). Während der Dreharbeiten zu dem Monumentalfilm „Taras Bulba" (1962) lernte Curtis die blutjunge Christine Kaufmann kennen. Er ließ sich von seiner ersten Ehefrau, dem bekannten und beliebten Hollywoodstar Janet Leigh, scheiden, um die attraktive 17jährige zu heiraten. Aus der Ehe stammen zwei Töchter, Alexandra und Allegra, die ebenfalls Schauspielerinnen wurden. Nach seiner Trennung von Christine Kaufmann begann Curtis mit den Dreharbeiten zu einer der beliebtesten TV-Serien der 70er Jahre: „Die 2" (Partner war Roger Moore) wurde vor allem in Europa ein Riesenhit. In den 80er Jahren widmete sich der Mime mehr und mehr seinen Hobbys: Schreiben und Malen.

„Taras Bulba" mit Christine Kaufmann, 1962

„Manche mögen's heiß" mit Marilyn Monroe, 1959

Lil Dagover, geboren als Maria-Antonia Seubert am 30. September 1897 auf Java, gestorben am 23. Januar 1980

Nach dem frühen Tod der Mutter wuchs Maria Seubert in Pensionaten in Großbritannien, Frankreich und der Schweiz auf. Zum Film kam sie durch Erich Pommer, der ihr 1920 in dem von ihm produzierten Stummfilm „Das Kabinett des Dr. Caligari" eine Rolle verschaffte. In diesem Jahr ihres ersten großen Erfolgs ließ sich Lil von dem Wiener Schauspieler Franz Dagover scheiden. Ihr zweiter Ehemann wurde 1926 der Produzent Georg Witt. In schneller Folge drehte die Schauspielerin an die 100 weitere Stummfilme, u. a. „Kabale und Liebe" und „Der Graf von Monte Christo". Der Wechsel zum Tonfilm bescherte ihr in den 30er Jahren neue Erfolge („Der Kongreß tanzt", „Das Mädchen Irene"). Ihre dritte Karriere begann die Dagover nach dem Zweiten Weltkrieg mit eher belanglosen Kostümfilmen wie beispielsweise „Königliche Hoheit". Die letzte Zeugin einer ganzen Epoche des deutschen Films, die ihr Können in „Die Bekenntnisse des Hochstaplers Felix Krull" (1957) noch einmal unter Beweis stellen konnte, drehte ihren letzten Film 1978: „Geschichten aus dem Wienerwald".

„Die kleine Residenz", 1942

„Schloß Hubertus" mit Marianne Koch (r.) und Michael Heltau, 1954

Danielle Darrieux

Danielle Darrieux, geboren am 1. Mai 1917 in Bordeaux

Nach dem Schulabschluß studierte Danielle Darrieux am Pariser Konservatorium Violoncello. Durch einen Zufall lernte sie 1931 einen Filmproduzenten kennen, der die 14jährige Hunderten anderer Bewerberinnen als Hauptdarstellerin in „Le bal" vorzog. In den folgenden Jahren agierte sie in rund einem Dutzend der damals üblichen Operettenfilme und Lustspiele (beispielsweise in „Der Schlafwagenkontrolleur" von 1934), in denen sie – wenn auch oft nur als Nebendarstellerin – durch ihre markante Stimme, ihr komödiantisches Talent und ihr aristokratisches Aussehen auffiel. Mit ihrer sensiblen Darstellung der Mary Vetsera in „Mayerling" schaffte sie 1935 an der Seite von Charles Boyer den Durchbruch als ernsthafte Schauspielerin. Ein Erfolg, der ihr den Weg nach Hollywood ebnete: 1938 für „Die flotte Pariserin" erstmals in den Vereinigten Staaten engagiert, kehrte Danielle Darrieux im Laufe ihrer Karriere für Projekte wie „Der Fall Cicero" (1951 mit James Mason) oder „Alexander der Große" (1956 mit Richard Burton) immer wieder in die Traumfabrik zurück. Ihre gelungensten Filme – darunter Claude Autant-Laras „Rot und Schwarz" (1954), Claude Chabrols „Der Frauenmörder von Paris" (1963) und Jacques Demuys „Die Mädchen von Rochefort" (1966) – drehte die Grande Dame des französischen Kinos dennoch in ihrer Heimat; besonders hervorzuheben ist ihre berufliche Liaison mit Max Ophüls, unter dessen Regie sie dreimal (1950 in „Der Reigen", 1951 in „Le plaisir" und 1953 in „Madame de . . .") schauspielerische Glanzleistungen zeigte. Danielle Darrieux drehte über 90 Spielfilme. Darüber hinaus war sie auch als Theaterschauspielerin (etwa in den Broadway-Produktionen „Coco" und „Ambassador" von 1970 und 1971) und als Chansonsängerin erfolgreich. In der Titelrolle der TV-Serie „Ein Fall für Madame" erwies sie sich 1980 auch auf bundesdeutschen Bildschirmen als würdige Nachfolgerin von Kommissar Maigret.

„Der Reigen" mit Daniel Gélin, 1950

„Die Liebe der Lady Chatterley", 1955

„In Freundschaft verbunden“, 1943

„Die jungfräuliche Königin", 1955

„Alles über Eva" mit Anne Baxter (l.), Marilyn Monroe, George Sanders

„Das Korn ist grün", 1945

Bette Davis, geboren als Ruth Elizabeth Davis am 5. April 1908 in Lowell, Massachusetts, gestorben am 6. Oktober 1989

Die Tochter eines Patentanwalts sammelte ihre ersten Bühnenerfahrungen bei Schulaufführungen. Sie absolvierte die Schauspielschule, nahm Tanzunterricht und erhielt 1929 ein Engagement am Broadway. 1930 ging sie nach Hollywood und gab ein Jahr später in „Bad Sister" ihr Leinwanddebüt. In „The Man Who Played God" bekam Bette Davis 1932 erstmals eine Rolle, die ihrem Typ entsprach. Warner Brothers wurde auf die ausdrucksvolle Schauspielerin aufmerksam und verpflichtete sie. Nach mehreren Filmen wie „Die Hütte im Baumwollfeld", „The Working Man" und „20 000 Jahre in Sing Sing" spielte sie 1934 in „Des Menschen Hörigkeit". Für ihre Darstellung der Kellnerin Mildred bekam Bette Davis hervorragende Kritiken. Trotzdem gab ihr Warner Brothers vornehmlich unbefriedigende Rollen. 1935 erhielt sie zwar einen „Oscar" für „Dangerous", doch der Ärger mit Warner Brothers hörte nicht auf: Die Filmgesellschaft verbot ihr, Filmangebote aus Europa anzunehmen, und strengte 1936 einen Prozeß an, den Bette Davis verlor. Sie kehrte nach Hollywood zurück und bekam für die Rolle der Julie Marsden in „Jezebel" 1938 den zweiten „Oscar". Nun endlich hatte Warner Brothers ein Einsehen und gab der Schauspielerin ein Mitspracherecht bei der Auswahl ihrer Rollen. Tränenreiche Melodramen, Krimis

„Was geschah wirklich mit Baby Jane?" mit Joan Crawford, 1962

und Salonstücke lieferten Parts, die ihr auf den Leib geschnitten waren: selbstbewußte und unabhängige Frauen, die sich in einer Männerwelt behaupten müssen. 1941 wurde Bette Davis Präsidentin der Academy of Motion Picture Art and Sciences und bekam die Hauptrolle in der Verfilmung des Broadway-Erfolges „Die kleinen Füchse". Ihre Darstellung der rücksichtslosen Regina Giddens, die den eigenen Mann absichtlich sterben läßt, um an dessen Geld zu kommen, zählte zu Bette Davis' schauspielerischen Glanzleistungen. 1950, nachdem sie von Warner entlassen worden war, feierte sie mit „Alles über Eva" neue Triumphe. Ihre Interpretation des alternden Bühnenstars Margo Channing wurde von der New Yorker Kritik einhellig bejubelt, und sie wurde als „beste Schauspielerin des Jahres" ausgezeichnet. Seit dem 1962 an der Seite von Joan Crawford gedrehten Film „Was geschah wirklich mit Baby Jane?" war Bette Davis hauptsächlich in kassenträchtigen Horrorfilmen zu sehen.

„Der schwarze Kreis", 1963

Sammy Davis, jr.

„Porgy and Bess" mit Dorothy Dandridge und Sidney Poitier, 1959

„Frankie und seine Spießgesellen", 1960

Sammy Davis, jr.

Sammy Davis, jr., geboren am 8. Dezember 1925 in New York, gestorben am 16. Mai 1990

Sammy Davis, jr., einer der größten Entertainer des Showbusiness, mußte schon als kleines Kind auf die Bühne. Gerade drei Jahre war er alt, als er sich mit seinen Eltern, den Tänzern Sam und Elvira Davis, in schäbigen Varietétheatern durch die amerikanische Provinz spielte. 1933 hatte er seine erste kleine Filmrolle in „Rufus Jones For President". Während der Militärzeit wurde er mit dem in den USA immer noch herrschenden Rassismus konfrontiert – ein Problem, das ihm in den folgenden Jahren immer wieder Schwierigkeiten bereiten sollte. Nach dem Krieg gelang ihm mit Hilfe seines langjährigen Freundes Frank Sinatra der Sprung zurück ins Showbusiness. 1954, nach einem schweren Autounfall, bei dem er sich das Nasenbein brach und ein Auge verlor, glaubte sich der Verletzte am Ende seiner Karriere. Ein Rabbi gab ihm während seines Krankenhausaufenthalts wieder Mut – aus Dankbarkeit trat Sammy Davis, jr. zum jüdischen Glauben über. Ein Meilenstein in seiner Filmkarriere wurde die Rolle des „Sportin' Life" in der erfolgreichen Leinwandadaption von „Porgy and Bess". Es folgten Filme wie „Frankie und seine Spießgesellen" und „Mr. Wonderful", zahlreiche Shows und Fernsehauftritte, häufig in Gesellschaft von seinen berühmten „Rat-Pack"-Kollegen Frank Sinatra und Dean Martin. Sammy Davis, jr., der „häßliche, einäugige jüdische Neger",

„Die Dreigroschenoper", 1965

spielte, tanzte und steppte sich in die Herzen des amerikanischen Publikums. Seine Shows – selbstverständlich immer nur mit Whiskyglas und Zigarette – waren stets Wochen vorher ausverkauft. Dennoch hatte der kleine Mann (1,58 m) mit der großen Stimme Probleme wegen seiner Hautfarbe. Während seiner Affäre mit Kim Novak beispielsweise wurde er von Rassenfanatikern bedroht. Er heiratete die farbige Loray White, um Leben und Karriere zu retten; die Ehe wurde nach einem Jahr geschieden. Trotz massiver Angriffe ging er 1960 die Ehe mit der blonden Schwedin May Britt ein. Auch diese Beziehung scheiterte. Dem unverdrossenen Entertainer wurden in den 80er Jahren zwei neue Hüftgelenke eingesetzt, was ihn aber nicht von seiner Tanzleidenschaft abhielt. 1989 hatte „Mr. Showbiz" seinen letzten Filmauftritt in „Tap Dance".

„Sieben gegen Chicago" mit Frank Sinatra, 1964

„Der Mann, der zuviel wußte", 1955

„Ein Pyjama für zwei", 1957

„Bettgeflüster" mit Rock Hudson, 1959

„Mitternachtsspitzen", 1960

Doris Day, geboren als Doris von Kappelhoff am 3. April 1924 in Cincinnati, Ohio

Als Tochter eines Kirchenorganisten hatte Doris Day von klein auf Kontakt zur Musik. Im Alter von zwölf Jahren nahm sie Tanzstunden und trat mit ihrem Partner Jerry Doherty, einem jungen Steptänzer, bei diversen Amateurveranstaltungen auf. Nach einem schweren Autounfall schien der Traum von Doris' Mutter, ihr Kind ins Rampenlicht zu schicken, vorerst beendet. Doris nahm Gesangsunterricht, damit sie wenigstens noch eine erfolgreiche Sängerin würde. Tatsächlich war sie schon bald in zahlreichen Radioshows und Nachtclubs zu hören. Um eine feste Anstellung in einer Big Band zu bekommen, änderte sie, in Anlehnung an den Song „Day by Day", ihren Nachnamen und hoffte so auf noch mehr Erfolg im Showbusiness. Trotzdem dauerte es noch fast zehn Jahre (in denen sie zwei unglückliche Ehen hinter sich brachte), ehe sie ihre erste Filmrolle bekam: „Casablanca"-Regisseur Michael Curtiz drehte 1948 mit ihr „Zaubernächte in Rio". Doris war beim Publikum auf Anhieb beliebt. In den folgenden Jahren sicherte sie sich mit Komödien („Reporter der Liebe" mit Clark Gable), Krimis (Alfred Hitchcocks „Der Mann, der zuviel wußte" mit James Stewart) und Musicals („Picknick im Pyjama") einen Platz unter den begehrtesten Schauspielerinnen Hollywoods. Doch erst 1959 wurde sie ein Star: Der Beziehungsklamauk „Bettgeflüster" mit

„By the Light of the Silvery Moon", 1953

Rock Hudson brachte ihr sogar eine „Oscar"-Nominierung ein. Der Film war Auftakt zu einer erfolgreichen Reihe von simpelgestrickten Liebesklamotten („Meisterschaft im Seitensprung", „Ein Pyjama für zwei", „Ein Hauch von Nerz", „Schick mir keine Blumen"), die ihr den Ruf der „ewigen Jungfrau" einbrachten. 1968 starb ihr Manager und dritter Mann Marty Melcher, der ihr gesamtes Vermögen durchgebracht und sie ohne ihr Wissen in einen Vertrag für eine TV-Serie eingebunden hatte. Zähneknirschend machte sie die „Doris Day Show" (1968–72) zu einem Riesenerfolg. Nach einer weiteren gescheiterten Ehe und nunmehr zwölfjähriger Leinwandabstinenz lebt die Schauspielerin heute mit zahlreichen Hunden, Vögeln und Katzen im kalifornischen Carmel, engagiert sich für den Tier- und Umweltschutz und ist attraktiven Rollenangeboten gegenüber nicht abgeneigt: „Wenn mir ein Drehbuch gefallen sollte, mache ich noch mal einen Film."

„Ein Hauch von Nerz" mit Cary Grant, 1961

Daniel Day-Lewis, geboren am 29. April 1957 in Greenwich, England

Daß er bei der Schauspielerei ein „ekstatisches Glücksgefühl" empfindet, entdeckte Daniel Day-Lewis erstmals, als er bei Schulaufführungen kleinere Rollen übernahm. Der Sohn des britischen Dichters Cecil Day-Lewis und der Schauspielerin Jill Balcon gab sein Leinwanddebüt als Statist in John Schlesingers „Sunday, Bloody Sunday" (1971) und besuchte später die Royal Shakespeare Company. Nach einigen Nebenrollen, darunter in „Gandhi" (1982), erkämpfte er sich 1985 die Hauptrolle des homosexuellen Punks Johnny in Stephen Frears Kultfilm „Mein wunderbarer Waschsalon". Seit er im Jahr darauf ebenso überzeugend den verklemmten Adeligen Cecil in James Ivorys „Zimmer mit Aussicht" darstellte, galt Daniel Day-Lewis als Schauspieler von unbegrenzter Wandlungsfähigkeit, wie z. B. in „Stars and Bars" und „Die unerträgliche Leichtigkeit des Seins". Über seine Darstellung des jungen Frauenhelden Tomas, der sich während des Prager Frühlings ernsthaft verliebt, urteilte ein Kritiker: „Er spielt, als ob seine Hormone in Flammen ständen". 1989 verbrachte er als Vorbereitung auf die Rolle des gelähmten Christy Brown in „Mein linker Fuß" Wochen im Rollstuhl. Seine Leistung wurde mit einem „Oscar" prämiert.

„Zimmer mit Aussicht", 1986

„Die unerträgliche Leichtigkeit des Seins" mit Juliette Binoche, 1988

„Giganten", 1956

„Jenseits von Eden", 1955

„... denn sie wissen nicht, was sie tun", 1955

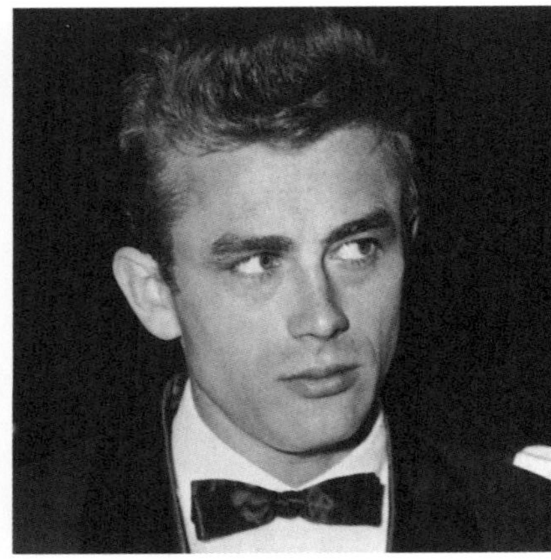

James Dean

James Dean, geboren als James Byron am 8. Februar 1931 in Marion, Indiana, gestorben am 30. September 1955

James Dean wuchs im amerikanischen Mittelwesten auf. Nach dem frühen Tod der Mutter kam er, neun Jahre alt, in die Obhut einer Tante. Als er die High-School absolviert hatte, ging Dean nach Kalifornien, studierte in Los Angeles Theaterwissenschaften und nahm Schauspielunterricht bei James Whitmore. Er machte einige Werbespots, bekam Kleinst-Fernsehrollen und drei Mini-Parts in den Spielfilmen „Seemann paß auf", „Fixed Bajonets" (beide 1951) und „Hat jemand meine Braut gesehen?" (1952). Im gleichen Jahr zog er nach New York. Nach einer schwierigen Aufnahmeprüfung wurde Dean mit 21 Jahren das jüngste Mitglied in Lee Strasbergs legendärem Actors Studio. Im Dezember 1952 erschien er zum erstenmal in dem Drama „See the Jaguar" auf dem Broadway; Anfang 1954 brillierte er in dem Stück „The Immoralist" (nach André Gides Roman). In der letzten Vorstellung sah Elia Kazan „Jimmy" Dean auf der Bühne – und bewies einmal mehr seine Spürnase für Talente. Dean wurde zu Probeaufnahmen eingeladen, warf Konkurrenten wie Paul Newman aus dem Rennen und bekam die Rolle des widerborstigen Farmerssohnes Cal in Kazans Film „Jenseits von Eden" (nach dem Roman von John Steinbeck). „Ich nahm Jimmy, weil er Cal war", sagte Kazan. „Er hatte etwas gegen alle Väter." Mit dem Part

„... denn sie wissen nicht, was sie tun" mit Natalie Wood, 1955

des aufmüpfigen Sohnes begann eine der spektakulärsten und kürzesten Karrieren in Hollywood: In nur drei Filmen, im Zeitraum von gut einem Jahr, erspielte sich James Dean Unsterblichkeit. Wie Marlon Brando und Montgomery Clift stand er für den Typus des ungezähmten jungen Mannes, des Rebellen, mit dem sich eine ganze Generation identifizierte. In Nicholas Rays „... denn sie wissen nicht, was sie tun" spielte er an der Seite von Natalie Wood den Außenseiter Jim Stark. Von Juni bis September 1955 drehte er unter George Stevens' Regie die texanische Familiensaga „Giganten"; er verkörperte den Cowboy Jett Rink, der sich, nachdem er durch Öl reich geworden ist, selbst zerstört. Die Uraufführung beider Filme erlebte er nicht mehr. Am 30. September, auf der Fahrt zu einem Autorennen, verunglückte James Dean mit seinem neuen Porsche. Er starb noch am Unfallort. Sein Tod löste einen Kult aus, wie ihn vorher nur Rudolph Valentino bewirkt hatte.

„Jenseits von Eden", 1955

„Millionenraub in San Francisco", 1965

Während einer Drehpause zu „Millionenraub in San Francisco" mit Regisseur Ralph Nelson, 1965

„Der Swimmingpool" mit Romy Schneider, 1969

„Zorro", 1975

Alain Delon, geboren am 8. November 1935 in Sceaux, Frankreich

Nach einer wildbewegten Jugend und seiner Soldatenzeit in Indochina hielt sich Alain Delon als Kellner, Verkäufer und Botenjunge in Paris über Wasser. 1957 fiel der attraktive junge Mann dem Talentsucher Henry Wilson bei den Filmfestspielen in Cannes auf. Nach gelungenen Probeaufnahmen wurde ihm ein Siebenjahresvertrag für Hollywood angeboten, den er jedoch ablehnte. Sein Filmdebüt im gleichen Jahr – eine Nebenrolle in Yves Allégrets „Killer lassen bitten" – sorgte für einiges Aufsehen. Ein Jahr später drehte er mit dem damals noch unbekannten Jean-Paul Belmondo „Sei schön und halt den Mund". Bereits Ende der 50er Jahre galt Delon als Frauenheld und hatte angeblich Affären mit Mylène Demongeot, Jeanne Moreau und Juliette Gréco. 1958 entstand der Film „Christine". Delons Partnerin war Romy Schneider, mit der er sich kurz danach verlobte, die er jedoch nie heiratete. Luchino Viscontis „Rocco und seine Brüder" verhalf ihm 1960 zum internationalen Durchbruch, ein Erfolg, der durch seine Leistung in Viscontis „Der Leopard" 1962 bestätigt wurde. Nach „Die Sonnenfinsternis", „Die schwarze Tulpe" und „Die Abenteurer" entstand 1967 der Film, der ihn zum Mythos werden ließ: „Der eiskalte Engel" von Jean-Pierre Melville. Die Rolle des verratenen Killers Jeff Costello schien Alain Delon wie auf den Leib geschrieben. Zwei weitere Melville-Filme, „Vier im roten Kreis" und

„Der eiskalte Engel", 1967

„Der Chef", zeigten ihn als skrupellosen Kommissar, der „für die Menschen nur völliges Mißtrauen und tiefe Verachtung empfindet" (Filmzitat). Ob als Revolverheld in dem Western „Rivalen unter roter Sonne" oder als Geheimagent in „Scorpio", Alain Delon blieb seinem Image als eiskalter Einzelkämpfer, der außerhalb des Gesetzes steht, treu. Mit dem Gesetz geriet er auch im Privatleben mehrmals in Konflikt. Auf einer Party, die Delon 1966 in Hollywood veranstaltete, kamen sein Leibwächter Milosevic und die Exfrau des Schauspielers Mickey Rooney ums Leben. Für die Polizei war es Doppelselbstmord. Drei Jahre später starb wieder einer von Delons Leibwächtern unter mysteriösen Umständen. Die Nachforschungen ergaben, daß der Schauspieler Kontakt zur Marseiller Unterwelt hatte. Seiner Karriere und seinem Ruf als Topstar des französischen Kinos konnten die Skandale jedoch nichts anhaben.

„Der Leopard" mit Claudia Cardinale, 1962

„Der Chef", 1972

Catherine Deneuve, geboren als Catherine Dorléac am 22. Oktober 1943 in Paris

Die schöne Tochter des Schauspielerehepaars Maurice und Renée Dorléac debütierte 1959 mit dem Film „Die kleinen Katzen". Regisseur Roger Vadim entdeckte die sensible Schauspielerin und gab ihr 1962 eine Rolle in seinem Film „Laster und Tugend". Im gleichen Jahr brillierte sie in Jacques Demys Meisterwerk „Die Regenschirme von Cherbourg" und erhielt für ihre Leistung den Preis der französischen Filmakademie. Von da an ging es mit ihrer internationalen Karriere steil bergauf. „Ich suchte ein Mädchen mit einem Engelsgesicht, das einen Mann mit einer Rasierklinge töten könnte", sagte Roman Polanski und engagierte die grazile Französin 1964 für die Hauptrolle in seinem Film „Ekel". Mit „Schöne des Tages" (1967) und „Tristana" (1970) schuf Spaniens Meisterregisseur Luis Buñuel für die Deneuve zwei Standardrollen, die den Zuschauer glauben lassen, „das Alabasterbild sei nicht alles – irgendwo glühe unter dem Eis das Feuer". Mit dem Part der schönen Geheimnisvollen schien sich die Schauspielerin zu identifizieren. „Das Versteckte liegt mir von meiner ganzen Person her – die Andeutung statt der Ausführung", sagte sie in einem Interview. Ein Grund, warum ihr häufig Arroganz und Kühle nachgesagt werden. Catherine Deneuve schirmte ihr Privatleben, so gut es ging, von der Öffentlichkeit ab. Einige Jahre war sie mit dem britischen Fotografen David Bailey verheiratet. Aus der Liaison mit ihrem Entdecker Roger Vadim stammt Sohn Christian, der heute selbst Schauspieler ist; ein zweites Kind (Tochter Chiara) bekam Catherine Deneuve von Marcello Mastroianni. François Truffaut, der ihr die Rolle der Marion Steiner in „Die letzte Metro" auf den Leib geschrieben hatte (sie erhielt für ihre Darstellung 1981 den „César"), faßte das Wesen dieser Schauspielerin so zusammen: „Catherine scheint auf der Leinwand immer ein Doppelleben zu führen, eines, das man sieht, und ein verborgenes. Man hat das Gefühl, daß ihr innerstes Leben ebenso wichtig ist, wie jenes, das nach außen dringt."

„Schöne des Tages", 1967

„Die letzte Metro" mit Gérard Depardieu, 1981

Gérard Depardieu

Gérard Depardieu, geboren am 27. Dezember 1948 in Châteauroux, Frankreich

Gérard Depardieu hat nie ein Hehl aus seiner unbürgerlichen Vergangenheit gemacht: Mit zwölf Jahren brach er die Schule ab und trieb sich mit einer Jugendgang herum, die auch kleinere Einbrüche und Diebstähle verübte. Er jobbte als Strandwächter an der Côte d'Azur und ließ sich schließlich von einem Freund überreden, in Paris Schauspielunterricht zu nehmen. Er besuchte die Schauspielklasse des berühmten Théâtre National Populaire und verliebte sich dort in seine Studienkollegin Elisabeth Guignot, die er 1969 heiratete. Nach einigen Theaterauftritten stand Gérard Depardieu 1965 erstmals für Roger Leenhardts Kurzfilm „Le beatnik et le minet" vor der Kamera. Unter der Regie des damals ebenfalls noch unbekannten Bertrand Blier gelang ihm 1973 der Durchbruch: In der unkonventionellen Komödie „Die Ausgebufften" konnte er als sympathischer Gauner und Aufreißer überzeugen. Schnell avancierte der Hüne zu Frankreichs Superstar. Bernardo Bertoluccis „1900", François Truffauts „Die letzte Metro", Andrzej Wajdas „Danton" und Bertrand Bliers „Abendanzug" gehören zu seinen schönsten Kinoerfolgen. Ob als stürmischer Liebhaber, hinreißender Komiker oder kompromißloser Outsider – Gérard Depardieu brillierte in jeder Rolle. 1990 erreichte er als Titelheld „Cyrano de Bergerac" einen absoluten Höhepunkt in seiner Karriere. Er erhielt eine „Oscar"-Nominierung und wurde im gleichen Jahr von den französischen Filmprofis zum „Besten Schauspieler der 80er Jahre" gewählt. Außerdem drehte der Star seinen ersten großen amerikanischen Film: Peter Weirs Beziehungskomödie „Green Card – Scheinehe mit Hindernissen". Gemäß seinem Motto „Ich mache alles, solange es mir Spaß macht", arbeitet Gérard Depardieu seit 1984 auch als Regisseur und steht so oft wie möglich auf der Theaterbühne.

„Green Card – Scheinehe mit Hindernissen" mit Andie MacDowell, 1991

„Wahl der Waffen", 1981

„Die Abenteuerin", 1941

„Eine auswärtige Angelegenheit" mit John Lund, 1948

„Der große Bluff", 1939

„Engel" mit Melvyn Douglas, 1937

Marlene Dietrich, geboren als Maria Magdalena Dietrich am 27. Dezember 1901 in Berlin-Schönefeld

Den Traum von einer Karriere als Violinvirtuosin mußte Marlene Dietrich wegen einer chronischen Sehnenscheidenentzündung schon früh aufgeben. Die Tochter eines preußischen Offiziers versuchte sich deshalb im Showgeschäft und wirkte ab 1922 in 17 Stummfilmen (darunter „Der Sprung ins Leben", 1924) und zahllosen Revuen mit. Ihre erste Hauptrolle spielte sie 1930 in Josef von Sternbergs „Der blaue Engel", in dem sie als freizügig-frivole Lola-Lola Emil Jannings an die Wand spielte, und der ihr einen Vertrag bei Paramount einbrachte. Durch Make-up- und Beleuchtungstricks zum verrucht-unnahbaren Vamp stilisiert, drehte die Dietrich mit ihrem Entdecker zwischen 1930 und 1935 sechs weitere Filme: „Marokko", „Entehrt", „Shanghai Express", „Blonde Venus", „Die scharlachrote Kaiserin" und „Der Teufel ist eine Frau". Während von Sternbergs Ruhm Ende der 30er Jahre allmählich verblaßte, blieb Marlene Dietrich ein Kassenmagnet. Regisseure wie Ernst Lubitsch („Engel", 1937), René Clair („Die Abenteuerin", 1941), Alfred Hitchcock („Die rote Lola", 1950) und Orson Welles („Im Zeichen des Bösen", 1959) setzten sie immer wieder als Inbegriff der Femme fatale ein. Im Privatleben bekannte sich die Filmdiva hingegen zu ihrer Vorliebe für Hausarbeit und ließ sich trotz vieler Affären nie von ihrem Mann Rudolf Sieber scheiden (aus der

„Der blaue Engel", 1930

1924 geschlossenen Ehe stammt die Tochter Maria Riva, die sie zur „schönsten Großmutter der Welt" machte). Nach dem Zweiten Weltkrieg, in dem die engagierte Gegnerin des Hitler-Regimes hauptsächlich vor den amerikanischen Truppen auftrat, drehte Marlene Dietrich nur noch gelegentlich Filme, wie „Zeugin der Anklage" (1957), und begann eine zweite Karriere als Showstar. Über zwanzig Jahre lang tingelte sie – höchst erfolgreich – mit Evergreens um die Welt, bis sie sich 1974, nach einem Unfall bei einem Konzert in Sidney, ins Privatleben zurückzog. Auf die Leinwand kehrte Marlene Dietrich seither nur noch zweimal zurück: Für einen Gastauftritt in „Schöner Gigolo, armer Gigolo!" (1979) und – allerdings nur mit ihrer Stimme – in Maximilian Schells Dokumentarfilm „Marlene" (1982).

„Die Reise ins Ungewisse", 1951

Kirk Douglas

„Stadt der Illusionen" mit Lana Turner, 1952

„Snowy River", 1982

Kirk Douglas

Kirk Douglas, geboren als Issur Danielovitch Demsky am 9. Dezember 1916 in Amsterdam, New York

Nach einer harten, arbeitsreichen Kindheit machte sich Kirk Douglas, Sohn armer Immigranten aus Moskau, auf dem College hauptsächlich als geschickter Ringer einen Namen (er war mehrfach Studentenmeister). Seine schauspielerische Ausbildung absolvierte er an der American Academy of Dramatic Arts. Erste Engagements am Broadway wurden vom Zweiten Weltkrieg unterbrochen. 1943 heiratete er die Schauspielerin Diana Dill. Aus dieser Ehe gingen zwei Söhne hervor, von denen sich der ältere, Michael, inzwischen selbst zum Star gemausert hat. Nach seinem Militärdienst auf See setzte Kirk Douglas seine Bühnenkarriere am Broadway fort. Der Produzent Hal Wallis wurde auf ihn aufmerksam und gab ihm eine Rolle in „Die seltsame Liebe der Martha Ivers" (1946). Nicht zuletzt durch die Fürsprache seiner Kollegin Lauren Bacall erhielt Douglas drei Jahre später die Hauptrolle in dem Boxerfilm „Zwischen Frauen und Seilen". Er spielte so überzeugend, daß er für den „Oscar" nominiert wurde. Kirk Douglas avancierte schnell zu einem der gefragtesten Stars in Hollywood, der am besten war, wenn er den egoistischen und skrupellosen Einzelgänger in Melodramen, Abenteuer- oder Westernfilmen darstellen konnte: „Polizeirevier 21", „Reporter des Satans", „Zwei rechnen ab", „Die Stadt der Illusionen" und „Vincent van Gogh – Ein Le-

„Reporter des Satans" mit Jan Sterling (l.), 1951

ben in Leidenschaft". Für die beiden letztgenannten Filme wurde Kirk Douglas 1952 und 1956 mit „Oscar"-Nominierungen ausgezeichnet. Weitere Höhepunkte in seiner Karriere waren die Stanley-Kubrick-Werke „Wege zum Ruhm" und „Spartacus". Produzent war Douglas' 1955 gegründete Firma „Bryna Productions". Zweimal versuchte sich der Star als Regisseur: „Scalawag" (1973) und „Posse" (1975); beide Filme dienten hauptsächlich der Selbstdarstellung des Schauspielers Kirk Douglas, der bei anderer Gelegenheit jedoch humorvolle Distanz zur eigenen Person zeigte: In der Westernkomödie „Kaktus-Jack" parodierte er gekonnt sein Image als starker Mann. Nach „Der letzte Countdown" (1979) wurde es etwas stiller um Douglas. Erst 1986 konnte er an der Seite seines mehrmaligen Filmpartners Burt Lancaster noch einmal einen großen Erfolg feiern: „Archie und Harry – Sie können's nicht lassen".

Während der Dreharbeiten zu „Vincent van Gogh", 1956

„Wall Street", 1987

Michael Douglas, geboren am 25. September 1944 in New Brunswick, New Jersey

Schon als Teenager bekam Michael Douglas die Gelegenheit, Studioluft zu schnuppern: Vater Kirk vermittelte seinem Sprößling immer wieder Nebenjobs bei Dreharbeiten. Dabei wußte Michael anfangs gar nicht, ob er überhaupt ins Filmgeschäft einsteigen wollte. Erst während des Studiums der Theaterwissenschaften an der Universität von Kalifornien entdeckte er seine Liebe zur Schauspielerei. Nach einigen erfolglosen Versuchen in eher unbedeutenden Filmen brachte ihm 1972 die TV-Serie „Die Straßen von San Francisco" den Durchbruch. An der Seite von Hollywood-Veteran Karl Malden ging er als Inspektor Heller drei Jahre lang auf Verbrecherjagd. 1976 landete er mit seinem ersten selbstproduzierten Kinofilm „Einer flog über das Kuckucksnest" (mit Jack Nicholson) auf Anhieb einen Treffer: Der Film wurde mit fünf „Oscars" ausgezeichnet. Nach diesem Erfolg arbeitete Michael wieder hart an seiner Karriere als Schauspieler. In Filmen wie „Coma" (1978, mit Geneviève Bujold), „Das China-Syndrom" (1979, mit Jack Lemmon und Jane Fonda) und „It's my Turn – Ich nenn' es Liebe" (1980, mit Jill Clayburgh) konnte er sich als ernstzunehmender Darsteller profilieren.

„Auf der Jagd nach dem Juwel vom Nil" mit Kathleen Turner, 1986

„Auf der Jagd nach dem grünen Diamanten", 1984

Den schauspielerischen Durchbruch auf der Leinwand brachte jedoch erst 1984 die Abenteuerkomödie „Auf der Jagd nach dem grünen Diamanten" (mit Kathleen Turner und Danny DeVito). Danach folgte ein Kinohit dem anderen: „A Chorus Line" (1985), „Auf der Jagd nach dem Juwel vom Nil" (1986), „Eine verhängnisvolle Affäre" (1987), „Wall Street" (1987; Michael wurde als bester Hauptdarsteller mit dem „Oscar" ausgezeichnet), „Black Rain" (1989) und schließlich die rabenschwarze Komödie „Der Rosenkrieg" (1989). 1990 zog es ihn dann wieder hinter die Kamera, und er produzierte eine Neuauflage von „Heidi".

„Network", 1976

Faye Dunaway, geboren als Dorothy Faye Dunaway am 14. Januar 1941 in Bascom, Florida

Die Tochter eines Sergeanten der amerikanischen Armee erlebte schon sehr früh die Kluft, die sie von den Familien der Offiziere und deren Kindern trennte. Faye faßte damals den Entschluß, reich und berühmt zu werden, egal wie hart der Weg auch sein würde. Als Kellnerin und Bardame verdiente sie das Geld für ihr Studium der Theaterwissenschaften an der Universität von Florida. Nach der Ausbildung an der Bostoner Universität der angewandten Künste ging Faye Dunaway 1962 nach New York, spielte mehrere Jahre auf kleinen Bühnen und in der Lincoln Center-Theatergruppe. Produzent Sam Spiegel sah sie in dem Stück „Hogan's Goat", war begeistert und gab ihr 1967 eine Rolle in seinem Film „Die Meute". Im gleichen Jahr spielte sie die Gangsterbraut Bonnie Parker in „Bonnie und Clyde". Die Presse überschlug sich in Lobeshymnen auf die eigenwillige Schönheit mit der kühlen, aber unwiderstehlich-erotischen Ausstrahlung. Faye Dunaway: „In meinen wildesten Träumen habe ich mir keine solche Reaktion auf den Film ausgemalt." Faye wurde für den „Oscar" nominiert und konnte sich aus einer Unmenge von Angeboten die besten heraussuchen: „Thomas Crown ist nicht zu fassen" mit Steve McQueen, „Chinatown" mit Jack Nicholson und „Die drei Tage des Condor" mit Robert Redford. 1976 erhielt Faye Dunaway ihren ersten „Oscar" für den Part der ehrgeizigen Karrierefrau in „Network". Ein weiterer Höhepunkt in ihrer Laufbahn war „Meine liebe Rabenmutter". Faye verkörperte die Schauspielerin Joan Crawford – eine gewissenlose, herrische Femme fatale mit unerträglichen Starallüren. Die willensstarke Perfektionistin Faye Dunaway hatte (und hat) bei den Kollegen nicht gerade den besten Ruf. Mit Rollen wie die der Trinkerin Wanda in „Barfly" versuchte sie, dem Image der kalten, erfolgsorientierten Frau entgegenzuwirken. Die Presse feierte diesen mutigen Auftritt als „Beispiel wahrhaft großer Schauspielkunst".

„Chinatown", 1974

„Bonnie und Clyde" mit Warren Beatty, 1967

Clint Eastwood

Clint Eastwood, geboren am 31. Mai 1930 in San Francisco

„Dirty Harry", 1971

Über einen befreundeten Kameramann, der erste Kontakte zu Universal Studios herstellte, kam Clint Eastwood in den 50er Jahren zum Film. Zu diesem Zeitpunkt hatte er bereits einen zweijährigen Militärdienst und ein abgeschlossenes Betriebswirtschaftsstudium hinter sich. Universal gab ihm zwar einen Vertrag, setzte ihn aber lediglich in Nebenrollen meist zweitklassiger Streifen ein, wie „Revenge of The Creature" und „Escapade in Japan". Unzufrieden mit den Verhältnissen in Hollywood wechselte Eastwood 1958 zum Konkurrenzmedium Fernsehen. In den folgenden Jahren spielte er in über 250 Produktionen und landete mit der beliebten Westernserie „Rawhide" einen TV-Hit. Die Begegnung mit dem italienischen Regisseur Sergio Leone war der Auslöser für seine zweite, sensationell erfolgreiche Filmkarriere. Leone hatte ihm 1964 die Hauptrolle in „Für eine Handvoll Dollar" angeboten, Auftakt seiner heute als Klassiker geltenden „Dollar-Trilogie". Mit diesem Film, der in Europa ein Kassenknüller wurde, etablierte Leone ein neues Genre: den Italowestern. Einer der Wegbereiter für dessen Siegeszug war Clint Eastwood in der Rolle des harten, zynischen Law and order-Helden. Das erfolgreiche Duo drehte 1965 „Für ein paar Dollar mehr" und im Jahr darauf „Zwei glorreiche Halunken", ehe Eastwood in die USA zurückkehrte und eine mehrjährige, äußerst fruchtbare Zusammenarbeit mit Regisseur Don Siegel („Coogans Bluff", „Dirty Harry") begann. 1969 gründete er seine eigene Filmfirma, die Malpaso Productions, und gab 1971 sein Regiedebüt mit „Play Misty For me". Seither halten sich Schauspielerei und Regie die Waage in seinem Berufsleben. Für sein Porträt des schwarzen Jazzmusikers Charly „Bird" Parker wurde Eastwood, der bis heute in weit über 30 Filmen die Hauptrolle spielte, 1989 in Cannes ausgezeichnet. Neben seinen beruflichen Verpflichtungen engagiert sich Eastwood auch politisch.

„Für eine Handvoll Dollar" mit Marianne Koch, 1964

Anita Ekberg, geboren am 29. September 1931 in Malmö, Schweden

Bereits mit 14 Jahren trat die Tochter eines Arbeiters ins Berufsleben. Nach ihrem Job in einem Modegeschäft wurde sie Mannequin, Fotomodell und 1951 zur „Miss Schweden" gewählt. Nach weiteren Schönheitskonkurrenzen bekam Anita Ekberg ein Filmangebot aus Hollywood, fand sich aber bald in Nachtklubs als Tänzerin wieder. Den ersten Publicityerfolg erzielte sie als Ersatzfrau für Marilyn Monroe auf einer Alaska-Tournee im Rahmen der US-Wehrmachtsbetreuung. Die Batjac Productions gab ihr daraufhin einen Siebenjahresvertrag und wollte den „schwedischen Eisberg" als Konkurrenzfigur zur Loren, Lollobrigida, Bardot und Monroe aufbauen. Die erste große Rolle spielte Anita Ekberg 1955 in „Der gelbe Strom". Es folgten „Maler und Mädchen", „Krieg und Frieden", „Alles um Anita". Unvergessen bleibt ihr Bad im römischen Trevi-Brunnen in Federico Fellinis Kultfilm „Das süße Leben" (1959). Die wohlproportionierte Superfrau war geboren. Bis in die späten 80er Jahre drehte die schwedische Diva weiter dutzendweise Filme. Darunter waren „Vier für Texas" (1963), „Siebenmal lockt das Weib" (1967) und zuletzt Fellinis „Intervista" (1987).

„Krieg und Frieden", 1956

„Das süße Leben" mit Marcello Mastroianni, 1959

Britt Ekland, geboren am 6. Oktober 1943 in Stockholm

Britt-Marie Ekland stand bereits mit 15 Jahren vor der Kamera: in einem Werbespot für Zahnpasta. Sie arbeitete als Model, nahm Schauspielunterricht und tauchte zunächst im skandinavischen Filmgeschäft auf („Kurz ist der Sommer", 1962). 1964 geriet sie in die Schlagzeilen der Weltpresse. Der englische Starkomiker Peter Sellers heiratete die schöne Blonde, nachdem sich die beiden erst drei Wochen kannten. Im gleichen Jahr hatte Sellers einen Herzinfarkt. Die Schwedin – sie hatte gerade ihr erstes Engagement beim Filmriesen Twentieth Century Fox („Schüsse in Batasi") bekommen – ließ in den USA alles stehen und liegen und eilte zu ihrem kranken Mann. Es dauerte zwei Jahre, bis man der Schauspielerin wieder eine Chance gab (in „Jagt den Fuchs!"). Nach Filmen wie „Bobo ist der Größte" und „Die Nacht, als Minsky aufflog" (beide 1968), in denen Britt Ekland als Sexkätzchen agierte, wurde sie 1974 mit „Der Mann mit dem goldenen Colt" in die Reihe der bildhübschen Bond-Girls aufgenommen. Danach wollte sie Po- und Busenfiguren nicht mehr spielen. Die Folge: Rollenangebote blieben aus.

„Der Mann mit dem goldenen Colt", 1974

„Bobo ist der Größte", 1966

Peter van Eyck, geboren als Götz von Eyck am 16. Juli 1913 in Steinwehr, Vorpommern, gestorben am 15. Juli 1969

Schon lange bevor der abenteuerlustige Götz von Eyck an eine Schauspielkarriere dachte, änderte er seinen Namen in Peter van Eyck und ging nach Berlin, um dort Musik zu studieren. Kurze Zeit später brach der angehende Dirigent das Studium jedoch wieder ab und reiste stattdessen durch den Orient, Afrika und Amerika. Er nahm die amerikanische Staatsbürgerschaft an und hielt sich als Lastwagenfahrer und mit einer Anstellung als Arrangeur für den Komponisten Irving Berlin über Wasser. 1942 stand der 29jährige für „The Wife Takes a Flyer" das erste Mal vor der Kamera. In den folgenden Jahren war er wegen seines „typisch deutschen" Aussehens als Film-Nazi voll beschäftigt. Der Durchbruch gelang ihm 1953 mit dem französischen Thriller „Lohn der Angst". In den 50er Jahren arbeitete Peter van Eyck verstärkt für europäische Produktionen wie „Dr. Crippen lebt" und „Das Mädchen Rosemarie". Die Hollywood-Studios beschäftigten ihn jedoch weiterhin als blonden Bösewicht oder Wehrmachtsoffizier: „Der Spion, der aus der Kälte kam", „Die Brücke von Remagen".

„Das Mädchen vom dritten Stock", 1955

„Das Mädchen Rosemarie" mit Nadja Tiller, 1958

Douglas Fairbanks, jr.

Douglas Fairbanks, jr., geboren am 9. Dezember 1909 in New York

Seine Eltern waren der Stummfilm-Beau Douglas Fairbanks, sr. und die Fabrikantentochter Anna Beth Sully. Als Douglas neun Jahre alt war, ließ sich sein Vater scheiden, um „Amerikas Liebling", die Schauspielerin Mary Pickford, zu heiraten. Mit Charlie Chaplin gründete das Paar United Artists und produzierte überaus erfolgreich abenteuerliche Mantel- und Degenfilme. Ihr Palast „Pickfair" war in den 20er Jahren das gesellschaftliche Zentrum Hollywoods. Sohn Douglas hatte wenig Kontakt mit dem Glamourleben seines berühmten Papas, denn er wuchs bei der Mutter auf. Ein ehrgeiziger Filmproduzent engagierte den 13jährigen für „Stephen Steps Out" in der Hoffnung, mit dem Namen des Starsprößlings Kasse zu machen. Der Film fiel zwar durch, aber Douglas blieb im Geschäft und stand fortan in zahlreichen Produktionen vor der Kamera und auf der Bühne. Mit Filmen wie „The Dawn Patrol" und „Der kleine Caesar" schaffte Douglas Fairbanks mühelos den Umstieg in den Tonfilm, der für so manchen Schauspieler Anfang der 30er Jahre das Ende der Karriere bedeutete. Zu Starruhm verhalf ihm Alexander Korda, der ihn 1934 als Partner von Elisabeth Bergner für „Katharina die Große" nach London holte. Weitere Kinohits waren: „Der Gefangene von Zenda", „Aufstand in Sidi Hakim" und „Die grüne Hölle". In den 40er Jahren drehte Douglas Fairbanks mit berühmten Regisseuren wie Max Ophüls („Der Verbannte") und Ernst Lubitsch („Die Frau im Hermelin"). Den verwegenen Draufgänger im Rüschenhemd spielte er 1947 in „Sindbad, der Seefahrer" so gekonnt wie weiland sein Vater. Anfang der 50er Jahre zog der England-Fan nach London, spielte Theater und trat in einer eigenen Fernsehserie auf. Neben seiner Filmkarriere war Douglas Fairbanks als Diplomat tätig. Im Zweiten Weltkrieg berief ihn US-Präsident Roosevelt zum Sonderberater für Südamerika. Die englische Königin schlug den Schauspieler, der zu den Begründern der CARE-Organisation gehört, 1949 zum Ritter.

„Der Gefangene von Zenda", 1937

„Sindbad, der Seefahrer" mit Maureen O'Hara, 1947

„Rosemaries Baby", 1968

Mia Farrow, geboren als Maria de Lourdes Villiers Farrow am 9. Februar 1945 in Los Angeles

Mia Farrow, Tochter der Schauspielerin Maureen O'Sullivan und des Hollywood-Regisseurs John Farrow („Ein Satansweib"), wuchs in Beverly Hills auf. Sie wurde streng katholisch erzogen und wollte eine Zeitlang Nonne werden. Ihr Bühnendebüt hatte sie in einer Schüleraufführung – als Pilz. Gegen den Willen ihres Vaters, der in seinem Leben „keine glückliche Schauspielerin gesehen hatte", nahm Mia in New York Unterricht in Gesang, Tanz und Schauspielkunst, während ihre Mutter am Broadway auftrat. Nach wenigen Monaten war Mia selbst auf der Bühne zu sehen, in einer Off-Broadway-Produktion von Oscar Wildes Komödie „Bunburry". Kurze Zeit später erhielt sie von der Twentieth Century Fox einen Vertrag für die Hauptrolle in der TV-Serie „Peyton Place", die Mia Farrow in ganz Amerika bekannt machte. 1964 begann ihre Filmkarriere mit „Schüsse in Batasi". In die Schlagzeilen geriet die Schauspielerin auf ganz anderem Weg: 1966 heiratete sie Frank Sinatra. Die Ehe wurde 1968 geschieden. Im gleichen Jahr wurde Mia Farrow mit ihrer Rolle der verängstigten, schwangeren Frau in „Rosemaries Baby" weltberühmt. In England bekam sie für diese faszinierende Leistung die Auszeichnung „Beste Schauspielerin des Jahres". Mia Farrows Lebenspartner in den 70er Jahren war der Dirigent und Komponist André Previn. Aus der Ehe, die 1979 geschieden wurde, gingen drei Kinder hervor. Ihr schönster Film während dieser Zeit war „Der große Gatsby" mit Robert Redford. 1982 spielte sie erstmals in einem Woody-Allen-Film, „Eine Sommernachts-Sexkomödie". Mia wurde darauf Woodys beliebteste Hauptdarstellerin – auch in seinem Leben. Die beiden heirateten und drehten gemeinsam so erfolgreiche Filme wie „Broadway Danny Rose" und „Hannah und ihre Schwestern". Das prominente Paar schuf sich im Laufe der Zeit eine für Hollywood-Verhältnisse völlig untypische Großfamilie: Mia und Woody adoptierten fünf Kinder und bekamen selbst eine Tochter.

„Der große Gatsby", 1974

„Zelig", 1982

Farrah Fawcett, geboren am 2. Februar 1948 in Corpus Christi, Texas

Mary Farrah Leni Fawcett war schon am College die „schönste Kommilitonin“, machte bald zahlreiche Werbespots, zierte die Titelblätter von „Cosmopolitan“ und „Vogue“ und bekam kleine Rollen im Fernsehen. 1973 heiratete sie Lee Majors, den Hauptdarsteller der TV-Serie „Der Sechs-Millionen-Dollar-Mann“. „Drei Engel für Charlie“ machte sie 1976 weltbekannt: Die hübsche Blonde mit der Löwenmähne spielte die Rolle der Jill Munroe. Jetzt kamen auch die ersten Filmangebote. In dem Science-fiction-Streifen „Saturn City“ (1979) agierte sie an der Seite von Kirk Douglas. Mit einem Pin-up-Poster (von dem 2,4 Millionen Stück verkauft wurden) und „Farrah“-T-Shirts sorgte der „Engel“ zusätzlich für eigene Publicity und Einnahmen, aber auch für ein Sexpüppchen-Image, das sie erst 1984 wieder loswurde. In „Extremities“ war von ihrem Modelchic samt Lockenpracht und Zahnpastalächeln nichts mehr zu sehen. Farrah schlüpfte in die Rolle einer Frau, die vergewaltigt wird und sich grausam rächt. Seit 1981 lebt Farrah mit „Love-Story“-Star Ryan O'Neal zusammen und hat einen Sohn von ihm.

„Drei Engel für Charlie“, 1978

„Armes reiches Mädchen“, 1986 (als Barbara Hutton)

„Die Tochter des Brunnenmachers", 1940

Fernandel, geboren als Fernand Joseph Désiré Contandin am 8. Mai 1903 in Marseille, gestorben am 26. Februar 1971

Bereits als Kind stand Fernandel auf der Bühne. Gemeinsam mit seinem Vater, einem Lebensmittelhändler, trat er in den zahlreichen Amateurvarietés von Marseille auf. Hier entdeckte er seine Begabung, die Menschen zum Lachen zu bringen. Gegen Ende des Ersten Weltkriegs wurde Fernandels Vater zum Militärdienst eingezogen. Gerade erst zwölf Jahre alt, sah sich der Junge gezwungen, seinen Lebensunterhalt selbst zu verdienen. Er lud auf den Docks Zucker aus, war Arbeiter in einer Seifenfabrik und später Bankangestellter. Dennoch sah man ihn abends und am Wochenende als Sänger und Komiker auf der Bühne. Das Pferdegebißlachen wurde zu Fernandels Markenzeichen. Zusammen mit seinem komödiantischen Talent verhalf es ihm in der südfranzösischen Provinz schnell zu großer Popularität. Als 19jähriger konnte er es sich leisten, das Hobby zum Beruf zu machen. Zum Film kam Fernandel 1930. Er spielte zunächst ernsthaftere Rollen, vorzugsweise in den Filmen von Marcel Pagnol („Angèle", 1934; „Le Schpountz", 1938), mit dem ihn auch eine enge Freundschaft verband. Dabei verkörperte er meist südländisch-kuriose Charaktere aus dem dörflichen Leben. Den Höhepunkt seiner Schauspielkarriere erreichte Fernandel in den 50er Jahren. Komische Parts in Filmen wie „Das Kalb mit den fünf Füßen" (1954) machten ihn zum Liebling des französischen Publikums. Zu weltweiter Anerkennung aber verhalf ihm die Rolle des Don Camillo („Don Camillo und Peppone", 1952). Bis 1965 entstanden insgesamt sechs Filme, die ihn als streitbaren Priester und Gegenspieler des kommunistischen Bürgermeisters einer italienischen Kleinstadt zeigen. Zusammen mit Brigitte Bardot und Charles de Gaulle gehörte Fernandel zu den fünf populärsten Franzosen der Welt. In den vier Jahrzehnten seiner Leinwandkarriere spielte er über 150 verschiedene Rollen. 1970, ein Jahr vor seinem Tod, vollendete Fernandel den gefühlvollen Tierfilm „Sein letzter Freund".

„Hochwürden Don Camillo", 1961

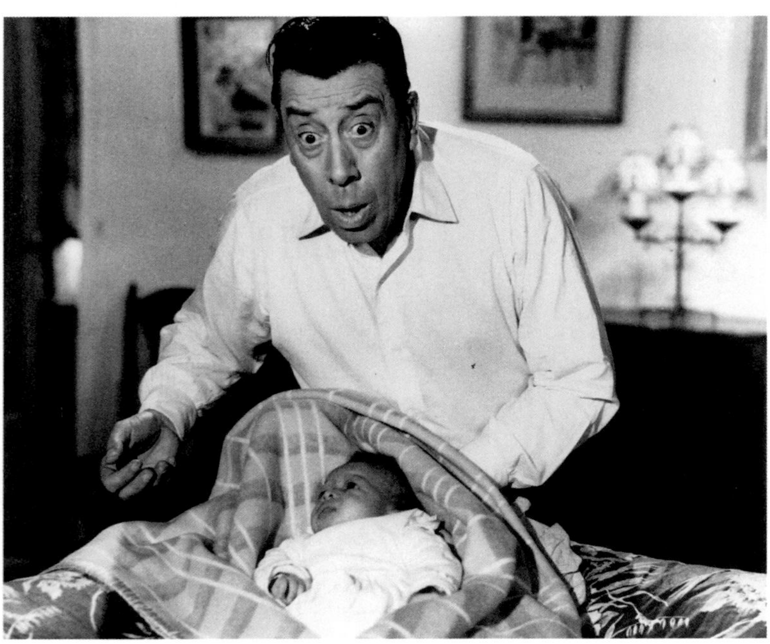

„Das Leben zu zweit", 1958

„Krieg und Frieden", 1956

Mel Ferrer, geboren als Melcher Gaston Ferrer am 25. August 1917 in Elberon, New Jersey

Sein Vater war ein renommierter Arzt und hätte es gerne gesehen, wenn Mel ebenfalls Mediziner geworden wäre. Doch den großen Blonden mit der attraktiven Lücke zwischen den Schneidezähnen reizte die Welt des Showbiz. So brach er sein Studium in Princeton ab, um am Cape Cod Playhouse Sommertheater zu spielen. Nebenher verdiente er sich Geld als Zeitungsredakteur in Vermont und als Kinderbuchautor („Tito's Hat"). Als er mehr und mehr Hauptrollen am Theater bekam, hielt Mel die Zeit für gekommen, an den Broadway zu gehen: 1938 tanzte er in Cole Porters „You Never Know" und in Marc Conellys „Everywhere I Roam". Die Arbeit als Tänzer entsprach nicht ganz seinen Vorstellungen, und als Mel 1940 Kinderlähmung bekam, war diese Karriere beendet. Er ging zum Radio und avancierte vom Discjockey in Texas und Arkansas zum Produzenten in New York. 1945 begann Mel Ferrer in Hollywood zu arbeiten und brachte es schnell vom Drehbuchbearbeiter zum Regisseur bei den Columbia Studios. Seitdem hat er einen Film nach dem anderen gemacht – als Regisseur, Darsteller, Autor oder Produzent. Er spielte Hauptrollen in Filmen wie „Engel der Gejagten", „Scaramouche", „Lili" und „Krieg und Frieden". In die Schlagzeilen kam Mel Ferrer 1954 durch seine spektakuläre Hochzeit mit Hollywoods Lieblingsstar Audrey Hepburn. (Die Ehe wurde 1968 geschieden.) Er betreute zwei Filme mit seiner berühmten Frau in der Hauptrolle; einmal als Regisseur („Tropenglut") und dann als Produzent („Warte, bis es dunkel wird"). Mitte der 60er Jahre zog sich Mel Ferrer mehr und mehr von der Schauspielerei zurück und konzentrierte sich aufs Produzieren und Regieführen, vornehmlich in Europa: „El Greco" entstand 1966 in Spanien, „The Night Visitor" 1967 in Schweden, „Der Antichrist" 1974 in Italien. In Deutschland stand Mel Ferrer, wie immer etwas hölzern, für „Das Netz" (1976) und Fassbinders „Lili Marleen" (1981) vor der Kamera.

„Das Netz", 1975

Mel Ferrer und Audrey Hepburn, 1956

Sally Field, geboren am 6. November 1946 in Pasadena, Kalifornien

Sally Field, Tochter der Schauspielerin Margaret Field und des 13. „Tarzan"-Darstellers Jock Mahoney, nahm schon während der Schulzeit Unterricht in einem Workshop der Columbia Studios. 1965 machte die 19jährige Probeaufnahmen und wurde für die Fernsehserie „Gidget" engagiert. Zwei Jahre später spielte sie ihre erste Filmrolle in „Der Weg nach Westen". Bis 1974 war Sally Field hauptsächlich in TV-Mehrteilern wie „The Flying Nun", „Alias Smith & Jones" und „The Girl With Something Extra" zu sehen. Für die Darstellung einer schizophrenen Frau in der Fernsehproduktion „Sybil" (1977) erhielt sie ihre erste Auszeichnung, den „Emmy". Mit ihrem zeitweiligen Freund Burt Reynolds drehte sie die beiden Komödien „Ein ausgekochtes Schlitzohr" und „Das ausgekochte Schlitzohr ist wieder auf Achse". Brillant spielte Sally Field in „Norma Rae" (1979) und in „Ein Platz im Herzen" (1984). Beide Male erhielt sie einen „Oscar" für ihre herausragende Darstellung alleinstehender Frauen, die um ihre Emanzipation kämpfen. Weitere Karrierehöhepunkte waren „Die Sensationsreporterin" (1981), „Die zweite Wahl – Eine Romanze" (1987), „Magnolien aus Stahl" (1989) und „Nicht ohne meine Tochter" (1991).

„Die Sensationsreporterin", 1981

„Norma Rae", 1979

W. C. Fields, geboren als William Claude Dukenfield am 10. Februar 1879 in Philadelphia, gestorben am 25. Dezember 1946

Als Elfjähriger von zu Hause fortgelaufen, hielt sich W. C. Fields mit Gelegenheitsjobs über Wasser, bis er 1893 einen Vertrag als Jongleur in einem Freizeitpark erhielt. Eine Tournee führte ihn nach Paris, London und an den Broadway, wo er über Nacht zum Publikumsliebling avancierte. Von 1915 bis 1921 war er in jeder Revue der „Ziegfeld Follies" dabei. In dem Musical „Poppy" spielte er 1923 die Rolle eines erfolglosen Taschenspielers so überzeugend, daß ihn D. W. Griffith für die Leinwandversion „Sally vom Jahrmarkt" vor die Kamera holte. Da seine Wirkung als Komiker vor allem auf seiner näselnden Stimme und seinem Slang beruhte, konnte er sein Leinwandimage erst mit Tonfilmen wie „David Copperfield" (1934), „Mein kleiner Gockel" (1940) oder „Gib' dem Trottel keine Chance" (1941) voll entfalten. Der mißtrauisch-verschrobene Schauspieler verkörperte meist Betrüger oder Raufbolde. Unter Pseudonymen wie Charles Bogle oder Primrose Magoo schrieb sich W. C. Fields den Großteil seiner Drehbücher selbst auf den Leib. 20 Jahre nach seinem Tod entwickelte sich um den Misanthropen ein fanatischer Personenkult.

„David Copperfield" mit Freddie Bartholomew, 1934

„Mein kleiner Gockel" mit Mae West, 1940

„Jenseits des Ruwenzori", 1960

Peter Finch, geboren als William Mitchell Finch am 28. September 1916 in London, gestorben am 14. Januar 1977

„Die Nelson-Affäre", 1973

Peter Finch wuchs unter ungewöhnlichen Umständen auf, was seiner Bildung, seiner Weltgewandtheit und seinen Fremdsprachenkenntnissen zugute kam: Er war zwei Jahre alt, als sich sein Vater, ein namhafter australischer Physiker, und seine Mutter, eine Engländerin, scheiden ließen. In den ersten Jahren danach lebte er bei seiner Großmutter in Frankreich. Später zog sie mit ihm nach Madras, Indien, und ließ ihn dort, kahlgeschoren und in langen wallenden Gewändern, in die Geheimnisse des Buddhismus einweihen. Die Verwandtschaft sah das mit gehöriger Skepsis und holte den Jungen schließlich nach Australien. Peter Finch begann dort als Reporter zu arbeiten und diente in der Armee des Landes, bevor es ihn wieder in sein Geburtsland zog. Bereits während des Krieges hatte er seine Neigung zum Theater entdeckt und eine Spielgruppe für die Alliierten organisiert. In England gründete er nun eine Wanderbühne, „The Mercury", in deren Zuschauerraum eines Tages Laurence Olivier mit seiner Frau Vivien Leigh saß. Dieser riet dem begabten Kollegen, sein Glück in der Hauptstadt zu suchen, und vermittelte ihm einen Vorsprechtermin. Peter Finch hatte auf Anhieb Erfolg. Und schon bald meldete sich der Film. Mit seiner ersten US-Leinwandrolle in dem Melodram „Geschichte einer Nonne" eroberte er 1958 als Partner von Audrey Hepburn das amerikanische Publikum. Seitdem spielte er abwechselnd in Produktionen beider Länder. „Marsch durch die Hölle", „Die Herrin von Thornhill", „Das rote Zelt" und „Die Nelson-Affäre" gehören zu seinen wichtigsten Leinwandwerken. 1976, ein Jahr vor seinem Tod, bewies der Star noch einmal sein ganzes schauspielerisches Können: Für seine Rolle als nervlich zerrütteter Nachrichtenmoderator in Sidney Lumets „Network" wurde ihm posthum ein „Oscar" verliehen.

„Geschichte einer Nonne" mit Audrey Hepburn, 1959

„Tom Jones – Zwischen Bett und Galgen", 1963

Albert Finney, geboren am 9. Mai 1936 in Salford, England

Albert Finney gehört zu den Persönlichkeiten, die dem britischen Film in den 60er Jahren zu erheblichem Ansehen verhalfen. Seine Darstellung eines „working class hero" in Karel Reisz' sozial-realistischem Film „Samstagnacht bis Sonntagmorgen" (1961) markierte den Ausgangspunkt seiner faszinierenden Karriere. Albert Finney, Sohn eines Buchhalters, kam selbst aus der unteren Schicht Nordenglands. Bereits während seiner Schulzeit fiel der Junge durch ungewöhnliche Begabung bei Schüleraufführungen auf. Sein Direktor war es deshalb auch, der ihm riet, sich an der Royal Academy of Dramatic Arts zu bewerben. 1955 verließ er die Akademie, ausgezeichnet mit dem selten vergebenen Emile Litter Award. Seine darauffolgenden Klassikerinterpretationen auf verschiedenen englischen Bühnen verschafften ihm den Ruf eines „zweiten Olivier". Dem Film versagte sich der Theaterbesessene einstweilen noch. Selbst als ihm die Titelrolle in „Lawrence von Arabien" angeboten wurde, lehnte er ab – und schlug Peter O'Toole für den Part vor. Erst Anfang der 60er Jahre begann ihn die Arbeit vor der Kamera zu reizen. Einen wahren Triumph feierte er mit dem überwältigenden Kinohit „Tom Jones – Zwischen Bett und Galgen", der ihm auch seine erste „Oscar"-Nominierung einbrachte. Es folgten 1966 „Zwei auf gleichem Weg" mit Partnerin Audrey Hepburn, seine köstlich steife Verkörperung des Hercule Poirot in „Mord im Orient-Express" von 1974 sowie seine Glanzleistungen als Charakterdarsteller in „Ein ungleiches Paar" und „Unter dem Vulkan". Dazwischen verschwand der eigenwillige Star immer wieder spurlos von der Bildfläche, gründete eine eigene Produktionsfirma, inszenierte selbst, nahm eine Platte auf oder spielte wieder Theater. Mal war er jahrelang nicht auf der Leinwand zu sehen, dann wieder drehte er vier Filme in einem Jahr.

„Kein Mord von der Stange", 1980

„Griff aus dem Dunkel", 1964

O. W. Fischer

O.W. Fischer, geboren am 1. April 1915 in Klosterneuburg, Österreich

Otto Wilhelm Fischer, Sohn eines Wiener Hofrats, studierte Germanistik, Anglistik und Griechisch, bevor er Schauspielschüler am Max-Reinhardt-Seminar wurde. Nach drei Monaten Unterricht bekam er sein erstes Engagement am Theater in der Josephstadt und eine erste kleine Rolle beim Film. Nach „Anton, der Letzte" (1940), „Der Meineidbauer" (1941) und „Sommerliebe" (1942) setzte sich Fischer als jugendlicher Leinwandliebhaber durch. Nach dem Krieg gelang ihm der Sprung zum großen Filmstar. Er faszinierte sein Publikum nicht nur in der Rolle des grübelnden Romantikers oder strahlenden Frauenhelden, sondern immer auch als Darsteller, der vielschichtige Charaktere eindrucksvoll veranschaulichte. „Ich möchte Hintergründe und Zusammenhänge sichtbar machen", sagte der Leinwandliebling, der mit den beliebtesten deutschsprachigen Darstellern seiner Zeit vor der Kamera stand. An der Seite von Theo Lingen drehte er 1948 „Hin und Her" und im gleichen Jahr mit Curd Jürgens ein „Verlorenes Rennen". Liselotte Pulver war seine Partnerin in der „Heidelberger Romanze" und Maria Schell in „Bis wir uns wiedersehen". Fischer/Schell wurden als neues Filmliebespaar begeistert gefeiert. O.W.F. drehte in dieser Zeit bis zu vier Filme pro Jahr und agierte zweimal in Personalunion als Schauspieler und Regisseur, bei „Hanussen" (1955) und „Ich suche dich" (1956). Im gleichen Jahr ging er nach Hollywood. Nach Schwierigkeiten bei seinem ersten Engagement kehrte der erfolgsverwöhnte Star nach Deutschland zurück und nahm seine schauspielerische Tätigkeit wieder auf. Besonders erfolgreich waren die Filme „Helden", „Menschen im Hotel" (beide 1959) und „Es muß nicht immer Kaviar sein" (1961). Sechs Jahre später übernahm Fischer die Titelrolle in Hofmannsthals „Der Schwierige" bei den Salzburger Festspielen. Nach dem Film „Das Leben beginnt morgen" (1970) zog sich der Schauspieler nach Vernate bei Lugano zurück und publizierte wissenschaftliche und autobiographische Bücher.

„Helden", 1958

„Ludwig II. – Glanz und Ende eines Königs", 1954

„Sabotageauftrag Berlin", 1942

„Nur du allein" mit Eleanor Parker, 1946

„Der Verrat des Surat Khan", 1936

Errol Flynn

Errol Flynn, geboren am 20. Juni 1909 in Hobart, Australien, gestorben am 14. Oktober 1959

Errol Flynn, Sohn eines Meeresbiologen, kam 1933 nach einer wildbewegten Kindheit und Jugend und einer abenteuerlichen Berufslaufbahn als Tabakpflanzer, Journalist, Perlenfischer und Boxer zum Film. In „In the Wake of the Bounty" spielte er den Meuterer Fletcher Christian. Danach zog er mit einer Schauspieltruppe durch England, bis er 1935 die Hauptrolle in der englischen Warner Brothers-Produktion „Murder at Monte Carlo" erhielt. Jack Warner wurde auf Flynn aufmerksam und holte ihn nach Hollywood, wo er innerhalb eines Jahres durch den Film „Unter Piratenflagge" zum strahlendsten Abenteuerstar der damaligen Kinowelt wurde. Weitere Filme dieses Genres wie „Die Attacke der leichten Brigade", „Robin Hood – Günstling der Königin" und „Der Herr der sieben Meere" folgten. Flynn war auf der Höhe seines Ruhms angelangt. Die Frauen liebten seinen unwiderstehlichen Charme, die Männer identifizierten sich mit seinem lässigen Draufgängertum. Anfang der 40er Jahre bestand der Star auf anspruchsvolleren Rollen. Warner Brothers weigerte sich, Flynns Image zu ändern, empfahl ihn aber dem Regisseur Raoul Walsh, der Errol Flynns Leinwandhelden menschlichere Züge verlieh. Die so entstandenen Filme „Das letzte Kommando", „Gentleman Jim" oder „Der Held von Burma" zeigten den berühmten Hauptdarsteller zwar ebenfalls in

„Land der Gottlosen", 1940

der Rolle des Helden, jedoch weniger idealisiert. Während der Star noch vom Ruhm seines kometenhaften Aufstiegs zehrte, bahnte sich sein Abstieg an. 1942 wurde er wegen Verführung zweier Minderjähriger angeklagt und in zwei Prozessen freigesprochen. Um dem Zweiten Weltkrieg zu entgehen, ließ er sich untauglich schreiben, was zu bösartigen Kommentaren in der Presse führte. Flynns strahlendes Äußeres wich in den 50er Jahren einem aufgedunsenen Gesicht – Folge seines ausschweifenden Lebenswandels. Nach der Trennung von Warner Brothers ging er 1953 nach Europa und ruinierte sich finanziell mit der unvollendet gebliebenen Verfilmung von „Wilhelm Tell". Ein Jahr vor dem Tod drehte Flynn seinen letzten Film „Ihr Leben war ein Skandal".

„Drei Schwestern aus Montana" mit Bette Davis, 1938

„Spiel mir das Lied vom Tod", 1968

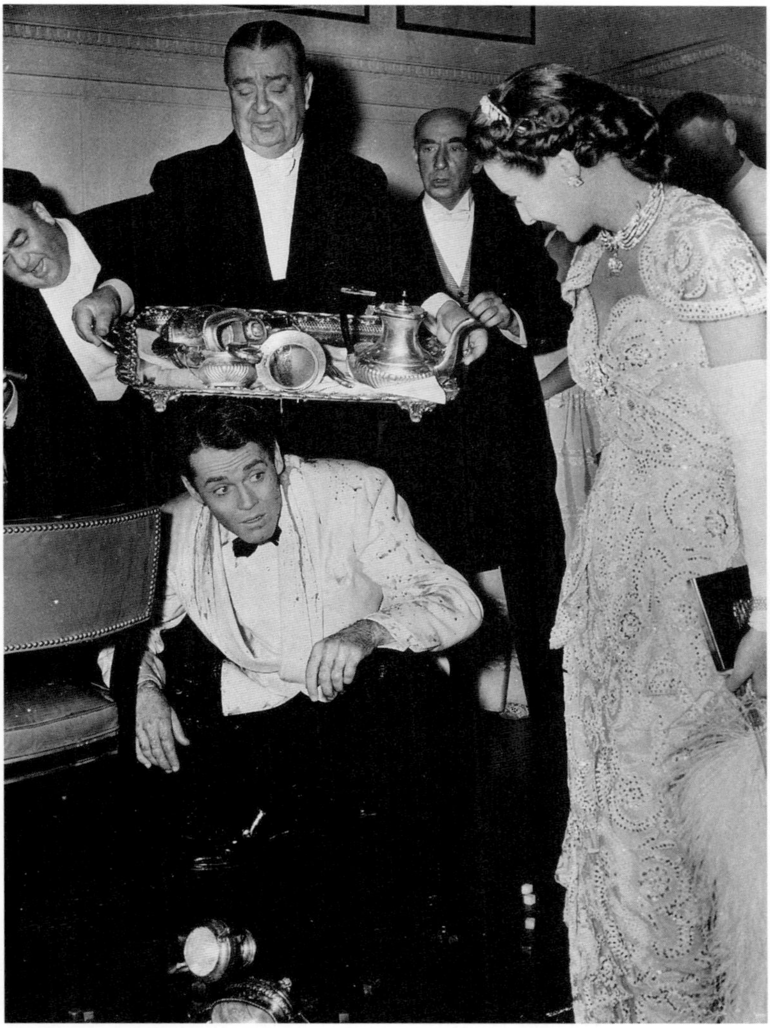
„Die Falschspielerin", 1941

„Die boshafte Lady" mit Bette Davis (l.), 1938

„Stern des Gesetzes", 1957

Henry Fonda, geboren am 16. Mai 1905 in Grand Island, Nebraska, gestorben am 12. August 1982

Eigentlich wollte der Sohn eines Drukkers Journalist werden, doch Dorothy Brando (die Mutter von Marlon Brando) holte ihn auf die Bühne. Als Direktorin des Theaters in Omaha hatte sie Henrys Talent sofort erkannt und verschaffte ihm drei Jahre lang kleine Rollen. 1928 ging Fonda, der später behauptete, er wäre „nie selbst auf die Idee gekommen, Schauspieler zu werden", nach New York und schloß sich den University Players an, einer Gruppe junger Darsteller, zu der auch Margaret Sullavan und James Stewart gehörten. Nach einem kurzen Zwischenspiel am Broadway gelang dem jungen Mimen 1935 der Sprung nach Hollywood: Mit „Der Farmer will heiraten" überzeugte er auf Anhieb Kritik und Publikum und bekam die Chance, für die renommiertesten Regisseure Hollywoods zu spielen: Fritz Lang („Du lebst nur einmal"), William Wyler („Jezebel"), Henry King („Jesse James – Mann ohne Gesetz"). In den 40er Jahren begann dann die erfolgreiche Zusammenarbeit zwischen Fonda und John Ford. Filme wie „Der junge Mr. Lincoln", „Trommeln am Mohawk", „Früchte des Zorns" und „Bis zum letzten Mann" machten den Schauspieler zu einer der beliebtesten Starpersönlichkeiten Hollywoods und begründeten sein Image des aufrechten und unbestechlichen Amerikaners. Diesem blieb er auch in den folgenden Jahren (z. B. 1957 in „Die zwölf Geschwore-

„Früchte des Zorns", 1940

nen") treu, bis ihn Sergio Leone 1968 für „Spiel mir das Lied vom Tod" verpflichtete. Als kaltblütiger Revolverheld zeigte er eine seiner beeindruckendsten Darstellungen. In den siebziger Jahren konzentrierte sich Henry Fonda wieder verstärkt aufs Theater und ging auf Amerika-Tournee. Zwar wirkte er danach auch immer wieder in diversen Kinoproduktionen mit, konnte aber nicht an die alten Erfolge anknüpfen und arbeitete deshalb immer häufiger für das Fernsehen („Die Smith Familie"). Die gebührende Anerkennung für seine beeindruckenden schauspielerischen Leistungen erhielt Fonda erst kurz vor seinem Tod: 1978 wurde dem schwer herzkranken Star der „Life Achievement Award" und 1981 der „Oscar" für sein Gesamtwerk verliehen. Den „Oscar" als bester Hauptdarsteller bekam er 1982 für „Am goldenen See", eine gefühlvolle Familiengeschichte, in der er zum ersten Mal gemeinsam mit seiner Tochter Jane vor der Kamera stand.

„Am goldenen See" mit Jane Fonda, 1981

„Das China-Syndrom“, 1980

„Julia", 1977

„Klute", 1971

Jane Fonda

Jane Fonda, geboren am 21. Dezember 1937 in New York

Jane Fonda, Tochter des berühmten Henry Fonda, wuchs in New York auf. Nach dem Selbstmord der Mutter zog die Zwölfjährige zusammen mit ihrem Bruder Peter nach Greenwich zur Großmutter. Um dem erdrückenden Ruhm des Vaters zu entfliehen, ging sie nach Paris und studierte dort Kunstgeschichte und Sprachen. Mit 21 Jahren kehrte Jane Fonda nach New York zurück, um in Lee Strasbergs Actors Studio Schauspielunterricht zu nehmen. Nebenbei arbeitete die junge Fonda erfolgreich als Model. Nach einem Broadway-Auftritt in „There Was a Little Girl" erschien 1962 ihr erster Film „Auf glühendem Pflaster"; es folgte „Der Chapman-Report". Danach galt Jane Fonda als kommender Star. 1964 spielte sie unter der Regie von Roger Vadim in „Der Reigen" – ein Jahr später waren die beiden verheiratet. Nach der hinreißend komischen Westernparodie „Cat Ballou – Hängen sollst du in Wyoming" mit Lee Marvin und Roger Vadims „Die Beute" (1966) zeigte sich Jane Fonda in „Barfuß im Park" und vor allem in „Barbarella" als erotisches Weibchen. In dem 1969 gedrehten Film „Nur Pferden gibt man den Gnadenschuß" präsentierte sie eine darstellerische Glanzleistung. Im gleichen Jahr begann ihr aktives politisches Engagement. Die Schauspielerin wurde auf die schwarze Liste gesetzt, weil sie, zusammen mit Donald Sutherland, gegen den Vietnamkrieg agitier-

„Barbarella" mit Roger Vadim, 1968

te. 1972, nach dem exzellenten Thriller „Klute" – sie erhielt für ihre Rolle der Prostituierten Bree den „Oscar" – drehte sie den vietnamfreundlichen Dokumentarfilm „Introduction to the Enemy" und bekam daraufhin Einreiseverbot in fünf US-Staaten. In mehreren ihrer Filme wie „Coming Home" oder „Das China-Syndrom" bewies Jane Fonda Ende der 70er Jahre den Mut, politisch unbequeme Meinungen öffentlich zu vertreten. In den 80er Jahren drehte sie hauptsächlich Unterhaltungsfilme wie „Warum eigentlich bringen wir den Chef nicht um?", „Sei schön und halt den Mund" und „Das Rollover-Komplott". Mit ihrem Vater Henry Fonda und Katharine Hepburn stand sie gemeinsam in „Am goldenen See" vor der Kamera (1981). 1986 erhielt sie eine „Oscar"-Nominierung für „Der Morgen danach". Seit mehreren Jahren gilt die Gesundheitsfanatikerin Jane Fonda wegen ihrer erfolgreichen Aerobic-Videos und -Bücher als Fitneßkönigin der Vereinigten Staaten.

„Das Rollover-Komplott", 1981

„Der Pirat und die Dame“, 1944

Joan Fontaine, geboren als Joan de Beauvoir De Havilland am 22. Oktober 1917 in Tokio

Die Tochter eines englischen Patentanwaltes und einer ehemaligen Filmschauspielerin wurde in Japan geboren und wuchs in den USA auf, nachdem die Eltern sich wegen eines japanischen Dienstmädchens hatten scheiden lassen. Die ehrgeizige Mutter gab ihren Töchtern Joan und Olivia von klein auf Schauspielunterricht, und beide strebten eine Filmkarriere an. Olivia De Havilland schaffte es, schnell bekannt zu werden, worauf die jüngere Joan sich einen Künstlernamen zulegte. Als Joan Burfield spielte sie zunächst Theater und erhielt 1935 ihre erste, wenn auch kleine Filmrolle in „Schluß mit den Frauen" unter der Regie von George Cukor. Nach zwei weiteren Bühnenjahren nahm das RKO-Studio die zarte Blonde unter Vertrag. Joan nannte sich fortan Fontaine nach ihrem Stiefvater und wurde für zahlreiche Nebenrollen besetzt („A Damsel in Distress", „Quality Street", „Aufstand in Sidi Hakim" und „Rache für Alamo"). 1940 engagierten Filmmogul David O. Selznick und Regisseur Alfred Hitchcock die unbekannte Havilland-Schwester für „Rebecca", die Verfilmung des Bestsellerromans von Daphne Du Maurier. Die Rolle der verschüchterten, naiven Gattin des tragisch-verquälten Max de Winter, gespielt von Lawrence Olivier, verkörperte sie überzeugend. Joan wurde für den „Oscar" nominiert und avancierte zum Star. Von nun an galt sie als Idealbesetzung für arglose, unschuldige Dulderinnen in Filmen wie „Verdacht" (sie erhielt den „Oscar"), „Die Waise von Lowood", „Brief einer Unbekannten" und „Ivanhoe – Der schwarze Ritter". Privat war die schutzbedürftige Leinwandheldin eher ein robuster Draufgänger: Ballonfahrten, Trips im selbstgesteuerten Flugzeug und Hochseefischen zählten zu Joans Freizeitvergnügungen. Weniger vergnüglich fand sie die von der Presse aufgebauschte Dauerfehde mit ihrer berühmten Schwester und angeblichen Konkurrentin Olivia. Nach späteren Filmen wie „Flug nach Tanger" und „Zärtlich ist die Nacht" zog sich Joan Fontaine vom Filmgeschäft zurück.

„Jane Eyre", 1943

„Verdacht" mit Cary Grant, 1941

Glenn Ford

Glenn Ford, geboren als Gwyllyn Samuel Newton Ford am 1. Mai 1916 in Quebec, Kanada

Im Alter von acht Jahren zog Glenn Ford mit seiner Familie nach Kalifornien. Dort stand der Sohn eines Eisenbahnbeamten in zahlreichen Schulaufführungen auf der Bühne, schloß sich später einer Amateurtheatergruppe an und jobbte nebenbei als Zeitungsverkäufer und Fensterputzer. Beim Theater war er zunächst für Beleuchtung und Bühnenbild zuständig. Erst als er plötzlich für einen erkrankten Schauspieler einspringen mußte, fand er Gefallen an der Arbeit auf der Bühne. 1939 war es dann soweit: Ein Talentsucher aus Hollywood entdeckte den vielversprechenden Mimen und bot ihm einen Vertrag bei den Columbia Studios an. Glenn Fords erster Film hieß „Heaven With a Barbed Wire Fence" und verschaffte ihm einen guten Leinwandstart. Doch ehe er seine Karriere weiter ausbauen konnte, wurde sie vom Zweiten Weltkrieg unterbrochen. Nach dreijährigem Militärdienst bei der Marine mußte er praktisch wieder von vorne anfangen. Der Erfolg kam jedoch schon 1946 mit „Gilda": An der Seite von Hollywoods Sexgöttin Rita Hayworth wurde Glenn Ford über Nacht ein Weltstar. In den 50er Jahren erspielte er sich in Kriminalfilmen wie „Heißes Eisen", „Lebensgier" und „Das Komplott", vor allem aber in Western wie „Der Revolvermann", „Der Mann von Alamo" und „Cowboy" das Image des nachdenklichen, etwas verschlossenen, aber gerechten Helden. Zu sehr festgelegt fühlte sich Glenn Ford dadurch nicht; er erklärte: „Mein Gesicht prädestiniert mich ja förmlich für die Rolle des Cowboys. Es sieht am besten aus, wenn es im Schatten einer Hutkrempe liegt." Trotzdem versuchte sich der Schauspieler in den 60er Jahren verstärkt im Komödiengenre („Das kleine Teehaus", „Vater ist nicht verheiratet"). In den 70ern war er hauptsächlich im Fernsehen zu sehen (TV-Serien: „Sheriff ade" und „The Family Holvak") und übernahm nur noch gelegentlich Gastrollen in Kinoproduktionen wie „Superman".

„Totem", 1968

„Gilda" mit Rita Hayworth, 1946

„Indiana Jones – Jäger des verlorenen Schatzes", 1981

Harrison Ford, geboren am 13. Juli 1942 in Chicago

„Die Waffen der Frauen" mit Melanie Griffith (l.) und Sigourney Weaver, 1988

Für den in den geordneten Verhältnissen einer amerikanischen Mittelstandsfamilie aufgewachsenen Harrison Ford war die Schauspielerei nie ein Traumberuf. Nachdem er drei Tage vor dem Examen seine akademische Laufbahn abgebrochen hatte und Geld brauchte, mußte er sich kurzfristig für einen Job entscheiden. Er wählte die Schauspielerei, sie erschien ihm am abwechslungsreichsten. Zusammen mit seiner damaligen Frau Mary machte er sich auf den Weg nach Kalifornien. Tatsächlich bekam er 1964 einen Vertrag bei Columbia, die ihn jedoch nur in winzigen Nebenrollen einsetzte. Als er später zu Universal wechselte, wurde er für mehrere Fernsehserien („Rauchende Colts", „Die Leute von der Shiloh Ranch", „Der Chef") engagiert. Da seine Karriere damit jedoch immer noch keinen nennenswerten Auftrieb erhielt, zog er sich vorerst aus der Filmbranche zurück und verdiente sein Geld zwei Jahre lang als Schreiner. Erst 1973 ließ er sich von dem aufstrebenden Regisseur George Lucas wieder zu einem Film überreden: Er spielte einen Draufgänger in „American Graffiti". Der Film wurde ein Überraschungserfolg, Harrison jedoch wartete immer noch auf seinen Durchbruch. Diesen hatte er vier Jahre später dank George Lucas. Der Regisseur übertrug ihm eine Hauptrolle in seinem Science-fiction-Spektakel „Krieg der Sterne" (1977). Das Weltraumepos wurde ein Megahit und Ford endlich ein Star. In den kommenden Jahren baute er seinen Ruhm weiter aus mit Filmen wie „Das Imperium schlägt zurück", „Der Blade Runner" und natürlich als „Indiana Jones". Fast schien er auf den Typ des Abenteurers festgelegt zu sein, doch mit dem Krimi „Der einzige Zeuge" (1985) begann er, sich von seinem Image zu lösen. Hauptrollen in „Mosquito Coast", „Frantic" (Regie: Roman Polanski), „Die Waffen der Frauen" und „Aus Mangel an Beweisen" (1990) folgten und zeigten, daß Harrison Ford auch in ernsten Rollen ein Kassenmagnet ist.

„Mosquito Coast", 1986

„Taxi Driver", 1976

Jodie Foster, geboren am 19. November 1962 in Los Angeles

Mit drei Jahren stand sie zum ersten Mal vor der Kamera: in einer Fernsehwerbung für Sonnenöl. Als Zehnjährige wirkte sie in drei Kinofilmen der Walt-Disney-Produktion mit. Dann spielte Jodie Foster neben Tatum O'Neal in „Paper Moon" und in anderen Fernsehserien. Im zarten Alter von 13 Jahren wurde der amerikanische Kinderstar schließlich weltbekannt: Martin Scorsese holte den Teenager 1975 für „Alice lebt hier nicht mehr" und ein Jahr später für „Taxi Driver" mit Robert De Niro vor die Kamera. Einmal spielte sie ein blasiertes, reiches Mädchen und dann die junge drogenabhängige Prostituierte. Hollywoods „Filmbaby" erwies sich als versierte Schauspielerin und wurde für den „Oscar" als beste Nebendarstellerin nominiert. Die Fachwelt staunte über ihre Professionalität, auch als das „Wunderkind" die unzüchtige Miss Tallulah in Alan Parkers Musical „Bugsy Malone" (1976) verkörperte. Noch im gleichen Jahr feierte Jodie als berechnende Mörderin in Nicolas Gessners „Das Mädchen am Ende der Straße" einen weiteren großen Erfolg. Nach der Walt-Disney-Produktion „Ein ganz verrückter Freitag" (1977) verlangsamte die Kindfrau das Karrieretempo. 1981 zog sie sich vom Hollywood-Rummel fast ganz zurück. Der Grund: Ein Mann namens John Hinckley wollte Jodie imponieren und verübte ein Attentat auf den damaligen US-Präsidenten Ronald Reagan. Das „Traummädchen" schrieb sich an der Yale Universtiät ein und studierte afroamerikanische Literatur. Während ihrer Uni-Zeit spielte Jodie Foster nur noch in Tony Richardsons „Hotel New Hampshire" (1984) und in zwei Fernsehfilmen. 1989 gelang der Erwachsenen schließlich der Erfolg, der dem Teenie versagt blieb: Sie gewann den „Oscar" für die Darstellung der Kellnerin Sarah Tobias in „Angeklagt" von Jonathan Kaplan. Die süß-saure Moral der Geschichte („Wer Männer aufreizt, ist für die Folgen selbst verantwortlich, aber trotz alledem siegt die Gerechtigkeit") versah sie mit brennender Schärfe. 1990 war sie an der Seite von Dennis Hopper in dem Film „Rückzug" zu sehen.

Jodie Foster

„Bugsy Malone", 1976

Michael J. Fox, geboren am 9. Juni 1961 in Edmonton, Kanada

Der Sohn eines kanadischen Offiziers spielte schon während seiner Schulzeit Theater. Wegen seiner geringen Körpergröße bekam Fox mit 15 die Rolle eines Zehnjährigen in dem Fernsehfilm „Witch of Westminster Crossing". Neben der Schule spielte er zwei Jahre lang in der TV-Serie „Leo And Me". 1979 beschloß er, sein Glück in Hollywood zu versuchen, obwohl ihm sein Schauspiellehrer auf der High-School jegliches darstellerisches Talent abgesprochen hatte. Nach Jahren des Wartens bekam Fox die Rolle des Alex in der TV-Serie „Family Ties" und wurde dadurch so berühmt, daß die großen Studios auf ihn aufmerksam wurden. Der Durchbruch kam mit Steven Spielbergs „Zurück in die Zukunft" (1985). Fox, der, als ihm die Rolle angeboten wurde, noch unter Vertrag mit „Family Ties" stand, drehte tagsüber die Fernsehserie und stand nachts vor der Filmkamera. Der Einsatz lohnte sich, denn er stieg zum Topverdiener und Teenie-Idol auf. Nach dem finanziell weniger einträglichen Streifen „Im Lichte des Tages" konnte er mit „Das Geheimnis meines Erfolges" 1987 wieder einen Kinohit landen. Seine Fans beglückte Fox als Marty McFly noch in zwei weiteren „Zurück in die Zukunft"-Folgen.

„Die grellen Lichter der Großstadt", 1988

„Zurück in die Zukunft III" mit Christopher Lloyd, 1990

Willy Fritsch, geboren am 27. Januar 1901 in Kattowitz, gestorben am 13. Juli 1973

Der Sohn eines Fabrikbesitzers sollte ursprünglich Ingenieur werden. Nach dem Studium ging Willy Fritsch jedoch nach Berlin und wurde Schauspielschüler bei dem berühmten Max Reinhardt. In den 20er Jahren machte er mit seiner Unbekümmertheit Karriere beim Stummfilm. Ende der „Roaring Twenties" hielt auch bei der Ufa der Tonfilm Einzug. Willy Fritsch mußte nun sprechen und singen. Sein erstes Filmlied „Bin kein Hauptmann, bin kein großes Tier" wurde sofort populär – und Willy Fritsch alsbald einer der bekanntesten Schauspieler der 30er und 40er Jahre. Er spielte, sang und tanzte mit den damaligen Stars wie Lilian Harvey, Käthe von Nagy, Heinz Rühmann, Willy Birgel, Adele Sandrock und Grethe Weiser. Die bekanntesten Filme des beliebten Charmeurs waren „Melodie des Herzens", „Die Frau im Mond", „Die Drei von der Tankstelle", „Der Kongreß tanzt", „Glückskinder" und „Wiener Blut". Nach dem Zweiten Weltkrieg drehte er noch fast 40 Filme, darunter „Grün ist die Heide", „Ferien vom Ich" und „Wenn der weiße Flieder wieder blüht". 1964 nahm Willy Fritsch Abschied von der Leinwand – mit Sohn Thomas in „Das hab ich von Papa gelernt".

„Wiener Blut", 1942

„Der Kongreß tanzt" mit Lilian Harvey, 1931

Gert Fröbe, geboren als Karl-Gerhard Froeber am 25. Februar 1913 in Planitz, gestorben am 5. September 1988

Gert Fröbe erlebte eine glückliche Kindheit und Jugend, bis er mit 14 Jahren an einem schweren Gelenkrheuma erkrankte, das ihn ein Jahr ans Bett fesselte. Nach einer Bühnenbildnerlehre, während der er viele bekannte Theaterleute kennenlernte, entschloß er sich, Schauspieler zu werden. Er absolvierte eine Schauspielausbildung bei Erich Ponto und wurde von Erich Engels an die Münchner Kammerspiele geholt. Ersten Ruhm erspielte sich Fröbe 1948 als Otto Normalverbraucher in „Berliner Ballade". Mit deutschen und französischen Produktionen wie „Die Helden sind müde", „Es geschah am hellichten Tag" und „Die Dreigroschenoper" öffnete er sich den Weg zu einer internationalen Filmkarriere. Bösewichte, wie in „Die tausend Augen des Dr. Mabuse" und „Goldfinger", spielte Gert Fröbe ebenso überzeugend wie komisch-skurrile Typen, z. B. in „Die tollkühnen Männer in ihren fliegenden Kisten" und „Der Räuber Hotzenplotz". Er war bis in die 80er Jahre ein gefragter Star. 1976 drehte er mit Ingmar Bergman „Das Schlangenei", 1977 mit Alfred Weidenmann „Der Schimmelreiter" und 1980 mit Gerard Oury „Die Regenschirmmörder".

Gert Fröbe

„Der Räuber Hotzenplotz", 1973

Louis de Funès, geboren als Carlos de Funès de Galarza am 31. Juli 1914 in Courbevoie, Frankreich, gestorben am 28. Januar 1983

Frankreichs „beliebtester Choleriker" hatte schon mehrere Berufe ausgeübt, bevor er mit 27 seine Schauspielausbildung begann. Nach vielen erfolglosen Jahren am Theater bekam Louis de Funès die Hauptrolle in dem Bühnenlustspiel „Oscar". Sein komödiantisches Talent wurde entdeckt und trug ihm die ersten Filmrollen ein. Anfang der 60er Jahre hatte Louis de Funès bereits viele Leinwandparts gespielt, ohne großen Erfolg. Zum Star und Publikumsliebling wurde er erst 1964 durch die beiden Serien „Fantomas" und „Der Gendarm von St. Tropez". De Funès, mittlerweile 50 Jahre alt, hatte es geschafft; Filme mit dem querköpfigen Zappelphilipp sorgten von Stund an für volle Kassen und Kinosäle: „Louis, das Schlitzohr", „Die große Sause", „Oscar hat die Hosen voll", „Balduin, der Heiratsmuffel" und „Hasch' mich, ich bin der Mörder". Der filmische Hampel-Strampel-Dauerstreß blieb nicht ohne Folgen: Anfang der 70er Jahre erlitt der Schauspieler einen Herzinfarkt und drosselte daraufhin sein Arbeitspensum. Seine letzten Filme waren „Louis und seine außerirdischen Kohlköpfe" und „Louis und seine verrückten Politessen" (1982).

„Brust oder Keule", 1976

„Louis, der Geizkragen", 1980

„Die große Illusion", 1937

Jean Gabin, geboren als Jean-Alexis Moncorgé am 17. Mai 1904 in Mériel, Frankreich, gestorben am 15. November 1976

Der Sohn von Varietékünstlern machte seine ersten Schritte im Showgeschäft nach einer Maurerlehre. Er trat als Statist, später als Sänger und Tänzer in der Revue der „Folies-Bergère" in Paris auf. Die berühmte Mistinguett, Star des Revuetheaters, entdeckte Jean Gabins Talent und wechselte mit ihm ins „Moulin Rouge". 1930 gab er sein Landwanddebüt in „Jedem seine Chance". Starruhm erntete er erst vier Jahre später mit Filmen wie „Maria Chapdelaine", „Das Kreuz von Golgatha" und „Zouzou". „Nachtasyl", 1936 gedreht, war Jean Gabins erste Zusammenarbeit mit Jean Renoir, unter dessen Regie er seine besten Leistungen erbrachte. Wortkarge, sensible Außenseiter und Männer aus dem Volk waren die Rollen, mit denen sich Gabin am meisten identifizierte. 1937 folgte „Die große Illusion", ein Jahr später „Die Bestie Mensch" und „Hafen im Nebel" – jeweils mit Renoir als Regisseur. „Jean Gabin hat einen sechsten Sinn: den Film. Sein Blick auf der Leinwand ist ein Phänomen, ein Wunder. Die unterschiedlichsten Gefühlsregungen spiegeln sich darin" (Renoir). Während der Besetzung Frankreichs ging der bestbezahlte Star des französischen Films nach Hollywood und spielte 1942 an der Seite von Ida Lupino in „Nacht und Nebel" und 1944 in „The Imposter". Danach kämpfte er als Soldat in Nordafrika und erhielt hohe Auszeichnungen. Sein erster Film nach dem Krieg war „Martin Roumagnac" mit Marlene Dietrich. 1954 knüpfte Gabin mit „Wenn es Nacht wird in Paris" wieder an die Qualität seiner Vorkriegsfilme an und wurde in Venedig mit dem „Volpi"-Pokal ausgezeichnet. Unvergeßliche Auftritte hatte Frankreichs großer alter Mann in der Gaunerkomödie „Im Kittchen ist kein Zimmer frei" (1959), in „Ein Affe im Winter" (1962), in dem Ehedrama „Die Katze" an der Seite von Simone Signoret (1971) und in „Die Affäre Dominici" (1973).

„Hafen im Nebel" mit Michèle Morgan, 1938

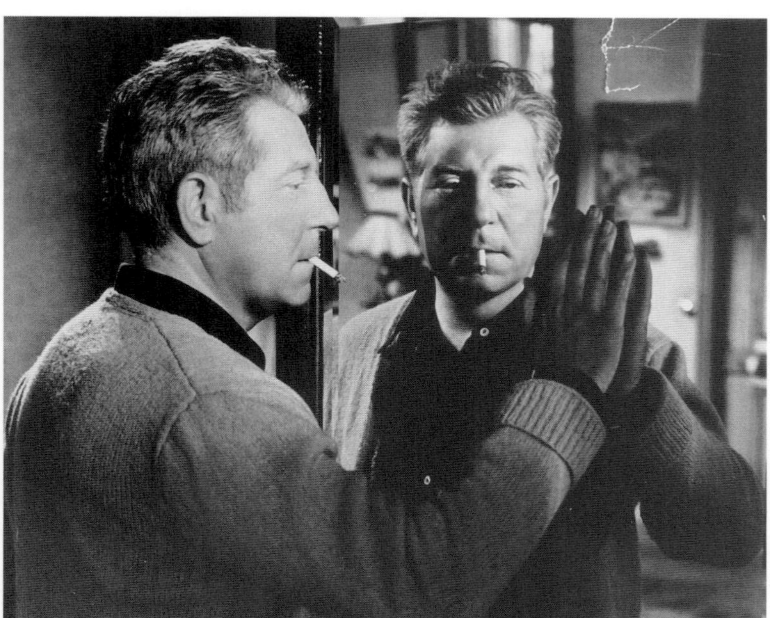

„Die Nacht ist mein Reich", 1951

Clark Gable

„Mogambo", 1953

„Die wundersame Rettung" mit Joan Crawford, 1940

„Vom Winde verweht", 1939

Clark Gable, geboren am 1. Februar 1901 in Cadiz, Ohio, gestorben am 16. November 1960

Clark Gable verlor seine Mutter schon sehr früh. Er wuchs bei seinem Vater auf, verließ mit 14 die Schule und arbeitete in mehreren Berufen. Seine ersten Erfahrungen als Schauspieler machte er auf Wanderbühnen. Von 1924 bis 1930 war er mit der 14 Jahre älteren Josephine Dillon verheiratet. Während dieser Zeit arbeitete Clark Gable in Hollywood als Komparse, ging mit verschiedenen Theatertruppen auf Tournee und spielte am Broadway. 1931 hatte er, nach mehreren kleinen Rollen, seinen ersten Erfolg als Partner von Norma Shearer in „Der Mut zum Glück". Im gleichen Jahr heiratete er die schwerreiche Texanerin Rhea Langham, die 17 Jahre älter war. 1934 stieg Gable zum Star auf. Für seine schauspielerische Leistung in der Komödie „Es geschah in einer Nacht" erhielt er den „Oscar" und wurde in einer Umfrage des Hollywood-Reporters Ed Sullivan zum „König von Hollywood" gewählt. Seine nächsten Filme waren große Publikumserfolge; er spielte mit Jean Harlow in „Abenteuer im gelben Meer", „Seine Sekretärin" und „Saratoga" und mit Charles Laughton in „Meuterei auf der Bounty". Widerstrebend akzeptierte Clark Gable 1939 die Rolle des Südstaatenabenteurers Rhett Butler in „Vom Winde verweht" – Höhepunkt seiner Karriere. Im gleichen Jahr heiratete der Star die Schauspielerin Carole Lombard, die drei Jahre später bei einem

„Es geschah in einer Nacht" mit Claudette Colbert, 1934

Flugzeugabsturz ums Leben kam. 1942 meldete sich Clark Gable freiwillig für den Kriegseinsatz und kämpfte bei der Luftwaffe. Nach dem Krieg versuchte er, an seine frühere Popularität anzuknüpfen. Doch Filme wie „Adventure", „Dr. Johnsons Heimkehr", „Ein charmanter Flegel" und „Colorado" stellten weder ihn noch sein Publikum zufrieden. 1954 spielte er in John Fords „Mogambo", einem seiner besseren Filme der Nachkriegszeit, an der Seite von Ava Gardner und Grace Kelly. Wie viele seiner Kollegen konnte Clark Gable den eigenen Popularitätsschwund nicht verkraften und trank zuviel. Er heiratete noch zweimal: 1949 die Schauspielerin Sylvia Ashley und 1954 Kay Spreckels. Nach wenig erfolgreichen Filmen gelang ihm 1960 in John Hustons „Misfits – Nicht gesellschaftsfähig" an der Seite von Marilyn Monroe und Montgomery Clift eine schauspielerische Glanzleistung. Sie war zugleich seine letzte: Der ungekrönte „König von Hollywood" starb nach Beendigung der Dreharbeiten an einem Herzanfall.

„Meuterei auf der Bounty" mit Charles Laughton, 1935

Greta Garbo

„Die Kameliendame", 1936

„Es war" mit John Gilbert, 1926

„Der Kuß", 1929

Greta Garbo, geboren als Greta Louisa Gustafsson am 18. September 1905 in Stockholm, gestorben am 15. April 1990

Greta Garbo hatte als Tochter eines armen Seemanns eine triste Kindheit. Nach dem frühen Tod des Vaters nahm sie eine Stelle als Verkäuferin in einem Kaufhaus an, trat erfolgreich in zwei Werbefilmen für die Firma auf – und schrieb sich an der Stockholmer Schauspielschule ein. Dort entdeckte sie der Regisseur Mauritz Stiller, der ihr in seinem Film „Gösta Berling" zu einem vielbeachteten Karrierestart verhalf, ihr eine Rolle in G.W. Pabsts Dirnentragödie „Die freudlose Gasse" verschaffte und seinen Schützling 1925 mit nach Hollywood nahm. Mokierte sich die Kinowelt zunächst über das „schwedische Bauernmädchen von der Größe eines Wolkenkratzers", so galt Greta Garbo schon nach ihrem ersten US-Film „The Torrent" (1926) als „ein am Nordhimmel aufgehender Komet". Während Stiller erfolglos blieb und nach Schweden zurückkehrte, wurde die Garbo ein Star. Sie bekam hohe Gagen, Mitspracherecht bei ihren Rollen und die Zusage, auf Publicity verzichten zu dürfen: Ihr Wunsch nach einem zurückgezogenen Privatleben wurde von den Studios geschickt zur Überhöhung des Mythos Garbo eingesetzt. Sie war die entrückte Diva, die „Göttliche", das vollkommenste Kunstprodukt, das die Traumfabrik je geschaffen hatte. Die schöne Schwedin, die in Europa immer viel populärer war als in den Vereinigten

„Anna Karenina" mit Basil Rathbone (l.) und Fredric March, 1935

Staaten, feierte Triumphe als „Anna Karenina" (sie spielte die Rolle 1927 und 1935), als „Das göttliche Weib" (1928) und im gleichen Jahr als „Herrin der Liebe" (unter der Regie von Clarence Brown, der sieben ihrer 28 Filme inszenierte). Den Übergang zum Tonfilm schaffte die Garbo mühelos. Seit „Anna Christie" (1930) liebte das Publikum auch ihre Stimme mit dem „Klang eines gedämpften Cellos". Erfolg reihte sich an Erfolg: „Mata Hari", „Grand Hotel", „Königin Christine", „Die Kameliendame", „Maria Walewska" und schließlich 1939 der Lubitsch-Film „Ninotschka" (Werbeslogan: „Die Garbo lacht"). Nach ihrem ersten Mißerfolg als „Die Frau mit den zwei Gesichtern" zog Greta Garbo 1941 einen Schlußstrich unter ihre Laufbahn. Sie weigerte sich, Interviews zu geben, und verließ nur noch selten ihre New Yorker Wohnung. Greta Garbo, ein Mythos zu ihren Lebzeiten wie nach ihrem Tod.

„Königin Christine", 1933

Ava Gardner

„Liebesnächte“, 1952

„Die kleine Hütte“ mit Walter Chiari, 1957

„Die Nacht des Leguan“, 1964

Ava Gardner, geboren am 24. Dezember 1922 in Smithfield, North Carolina, gestorben am 25. Januar 1990

Ava Gardner war das jüngste von sechs Kindern eines armen Pachtbauern. Sie wollte Sekretärin werden, bis ein Besuch in New York ihr Leben veränderte. Ihr Schwager, ein Berufsfotograf, legte Aufnahmen des ungewöhnlich schönen Mädchens im MGM-Studio vor. Ava Gardner wurde zu Probeaufnahmen geladen, bekam einen Vertrag und landete als ein Starlet unter vielen in Hollywood. Zwischen 1942 und 1946 spielte Ava Gardner ein paar Minirollen. Für Schlagzeilen sorgte sie damals mehr durch ihr Privatleben – die Ehe mit MGM-Star Mickey Rooney (die kein Jahr hielt) war eine Sensation. Ihre erste größere Rolle erhielt sie 1946 an der Seite von Newcomer Burt Lancaster in Robert Siodmaks Hemingway-Adaption „The Killers“. Später spielte sie zwei weitere Hemingway-Heldinnen: 1952 die Cynthia in „Schnee am Kilimandscharo“ und 1957 die Brett in „Zwischen Paris und Madrid“ (nach dem Roman „Fiesta“). Autor Hemingway beschrieb Ava als „die aufregendste Frau unseres Jahrhunderts“. Ende der 40er Jahre stieß sie Rita Hayworth als Hollywoods Liebesgöttin vom Thron. Ava, die „schönste Frau der Welt“, die „Venus des 20. Jahrhunderts“, war immer dann am besten, wenn sie ihren Sex-Appeal zur Geltung bringen konnte; wenn sie rassige, verführerische Frauen darstellte.

„Liebesnächte" mit Clark Gable (l.) und Broderick Crawford, 1952

Sie spielte in Filmen wie „Die Lady und der Windhund" (mit Clark Gable), „Die Venus macht Seitensprünge", „Pandora und der fliegende Holländer" und 1954 „Die barfüßige Gräfin" (mit Humphrey Bogart). Dieses Werk war ein Höhepunkt ihrer Kinokarriere, ihr Name für immer verbunden mit der Rolle der spanischen Tänzerin Maria Vargas. Neben ihren Leinwandauftritten machte die Gardner immer wieder durch ihr exzentrisches Privatleben, durch Skandälchen und Affären von sich reden; die stürmischste ihrer insgesamt fünf Ehen war die mit Frank Sinatra. Der eigenen darstellerischen Leistung stand sie selbst sehr skeptisch gegenüber. John Huston, unter dessen Regie sie sich in „Die Nacht des Leguan" 1964 den Preis als beste Darstellerin beim Filmfestival in San Sebastian erspielt hatte, sagte: „Sie ist eine sehr gute Schauspielerin, obwohl sie sich für erbärmlich hält".

„Die barfüßige Gräfin", 1954

Judy Garland

„Osterspaziergang" mit Fred Astaire, 1948

„Ein neuer Stern am Himmel", 1954

Judy Garland

Judy Garland, geboren als Frances Gumm am 10. Juni 1922 in Grand Rapids, Minnesota, gestorben am 26. Juni 1969

Judy Garland war drei Jahre alt, als sie zum erstenmal auf der Bühne stand. Ihre Eltern waren Varietéartisten; sie selbst trat mit ihren beiden älteren Schwestern unter ihrem Mädchennamen auf – als Zehnjährige erhielt sie ihren Künstlernamen. Drei Jahre später verpflichtete Metro Goldwyn Mayer die Kleine mit der Riesenstimme, wußte aber zunächst nichts mit dem Jungtalent anzufangen. 1937 hatte Judy Garland dann ihren ersten Erfolg mit einem gesungenen Geburtstagsgruß an „Dear Mr. Gable" in dem Musikfilm „Broadway Melody 1938". Im gleichen Jahr drehte sie den ersten von neun Filmen mit Mickey Rooney, mit dem sie in der in den USA höchst erfolgreichen Filmserie „Andy Hardy" sehr populär wurde. 1939 kam der Film, der die damals 17jährige zum Weltstar machen sollte: „Das zauberhafte Land". Mit keiner Rolle wurde Judy Garland so sehr identifiziert wie mit der Farmerstochter Dorothy aus Kansas, die sich in die Wunderwelt von Oz verirrt und dort phantastische Abenteuer erlebt. Das Lied „Somewhere Over the Rainbow" wurde zu ihrer Erkennungsmelodie; als „beste Nachwuchsdarstellerin des Jahres" gewann sie einen Spezial-„Oscar". Doch schon früh bekam Judy Garland die Kehrseite des Ruhms zu spüren. Sie arbeitete zuviel, erlitt Nervenzusammenbrüche, brauchte ständig Pillen und

„Ein neuer Stern am Himmel", 1954

psychiatrischen Beistand. Da sie zur Pummeligkeit neigte, wurde sie von den Studios auf strenge Diät gesetzt. „Von meinem dreizehnten Geburtstag an", so Judy, „gab es zwischen MGM und mir permanent Streit und Diskussionen, wie ich meine Mahlzeiten einteilen sollte, was ich aß oder nicht essen durfte, und wann ich aß und wann nicht". Trotz aller privaten und beruflichen Rückschläge feierte sie immer wieder Triumphe, so in den Musicals „Meet Me in St. Louis" (1944) und „Der Pirat" (1948), die unter der Regie von Vincente Minnelli, dem zweiten ihrer fünf Ehemänner, entstanden; die gemeinsame Tochter Liza ist selbst ein Topstar. Als die Filmindustrie die gesundheitlich angeschlagene Judy fallen ließ, begeisterte sie ihr Publikum mit Live-Konzerten. Auf der Leinwand feierte sie 1954 ein Comeback mit „Ein neuer Stern am Himmel" und beeindruckte als Charakterdarstellerin in Filmen wie „Das Urteil von Nürnberg" (1961) und „Ein Kind wartet" (1963).

„Babes on Broadway", 1941

„Detektiv Rockford" – James Garner

James Garner, geboren als James Baumgarner am 7. April 1928 in Norman, Oklahoma

Der Sohn eines Tischlers und einer Halbindianerin trat nach seinem High-School-Abschluß der Handelsmarine bei. Als der Koreakrieg ausbrach, wurde Garner einberufen und kehrte nach 14 Monaten verwundet und hochdekoriert zurück. Er ging mit seinem Vater nach Kalifornien, um dort einen Job als Teppichverleger anzunehmen. Ein Freund überredete ihn jedoch zur Schauspielerei und verschaffte ihm eine winzige Rolle in dem Theaterstück „Die Caine war ihr Schicksal". Zwar mußte Garner während des ganzen Stückes nur stumm auf der Geschworenenbank sitzen, lernte bei den Proben aber Hauptdarsteller Henry Fonda kennen, mit dem er zeit seines Lebens befreundet blieb. Nach 512 Aufführungen übernahm James Garner die Rolle des Lt. Steve Maryk und unterschrieb kurz darauf einen Vertrag bei Warner Brothers. 1955 gab der Schauspieler sein Leinwanddebüt in „Einst kommt die Stunde". Zwei Jahre später wurde er für die Titelrolle in „Maverick" verpflichtet. Die TV-Serie war ein phänomenaler Erfolg und machte den Schauspieler innerhalb von drei Jahren zu einem der populärsten Fernsehhelden der Vereinigten Staaten. 1963 gründete Garner, der sich drei Jahre zuvor per Gerichtsbeschluß aus seinem Vertrag mit Warner gelöst hatte, eine eigene Produktionsfirma und stellte später seine Vielseitigkeit als Kinostar unter Beweis. Er konnte sowohl in Komödien („Eine zuviel im Bett") als auch in Western („Die fünf Geächteten", „Auch ein Sheriff braucht mal Hilfe") und Thrillern („Gesprengte Ketten", „36 Stunden") überzeugen. 1974 übernahm der Mime die Hauptrolle in der selbstproduzierten Fernsehserie „Detektiv Rockford: Anruf genügt" und sorgte sechs Jahre lang für Rekordeinschaltquoten. Nach dem Kinohit „Victor/Victoria" machte sich James Garner in den 80er Jahren als Darsteller in sensiblen Liebesgeschichten („Oscar"-Nominierung für „Die zweite Wahl – Eine Romanze") und intelligenten Komödien („Sunset – Dämmerung in Hollywood") einen Namen.

„Eine zuviel im Bett" mit Doris Day, 1963

„Grand Prix", 1966

„Mrs. Miniver", 1942

Greer Garson, geboren am 29. September 1908 in County Down, Irland

„Madame Curie" mit Walter Pidgeon, 1943

Eigentlich wollte Greer Garson Lehrerin werden. Statt dessen landete sie in einer Werbeagentur, spielte in ihrer Freizeit Theater und beschloß, ihr Hobby zum Beruf zu machen. Über Birmingham erreichte sie 1934 die Londoner Bühnen. Dort entdeckte MGM-Chef Louis B. Mayer das junge Talent. Als die irische Schauspielerin 1939 in Hollywood erschien, konnte sie schon auf einen ersten Erfolg in dem britischen Film „Goodbye, Mr. Chips" verweisen. Auch sonst standen die Zeichen günstig: Durch den Rückzug der regierenden MGM-Königinnen Norma Shearer und Greta Garbo war der Starstuhl der Studios verwaist. „Die Mischung aus irischem Charme, natürlicher rothaariger Schönheit und ihrer nie versiegenden Fähigkeit, die Vision der kleinen Verkäuferin von der großen Dame zu realisieren, machten sie unbestreitbar zu einem Star in einer Ära, die nach einem zuverlässigen, vertrauenswürdigen Ideal verlangte", schrieb das Magazin „Der New Yorker". Greer Garson beeindruckte in ihrem US-Filmdebüt als Elizabeth in „Stolz und Vorurteil" (1940) und in dem Melodram „Blüten im Staub" (1941); ihren ganz großen Durchbruch erzielte sie 1942 unter William Wylers Regie als „Mrs. Miniver" in der Rolle einer beherzten Engländerin, die sich während des Zweiten Weltkriegs in den Londoner Bombennächten bewährt. Für diesen Auftritt erhielt Greer Garson den „Oscar"; sechs weitere Male wurde sie für diese Auszeichnung nominiert. 1943 heiratete die Schauspielerin den zehn Jahre jüngeren Richard Ney, der in „Mrs. Miniver" ihren Sohn gespielt hatte; die Ehe wurde 1947 geschieden. In den kommenden Jahren verkörperte Greer Garson vornehme, intelligente und hübsche Frauen, die dem „Mrs. Miniver"-Typus entsprachen. Als Filmehemann agierte häufig Walter Pidgeon. Sie lieferte beeindrukkende Frauenporträts in Filmen wie „Madame Curie" (1943), „Julius Cäsar" (1953 als Calpurnia) und 1960 als Eleanor Roosevelt in „Sunrise at Campobello".

„Stolz und Vorurteil" mit Laurence Olivier, 1940

Götz George, geboren am 23. Juli 1938 in Berlin

Der Sohn des berühmten Schauspielerehepaares Berta Drews und Heinrich George erhielt seinen Vornamen nach der Lieblingsrolle seines Vaters: „Götz von Berlichingen". Schon als Kind stand er auf der Bühne des Berliner Hebbel-Theaters. Mit 15 feierte er gemeinsam mit Romy Schneider sein Filmdebüt in „Wenn der weiße Flieder wieder blüht". Seine Schauspielausbildung begann Götz George 1955 im Ufa-Nachwuchsstudio. Die bekannte Lehrerin Else Bongers gab ihm den letzten Schliff. 1959 schlug Götz Georges erste große Stunde. Für seinen Part in „Jacqueline" wurde er mit dem „Bundesfilmpreis", dem „Deutschen Kritikerpreis" und dem „Bambi" als beliebtester Schauspieler ausgezeichnet. Bis 1969 drehte George 26 Spielfilme, darunter „Das Mädchen und der Kommissar" und eine Reihe von Karl May-Verfilmungen. Danach legte er eine 15 Jahre dauernde Filmpause ein, die er 1984 mit „Zabou" beendete. Während dieser Zeit widmete er sich hauptsächlich der Theater- und Fernseharbeit. Mit Erfolg: Seit seinem „Tatort"-Debüt 1981 ist Götz George für das TV-Publikum nur noch „Schimanski" und einer der beliebtesten deutschen Schauspieler.

„Sie nannten ihn Gringo", 1965

„Zahn um Zahn", 1985

Heinrich George, geboren als Georg H. Schulz am 9. Oktober 1893 in Stettin, gestorben am 26. September 1946

Bereits mit 17 Jahren stand Heinrich George auf der Bühne des Kolberger Stadttheaters und in kleineren Rollen vor der Filmkamera. Bis auf wenige Ausnahmen wie „Erdgeist" (1923) und „Metropolis" (1926) blieb die Stummfilmzeit ein eher unbedeutendes Kapitel seiner Karriere. Die großen Erfolge feierte der gewichtige Charakterdarsteller erst in der Nazizeit, und zwar überwiegend mit Filmen, die die politischen Überzeugungen und Botschaften der NS-Machthaber transportierten: „Stützen der Gesellschaft" (1936), „Jud Süß" (1940) und „Kolberg" (1945). Sein Franz Biberkopf in „Berlin – Alexanderplatz" und vor allem sein grandioser Part in „Der Postmeister" blieben da wohltuende Ausnahmen. Nach dem Krieg wurde George, der mit seiner Kollegin Berta Drews verheiratet war und seit 1943 als Generalintendant des Berliner Schiller-Theaters fungierte, von der russischen Militärregierung zur Überprüfung seiner politischen Vergangenheit in Haft genommen. Im Internierungslager Sachsenhausen starb Heinrich George, Vater des als TV-Fahnder „Schimanski" berühmt gewordenen Götz George, an einer zu hohen Narkosedosis während einer Blinddarmoperation.

„Der Biberpelz", 1937

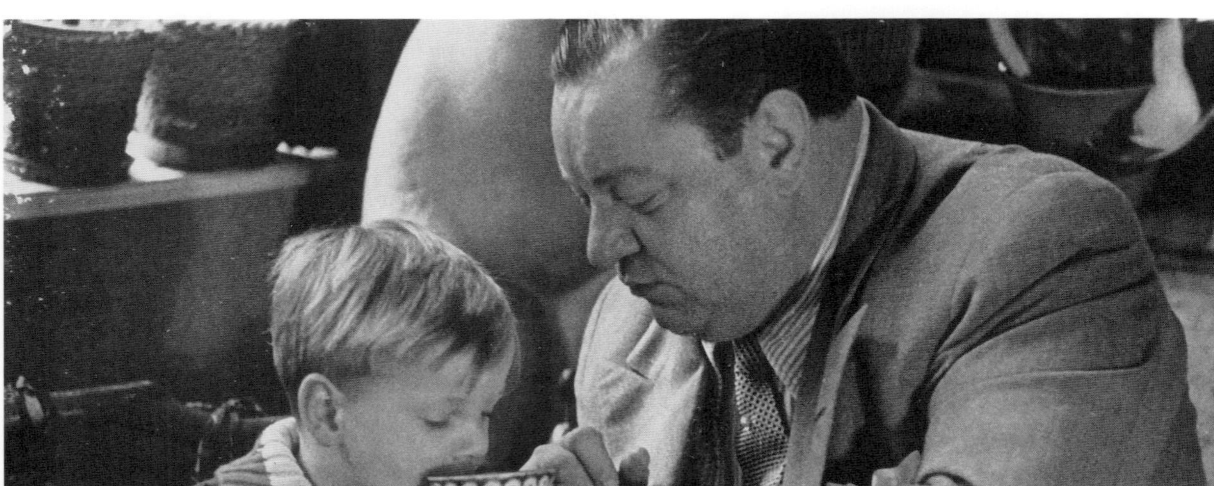

Heinrich George und sein Sohn Götz

„Atemlos" mit Valerie Kaprisky, 1983

Richard Gere, geboren am 29. August 1949 in Sycracuse, New York

Richard Gere begann seine Laufbahn während des Philosophiestudiums an der Universität von Massachusetts. Er brach das Studium ab, zog nach New York und arbeitete am Off-Broadway. Vor allem in den Sam Shepard-Stücken „Back Dog Beast Bait" und „Killer's Head" machte sich der junge Schauspieler einen Namen. Schon bald gelang ihm der Sprung zum Broadway – er spielte in der Rockoper „Soon", der britischen Farce „Habeas Corpus" und in dem Musicalhit „Grease". Im Lincoln Center und am Londoner Old Vic Theatre trat er in Shakespeare-Stücken auf. Endlich wurde auch Hollywood auf Richard Gere aufmerksam. Die erste Filmrolle gab ihm 1975 Milton Katselas in „Der einsame Job". 1977 spielte er in „Auf der Suche nach Mr. Goodbar" den hyperaktiven Liebhaber von Diane Keaton und zwei Jahre später einen romantischen GI in „Yanks – Gestern waren wir noch Fremde". Als „American Gigolo – Ein Mann für gewisse Stunden" erlangte Richard Gere internationalen Starruhm. Schon bald galt er als das männliche Sexsymbol der 80er Jahre. Obwohl ihm nun in Hollywood alle Türen offenstanden, kehrte Gere erst einmal zum Theater zurück. Für seine Rolle in „Bent" wurde er mit dem begehrten „Theatre World Award" ausgezeichnet. Mit „Ein Offizier und Gentleman" konnte er 1982 auch seine Leinwandkarriere weiter ausbauen. Sein nächstes Projekt „Außer Atem", ein Remake von Godards „Atemlos", fiel bei der Kritik zwar durch, aber Frauen in der ganzen Welt schwärmten von der erotischen Ausstrahlung Geres. In den folgenden Jahren drehte Gere jedes Jahr durchschnittlich einen Kinofilm. Doch keiner der Streifen wurde ein Erfolg an den Kinokassen, und der Schauspieler drohte in Vergessenheit zu geraten. Erst der sensationelle Erfolg von „Pretty Woman" katapultierte ihn wieder an die Spitze der Hollywoodstars. Mit grauen Schläfen und vornehmem Auftreten frischte er an der Seite von Julia Roberts sein Frauenschwarm-Image auf.

„Ein Offizier und Gentleman" mit Debra Winger, 1983

„Cotton Club", 1985

„Die Bounty", 1984

Mel Gibson, geboren 1956 in Peekskill, New York

Mel war das sechste von elf Kindern. Nach einem schweren Autounfall des Vaters wanderten die Gibsons nach Australien aus. Mel interessierte sich zunächst nicht für die Schauspielerei. Seine Schwester schickte jedoch unter seinem Namen eine Bewerbung an das National Institute of Dramatic Arts; mit dem Erfolg, daß Mel Gibson Mitglied der bedeutendsten Schauspielschule Australiens wurde. Noch während der Ausbildung gab er sein Leinwanddebüt in „Summer City" (1976). Drei Jahre später unterbrach er das Studium ein zweites Mal, um in „Mad Max" seine erste Hauptrolle zu übernehmen. Das 400 000 Dollar-Actionspektakel spielte weltweit über 100 Millionen ein und avancierte zum Kultfilm. 1981 wurde ein zweiter Teil über den postnuklearen Einzelkämpfer produziert. Im Jahr darauf spielte Mel in „Ein Jahr in der Hölle" einen unerfahrenen Journalisten im Bürgerkrieg Indonesiens. Mit dieser Rolle löste er sich erfolgreich vom eindimensionalen Charakter des „Mad Max", ebenso in den folgenden Filmen „Die Bounty", „Menschen am Fluß" und „Flucht zu dritt". Doch 1985 überzeugte ihn Hollywood, an der Seite von Tina Turner den dritten Teil der Mad Max-Trilogie („... – Jenseits der Donnerkuppel") zu drehen. Überarbeitet und durch unmäßigen Alkoholkonsum gesundheitlich angeschlagen, zog sich Mel Gibson für eineinhalb Jahre völlig aus dem Filmgeschäft zurück. Mit der Darstellung des selbstmordgefährdeten Polizisten Martin Riggs in „Zwei stahlharte Profis" gelang ihm 1987 schließlich der Durchbruch zum internationalen Topstar. Seine darstellerische Vielseitigkeit bewies er 1990: Mit „Ein Vogel auf dem Drahtseil" und „Air America" drehte er zwei Komödien, und mit der Verfilmung des Shakespeareschen „Hamlet" unternahm er einen Ausflug ins Charakterfach. Privat gibt sich Mel bedeckt. Auf seiner Ranch in Australien verbringt er so viel Zeit wie möglich mit seiner Frau und seinen fünf Kindern.

„Mad Max – Der Vollstrecker", 1981

„Ein Vogel auf dem Drahtseil" mit Goldie Hawn, 1990

„Ein idealer Gatte", 1947

Paulette Goddard, geboren als Marion Levy am 3. Juni 1911 in Great Neck, New York, gestorben am 24. April 1990

Im Alter von 13 Jahren verließ Marion Levy (Goddard war der Mädchenname ihrer Mutter) die Schule, posierte als Fotomodell und trat ein Jahr später in der berühmten Ziegfeld Revue als Frau im Mond auf. 1933 lernte sie Charlie Chaplin kennen, der von ihrem Aussehen und ihrem Sinn für Humor angetan war. Er gab ihr die weibliche Hauptrolle in „Moderne Zeiten" und unterzog sie einem harten Drill: Vor allem hatte sie den „verdammten Gang" (Chaplin) zu verlernen und barfuß zu gehen. Als sie am ersten Drehtag dann doch hochhackig dahergestelzt kam und obendrein noch kunstvoll geschminkt, frisiert und angezogen war, schüttete ihr Chaplin einen Eimer Wasser über den Kopf und erklärte: „Das ist deine Frisur". Der guten Beziehung der beiden tat diese Aktion keinen Abbruch. Sie heirateten noch im gleichen Jahr und drehten 1940 zusammen „Der große Diktator". Mit der unterhaltsamen Gruselkomödie „Erbschaft um Mitternacht" stellte Paulette Goddard an der Seite von Bob Hope ihr komödiantisches Talent unter Beweis. 1942 befreite sich die Schauspielerin durch die Scheidung von ihrem übermächtigen Vorbild Chaplin und machte aus eigener Kraft Starkarriere. Schon bald gehörte sie zu den bevorzugten Darstellerinnen der Hollywood-Giganten Cecil B. DeMille (mit ihm drehte sie „Die scharlachroten Reiter", „Piraten im Karibischen Meer", „Die Unbesiegten") und Mitchell Leisen („Das goldene Tor", „Eine Lady mit Vergangenheit", „Suddenly it's Spring"). Ihre beeindruckendste Leistung bot sie 1946 in „Tagebuch einer Kammerzofe", bekam danach aber nur noch uninteressante Drehbücher angeboten und zog sich deshalb in den 50er Jahren endgültig von der Schauspielerei zurück. Einzige Ausnahmen: Claudia Cardinales Mutter in „Die Gleichgültigen" (1966) und ein TV-Auftritt 1972 in „The Snoop Sisters".

„Tagebuch einer Kammerzofe", 1946

„Moderne Zeiten" mit Charlie Chaplin, 1936

Whoopie Goldberg, geboren als Caryn Johnson 1949 in New York

Für die New Yorkerin stand früh fest, daß sie Schauspielerin werden wollte: Als Achtjährige wurde sie Mitglied eines Kindertheaters und übte schon ihre Dankesrede für die „Oscar"-Verleihung. Trotz eines guten Starts am Broadway wechselte sie Mitte der 70er Jahre zu Theatergruppen in San Diego und San Francisco. Später tourte Whoopie Goldberg als Alleinunterhalterin durch die USA und Europa. 1985 gab ihr Steven Spielberg die Hauptrolle in seinem Südstaatendrama „Die Farbe Lila", die Whoopie eine „Oscar"-Nominierung einbrachte. Trotzdem gelang es ihr nicht, sich als ernsthafte Schauspielerin zu etablieren: In den folgenden Jahren wirkte sie in anspruchslosen Actionkomödien wie „Jumping Jack Flash" oder „Die diebische Elster" mit. Ende der 80er Jahre konzentrierte sie sich – von anspruchsvolleren Kinozwischenspielen wie „Claras Geheimnis" und „Homer und Eddi" abgesehen – aufs Fernsehen. Unter anderem übernahm Whoopie die Hauptrolle in der TV-Version von „Out of Rosenheim": „Bagdad Café". 1990 verhalf ihr die Rolle im Kassenschlager „Ghost" zu einem erneuten Popularitätsschub und zu einem „Oscar".

„Ghost – Nachricht von Sam", 1990

„Die Farbe Lila", 1985

Das beliebteste Spindfoto der amerikanischen GIs im Zweiten Weltkrieg

Betty Grable, geboren als Elizabeth Ruth Grable am 18. Dezember 1916 in St. Louis, Missouri, gestorben am 2. Juli 1973

Seit ihrer frühesten Jugend arbeitete Betty Grable an einer Starkarriere. Im Alter von 12 Jahren besuchte sie die Hollywood Professional School und gab 1929 ihr Filmdebüt in dem Musical „Let's go Places". Trotzdem wartete sie noch zehn Jahre auf den Durchbruch. Ihre Stunde kam erst 1940, als sie die erkrankte Alice Faye in „Down Argentine Way" ersetzen durfte. Innerhalb kürzester Zeit machte sie sich mit Filmen wie „Tin Pan Alley", „Allotria in Florida" und „Springtime in The Rokkies" einen Namen als Bikinischönheit. Von der Kritik zwar verschmäht, wurde Betty Grable das populärste Pin-up-Girl der 40er Jahre. Während des Zweiten Weltkrieges wurden zwei Millionen Fotografien, die sie in einem weißen Badeanzug zeigten, zu den GIs nach Übersee geschickt. Die Twentieth Century Fox versicherte ihre Beine bei Lloyds in London für 1.250.000 Dollar. Der Einsatz lohnte sich, denn das Erfolgsrezept der Grable-Filme, das ein amerikanischer Journalist mit „etwas Gesang, etwas Tanz, ein paar Lacher, ein paar Tränen – und eine Menge Bein" umschrieb, funktionierte: Zwischen 1942 und 1951 war sie der weibliche Kassenmagnet Hollywoods und gehörte zu den bevorzugten Sängerinnen des Bandleaders Harry James, mit dem sie von 1943 bis 1965 verheiratet war. Da sie in Filmen wie „Scheidung auf amerikanisch", „Marine gegen Liebeskummer" und „Dolly Sisters" jedoch mehr wegen ihrer (für damalige Zeiten) erotischen Ausstrahlung als durch ihre schauspielerischen Leistungen auffiel, gelangte sie nie zu internationalem Starruhm. Nachdem sie 1953 gemeinsam mit Marilyn Monroe, ihrer Nachfolgerin in der Sparte „Weibliches Sexsymbol", für „Wie angelt man sich einen Millionär" vor der Kamera gestanden hatte, drehte sie nur noch zwei Filme: „Liebe im Quartett" und „How to be Very, Very Popular". Danach zog sich Betty Grable – abgesehen von TV-Auftritten in „Gli Indifferenti" (1966) und „The Snoop Sisters" (1972) – von der Filmarbeit zurück.

„Wie angelt man sich einen Millionär?" mit Lauren Bacall (l.) und Marilyn Monroe (r.), 1953

„Pin-up-Girl", 1944

„Scaramouche, der galante Marquis", 1952

Stewart Granger, geboren als James Lablanche Stewart am 6. Mai 1913 in Epson, England

Eigentlich wollte Stewart Granger Nervenarzt werden. Aber aufgrund seines blendenden Aussehens riet man ihm zur Bühnenlaufbahn, und schließlich folgte er dem Vorschlag seiner Freunde. Der Beau studierte an der Webber-Douglas School of Dramatic Art in London, erhielt mit 21 Jahren eine Komparsenrolle und kam über Engagements an Provinzbühnen zu Londoner Theatern. Seine erste Filmhauptrolle hatte der schöne Engländer in „So This is London" (1940). Nach „Gaslicht und Schatten" (1944) und „Caesar und Cleopatra" (1946) etablierte sich der Sohn eines Berufsoffiziers und einer Schauspielerin als Englands gefragtester Leinwandliebhaber und -abenteurer. Um sich von Hollywoodstar James Stewart abzusetzen, nannte er sich Stewart Granger und ging 1950 in die USA. Im gleichen Jahr spielte er in „König Salomons Diamanten" und wurde einer der großen Kassenmagneten als Mantel-und-Degen-Held in „Scaramouche" (1952), als tollkühner Feldherr Claudius in „Salome" (1953) und als Safari-Abenteurer in „Die letzte Jagd" (1956). Bis 1960 stand er in Hollywood vor der Kamera, und Spötter meinten, die Zahl seiner Filme sei fast so groß wie die der Frauen, die in seinem Leben eine Rolle spielten. Man sagte dem Playboy unzählige Beziehungen nach. Dreimal war er verheiratet, darunter mit Filmstar Jean Simmons und zuletzt mit der belgischen Schönheitskönigin Caroline Lecerf, von der er 1969 geschieden wurde. In den sechziger Jahren drehte Stewart Granger hauptsächlich in Europa. Als Old Surehand war er, neben Pierre Brice und Lex Barker, der Star in drei Karl May-Verfilmungen. Die Siebziger standen ganz im Zeichen des Fernsehens. Als Alan MacKenzie aus „Die Leute von der Shiloh Ranch" und als Gaststar in anderen TV-Serien hielt sich Stewart Granger noch eine Weile im Rampenlicht der Fernsehöffentlichkeit, bevor er sich 1979 nach Spanien zurückzog, wo er sein Geld in Ländereien anlegte und als Makler tätig wurde.

„Madonna der sieben Monde" mit Phyllis Calvert, 1944

„Unter Geiern", 1964

Cary Grant

„Indiskret", 1958

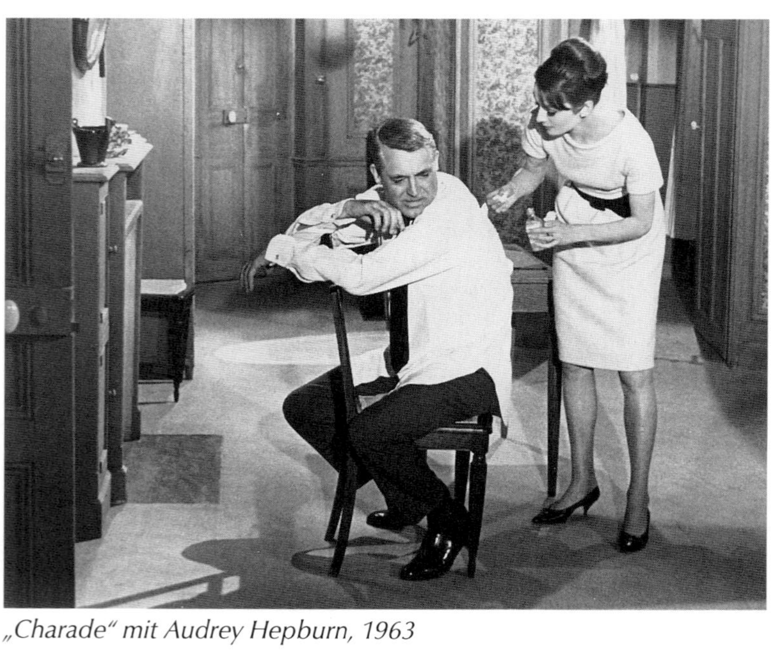

„Charade" mit Audrey Hepburn, 1963

„Ich war eine männliche Kriegsbraut", 1949

Cary Grant, geboren als Archibald Alexander Leach am 18. Januar 1904 in Bristol, England, gestorben am 30. November 1986

Archibald Alexander Leach, der später unter dem Namen Cary Grant Filmgeschichte machen sollte, entschied sich schon früh für das Showbusiness. Im Alter von 13 Jahren riß er aus seinem englischen Elternhaus aus und trat einer Artistentruppe bei. Mit ihr ging er 1920 auf Amerika-Tournee und blieb anschließend in den USA. Sieben Jahre lang verdiente er sein Geld mit Auftritten in Nachtclubs und als „lebende Litfaßsäule". 1927 bekam er ein Engagement am Broadway und wirkte in diversen Musicals mit. Daß er vier Jahre später schon vor der Filmkamera stand, verdankte er der Erfindung des Tonfilms. Anfang der 30er Jahre suchten die großen Studios nach talentierten Nachwuchsschauspielern mit Bühnenerfahrung und einer geschulten Stimme. „Archie" hatte beides und sah noch dazu blendend aus. Paramount nahm ihn unter Vertrag – mit einer Bedingung: Er mußte seinen Namen ändern. Cary Grant war geboren. Vor allem seine Rollen als junger Schönling an der Seite von Mae West (in „Sie tat ihm unrecht" und „Ich bin kein Engel", beide 1933) machten ihn schnell bekannt. Zum Star avancierte er Ende der 30er Jahre durch sein komödiantisches Talent in den „Screwball-Comedies" mit Katharine Hepburn („Leoparden küßt man nicht", „Die Schwester der Braut", „Die Nacht vor der Hoch-

„Arsen und Spitzenhäubchen" mit Raymond Massey (l.) und Peter Lorre, 1944

zeit"), Irene Dunne („Die schreckliche Wahrheit", „Meine Lieblingsfrau") und Rosalind Russell („Sein Mädchen für besondere Fälle"). Hier perfektionierte er den Typ, der für die kommenden 25 Jahre sein Markenzeichen werden sollte: eleganter Charmeur mit Hang zum Slapstick. So ist die Hektik, in die er verfällt, als sich seine beiden liebenswerten Tanten in „Arsen und Spitzenhäubchen" (1944) als Mörderinnen entpuppen, ebenso unvergeßlich wie die Kußszene zwischen ihm und Ingrid Bergman in Alfred Hitchcocks „Berüchtigt" (1946). Auch im weiteren Verlauf seiner Karriere hielt Cary Grant die begehrtesten Frauen Hollywoods in den Armen: Grace Kelly („Über den Dächern von Nizza"), Sophia Loren („Hausboot"), Doris Day („Ein Hauch von Nerz"), Audrey Hepburn („Charade"). 1966 zog er sich aus dem Filmgeschäft zurück und verdiente seitdem sein Geld als Vorstandsmitglied des Parfümkonzerns Fabergé.

„Der unsichtbare Dritte" mit Eva Marie Saint, 1959

Melanie Griffith, geboren am 9. August 1957 in New York

Melanie, Tochter der Hitchcock-Schauspielerin Tippi Hedren („Die Vögel"), wuchs als typisch frühreifes Starkind in Kalifornien auf. Mit 14 verliebte sie sich in Don Johnson und heiratete ihn nach vier wilden gemeinsamen Jahren. Die Ehe hielt nicht lange. Melanie widmete sich dem Leben im Hollywoodstil und konsumierte kräftig Alkohol und Drogen. In Nebenrollen spielte sie blonde Nymphchen, bis ihr Brian De Palma 1982 eine ernsthafte Chance in „Der Tod kommt zweimal" gab. Melanie heiratete den Schauspieler Steven Bauer und bekam einen Sohn. Auch diese Ehe ging in die Brüche. 1986 schaffte sie mit „Gefährliche Freundin" den Sprung zum Starruhm. Robert Redford engagierte die kesse Blondine für „Milagro", und 1988 erkämpfte sie sich die Traumrolle der Tess im Kinohit „Die Waffen der Frauen", die ihr eine „Oscar"-Nominierung einbrachte. Bei einem Gastauftritt Melanies in Don Johnsons „Miami Vice" trafen sich die Exgatten wieder, beide zu Stars gemausert. Kurz vor der Geburt ihrer Tochter Dakota heirateten sie zum zweitenmal. 1990 war Melanie Griffith in der Verfilmung des Thomas Wolfe-Bestsellers „Fegefeuer der Eitelkeiten" zu sehen.

„Gefährliche Freundin", 1986

„Fegefeuer der Eitelkeiten" mit Tom Hanks, 1990

Alec Guinness

„Lage hoffnungslos – aber nicht ernst", 1964

„Ladykillers" mit Katie Johnson, 1955

„Die Brücke am Kwai", 1957

Alec Guinness, geboren am 2. April 1914 in London

Obwohl ihm immer wieder versichert worden war, daß er kein darstellerisches Talent besäße, verwirklichte Alec Guinness Anfang der dreißiger Jahre seinen Traum: Er nahm Schauspielunterricht. 1934 stand er in einer „Hamlet"-Inszenierung seines Mentors Sir John Gielgud zum ersten Mal auf der Bühne. Zwei Jahre später wurde er festes Ensemblemitglied beim traditionsreichen Old Vic Theatre in London. 1947 gab ihm Regisseur David Lean in der Charles Dickens-Verfilmung „Geheimnisvolle Erbschaft" seine erste Filmrolle. Nach einer beeindruckenden Leistung in der schwarzen Komödie „Adel verpflichtet", in der er acht Rollen übernahm, wurde er als Meister der Verwandlung gefeiert. In den 50er Jahren trat Alec Guinness hauptsächlich in geistreichen Komödien wie „Einmal Millionär sein", „Der Mann im weißen Anzug" und „Die seltsamen Wege des Pater Brown" auf und wurde so zum Inbegriff des liebenswerten, etwas schüchternen Engländers. Schon bald avancierte er zu einem der gewinnbringendsten Stars der britischen Ealing Studios. Trotzdem war Guinness international immer noch nicht sehr bekannt. Das änderte sich erst Mitte der 50er Jahre mit „Ladykillers" und an der Seite von Grace Kelly in „Der Schwan". Der endgültige Durchbruch kam dann 1957 mit David Leans Meisterwerk „Die Brücke am Kwai". Für seine Darstellung des sturen briti-

„Der Schlüssel zum Paradies" mit Celia Johnson, 1953

schen Colonels Nicholson, der auch in Gefangenschaft noch die Disziplin aufrechterhalten will, erhielt Guinness den „Oscar". Unter der Regie von David Lean bot er seine besten Leistungen: als Prinz Feisal in „Lawrence von Arabien", als russischer General in „Doktor Schiwago" und 1984 als indischer Gelehrter in „Die Reise nach Indien". In den 70er Jahren war Guinness, der 1958 von der englischen Königin den Ritterschlag erhalten hatte, immer häufiger in epischen Filmen zu sehen: Er verkörperte Richard I. in „Cromwell", Hitler in „Hitler – die letzten zehn Tage" und begeisterte als weiser Obi-Wan Kenobi in der „Krieg der Sterne"-Trilogie auch die jugendlichen Kinogänger. 1980 bekam Guinness, der mittlerweile als John Le Carrés alternder Geheimagent George Smiley in „Smileys Leute" auch im Fernsehen erfolgreich war, einen Spezial-„Oscar" für sein Lebenswerk.

„Reise nach Indien", 1984

„French Connection", 1972

Gene Hackman, geboren als Eugene Alden Hackman am 30. Januar 1931 in San Bernardino, Kalifornien

Der Sohn eines Journalisten wuchs nach der Trennung der Eltern bei seiner Mutter in Danville/Illinois auf. Mit 16 Jahren meldete er sich zur US-Marine, fuhr drei Jahre zur See und schlug sich danach als Lastwagenfahrer, Schuhverkäufer und Türsteher am Times Square in New York durch. Während dieser Zeit begann er, sich für Journalismus und Fernsehen zu interessieren. Er zog quer durchs Land von einer kleinen Stadt in die andere und jobbte als Bühnenmanager oder Regieassistent bei kleinen TV-Stationen. Bereits Anfang 30, begann Gene Hackman, den Traum seines Lebens konsequent zu verwirklichen und Schauspieler zu werden. Er studierte an der Pasadena Playhouse School in Kalifornien, kehrte dann nach New York zurück und bekam erste kleine Rollen an Theatern und im Fernsehen. Nach seinem Filmdebüt 1961 in „Mad Dog Coll" kam Hackmans Durchbruch 1964 mit einer Hauptrolle in der Broadway-Komödie „Any Wednesday". Regisseur Robert Rossen wurde auf Hackman aufmerksam und gab ihm eine kleine, aber prägnante Rolle in dem Film „Lilith". Der Hauptdarsteller Warren Beatty erinnerte sich an Gene Hackman, als er 1967 „Bonnie und Clyde" produzierte. Hackman bekam die Rolle des „Clyde"-Bruders Buck und wurde darauf für den „Oscar" nominiert. Die nächste Nominierung erhielt er 1970 für „Kein Lied für meinen Vater". Im gleichen Jahr spielte Gene Hackman den knallharten New Yorker Cop Popeye Doyle in „French Connection" – dem Film, der ihn weltberühmt machte. Hackman wurde als bester männlicher Hauptdarsteller des Jahres mit dem „Oscar" ausgezeichnet. Seitdem gilt er als Schauspieler, der „Menschen wie du und ich" mit beeindruckender Intuition lebendig werden läßt. Seine größten Leinwandauftritte während der 80er Jahre hatte er in „Under Fire", „No Way Out", in Woody Allens „Eine andere Frau" und in „Mississippi Burning".

„Freiwurf", 1988

„Zandys Braut" mit Liv Ullmann, 1974

George Hamilton, geboren am 12. August 1939 in Memphis, Tennessee

Eigentlich wollte der Sohn eines Musikers Anwalt werden, aber George Hamilton sah so gut aus und versprühte so viel Charme, daß er im Showbusiness landete. Während der Schulzeit spielte er in der Palm Beach High-School Theater und wurde als „bester Laiendarsteller Floridas" ausgezeichnet. George entschied sich daraufhin, Schauspieler zu werden, und zog nach Kalifornien. Probeaufnahmen bei den großen Filmstudios in Hollywood brachten ihm zunächst einige kleine Fernsehengagements ein und 1959 seine erste Filmrolle in „Crime And Punishment". In der Folge avancierte der stets elegant gekleidete George zum Playboy vom Dienst in zahlreichen B-Filmen. Privat sorgte der Schönling durch seine Affären mit berühmten Frauen, u. a. Präsidententochter Lynda Bird Johnson und Elizabeth Taylor, für Publicity. Zu Starruhm kam George Hamilton 1965, als er an der Seite von Brigitte Bardot und Jeanne Moreau den Erfolgsfilm „Viva Maria" drehte. Seine größten Triumphe feierte der stets sonnengebräunte George allerdings erst später mit Filmen wie „Liebe auf den ersten Biß" und „Zorro mit der heißen Klinge", zwei Komödien, die er selbst produzierte.

George Hamilton

„Liebe auf den ersten Biß" mit Susan Saint James, 1979

Tom Hanks, geboren am 9. Juli 1956 in Oakland, Kalifornien

Der Regisseur Vincent Dowling entdeckte Tom Hanks in einer Studentenaufführung und überredete ihn, im Ensemble des Great Lakes Shakespeare-Festivals mitzuwirken. Dort spielte Tom Hanks den Grumio in „Der Widerspenstigen Zähmung". Er hatte Erfolg, blieb drei Saisons in Cleveland und stand später an diversen Theatern in New York und Los Angeles auf der Bühne. 1979 gab er sein Filmdebüt in „He Knows You're Alone". Im Jahr darauf übernahm er einen Part in der ABC-Fernsehserie „Bosom Buddies". Regisseur Ron Howard erinnerte sich an den jungen Schauspieler, mit dem er zusammen für die TV-Serie „Happy Days" vor der Kamera gestanden hatte, und gab Tom Hanks die Hauptrolle in seiner Komödie „Splash – Eine Jungfrau am Haken". In den folgenden Jahren drehte er den Kassenerfolg „Geschenkt ist noch zu teuer" und wurde für seine Darstellung in „Big" für den „Oscar" nominiert. Seitdem ist Tom Hanks ein begehrter Komödienstar – Typ „netter Junge von nebenan". Diesen stellte er auch in Filmen wie „Der Knalleffekt" und „Scott & Huutsch" dar. Erst 1990 spielte er in der von Brian De Palma inszenierten Bestsellerverfilmung „Fegefeuer der Eitelkeiten" erfolgreich gegen sein Image an.

„Big" mit Elizabeth Perkins, 1988

„Scott & Huutsch" mit Dogge „Beasley", 1989

„Hold Your Man", 1933

„Saratoga" mit Clark Gable, 1937

„Freitag abend um acht" mit Billie Burke (l.) und Wallace Beery, 1934

Jean Harlow

Jean Harlow, geboren als Harlean Carpenter am 3. März 1911 in Kansas City, Missouri, gestorben am 6. Juni 1937

Jean Harlow wuchs in gutbürgerlichen Verhältnissen auf, ihr Vater war Zahnarzt. Sie besuchte eine Schule für höhere Töchter in Chicago, bis sie mit 16 Jahren den reichen Makler Charles McGrew heiratete und nach Los Angeles zog. 1929 begann sie als Komparsin in Filmen wie „The Saturday Night Kid", „New York Nights", „Liebesparade" und „This Thing Called Love". Howard Hughes entdeckte sie und gab ihr 1930 ihre erste Hauptrolle. In „Hell's Angels" spielte sie einen blonden Vamp, eine Rolle, die ihr späteres Image vorwegnahm. Nach einem winzigen Part in Charlie Chaplins „Lichter der Großstadt" drehte sie eine Reihe von Filmen, in denen sie Gangsterbräute und Verführerinnen darstellte. Regisseur Frank Capra entdeckte Jean Harlows komisches Talent und gab ihr die Hauptrolle in „Vor Blondinen wird gewarnt", einem ihrer bekanntesten Filme. 1932 nahm MGM sie unter Vertrag. Nach „The Beast of The City" drehte sie „Blondes Gift", „Die gelbe Hölle", „Ganovenbraut" und „Sexbombe". Jean Harlow war nach diesen Filmen der Inbegriff der platinblonden Sünde. Sie trug die engsten und offenherzigsten Kleider, ließ sich nackt fotografieren und demonstrierte auf der Leinwand hautnahe Erotik. Zu dem Image eines männerverschlingenden Vamps trug auch ihr Privatleben bei. Jean Harlows zweiter Mann, der deut-

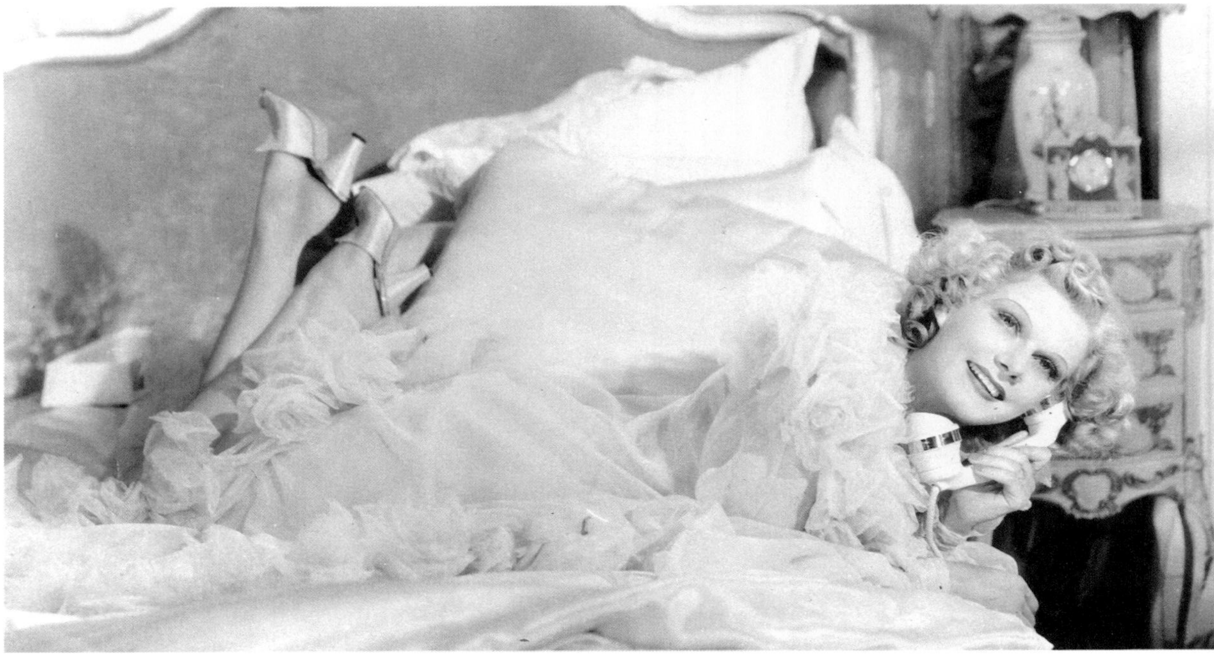

Jean Harlow

sche Regisseur Paul Bern, beging in ihrem Schlafzimmer Selbstmord. Die nächste Ehe mit dem Kameramann Harold Rosson hielt nur ein Jahr. Trotz aller wahren und erfundenen Skandale war Jean Harlow einer der beliebtesten Filmstars der 30er Jahre. Sie glänzte als Partnerin Clark Gables in „The Secret Six", „Die gelbe Hölle", „Seine Sekretärin", „Saratoga" und begeisterte als emotionsgeladene China Doll in „Gold nach Singapur". Ihr schauspielerisches Können kam besonders in dem Musical „Die öffentliche Meinung" und in der Komödie „Lustige Sünder" zur Geltung. Jean Harlows superblondes Haar schimmerte nur neun Jahre auf der Leinwand. 1937 erkrankte sie während der Dreharbeiten zu „Saratoga" an einer Harnvergiftung, wurde – angeblich auf Betreiben ihrer streng religiösen Mutter – zu spät behandelt und starb an einem Gehirnödem.

„Suzy" mit Cary Grant, 1936

„Die Wildgänse kommen", 1978

Richard Harris, geboren als Richard St. John Harris am 1. Oktober 1932 in Limerick, Irland

Der gebürtige Ire wurde an einem Jesuitenkolleg erzogen und studierte später an der Academy of Music and Drama in London. Noch als Schauspielschüler investierte er seine gesamten Ersparnisse in eine Bühnenproduktion von Clifford Odets „The Country Girl". Das Stück war ein Flop und Harris zunächst pleite. Mit einem Engagement am Old Vic Theatre konnte er sich nur mühsam über Wasser halten und arbeitete deshalb hin und wieder für das Fernsehen. 1959 gab er sein Leinwanddebüt in „Alive And Kicking", konnte aber erst vier Jahre später in „Lockender Lorbeer" überzeugen. Durch seine Darstellung in dem erschütternden Sportlerdrama wurde er auch in den USA bekannt und erhielt eine „Oscar"-Nominierung. Mit Filmen wie „Die rote Wüste", „Hawaii", „Die Bibel" und „Caprice" baute Richard Harris seine Schauspielkarriere weiter aus, war nebenbei aber auch noch auf anderen Gebieten erfolgreich: 1968 nahm er mit „A Tramp Shining" seine erste Schallplatte auf. Die Single-Auskoppelung „Mac Arthur Park" wurde ein Hit und über eine Million Male verkauft. Trotz des musikalischen Engagements kam seine Leinwandkarriere nicht zu kurz. Mit Filmen wie „Camelot", „Cromwell" und „Verflucht bis zum jüngsten Tag" etablierte er sich als internationaler Filmstar. Vor allem die Rolle des „weißen Indianers" in „Der Mann, den sie Pferd nannten" machte ihn unvergeßlich. Insgesamt verkörperte er den englischen Lord, der von den Sioux aufgenommen wird, dreimal. In den 70er Jahren versuchte er sich mit mäßigem Erfolg als Regisseur, Drehbuchautor und Schriftsteller. Auch die Filme, in denen er zu dieser Zeit auftrat, wurden immer anspruchsloser und entpuppten sich meist als oberflächliche Actionspektakel: „Die Wildgänse kommen", „Am Highpoint flippt die Meute aus". Erst 1991 kehrte er mit „Das Feld" wieder zu einem anspruchsvolleren Stoff zurück und wurde mit einer „Oscar"-Nominierung geehrt.

„Cromwell", 1970

„Das Feld", 1991

Rex Harrison

Rex Harrison, geboren als Reginald Carey Harrison am 5. März 1908 in Huyton, England, gestorben am 2. Juni 1990

Rex Harrison wuchs in einem Vorort von Liverpool auf. Er verließ mit 16 die Schule, übernahm bereits kleinere Bühnenrollen, während er eine Schauspielschule besuchte. 1930 stand er erstmals in London auf den „Brettern, die die Welt bedeuten" und begründete dort seinen Ruf als elegant-blasierter Komödiant in Salonstücken. 1936 gab Harrison in „Sweet Alois" sein Broadway-Debüt und war fortan auf beiden Seiten des Atlantiks ein umjubelter Theaterstar. Erste größere Filmrollen folgten, wie z. B. in „Men Are Not Gods" (1937) und „Die Zitadelle" (1938). Der Zweite Weltkrieg unterbrach die beginnende Leinwandkarriere; der Schauspieler wurde als Royal Air Force-Pilot verpflichtet. 1945 zog Harrison mit seiner zweiten Frau Lilli Palmer nach Hollywood. Dort zeigte er seine beste darstellerische Leistung in „Anna und der König von Siam" (1946). Rex Harrison war nun auch in den USA ein Star. Doch die anschließenden Filme „Ein Gespenst auf Freiersfüßen" und „Die Ungetreue" waren Flops. Er überwarf sich mit Lilli Palmer, verscherzte es sich mit der Presse und brachte das Faß zum Überlaufen, als Hollywood-Diva Carole Landis sich das Leben nahm und jedermann Harrison damit in Verbindung brachte. 1956 wurde die Bühnenpremiere von „My Fair Lady" gefeiert und Hauptdarsteller Rex Harrison seitdem mit Professor Higgins identifiziert. Er spielte den Lehrmeister des guten Benehmens erst am Broadway, dann monatelang in London und erhielt schließlich für die Filmversion 1964 den „Oscar". Als 73jähriger kehrte er mit diesem Part nochmals auf die Bühne zurück. Harrison, wegen seiner zahllosen Amouren oft als „Sexy Rexy" apostrophiert, war sechsmal verheiratet; neben Lilli Palmer unter anderen mit der Schauspielerin Kay Kendall. 1989 wurde er mit dem Ritterschlag geehrt.

„Doctor Dolittle", 1966

„My Fair Lady" mit Audrey Hepburn, 1964

Lilian Harvey, geboren am 19. Januar 1906 in London, gestorben am 27. Juli 1968

Lilian Harvey wuchs in England und Berlin auf. Nach einer Ballettausbildung am Berliner Opernhaus erhielt sie ein Engagement am Ronacher-Theater in Wien. Ihr Filmdebüt hatte sie in Richard Eichbergs „Die Liebschaften der Hella von Gilsa" (1925). Sie drehte noch drei Komödien ähnlicher Machart, bevor sie von der Ufa einen Dreijahresvertrag erhielt. 1930 spielte sie mit Willy Fritsch in „Liebeswalzer", ihrem ersten Tonfilm. Danach sang und tanzte sich „das süßeste Mädel der Welt" mit Willy Fritsch, Willy Forst, Lil Dagover, Gustav Gründgens und Hans Albers durch die Hits der leichten Ufa-Unterhaltung wie „Hokus-pokus", „Die Drei von der Tankstelle", „Nie wieder Liebe", „Der Kongreß tanzt", „Ein blonder Traum", „Quick" und „Zwei Herzen und ein Schlag". 1933 ging Lilian Harvey nach Hollywood. Für die Amerikaner war ihre Ausstrahlung zu europäisch, der große Erfolg blieb aus. 1935 kehrte sie nach Deutschland zurück und präsentierte sich in „Schwarze Rosen" als ernsthafte Schauspielerin. Während des Zweiten Weltkrieges verließ sie Deutschland und beendete 1940 ihre Filmkarriere in Frankreich. Sie arbeitete danach als Rote-Kreuz-Schwester und trat nur noch gelegentlich auf.

Lilian Harvey

„Nie wieder Liebe" mit Harry Liedtke, 1931

„Devotion", 1946

Olivia De Havilland, geboren am 1. Juli 1916 in Tokio

Als Tochter britischer Eltern in Tokio geboren, zog Olivia De Havilland im Alter von drei Jahren, zusammen mit ihrer Mutter und Schwester Joan (die später unter dem Namen Joan Fontaine Hollywood-Karriere machte), nach Kalifornien. Dort entdeckte sie Regisseur Max Reinhardt in einer Aufführung von „Ein Sommernachtstraum" und verpflichtete sie für die Filmversion des Shakespeare-Stücks. Warner Brothers nahm die Schauspielerin unter Vertrag, und Olivia wurde die ideale Partnerin Errol Flynns in seinen von Michael Curtiz inszenierten Mantel-und-Degen-Filmen („Unter Piratenflagge", „Robin Hood – König der Vagabunden"). 1939 gelang es ihr, sogar in der eher undankbaren Rolle der Melanie in „Vom Winde verweht" zu überzeugen. Anfang der 40er Jahre verlangte Olivia De Havilland dann mehr Mitspracherecht bei ihren Rollen. Die Folge war ein aufsehenerregender Prozeß mit den Warner Studios, der die Schauspielerin zwar von ihren Verpflichtungen befreite, sie jedoch zu einer dreijährigen Drehpause zwang. 1946 startete die vielseitige Mimin mit „Mutterherz" ein erfolgreiches Comeback: Sie wurde mit dem „Oscar" ausgezeichnet und konnte sich als dramatische Schauspielerin einen Namen machen. Es folgten Filme wie „Der schwarze Spiegel", „Die Schlangengrube", „Die Erbin" (zweiter „Oscar") und „Meine Cousine Rachel", die ihren Ruf als Charakterdarstellerin festigten. Nach ihrer zweiten Heirat (mit dem „Paris Match"-Redakteur Pierre Galante) 1955 verlor sie jedoch zeitweilig das Interesse an der Filmarbeit und stand lieber für Broadway-Produktionen auf der Bühne. Trotz einiger interessanter Thriller in den 60er Jahren („Lady in a Cage", „Wiegenlied für eine Leiche") konnte sie danach nicht wieder an ihre alten Erfolge anknüpfen und drehte Ende der 70er nur noch zwei unbedeutende Katastrophenfilme: „Verschollen im Bermuda-Dreieck", „Der tödliche Schwarm".

„Vom Winde verweht" mit Leslie Howard, 1939

„Thema: Der Mann" mit Henry Fonda, 1942

„Schmetterlinge sind frei", 1971

Goldie Hawn, geboren am 21. November 1945 in Washington, D. C.

Die Tochter eines Musikers und einer jüdischen Tanzlehrerin übte schon als Dreijährige erste Ballettschritte und managte, 18jährig, neben dem College eine Tanzschule mit 150 Eleven. 1964 zog Goldie Hawn nach New York und jobbte als Tänzerin in verschiedenen Nachtclubs und Bars. Nach einer kurzen, erfolglosen Episode als Revuegirl in Las Vegas wurde die zierliche Blondine in Los Angeles von einem Agenten entdeckt. 1968 begann sie in der Blödelserie „Laugh-In" als Dummchen vom Dienst und riß die Zuschauer zu Lachstürmen hin, wenn sie von einem Zettel vorlas, ins Stocken geriet und laut zu kichern begann. Goldie wurde ein Fernsehstar, hatte jedoch bald keinen Spaß mehr an dem Komikerjob und versuchte, anspruchsvollere Rollen zu ergattern. 1969 gab sie neben Ingrid Bergman und Walter Matthau ihr Filmdebüt in „Die Kaktusblüte" und wurde mit einem „Oscar" für die beste Nebenrolle ausgezeichnet. Den plötzlichen Ruhm verkraftete die Schauspielerin nur schwer. Sie mußte sich in psychiatrische Behandlung begeben, ihre Selbstfindung dauerte zehn Jahre. In dieser Zeit spielte Goldie Hawn in Filmen wie „Sugarland Expreß" (1975) und „Shampoo" (1976) und blieb dabei immer die Film-Kindfrau, bei der die Männer unschlüssig sind, ob sie mit ihr ins Bett gehen oder sie zu Bett bringen sollen. Den zweiten Karrieresprung schaffte sie mit dem Film „Schütze Benjamin" (1980), den sie selbst produzierte, in dem sie die Titelrolle spielte und für den sie eine zweite „Oscar"-Nominierung erhielt. Neben ihren schauspielerischen Talenten hatte Goldie Hawn mit diesem Film ihren ausgeprägten Geschäftssinn bewiesen. Es folgten Kassenschlager wie „Zwei dicke Freunde" (1982), „Swing Shift – Liebe auf Zeit" (1984) – bei den Dreharbeiten lernte sie ihren Lebenspartner Kurt Russell kennen – „Overboard – Ein Goldfisch fällt ins Wasser" (1989) und „Ein Vogel am Drahtseil" (1990).

„Die Kaktusblüte", 1969

„Overboard – Ein Goldfisch fällt ins Wasser" mit Kurt Russell, 1987

„Zwei in der Falle", 1951

Susan Hayward, geboren als Edythe Marrener am 30. Juni 1918 in Brooklyn, New York, gestorben am 14. März 1975

Susan Hayward und Vera Francis in einer Drehpause, 1953

Die Tochter einer Arbeiterfamilie mit schwedischen, irischen und französischen Vorfahren wuchs im düster-verrußten Armenviertel Brooklyn auf. Sie besuchte die Handelsschule und arbeitete später als Modezeichnerin in einem Schneideratelier. Dort wurde die ranke Susan mit der makellosen Figur und der tizianroten Mähne als Fotomodell entdeckt. Ihr Titelbild auf der „Saturday Evening Post" verhalf ihr 1937 zu Probeaufnahmen für die Rolle der Scarlett O'Hara in „Vom Winde verweht". Produzent David O'Selznick hielt sie allerdings für gänzlich untalentiert. Susan Haywards Ehrgeiz war damit geweckt, nun wollte sie sich durchsetzen. Acht Jahre lang pendelte sie von Studio zu Studio und spielte kleine und kleinste Nebenrollen. Der Produzent Walter Wanger entdeckte 1946 das Talent des explosiven Rotschopfes, nahm Susan unter Vertrag und besorgte ihr größere Rollen wie in „Feuer am Horizont" oder „The Lost Moment". Mit „Smash Up – The Story of a Woman" kamen der Durchbruch und die erste „Oscar"-Nominierung. 1949 verkaufte Wanger Susans Vertrag mit beträchtlichem Gewinn an die Twentieth Century Fox. Für das große Studio spielte die schöne Aktrice mondäne, affektierte, hysterische rothaarige Frauen wie in „Blutsfeindschaft", „Angst vor der Schande", „Schnee am Kilimandscharo" und „Und Morgen werd' ich weinen". 1958 verkörperte Susan Hayward die zum Tode verurteilte Barbara Graham in „Laßt mich leben" und wurde mit dem „Oscar" ausgezeichnet. Nun gehörte sie zu Hollywoods Starriege und filmte an der Seite der ganz Großen wie Kirk Douglas, James Mason, Clark Gable und Tyrone Power. Susans Privatleben allerdings war glücklos: Ehekrisen, Entziehungskuren, ein Selbstmordversuch. Nach dem Tod ihres zweiten Ehemannes 1966 zog sie sich weitgehend vom Filmgeschäft zurück. Susan Hayward starb mit 56 Jahren an einem Gehirntumor.

„Schnee am Kilimandscharo" mit Gregory Peck, 1952

„Cover Girl", 1944

„Du warst nie berückender" mit Fred Astaire, 1942

„Gilda", 1946

Rita Hayworth

Rita Hayworth, geboren als Margarita Cansino am 17. Oktober 1918 in New York, gestorben am 14. Mai 1987

Die Tochter eines spanischen Tänzerpaares war bereits jahrelang als Rita Cansino durch die Provinz getingelt, bevor sie 1935 ihr Leinwanddebüt in „Dante's Inferno" gab. Nach mehreren Filmen, in denen sie hauptsächlich schwarzhaarige, südamerikanische Schönheiten verkörperte, spielte sie ihre erste wichtige Rolle in Howard Hawks' „SOS – Feuer an Bord". 1937 heiratete sie Ed Judson, der sich erfolgreich um ihre Karriere kümmerte. Als erstes veranlaßte er, daß sie ihren Namen änderte und ihre Haare rotblond färbte. Der Aufstieg zum Star gelang ihr 1940 mit dem Film „König der Toreros": Rita Hayworth spielte hier auf unnachahmliche Art die geheimnisvolle und verführerische Doña Sol. Regisseur Rouben Mamoulian über seine Hauptdarstellerin: „Niemand konnte diese Rolle spielen außer ihr, denn sie war Doña Sol." Anfang der 40er Jahre war Rita Hayworth in den Filmen „Wer wird schon reich beim Militär?" und „Du warst nie berückender" die Partnerin von Fred Astaire. Hollywoods bester Tänzer lobte ihre außergewöhnlichen tänzerischen Fähigkeiten: „Ich kenne niemanden, der so schnell Schritte lernt wie sie." Rita Hayworth gehörte nun zu den weiblichen Topstars Hollywoods – sie war die „Liebesgöttin". Ihr Pin-up-Foto fehlte in fast keinem Spind der amerikanischen GIs. 1943 drehte sie mit Gene Kelly den Re-

„Du warst nie berückender", 1942

vuefilm „Es tanzt die Göttin" und heiratete Orson Welles. Mit „Gilda" feierte sie 1946 ihren größten Erfolg. Hier zeigte sie den verführerischsten Minimal-Striptease der Filmgeschichte: Bei ihrem Lied „Put the Blame on Mame, Boys" streifte sie sich lasziv die langen schwarzen Handschuhe von den Armen. Im gleichen Jahr ging ihre Ehe mit Orson Welles in die Brüche. Der enttäuschte Welles inszenierte daraufhin mit Rita Hayworth „Die Lady von Shanghai" und entzauberte darin den Liebling Amerikas, indem er sie als intrigantes, böses, sexbesessenes Weib zeigte. Nach der Scheidung heiratete sie 1949 den Prinzen Ali Khan, doch diese Ehe hielt nur zwei Jahre. In den 50er und 60er Jahren drehte Rita Hayworth mit Glenn Ford „Affäre in Trinidad", mit Frank Sinatra „Pal Joey", mit Gary Cooper „Sie kamen nach Cordura" und mit John Wayne „Held der Arena". Ihren letzten Leinwandauftritt hatte sie 1971 in „Zum Teufel mit Hosianna". Sie starb 1987 an der Alzheimerschen Krankheit.

„Gilda" mit Glenn Ford, 1946

Johannes Heesters, geboren am 5. Dezember 1903 in Amersfoort, Holland

Gelangweilt von seiner Arbeit in einer Bank, entschloß sich der holländische Kaufmannssohn schon als Jugendlicher zu einem Berufswechsel und nahm Schauspielunterricht. Ab 1920 trat er am Amsterdamer Stadttheater auf, wo er sich nach einigen Schauspieljahren auf das Operettenfach spezialisierte. Seine Bühnenerfolge als „Graf von Luxemburg" oder Graf Danilo in Lehárs „Die lustige Witwe" setzte Johannes Heesters auf der Leinwand nahtlos fort: Ausstaffiert mit Frack, Zylinder und Stock, ließ er seinen Charme in 17 Operettenfilmen, darunter „Der Bettelstudent" (1936) und „Gasparone" (1937), und 29 Spielfilmen wie „Hallo Janine" (1939) und „Jenny und der Herr im Frack" (1941) spielen. Nach Ende des Zweiten Weltkriegs blieb die Popularität des Interpreten unzähliger Evergreens („Heut' geh' ich ins Maxim", „Jede Frau hat ein süßes Geheimnis") zwar ungebrochen; ein Comeback als Kinostar gelang ihm mit Filmen wie „Im weißen Rößl" (1952) oder „Viktor und Viktoria" (1957) jedoch nicht. In den 60er Jahren konzentrierte sich „Joopie" Heesters deshalb wieder auf seine Arbeit bei Operette („Hochzeitsnacht im Paradies"), Musical („Gigi") und Theater („Casanova auf Schloß Doux") und drehte mehrere Specials für das Fernsehen.

„Heute heiratet mein Mann" mit Liselotte Pulver, 1956

Johannes Heesters

Brigitte Helm, geboren als Gisele Eve Schittenhelm am 17. März 1906 in Berlin

Brigitte Helm fiel dem Regisseur Fritz Lang durch ihre eindringliche Schönheit auf. Die übergroßen Augen im schmalen Gesicht konnten sowohl treuherzig schauen als auch diabolisch funkeln. Der biegsame Mädchenkörper wirkte schutzbedürftig, aber auch überaus erotisch. Kurz, Brigitte war die Idealbesetzung für die Doppelrolle der sanften Maria und deren bösartigen Roboter-Imitats in Langs „Metropolis“. Das Stummfilm-Meisterwerk aus dem Jahr 1927 wurde zum Monument der Kinokunst und Debütantin Brigitte ein Weltstar. Zunächst schien sie prädestiniert für die Figur der Femme fatale wie in dem mäßig erfolgreichen Film „Alraune“, spielte dann aber auch differenziertere Rollen: ein blindes Mädchen in „Die Liebe der Jeanne Ney“ oder eine verbitterte Frau in „Abwege“. Brigitte Helm wurde jedoch immer wieder an ihrem Anfangserfolg „Metropolis“ gemessen, und ihr Schauspieltalent konnte den Ansprüchen des neuen Tonfilms nicht gerecht werden. Nach elf kurzen Karrierejahren zog sich die 30jährige aus dem Filmgeschäft zurück, um einen reichen Industriellen zu heiraten.

„Fürst Woronzeff“, 1934

„Alraune“, 1927

„Krieg und Frieden", 1956

„Frühstück bei Tiffany", 1961

„Sabrina" mit Humphrey Bogart (l.) und William Holden, 1954

Audrey Hepburn

Audrey Hepburn, geboren als Audrey Hepburn Ruston am 4. Mai 1929 in Brüssel

Die Tochter einer holländischen Baronin und eines britischen Bankiers kam nach der Scheidung ihrer Eltern mit zehn Jahren nach London. Dort nahm sie Unterricht in klassischem Ballett. Während des Zweiten Weltkrieges half sie in Arnheim der Résistance. 1948 beendete sie ihre Ballettausbildung in London und arbeitete nebenbei als Fotomodell. Zu Beginn der 50er Jahre bekam sie kleinere Filmrollen in „Wer zuletzt lacht", „Musik in Monte Carlo" und „Das Glück kam über Nacht". „The Secret People" zeigte sie erstmals in einer Hauptrolle. Die bekannte Schriftstellerin Colette verhalf Audrey Hepburn zu der Titelrolle in dem Broadway-Musical „Gigi" und damit zum Durchbruch in den USA. William Wyler gab ihr 1953 die Rolle der abenteuerlustigen Prinzessin Anne, die sich in „Ein Herz und eine Krone" in Gregory Peck verliebt. Audrey Hepburn bekam dafür den „Oscar". Ihren nächsten großen Erfolg hatte sie in „Sabrina" an der Seite von William Holden und Humphrey Bogart, der sie wegen ihrer Zartheit und ihres mädchenhaften Charmes als „Elfe" bezeichnete. Audrey Hepburn wählte ihre Rollen sehr sorgfältig aus und feierte Triumphe in Filmen wie „Krieg und Frieden", „Ein süßer Fratz", „Ariane – Liebe am Nachmittag" und „Geschichte einer Nonne". 1961 folgte ein weiterer Höhepunkt ihrer Karriere, Blake Edwards' „Frühstück bei Tiffany"

„Ariane – Liebe am Nachmittag", 1957

mit George Peppard. Drei Jahre später spielte sie in „My Fair Lady" die Eliza Doolittle – eine ihrer hinreißendsten Rollen. Entsprechend begeistert äußerte sich Regisseur George Cukor über seine Hauptdarstellerin: „Sie ist außerordentlich intelligent, erfinderisch, bescheiden und lustig. Sie ist das zärtlichste Geschöpf der Welt." Nach „Wie klaut man eine Million?", „Zwei auf gleichem Weg" und dem Thriller „Warte, bis es dunkel ist" legte Audrey Hepburn eine achtjährige Filmpause ein. 1976 kehrte sie an der Seite von Sean Connery in „Robin und Marian" wieder auf die Leinwand zurück. Während ihrer gesamten Filmzeit blieb Audrey Hepburn dem Theater treu. Für ihre Darstellung der „Undine" erhielt sie 1954 den „Tony" (das Gegenstück des Broadway zum „Oscar") und 1968 den Spezial-„Tony" für besondere Theaterverdienste. Audrey Hepburn war zweimal verheiratet, mit dem Schauspieler Mel Ferrer und dem italienischen Psychologen Andrea Dotti.

„My Fair Lady", 1964

„Die Frau, von der man spricht", 1942

„Die Nacht vor der Hochzeit" mit Cary Grant und James Stewart, 1940

„African Queen" mit Humphrey Bogart, 1951

„Am goldenen See", 1981

Katharine Hepburn, geboren am 8. November 1907 in Hartford, Connecticut

Katharine Hepburn wuchs als zweites von sechs Kindern in einer begüterten und vornehmen Neuengland-Familie auf. Sie erhielt Privatunterricht, trieb viel Sport und lernte früh von den Eltern, „niemals Angst davor zu haben, seine eigene Meinung auszudrücken". Diese Lehre beherzigte sie – zum Entsetzen vieler Produzenten und Regisseure. Nach dem Collegebesuch begann sie 1928, Theater zu spielen, und lag schon damals im Clinch mit ihren Bühnenbossen. Katharine wurde engagiert, gefeuert, hatte Erfolge und landete 1932 in Hollywood. Schon im Jahr darauf bekam sie für ihren dritten Film „Morgenrot des Ruhms" ihren ersten „Oscar", dem drei weitere folgten; insgesamt zwölfmal wurde sie für diese höchste Auszeichnung der US-Filmindustrie nominiert und ist damit der „Oscar"-Champion Hollywoods. Ebenfalls 1933 spielte sie die älteste von „Vier Schwestern" in dem eminent erfolgreichen George Cukor-Film. Mit diesem Regisseur, der sie bei aller Wertschätzung einmal „eine Boa constrictor bei einer Abmagerungskur" nannte, arbeitete sie achtmal zusammen. Obwohl sie 1938 neben Cary Grant in Howard Hawks' Klassekomödie „Leoparden küßt man nicht" und in Cukors „Die Schwester der Braut" zwei Hits zu verzeichnen hatte, geriet sie in den Ruf, „Kassengift" zu sein. Sie kehrte auf die Bühne zurück, feierte als kapriziöses High-Society-

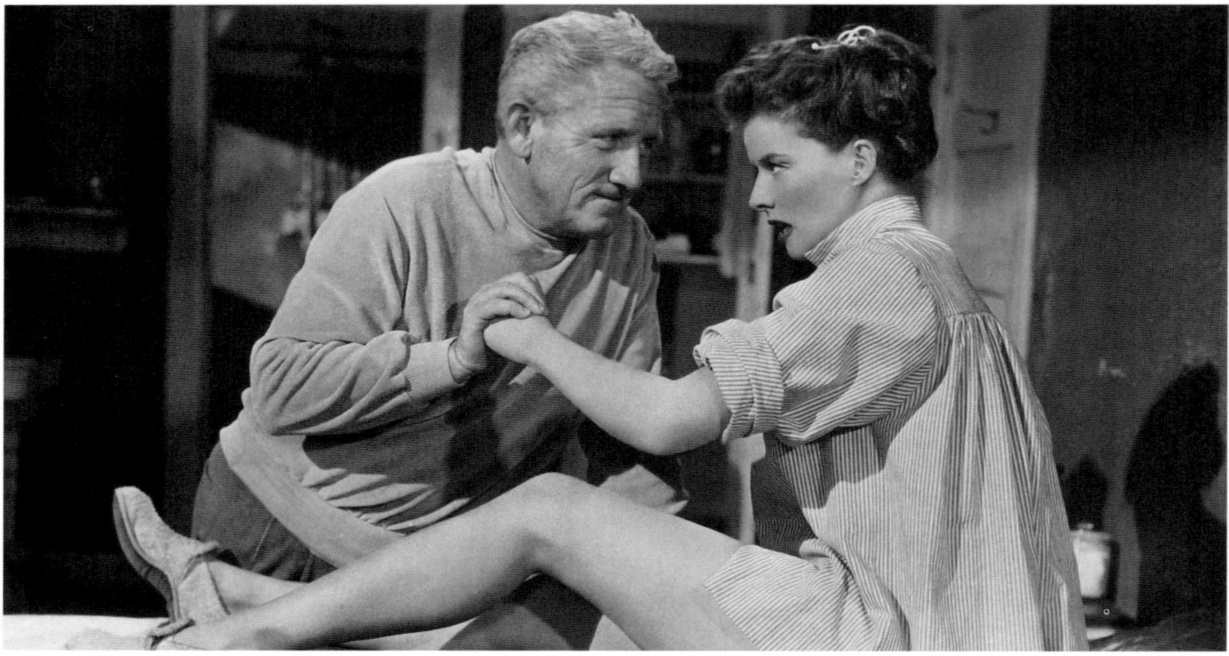

„Pat and Mike" mit Spencer Tracy, 1952

Mädchen in „Die Nacht vor der Hochzeit" Triumphe und 1940 mit diesem Part (wieder unter Cukors Regie) ein glänzendes Leinwand-Comeback. In ihrem nächsten Film „Die Frau, von der man spricht" (1942) begegnete sie Spencer Tracy, dem Mann, der neunmal vor der Kamera und für 27 Jahre im Privatleben ihr Partner werden sollte; bis zu Tracys Tod währte diese einmalige, sogar von den Klatschkolumnisten unbehelligte Beziehung. Zu den bemerkenswertesten Leistungen der Hepburn zählt die altjüngferliche Rolle in „African Queen" (1951, mit Humphrey Bogart). Ihr letzter Film mit Spencer Tracy („Rat mal, wer zum Essen kommt", 1967) brachte ihr den zweiten „Oscar" ein, dem 1968 für „Der Löwe im Winter" und 1981 für die Seniorenschnulze „Am goldenen See" Nummer drei und vier folgten. Katharine Hepburn, Weltstar aus Hollywoods Glanzzeit, war zuletzt 1983 in dem Film „Grace Quigleys letzte Chance" zu sehen.

„Leoparden küßt man nicht" mit Cary Grant, 1938

„El Cid", 1961

Charlton Heston, geboren als Charles Carter am 4. Oktober 1924 in Evanston, Illinois

Charlton Heston verlebte seine Kindheit in St. Helen/Michigan. In der einsamen Mühle, in der sein Vater arbeitete, spielte Charlton die Geschichten, die ihm sein Daddy vorlas, mit großer Begeisterung nach. Den Entschluß, Schauspieler zu werden, faßte „Chuck" schon mit sieben Jahren. Nach dem gelungenen Auftritt in einer Schulaufführung erklärte er: „Ich gehe später zum Theater". Als die Familie nach Winnetka/Illinois umsiedelte, besuchte „Chuck" die New Trier High-School, anschließend die Northwestern University mit ihrer berühmten Theaterklasse. In deren Studioaufführungen spielte er viele große Rollen. Dabei lernte er auch Lydia Clarke kennen, die er drei Jahre später, nach seinem Abschied von der US Air Force, heiratete. Das junge Paar ging nach New York, zog von Agentur zu Agentur und erhielt schließlich ein Engagement an einem Provinztheater. Die Hestons kehrten bald wieder nach New York zurück. Charlton feierte sein Broadway-Debüt in „Anthony and Cleopatra" und spielte während der langen Laufzeit des Stücks sechs verschiedene Rollen. Den Start seiner Kinokarriere verdankte Heston einem 16 mm-Film von David Bradley. Produzent Hal Wallis entdeckte Hestons Starpotential und gab ihm die Hauptrolle in „Stadt im Dunkel". Unmittelbar nach der Premiere engagierte Cecil B. DeMille den Newcomer für seinen später preisgekrönten Zirkusfilm „Die größte Schau der Welt". Der Sprung zum Star war geschafft. Nach „Die zehn Gebote" und „Im Zeichen des Bösen" spielte Charlton Heston 1959 die Rolle, die ihn weltberühmt machte: „Ben Hur". Sein Auftritt als todesmutiger Wagenlenker ging in die Filmgeschichte ein und wurde mit dem „Oscar" prämiert. So beliebt Charlton Heston während seiner Filmkarriere beim Publikum war, so sehr schätzten ihn auch seine Kollegen. Von 1965 bis 1971 wählten sie ihn zum Präsidenten der amerikanischen Schauspielergewerkschaft.

„Der weiße Sohn der Sioux", 1952

„Ben Hur" mit Stephen Boyd (l.), 1959

Paul Hörbiger, geboren am 29. April 1894 in Budapest, gestorben am 5. März 1981

Weil seinem Vater das Geld ausging, mußte der Sproß einer Tiroler Orgelbauerfamilie sein Medizinstudium schon nach zwei Semestern an den Nagel hängen. Um sich finanziell über Wasser zu halten, trat er in Wiener Kabaretts als Schrammelsänger auf und ließ sich nebenbei zum Schauspieler ausbilden. Seinem Theaterdebüt 1919 folgten Stationen in Prag und Berlin, ehe ihn 1940 das Wiener Burgtheater für sechs Jahre verpflichtete. Parallel zu seiner Theaterkarriere begann Paul Hörbiger schon in den 20er Jahren in Stummfilmen („Spione", 1928) mitzuwirken. In den meisten seiner rund 200 Tonfilme wie „Opernball" (1939), „Der liebe Augustin" (1940) und „Der alte Sünder" (1951) verkörperte er – häufig an der Seite Hans Mosers – den gutmütigen, weinseligen Bilderbuch-Wiener. Eine Rolle, mit der er zum beliebtesten Mitglied des Hörbiger-Clans und zum hochgeachteten Volksschauspieler avancierte. Im Gegensatz zur Bühne, wo er (nicht zuletzt mit seinem Bruder Attila in „Der Alpenkönig und der Menschenfeind") immer wieder seine schauspielerische Bandbreite unter Beweis stellen konnte, blieben seine Möglichkeiten im Film begrenzt. Als Charakterdarsteller war er lediglich in Max Ophüls „Liebelei"-Verfilmung (1933) und in Carol Reeds „Der dritte Mann" (1949) gefordert.

„Kitty und die Weltkonferenz", 1939

„Der liebe Augustin" mit Maria Andergast, 1940

„Kramer gegen Kramer" mit Justin Henry, 1979

„Tootsie", 1983

„Asphalt-Cowboy", 1969

Dustin Hoffman

Dustin Hoffman, geboren am 8. August 1937 in Los Angeles

Ursprünglich träumte Dustin Hoffman davon, Pianist zu werden, entschied sich dann aber doch für die Schauspielerei, besuchte die Pasadena Playschool und ging 1958 nach New York. Nach dem sechsten Anlauf wurde er in das berühmte Actors Studio von Lee Strasberg aufgenommen und wirkte in kleineren Broadway-Produktionen mit. Der Erfolg ließ auf sich warten. Hoffman hielt sich inzwischen mit Gelegenheitsjobs über Wasser. Dann bekam er seine Chance im Charakterfach, trat in modernen Klassikern auf und wurde 1966 als bester Broadway-Schauspieler ausgezeichnet. Ein Jahr später bat ihn Regisseur Mike Nichols zu Probeaufnahmen nach Hollywood: Er bekam die Hauptrolle in „Die Reifeprüfung". Der Erfolg war überwältigend. Hoffman wurde für den „Oscar" nominiert und gehörte plötzlich zu den begehrtesten Nachwuchsstars. Doch der junge Schauspieler behielt einen kühlen Kopf und arbeitete sorgfältig an seiner Laufbahn. Mit Filmen wie „Asphalt-Cowboy", „Lenny" und „Die Unbestechlichen" festigte er in den 70er Jahren seinen Ruf als ernstzunehmender Schauspieler. Vor körperlichen Torturen schreckte er dabei nicht zurück: Für die Rolle des 122jährigen Indianers in „Little Big Man" lief er so lange schreiend durch die Wohnung, bis er eine rauhe Stimme bekam, und für den ausgehungerten Sträfling in „Papillon" nahm er 20 Kilo ab. Seinen ersten „Oscar" erhielt er

„Die Reifeprüfung" mit Katharine Ross, 1967

aber erst 1979 für das Scheidungsdrama „Kramer gegen Kramer". 1982 bewies Hoffman, daß er auch in Komödien bestehen kann: In „Tootsie" spielte er einen arbeitslosen Schauspieler, der in Frauenkleidern den Durchbruch schafft. Der Film wurde ein weltweiter Kassenschlager. Drei Jahre später kehrte Hoffman wieder zum ernsten Fach zurück und zeigte unter der Regie von Volker Schlöndorff eine beeindruckende Leistung in Arthur Millers „Tod eines Handlungsreisenden". 1988 bekam er seinen zweiten „Oscar" für die Darstellung des autistischen Raymond Babbitt in „Rain Man". Nach einem kurzen Zwischenspiel im Londoner Phoenix Theatre in Shakespeares „Der Kaufmann von Venedig" spielte er in der Gaunerkomödie „Family Business" den Sohn von Sean Connery und wirkte (vom Maskenbildner unkenntlich gemacht) in „Dick Tracy" mit.

„Rain Man" mit Valeria Golino, 1988

„Picknick“ mit Kim Novak, 1955

William Holden, geboren als William Franklin Beele, Jr. am 17. April 1918 in O'Fallon, Illinois, gestorben am 16. November 1981

Der Sohn einer reichen Familie wollte ursprünglich seinem Vater nacheifern und Chemiker werden, entschied sich dann aber für die Schauspielerei. Er begann seine Karriere 1939 mit einer kleinen Rolle in „Million Dollar Legs" und begeisterte noch im selben Jahr als Boxer mit musikalischer Neigung in „Golden Boy". Sein weiterer Aufstieg wurde zunächst jedoch durch den Zweiten Weltkrieg und seinen Dienst bei der US Army unterbrochen. 1950 konnte er unter der Regie von Billy Wilder wieder an seine alten Erfolge anknüpfen. Für das preisgekrönte Meisterwerk „Boulevard der Dämmerung" wurde William Holden für den „Oscar" nominiert. Die begehrte Auszeichnung erhielt er 1953 für die Darstellung eines in deutsche Kriegsgefangenschaft geratenen amerikanischen Piloten in „Stalag 17". Mit Filmen wie „Sabrina", „Ein Mädchen vom Lande", „Die Brücken von Toko-Ri", „Alle Herrlichkeit auf Erden", „Der letzte Befehl" und „Picknick" zeigte der vielseitige Schauspieler, daß er sowohl in Dramen und Western als auch in Komödien überzeugen konnte. Außerdem erwies sich der Mime, der 1954 eine eigene Produktionsfirma gegründet hatte, als cleverer Geschäftsmann: Für „Die Brücke am Kwai" (1957) ließ er sich Gewinnbeteiligung zusichern und verdiente damit Millionen. Diese investierte er in Radiosender, Elektronik und Hotels und war schon bald nicht mehr auf die Schauspielerei angewiesen. In den 70er Jahren setzte sich Holden zusammen mit seiner Kollegin und damaligen Lebensgefährtin Stephanie Powers aktiv für den Tierschutz ein und beschäftigte sich mit Archäologie und primitiver Kunst. Seine letzte Rolle spielte er 1981 in Blake Edwards' „S. O. B. – Hollywoods letzter Heuler", einer bissigen Satire auf die Traumfabrik. Kurz nach Abschluß der Dreharbeiten wurde William Holden in seiner Wohnung in Santa Monica tot aufgefunden.

„Sabrina", 1954

„Die Brücke am Kwai", 1957

„Here Come The Girls", 1953

Bob Hope und Partner

„So eine Affäre" mit Lucille Ball, 1960

„Bob auf Safari", 1963

Bob Hope, geboren als Leslie Townes Hope am 29. Mai 1903 in Eltham, England

Als Bob vier Jahre alt war, wanderte er zusammen mit seinen Eltern nach Amerika aus und wuchs in Ohio auf. Nach Gelegenheitsjobs als Zeitungsjunge und Boxer begann er, sich für das Varieté zu interessieren. In den 20er Jahren trat er in Vaudeville-Shows auf, wechselte 1933 zum Theater (erster Broadway-Auftritt in „Roberta") und später zum Hörfunk. Hier machte er sich mit seinen unterhaltsamen Radioshows bald einen Namen. 1938 erhielt er ein Angebot aus Hollywood: Der Revuefilm „The Big Broadcast of 1938" wurde auf Anhieb ein Erfolg. Schon hier zeichnete sich Hope eher durch originelle Einzeiler und Wortspielereien als durch überragende schauspielerische Leistungen aus. 1939 stand er gemeinsam mit Paulette Goddard in „The Cat And The Canary" vor der Kamera. Der einfallsreiche Komödienthriller gab Hopes Karriere weiteren Aufschwung. Im nächsten Jahr kam dann der endgültige Durchbruch: Zusammen mit Bing Crosby und Dorothy Lamour drehte er den ersten der berühmten „Der Weg nach ..."-Filme, „The Road to Singapore". Das Zusammenspiel der Darsteller begeisterte das Publikum und machte Bob Hope zu einem der Topverdiener in Hollywood. Insgesamt drehte das Team Crosby/Hope sieben dieser seichten, aber wirkungsvollen Komödien. Crosby bekam am Ende immer das Mädchen (Lamour), Hope hatte

„My Favorite Blonde" mit Madeleine Carroll, 1942

die meisten Lacher auf seiner Seite. Obwohl seine folgenden Solokomödien wie „Geliebte Spionin", „Mit Pinsel und Degen", „Sein Engel mit den zwei Pistolen" und „Kindermädchen wider Willen" bei der Kritik nur wenig Anklang fanden, entwickelten auch sie sich zu Kassenschlagern. In den 50er Jahren wurden Hopes Filme jedoch zusehends schwächer. Sie verkümmerten zu bloßen Starvehikeln, bei denen die Story immer mehr in den Hintergrund trat. Seit dieser Zeit ging der Schauspieler, der fünfmal mit einem Spezial-„Oscar" ausgezeichnet wurde, neben der Filmarbeit auch wieder als Entertainer auf Tournee und trat vor amerikanischen Soldaten auf. Anfang der 70er Jahre zog sich Bob Hope, der sich inzwischen sehr erfolgreich als Schriftsteller profiliert hatte, fast gänzlich von der Schauspielerei zurück und stand danach nur noch zweimal vor der Kamera: 1979 in „Muppet Movie" und 1985 in „Spione wie wir".

„Der Schürzenjäger von Venedig" mit Joan Fontaine, 1954

Marianne Hoppe, geboren am 26. April 1909 in Rostock

Nach zwei Jahren Schauspielunterricht am Berliner Reinhardt-Seminar gab Marianne Hoppe, Tochter eines Gutsbesitzers, 1928 ihr Debüt am Deutschen Theater in Berlin. Gleich zu Beginn ihrer Karriere interessierte sich der Film für sie, obgleich sie immer betonte: „Theater hat bei mir Vorrang." Unvergessen sind ihre großen Filmerfolge „Der Schimmelreiter" (1934), „Eine Frau ohne Bedeutung" (1936), „Der Schritt vom Wege" (1939) und die „Effi Briest"-Verfilmung von Gustav Gründgens. Mit ihm war Marianne Hoppe von 1936 bis 1946 verheiratet. Bis 1955 spielte sie in seinem Düsseldorfer Ensemble. Nach dem Zweiten Weltkrieg drehte die Schauspielerin nur noch wenige Filme. Der bekannteste war „Der Schatz im Silbersee" nach Karl May (1962). Ihr Fernsehdebüt gab sie 1961 in „Fast ein Poet". Seitdem war sie in zahlreichen Rollen auf dem Bildschirm zu sehen. Das Mitglied der Akademie der Künste in Berlin bekam 1965 den „Bambi", zehn Jahre später das Große Bundesverdienstkreuz und 1981 die „Goldene Kamera". Ende der 80er Jahre spielte Marianne Hoppe am Frankfurter Schauspielhaus den „König Lear".

„Romanze in Moll", 1943

„Schicksal aus zweiter Hand" mit Wilhelm Borchert, 1949

Dennis Hopper, geboren am 17. Mai 1936 in Dodge City, Kansas

Groß geworden auf einer Farm bei seinen Großeltern, zog Dennis als Teenager nach Kalifornien und begann eine Theaterkarriere in San Diego. Ermuntert durch eine Schauspielkollegin, versuchte er sein Glück in Hollywood und spielte kleinere Rollen in den James Dean-Filmen „. . . denn sie wissen nicht, was sie tun" und „Giganten". Sein unangepaßter und rebellischer Charakter ließ ihn im Hollywood der 60er Jahre nur schwer Fuß fassen. Er kam über B-Filme nicht hinaus, bis er sich mit Peter Fonda anfreundete. Mit einem geringen Budget gelang es Hopper und Fonda, den Kultfilm ihrer Generation zu drehen: „Easy Rider" (1969) übertraf alle Erwartungen und brachte dem Schauspieler, Co-Autor und Regisseur Dennis Hopper das einhellige Lob der Branche ein. Sein zweiter Film „The Last Movie" wurde ein Flop. Hopper kehrte dem Kinogeschehen den Rücken und verschwand für Jahre in der Versenkung. Alkohol- und Drogenexzesse taten ein übriges. Erst Ende der 70er Jahre gelang ihm mit Filmen wie „Der amerikanische Freund" oder „Rumble Fish" („Oscar"-Nominierung) ein Comeback. Viel beachtet wurde der Schauspieler mit seinen Regiearbeiten „Colors – Farben der Gewalt" (1988) und „Hot Spot" (1990).

Dennis Hopper

„Der amerikanische Freund", 1977

Brigitte Horney, geboren am 29. März 1911 in Berlin, gestorben am 27. Juli 1988

Die Tochter der berühmten Psychoanalytikerin Karen Horney besuchte nach Abschluß des Lyzeums die Schauspielschule von Ilka Grüning und nahm gleichzeitig Unterricht bei der Tänzerin Mary Wigman. Ein Nachwuchswettbewerb, bei dem sie den ersten Preis gewann, ebnete der gebürtigen Berlinerin den Weg zu Bühne und Film. Unter der Regie von Robert Siodmak spielte sie 1930 ihre erste Hauptrolle in der Ufa-Produktion „Abschied". Ihren wohl berühmtesten Film, in dem sie zum ersten und einzigen Mal sang („So oder so ist das Leben"), drehte Brigitte Horney vier Jahre später: „Liebe, Tod und Teufel". Während der 30er und 40er Jahre behauptete sie sich an der Spitze der deutschen Filmelite und trat unter anderem als Partnerin von Willy Birgel („Der Gouverneur", 1939), Johannes Heesters („Illusion", 1941) und Hans Albers („Münchhausen", 1942) auf. 1950 wanderte sie in die USA aus, ließ sich aber von attraktiven Fernsehangeboten regelmäßig in ihre Heimat zurücklocken. Ein glänzendes (TV)-Comeback konnte die Horney allerdings erst nach ihrer Rückkehr 1980 feiern: Als „Teufels Großmutter" ist sie ebenso unvergessen wie als weibliche Hälfte des Seniorenpaares „Jakob und Adele" oder als eiserne Gräfin in der Bierbrauer-Saga „Das Erbe der Guldenburgs".

Brigitte Horney

„Jakob und Adele" mit Carl-Heinz Schroth, 1985

„Das scharlachrote Siegel", 1934

Leslie Howard, geboren als Leslie Steiner am 24. April 1893 in London, gestorben am 1. Juni 1943

Leslie Howard, der später als typisch englischer Gentleman in die Filmgeschichte eingehen sollte, war Sohn ungarischer Emigranten. Er begann seine Bühnenkarriere nach dem Ersten Weltkrieg, nachdem ihm die Schauspielerei als Therapie gegen einen Nervenschock, den er an der Front erlitten hatte, empfohlen worden war. In den 20er Jahren etablierte er sich als Theaterschauspieler in England und Amerika. Sein Filmdebüt gab er 1930 in der Adaption seines Bühnenerfolges „Outward Bound". 1931 übernahm er neben Norma Shearer eine Rolle in „Der Mut zum Glück", mit der er sich auch auf der Leinwand einen Namen machte. Während der 30er Jahre war Leslie Howard sowohl in den USA als auch in England ein gefragter Kinostar. Filme wie „Of Human Bondage" und „Das scharlachrote Siegel" festigten 1934 sein Image des schweigsamen und sensiblen Dichtertyps. Leslie Howards Leinwandego umgab immer ein Hauch von Verletzbarkeit und Unsicherheit, der auch bei seiner Rolle in dem Wüstendrama „Der versteinerte Wald" (mit Humphrey Bogart und Bette Davis) zum Ausdruck kam. Nach einem überraschenden Komödienzwischenspiel („It's Love I'm After") erreichte er 1939 den Höhepunkt seiner Karriere: Er bekam eine tragende Rolle in „Vom Winde verweht". Dabei wollte Autor Ben Hecht Howards Part des aufrechten Südstaatlers Ashley Wilkes noch kurz vor Drehbeginn aus der Geschichte streichen. Nach Ausbruch des Zweiten Weltkrieges wirkte der Schauspieler hauptsächlich in uninteressanten, britisch-patriotischen Filmen mit, bei denen er auch meist die Regie übernahm. Die bekanntesten dieser Art waren „Pimpernel Smith", „49th Parallel" und „The First of The Few". Leslie Howard starb 1943, als sein Flugzeug, mit dem er im Auftrag der Regierung unterwegs war, abgeschossen wurde. Die deutsche Luftwaffe hatte Winston Churchill in der Maschine vermutet.

„Romeo und Julia" mit Norma Shearer, 1936

„Vom Winde verweht" mit Clark Gable, 1939

Trevor Howard, geboren am 29. September 1916 in Cliftonville, England, gestorben am 7. Januar 1988

Der in Ceylon, den USA und Kanada aufgewachsene Sohn eines Versicherungsangestellten bekam 1933 ein Stipendium an der Royal Academy of Dramatic Arts und begann schon ein Jahr später eine Karriere als Theaterschauspieler. Nach dem Zweiten Weltkrieg wurde er für die Leinwand entdeckt. Schon sein dritter Film verhalf ihm zum Durchbruch: David Leans „Begegnung" (1946). Bald galt er als Inbegriff des englischen Gentleman und spielte meist den heldenhaften, etwas grimmigen britischen Offizier. In den 50er Jahren war er ein begehrter Nebendarsteller in Filmklassikern wie „Der dritte Mann", „Das Herz aller Dinge" oder „In 80 Tagen um die Welt". Seine beeindruckendste Leistung folgte dann 1962 mit der Darstellung des Captain Bligh in „Meuterei auf der Bounty". Nach „Ryans Tochter" (1970, Regie: David Lean) und „Ludwig II." (1972, Regie: Luchino Visconti) paßte er sich dem breiten Publikumsgeschmack an und wirkte meist nur noch in seichten Actionfilmen wie „Superman", „Meteor" und „Die Seewölfe kommen" mit. Erst 1988 fand er mit dem im Jahr vor seinem Tod gedrehten Film „Die letzten Tage in Kenya" wieder zum anspruchsvollen Kino zurück.

„Meuterei auf der Bounty", 1962

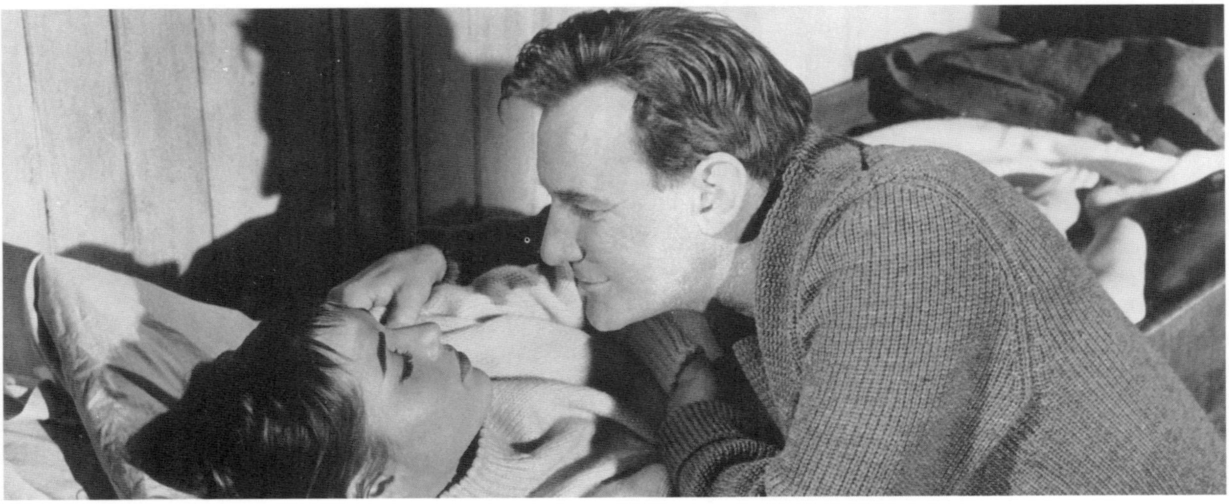

„Manuela" mit Elsa Martinelli, 1957

Rock Hudson

Rock Hudson, geboren als Roy Harold Scherer, Jr. am 17. November 1925 in Winnetka, Illinois, gestorben am 2. Oktober 1985

Der Sohn eines Automechanikers mußte die High-School vorzeitig verlassen und wurde als Flugzeugmechaniker eingezogen. Nach Kriegsende schlug er sich als Staubsaugervertreter, Trucker und Postbote durch. Freunde überredeten ihn, sich als Schauspieler zu versuchen. Obwohl er kein schauspielerisches Talent besaß, engagierte ihn Raoul Walsh für eine winzige Rolle in seinem Film „Jagdstaffel" (1948). Der Regisseur erklärte damals: „Selbst wenn er nichts kann, gibt er immer noch eine gute Dekoration ab." Ein Jahr später erhielt er einen Vertrag bei Universal und einen neuen, betont männlichen Namen. Universal garantierte ihm 125 Dollar in der Woche und eine harte Ausbildung: Rock lernte sprechen, singen, tanzen, reiten, fechten, schießen – und wartete weiter auf seine große Chance. Doch es sollte noch drei Jahre, in denen er 17 Filme drehte, dauern, bis sein Name ganz oben auf der Besetzungsliste stand: „Gesetzlose Brut" zeigte Hudson 1952 als sympathischen Outlaw. Der große Erfolg kam jedoch erst Mitte der 50er Jahre mit den Melodramen von Douglas Sirk („Die wunderbare Macht", „Was der Himmel erlaubt", „In den Wind geschrieben"). Hudson lockte die Zuschauer scharenweise in die Kinos und bekam 1956 für „Giganten" sogar eine „Oscar"-Nominierung. 1959 wechselte er dann ins Komödienfach und machte „Bettgeflüster" mit Doris Day zu einem Überraschungserfolg. Darüber hinaus war dieser Film der Auftakt zu einer Reihe simpel gestrickter Komödien, in denen Hudson als charmanter Playboy den Kampf der Geschlechter aufnahm. Tatsächlich funktionierte das Erfolgsrezept bis Mitte der 60er Jahre. Danach sorgte Hudson mit der TV-Serie „McMillan and Wife" sechs Jahre lang für hohe Einschaltquoten. 1985 schockte er die Öffentlichkeit, als er sich zu seiner Homosexualität bekannte, um durch sein Beispiel vor den Gefahren von AIDS (der Krankheit, an der er 1985 starb) zu warnen.

„Ein Pyjama für Zwei" mit Doris Day, 1961

„Schick' mir keine Blumen" mit Tony Randall, 1964

William Hurt, geboren am 20. März 1950 in Washington, D. C.

Als Sohn eines Beamten des US-Außenministeriums wuchs William Hurt auf Hawaii und Guam auf. Bis zu seiner ersten Filmrolle (in „Altered States", 1980) war es ein langer Weg: Theaterstudium in England, Schauspielschüler an der renommierten New Yorker Juilliard School, erfolgreiche Off-Broadway-Produktionen (u. a. „My Life") und verschiedene, eher unbedeutende Fernsehengagements. Sein zweiter Film, Peter Yates' Psychothriller „Der Augenzeuge", ließ die Kritiker aufhorchen, und mit „Gorky Park" schaffte William Hurt 1983 den Durchbruch. Aber erst zwei Jahre später avancierte er zum Weltstar: Für seine Darstellung des homosexuellen Sträflings in Hector Babencos „Kuß der Spinnenfrau", der sich in die Traumwelt eines kitschigen Propagandafilms flüchtet, wurde William Hurt mit dem „Oscar" und mit dem ersten Preis bei den Filmfestspielen in Cannes ausgezeichnet. Glänzende Kritiken gab es für seine schauspielerischen Leistungen in „Gottes vergessene Kinder" (1986), ebenso für die folgenden Filme „Broadcast News", „Die Reisen des Mr. Leary" und „Ich liebe dich zu Tode".

„Gottes vergessene Kinder", 1986

„Heißblütig – Kaltblütig" mit Kathleen Turner, 1982

Anjelica Huston, geboren 1951 in Los Angeles

Die Tochter des legendären Regisseurs John Huston und der Tänzerin Ricki Soma wuchs in Irland auf dem Anwesen der Familie auf. Als 15jährige drehte sie unter der Regie ihres Vaters „Eine Reise mit der Liebe und dem Tod". Der Film war ein Flop und zerstörte für lange Zeit Anjelicas Glauben an ihr Schauspieltalent. Sie zog nach Amerika und wurde ein begehrtes Topmodell. Sie selbst fand sich häßlich: „Zu mager, zu groß, zu lange Nase". Mit 21 Jahren lernte Anjelica Superstar Jack Nicholson kennen und lebte zwölf Jahre mit ihm zusammen. Lange Zeit dachte sie nicht an die eigene Karriere. Das änderte sich 1982 nach einem schweren Autounfall. Anjelica nahm Schauspielunterricht und spielte kleine Nebenrollen. 1985 bekam die herb-schöne Huston-Tochter die Rolle der Maerose in „Die Ehre der Prizzis" an der Seite ihres Dauerfreundes Jack Nicholson und erhielt den „Oscar" für die beste weibliche Nebenrolle. Weitere Filme mit Anjelica: „Eine Handvoll Staub", „Die Toten", „Mr. North – Liebling der Götter", „Verbrechen und andere Kleinigkeiten" (Regie: Woody Allen), „Hexen hexen" und „Feinde", für den sie eine „Oscar"-Nominierung erhielt.

„Hexen hexen", 1989

„Die Ehre der Prizzis" mit Jack Nicholson, 1985

Jeremy Irons

Jeremy Irons, geboren am 19. September 1948 auf der Isle of Wight, England

Eigentlich wollte Jeremy Irons Tierarzt werden, entschied sich dann aber für die Schauspielerei. Als Assistent absolvierte er eine kurze Lehrzeit am Marlowe Theatre in Canterbury. Daraufhin wurde er an der berühmten Old Vic-Schauspielschule aufgenommen. In Bristol erhielt er sein erstes Engagement. Der Durchbruch beim Theater gelang ihm in London als Johannes der Täufer in dem Bibel-Musical „Godspell". Sein Kommentar: „Dabei kann ich nicht singen und tanze wie eine lahme Ente." 1978 wurde er für seine Leistung in Simon Grays „The Rear Column" mit dem „Clarence Derwent Award" ausgezeichent. Dadurch wurde das Fernsehen auf ihn aufmerksam. Grenada Television bot ihm eine Hauptrolle in der Familiensaga „Wiedersehen in Brideshead" an. Die Miniserie entpuppte sich als Straßenfeger. Parallel zu seinen TV-Verpflichtungen drehte Irons 1980 seinen ersten Kinofilm: „Nijinski". Ein Jahr später stand er in „Die Geliebte des französischen Leutnants" gemeinsam mit Meryl Streep vor der Kamera. Der Erfolg des Melodrams machte aus Irons einen internationalen Star. Seine aristokratische, geheimnisvoll-erotische Ausstrahlung ließ ihn zum Frauenschwarm werden und verschaffte ihm die Hauptrolle in Volker Schlöndorffs „Eine Liebe von Swann". 1986 wirkte der Schauspieler, der bis dahin meist in anspruchsvollen Literaturverfilmungen aufgetreten war, das erste Mal in einer großen Hollywood-Produktion mit: Zusammen mit Robert de Niro drehte er das Dschungeldrama „Mission". Auch zwei Jahre später paßte er sich dem Geschmack eines breiten Publikums an, als er unter der Regie von Horrorspezialist David Cronenberg für den Schocker „Die Unzertrennlichen" in einer Doppelrolle vor der Kamera stand. Mit „Die Affäre der Sunny von B." landete er wieder einen Kinohit. Für seine Darstellung des dänischen Adeligen Claus von Bülow, der in Verdacht gerät, seine Frau ermordet zu haben, erhielt Jeremy Irons 1991 den „Oscar".

„Schwarzarbeit", 1982

„Die Geliebte des französischen Leutnants" mit Meryl Streep, 1981

Glenda Jackson, geboren am 9. Mai 1936 in Cheshire, England

Glenda Jackson wuchs in einfachen Verhältnissen auf und arbeitete nach Abschluß der Schule als Verkäuferin in der örtlichen Drogerie. Auf der Suche nach einer Alternative zu diesem „lausigen Job" bewarb sie sich bei der Royal Academy of Dramatic Arts, tingelte später mit verschiedenen Repertoiretheatern durch die englische Provinz und trat 1963 der Royal Shakespeare Company bei. Ihre Interpretation der Charlotte Corday in Peter Brooks „Marat/Sade" brachte ihr 1964 den „New York Critics Award" sowie eine Fülle von Filmangeboten ein. Der Leinwandadaption von „Marat/ Sade" (1966) folgten Kinoklassiker wie Ken Russells „Liebende Frauen" (1969), „Mann, bist du Klasse" (1972) – für beide Streifen erhielt sie einen „Oscar" – und John Schlesingers „Sunday, Bloody Sunday" (1971). Trotz ihrer internationalen Filmerfolge kehrte die Schauspielerin als Hedda Gabler, Lady Macbeth oder Elizabeth I. immer wieder auf die Bühne zurück. Bei der Auswahl ihrer Filme unterstützte die Jackson ambitionierte Projekte wie „Ozeanische Gefühle" (1985) oder „Business as Usual" (1987). In jüngster Zeit stellte Glenda Jackson die Schauspielerei zugunsten ihres politischen Engagements zurück.

„Tschaikowsky – Genie und Wahnsinn", 1971

„Ozeanische Gefühle", 1988

Emil Jannings, geboren als Theodor Emil Janenz am 23. Juli 1884 in Rorschach, Schweiz, gestorben am 2. Januar 1950

Als Sohn eines Amerikaners und einer Deutschen wuchs Emil Jannings in Görlitz auf. Nach einem ernüchternden Jahr als Schiffskoch wurde er mit 17 Jahren Volontär am Görlitzer Theater. Es folgte eine harte Zeit in der Provinz. Jannings nahm Schauspielunterricht bei Max Reinhardt und wurde 1914 für den Film „Im Bann der Leidenschaft" engagiert. Zwei Jahre später spielte er erstmals unter der Regie von Ernst Lubitsch in „Vendetta". Die 20er Jahre waren geprägt von einer Reihe von Filmen, in denen Jannings an der Seite der damaligen weiblichen Superstars, zum Beispiel Pola Negri, Gestalten der Geschichte und Literatur darstellte (Ludwig XV. in „Madame Dubarry", Heinrich VIII. in „Anna Boleyn" und „Othello"). Emil Jannings wurde als größter Schauspieler der Welt gefeiert und nach Hollywood eingeladen. 1928 erhielt er für die Filme „Sein letzter Befehl" und „Der Weg allen Fleisches" den „Oscar". Nach Deutschland zurückgekehrt, drehte er mit Marlene Dietrich „Der blaue Engel". Seine anfängliche Begeisterung für das NS-Regime spiegelte sich in seiner Mitwirkung bei Propagandafilmen. Später zog er sich desillusioniert zurück.

„Anna Boleyn" mit Henny Porten, 1920

„Der blaue Engel" mit Marlene Dietrich, 1930

„Das Lied von Bernadette", 1939

Jennifer Jones, geboren als Phyllis Isley am 2. März 1919 in Tulsa, Oklahoma

Unter ihrem eigentlichen Namen Phyllis Isley trat Jennifer Jones schon als Kind gemeinsam mit ihren Eltern in Vaudeville-Shows auf. Als sie später in New York die Academy of Dramatic Arts besuchte, lernte sie einen anderen angehenden jungen Schauspieler kennen – Robert Walker. Die beiden heirateten 1939 und zogen gemeinsam nach Hollywood, um dort ihr Glück zu versuchen. Nach ersten Rollen in unbedeutenden Filmen zog Phyllis die Aufmerksamkeit des „Vom Winde verweht"-Produzenten David O. Selznick auf sich. Der zeigte angesichts der Probeaufnahmen „große Begeisterung", änderte ihren Namen in Jennifer Jones und machte sich daran, seine Entdeckung auf eine große Leinwandkarriere vorzubereiten. Nach dreijährigem Startraining erschien sie 1943 als Bernadette Soubirous in Henry Kings Verfilmung des Franz Werfel-Romans „Das Lied von Bernadette" auf der Leinwand, erhielt für ihren Part den „Oscar" und war über Nacht zu einer der gefragtesten Schauspielerinnen Hollywoods geworden. Selznick überwachte jeden ihrer Karriereschritte und heiratete Jennifer Jones 1949 (ihre Ehe mit Walker, aus der der ebenfalls schauspielernde Sohn Robert Walker, jr. stammt, wurde 1945 geschieden). 1946 spielte Jennifer Jones die Titelrolle in Ernst Lubitschs „Cluny Brown auf Freiersfüßen" und bekam den Darstellerpreis von Locarno. Im gleichen Jahr wurde der Skandalwestern „Duell in der Sonne" gedreht, eine Eifersuchtstragödie mit Gregory Peck. Trotz erfolgreicher Auftritte in Werken wie „Schach dem Teufel" (1954), „Alle Herrlichkeit auf Erden" (1955) oder „In einem anderen Land" (1957) bot ihr der Film seit Anfang der 60er Jahre keine interessanten Aufgaben mehr. Jennifer Jones arbeitete nun vor allem für das Theater. Im Kino war sie zuletzt 1974 in „Flammendes Inferno" zu sehen. 1965 starb ihr Mann; 1971 heiratete sie den Industriellen Norton Simon.

„Duell in der Sonne", 1946

„Alle Herrlichkeit auf Erden" mit William Holden, 1955

„Der längste Tag", 1962

Curd Jürgens, geboren am 13. Dezember 1915 in München, gestorben am 18. Juni 1982

Curd Jürgens wurde an einem illustren Ort gezeugt: im Zarenpalast in Sankt Petersburg. Seine Mutter unterrichtete dort die Kinder des Potentaten, sein Vater war Vertreter. Nach der Schulzeit am Gymnasium arbeitete Curd Jürgens in Hamburg als Reporter. Er heiratete die Schauspielerin Louise Basler und nahm Schauspielunterricht bei Walter Janssen. Entdeckt wurde er von Willi Forst, unter dessen Regie er 1935 in „Kaiserwalzer" spielte. Der erste größere Erfolg gelang Jürgens 1943 in „Frauen sind keine Engel". Im Jahr darauf ließ ihn Göbbels aus Deutschland wegen „politischer Unzuverlässigkeit" nach Ungarn deportieren. Nach dem Krieg tingelte Jürgens mit einer eigenen Theatergruppe durch Bayern, arbeitete erfolglos als Drehbuchautor und Regisseur, bis ihm 1954 mit „Des Teufels General" der Durchbruch gelang. Kritiker bezeichneten Jürgens zwar als „Protz", doch das Publikum war begeistert von dem aufrechten, durch nichts zu erschütternden Helden. 1956 drehte er mit Brigitte Bardot „Und immer lockt das Weib". Sie gab ihm seinen Spitznamen: „Normannischer Kleiderschrank". Curd Jürgens avancierte zum Weltstar. Er spielte mit Richard Burton, Robert Mitchum, Yves Montand und reihte sich mit „Der Spion, der mich liebte" in die Gilde der berühmten James Bond-Bösewichter ein. In Deutschland pflegte er sein Image als gestandener Kerl mit Filmen wie „Auf der Reeperbahn nachts um halb eins" und „Der Arzt von St. Pauli". Curd Jürgens genoß den Erfolg in vollen Zügen. Er besaß für jede Jahreszeit den entsprechenden Wohnsitz (in Gstaad, auf den Bahamas, in Österreich und in Südfrankreich), war fünfmal verheiratet (u. a. mit Eva Bartok, Simone Bicheron und Margie Schmitz) und gehörte zum internationalen Jet-set. 1976 veröffentlichte er seine Memoiren mit dem bezeichnenden Titel „. . . und kein bißchen weise". Im Alter von 66 Jahren starb Curd Jürgens in Wien an Herzversagen.

„Die Ratten", 1955

„Und immer lockt das Weib" mit Brigitte Bardot, 1956

Christine Kaufmann, geboren am 11. Januar 1945 in Gröbming, Österreich

Als Siebenjährige bekam die Tochter eines deutschen Offiziers und einer französischen Maskenbildnerin ihren ersten Ballettunterricht. Ein Jahr später, 1953, entdeckte Regisseur Viktor Tourjansky das niedliche Mädchen für seinen Zirkusstreifen „Salto Mortale". Ihre erste Hauptrolle spielte Christine Kaufmann in dem zu Tränen rührenden Film „Rosen-Resli" (1954) und wurde damit zum gefeierten Kinderstar. Weitere harmlose Heimat-, Familien- und Teeniefilme (z. B. „Wenn die Alpenrosen blüh'n" von 1955) folgten. Mit „Stadt ohne Mitleid" gelang ihr 1960 an der Seite von Kirk Douglas der Sprung nach Hollywood, wo sie Tony Curtis, ihren späteren Ehemann, kennenlernte. Nach der Scheidung 1968 kehrte sie mit ihren beiden Töchtern Alexandra und Allegra nach Deutschland zurück. Ihre zweite Karriere startete sie mit so außergewöhnlichen Regisseuren wie Werner Schroeter („Tag der Idioten", 1981), Rainer Werner Fassbinder („Lola", 1981) und Peter Zadek („Die wilden Fünfziger", 1983). In den 80er Jahren erreichte ihre Popularität, nicht zuletzt durch TV-Serien (vor allem Helmut Dietls „Monaco Franze – Der ewige Stenz", wo sie ihr komisches Talent unter Beweis stellen konnte), einen neuen Höhepunkt.

Christine Kaufmann

„Der letzte Fußgänger" mit Heinz Erhardt, 1960

Danny Kaye

„Der Hofnarr", 1956

„Das Doppelleben des Herrn Mitty", 1947

„Jakobowsky und der Oberst" mit Nicole Maurey, 1957

Danny Kaye, geboren als David Daniel Kaminsky am 18. Januar 1913 in Brooklyn, New York, gestorben am 3. März 1987

Der Sohn eines Schneiders hatte schon eine Laufbahn als Bühnenschauspieler und Entertainer (er trat in den 20er Jahren als Clown und Artist bei den „Three Terpsichoreans" auf) hinter sich, als er 1944 in „Up in Arms" sein Leinwanddebüt gab. Der Film wurde ein Riesenerfolg, nicht zuletzt dank der Gags und Texte, die Kayes Frau Sylvia Fine für ihren Mann geschrieben hatte. Schon bald war der Komiker berühmt für seine überzogene Grimassen- und Zungenfertigkeit: In dem Broadway-Musical „Lady in The Dark" zum Beispiel rasselte er die Namen von 54, zum Teil erfundenen russischen Komponisten in 38 Sekunden herunter. Sein Image war das des etwas naiven, aber liebenswerten Jünglings, der immer wieder in haarsträubende Situationen stolpert. Ein Image, das er 1952 in der Titelrolle von „Hans Christian Andersen und die Tänzerin" als sensibler und etwas weltfremder Märchenerzähler beibehielt. Zwei Jahre später drehte Kaye zusammen mit Bing Crosby seinen wohl bekanntesten Film „Weiße Weihnacht". Zwar konnte er seinem Partner bei den Gesangsnummern nicht das Wasser reichen, komödiantisch war er ihm jedoch weit überlegen. Mit seiner slapstickhaften Komik machte Danny Kaye 1956 den Historienspaß „Der Hofnarr" zu einem eindrucksvollen

„Die sündige Stadt", 1949

Kassenerfolg. Daß er darüber hinaus Talent zur Satire besaß, bewies er in „Jakobowsky und der Oberst" an der Seite von Curd Jürgens. Als polnisch-jüdischer Zivilist muß er, zusammen mit einem antisemitisch eingestellten Adeligen, vor den Nazis fliehen. In den 60er Jahren arbeitete Kaye verstärkt fürs Fernsehen und bekam 1963 seine eigene TV-Show. 1969 zog er sich völlig von der Filmarbeit zurück und trat in dem Musical „Two by Two" am Broadway auf. Neben der Musik (er dirigierte mehrmals berühmte Symphonieorchester) galt Kayes größte Liebe den Kindern. Seit den 50er Jahren UNICEF-Botschafter, tourte der Entertainer immer wieder für den guten Zweck mit seinen Shows um die ganze Welt, trat vor Kindern in der Dritten Welt auf und spendete einen Großteil seiner Gagen. Dieses Engagement brachte ihm den inoffiziellen Titel „Der Engel von Brooklyn" ein, und UNICEF ernannte ihn 1983 zum Ehrendelegierten.

Danny Kaye als Dirigent bei einer Wohltätigkeitsveranstaltung

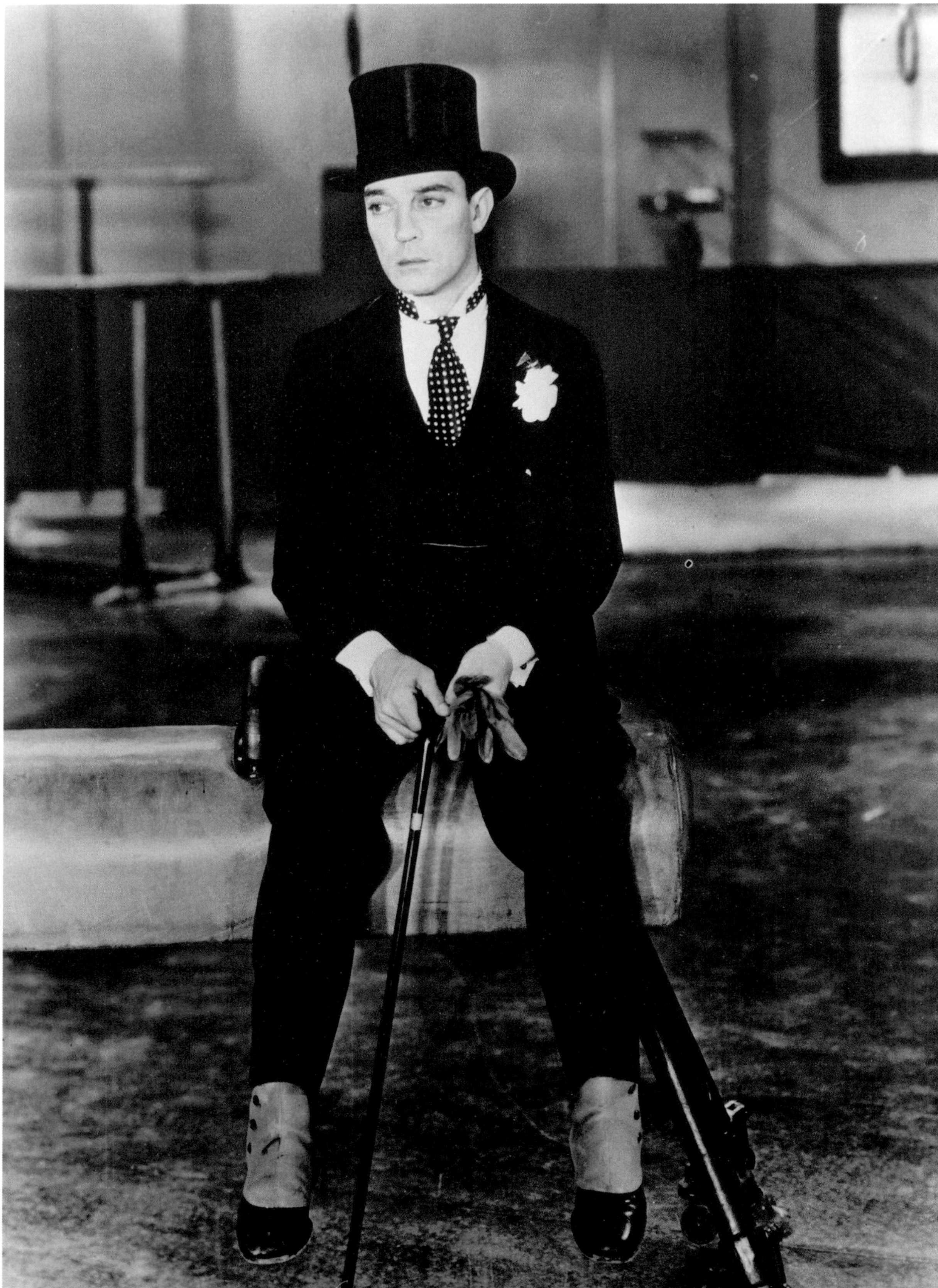

Buster Keaton, 1927

„Der Kameramann", 1928

„Die Marine und der General", 1965

Buster Keaton

Buster Keaton, geboren als Joseph Francis Keaton am 4. Oktober 1895 in Pickway, Kansas, gestorben am 1. Februar 1966

„Buster" Keaton erhielt seinen Spitznamen, als er gerade sechs Monate alt war. Der berühmte Entfesselungskünstler Harry Houdini sah den Sohn von Varietékollegen in geradezu artistischer Vollendung die Treppe herunterfallen und rief aus: „My God, what a buster!" (to bust: hinschlagen, hinfallen). Mit drei Jahren erhielt das Kind sein erstes Showkostüm, vervollständigt durch Glatze und Bart, und wurde in die Bühnenshow seiner Eltern integriert. Eine der berühmtesten Nummern der drei Keatons war Klein Buster als „lebender Besen", mit dem sein Vater die Bühne bearbeitete. Das komödiantische Talent des Jungen war so groß, daß der Vierjährige für einen erwachsenen Kleinwüchsigen gehalten wurde. Mit 21 Jahren verließ Buster Keaton das erfolgreiche Familientrio, ging nach New York und begann in Filmkomödien aufzutreten, meist als Partner von „Fatty" Arbuckle. Die meisten der frühen Kurzfilme schrieb Buster Keaton selbst, darunter so bekannte wie „The Boat" (1921) und „Tagträume" (1922). Er perfektionierte seinen sehr individuellen komischen Stil und machte „den Mann mit dem versteinerten Gesichtsausdruck, der nie lachte" zu seinem Markenzeichen. Ab 1923 produzierte Keaton erste lange Spielfilme, von denen die meisten sich zu Kultfilmen entwickelten. Atemberaubende Akrobatik in haarsträu-

„Forever And a Day", 1943

benden Situationen, gepaart mit subtiler Kameraführung, zeichnete Filme wie „Sherlock Holmes, jr." (1924) und „Der General" (1926) aus. Der Schauspieler hatte es geschafft: Neben Chaplin war er der erfolgreichste Komiker seiner Zeit. MGM nahm ihn unter Vertrag. Das war der Anfang vom Ende; denn obwohl seine Filme „Der Kameramann" (1928) oder „Buster hat nichts zu lachen" (1931) enorme Kassenerfolge waren, ging es mit Busters Karriere bergab. Unfähig, sich an feste Drehbücher zu halten, überwarf sich der Schauspieler mit den Produzenten. Probleme mit dem Alkohol und der Familie setzten seiner Laufbahn ein Ende. Mit winzigen Rollen und als ungenannter Gagschreiber hielt er sich über Wasser, bis Ende der 50er Jahre seine Stummfilme eine Renaissance erlebten und Buster Keaton am Ende seines Lebens mit Rollenangeboten überhäuft wurde. Sein letzter Film war 1966 „Toll trieben es die alten Römer".

„Sieben Chancen", 1925

„Reds", 1981

Diane Keaton, geboren als Diane Hall am 5. Januar 1946 in Los Angeles

„Und morgen wird ein Ding gedreht", 1976

Diane Keaton wollte nie etwas anderes werden als Schauspielerin. Daher zog die Tochter einer Fotografin und eines Ingenieurs mit 19 Jahren nach New York, um am Neighbourhood Playhouse Schauspielunterricht zu nehmen. Anschließend tingelte sie durch die Provinz und spielte sich durch ein beachtliches Rollenrepertoire: vom Musical bis zu Shakespeare. 1968 gab Diane Keaton ihr Broadway-Debüt mit dem Hippie-Musical „Hair". Ein Jahr später stand sie mit Woody Allen in „Mach's noch einmal, Sam" auf der Bühne. Durch dessen Filmversion avancierte Diane 1972 zum Star – und in den folgenden Jahren zu Allens bevorzugter Darstellerin. Mit Filmen wie „Der Schläfer", „Die letzte Nacht des Boris Gruschenko", „Der Stadtneurotiker", für den sie den „Oscar" erhielt, „Innenleben" und „Manhattan" erspielte sich Diane Keaton internationalen Ruhm. Daneben stand die scheue Mimin auch für die Filme „Der Pate" (Teil I und II) und „Auf der Suche nach Mr. Goodbar" vor der Kamera. Nach der beruflichen und privaten Trennung von Woody Allen war Diane Keaton Partnerin von Warren Beatty in dessen Politepos „Reds". Beide Schauspieler, die auch privat liiert waren, wurden für den „Oscar" vorgeschlagen. Neben der Filmerei hatte Diane noch andere Erfolge zu feiern: als Herausgeberin von Bildbänden über Fotografie und als Produzentin eines vielbeachteten Dokumentarfilms über das Leben nach dem Tod („Heaven"). 1987 holte Woody Allen sie für „Radio Days" wieder vor seine Kamera, und auch Exfreund Beatty engagierte Diane als Gaststar für „Dick Tracy". In „Der Pate" (Teil III) war sie 1990 Partnerin von Obergangster Corleone alias Al Pacino, ihrem Lebensgefährten. Diane Keaton, der „Star ohne jegliches Ego" (Newsweek), blieb trotz aller Erfolge schüchtern und zurückhaltend. Bei ihren seltenen öffentlichen Auftritten präsentiert sie sich im „Keaton-Look": mehrere Schichten Schlabberklamotten und ungeschminkt.

„Baby Boom – Eine schöne Bescherung" 1987

Gene Kelly

„Ein Amerikaner in Paris", 1951

Gene Kelly

Gene Kelly und Pier Angeli

Gene Kelly, geboren als Eugene Curran Kelly am 23. August 1912 in Pittsburgh, Pennsylvania

Damit ein „echter Gentleman" aus ihm würde, schickte Gene Kellys Mutter ihren Sprößling, als er acht Jahre alt war, in die Tanzschule. Eine gute Entscheidung, wie sich später herausstellen sollte, denn schon während seines Studiums der Wirtschaftswissenschaften verdiente er sich Geld als Tanzlehrer. Zusammen mit seinem Bruder Fred eröffnete er zwei Tanzschulen und stand 1938 das erste Mal auf der Bühne: als Chortänzer in einer Cole-Porter-Show am Broadway. Danach war Gene Kelly vier Jahre lang für die Choreographie diverser Broadway-Musicals zuständig, bis ihn Judy Garland 1942 nach Hollywood holte. Als ihr Partner in „For me And my Gal" machte Kelly zwar eine gute Figur, überzeugen konnte er aber erst 1944 in „Es tanzt die Göttin" an der Seite von Rita Hayworth. Nach sieben Jahren – in denen er hauptsächlich in Musicals („Urlaub in Hollywood", „Heut' geh'n wir bummeln"), aber auch in Abenteuerfilmen („Die drei Musketiere") zu sehen war – kam mit „Ein Amerikaner in Paris" 1951 der große Durchbruch. Unter der Regie von Vincente Minnelli tanzte sich Kelly zu Starruhm. Schon im darauffolgenden Jahr konnte der Schauspieler, der mittlerweile auch als Co-Regisseur arbeitete, einen weiteren Musicalhit landen: „Singin' in The Rain" (Regie: Stanley Donen) wurde ein Klassiker. Doch Anfang der 60er Jahre ging die große Zeit der

„Les Girls", mit (v.l.n.r.) Taina Elg, Kay Kendall, Mitzi Gaynor

Broadway-Musicals zu Ende, und Kelly konzentrierte sich zunehmend auf Produktion und Regie. Sein 1956 entstandenes Experiment eines Tanzfilms ohne Dialog schlug jedoch fehl: „Einladung zum Tanz" blieb weit hinter den Erwartungen zurück. Dafür inszenierte er mit „Geschossen wird ab Mitternacht" (mit James Stewart und Henry Fonda), „Hello Dolly" und „Leitfaden für Seitensprünge" (mit Walter Matthau) zwar nicht sonderlich anspruchsvolle, aber recht gewinnbringende Filme. Zwischendurch versuchte sich Kelly auch immer wieder in ernsten Rollen („Wer den Wind sät"), konnte als dramatischer Darsteller jedoch nicht überzeugen. Im Alter von 68 Jahren trat er zum letztenmal in einem Musical („Xanadu") auf und arbeitete zudem aktiv an den Collage-Filmen „That's Entertainment" (Teil 1 und 2) und „That's Dancing" mit, die die große Zeit der Traumfabrik mit Ausschnitten aus alten Hollywood-Klassikern wieder aufleben ließen.

„Urlaub in Hollywood" mit Frank Sinatra, 1945

Deborah Kerr

Deborah Kerr, geboren als Deborah J. Kerr-Trimmer am 30. September 1921 in Helensburgh, Schottland

Ihre Tante leitete eine Tanzschule in Bristol, und so bekam Deborah Kerr schon früh Gelegenheit, ihr künstlerisches Talent zu trainieren. Sie erhielt ein Stipendium an der Sadler's Wells Ballet School und stand mit 17 zum ersten Mal in London auf der Bühne: als Chortänzerin in „Prometheus". Sie mußte jedoch schon bald feststellen, daß ihr das Sprechtheater mehr lag, und trat in mehreren Shakespeare-Inszenierungen auf. 1941 gab Deborah Kerr in der britischen Produktion „Major Barbara" ihr Leinwanddebüt. Weitere Filmrollen, in denen sie meist die wohlerzogene und reservierte englische Lady darstellte, folgten. Nach ihrer beeindruckenden Darstellung einer schicksalsgeprüften Nonne in „Die schwarze Narzisse" bekam sie 1947 einen Hollywood-Vertrag bei MGM und spielte noch im selben Jahr neben Clark Gable die weibliche Hauptrolle in „The Hucksters". Auch hier blieb sie ihrem Image der unnahbaren Schönen treu. 1953 kam dann mit „Verdammt in alle Ewigkeit" der endgültige Durchbruch: Ihre berühmte Strandszene (einer der erotischsten Momente der Filmgeschichte) mit Burt Lancaster sorgte für Aufsehen und machte Deborah Kerr zum Weltstar.

„Eine Frau wie du" mit Cary Grant, 1952

„Verdammt in alle Ewigkeit" mit Burt Lancaster, 1953

Drei Jahre später festigte sie neben Yul Brynner in „Der König und ich" diesen Starstatus. In den folgenden Jahren konnte sie sich ihre Rollen aussuchen und spielte bis 1969 mit den begehrtesten Leinwandidolen Amerikas in Filmen wie „Der Seemann und die Nonne" (mit Robert Mitchum), „Die große Liebe meines Lebens" (mit Cary Grant), „Bonjour Tristesse" (mit David Niven) und „Die Nacht des Leguan" (mit Richard Burton). 1986 kehrte sie nach langer Abwesenheit wieder vor die Kamera zurück, um die Hauptrolle in der Fortsetzung des TV-Dreiteilers „Des Lebens bittere Süße" zu übernehmen. Deborah Kerr wurde insgesamt sechsmal für den „Oscar" nominiert, ging aber jedesmal leer aus. Für Deborah Kerr kein Grund, enttäuscht zu sein: „Ich bekam dadurch mehr Publicity, als wenn ich die Auszeichnung erhalten hätte."

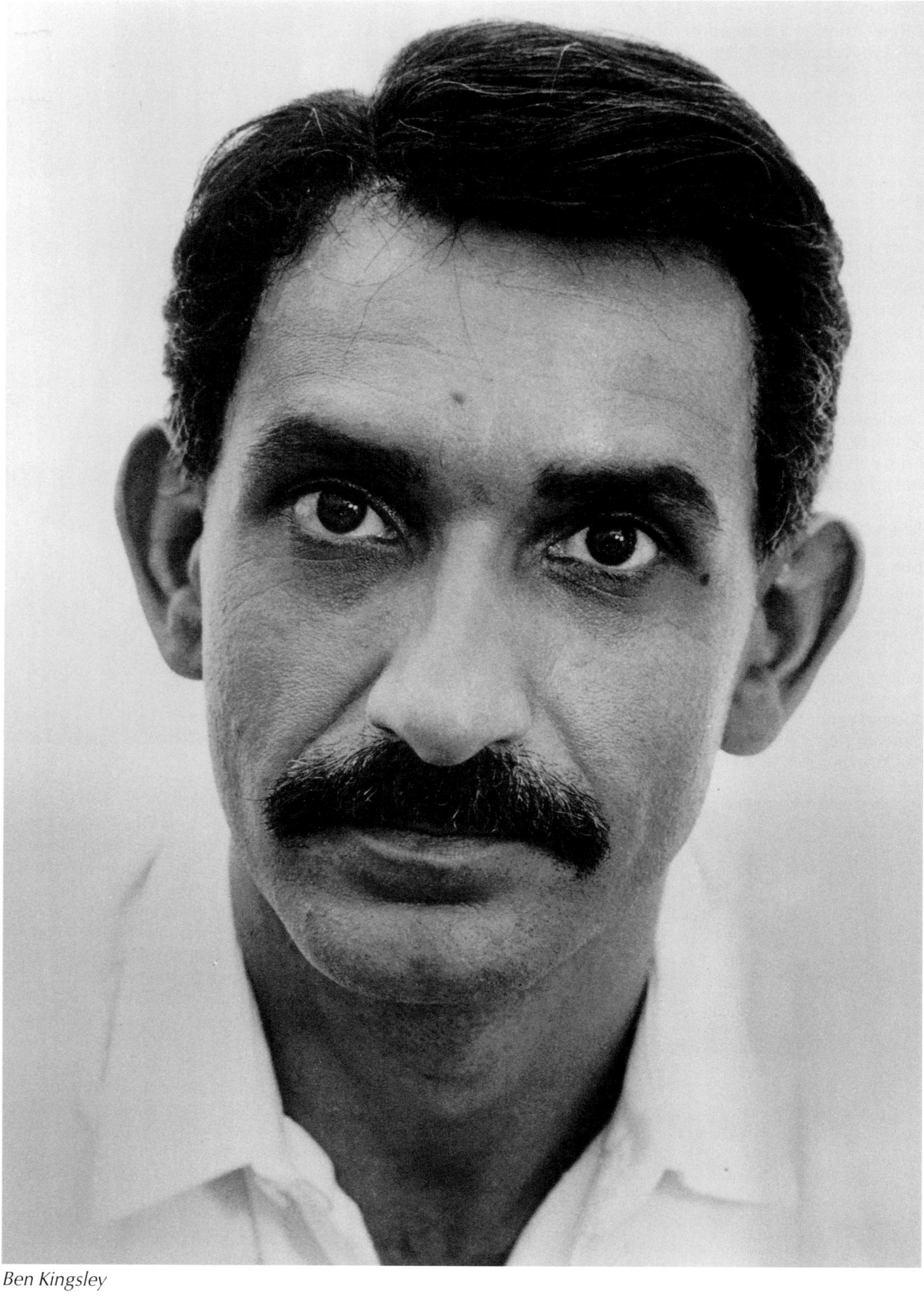

Ben Kingsley

Ben Kingsley, geboren als Krishna Bhanji am 31. Dezember 1943 in Yorkshire, England

Als Sohn eines indischen Arztes und einer russisch-jüdischen Schauspielerin entschied sich Ben Kingsley (diesen Künstlernamen legte er sich am Anfang seiner Karriere zu) im Alter von 19 Jahren für die Schauspielerei. Er zog zunächst mit den Salford Players, einer Amateurtheatergruppe, durchs Land und wurde 1966 Mitglied des London Arts Theatre. Schon ein Jahr später nahm ihn die Royal Shakespeare Company in ihr Ensemble auf, obwohl Kingsley keine „ordentliche" Schauspielausbildung vorweisen konnte. Fünfzehn Jahre lang stand er in Stücken wie „Der Widerspenstigen Zähmung", „Wie es euch gefällt" und „Hamlet" auf der Bühne. Ab 1972 trat Kingsley auch häufig im Fernsehen auf und gab erst 1982 mit „Gandhi" sein Leinwanddebüt. Als Vorbereitung auf die Rolle des indischen Politikers magerte der Mime um zehn Kilo ab und studierte alle nur verfügbaren Bücher über den Verfechter des gewaltlosen Widerstandes. Der Erfolg war überwältigend: Das Dreistundenwerk erhielt acht „Oscars", einen davon für den Hauptdarsteller. Nach dieser Auszeichnung ging es auch mit der Bühnenkarriere des Schauspielers steil aufwärts. Das Einpersonenstück „Kean", von Kingsleys Ehefrau Alison Sutcliffe in Szene gesetzt, wurde in England und den USA eine Sensation. So konzentrierte sich der Künstler auch weiterhin auf Theater- und TV-Arbeiten und nahm nur Rollen in außergewöhnlichen Kinoproduktionen wie „Ozeanische Gefühle", „Maurice" und „Der 5. Affe" an. Im Fernsehen avancierte er schon bald zu einem der erfolgreichsten und wandlungsfähigsten Darsteller historischer Persönlichkeiten. Seine Rollen als Arbeiterführer Lenin in „Der Zug" (1987) und als Nazijäger Simon Wiesenthal in „Recht, nicht Rache" (1988) beeindruckten Presse und Publikum.

„Gandhi", 1982

„Betrayal – Betrug" mit Patricia Hodge, 1983

„Hanussen", 1955

Klaus Kinski, geboren als Nikolaus Nakszynski am 18. Oktober 1926 in Zoppot, Polen, gestorben am 23. November 1991

Klaus Kinski, Sohn polnischer Einwanderer, wuchs in ärmlichsten Verhältnissen in Berlin auf. Im Alter von fünf Jahren kam er in ein Heim. Während der Schulzeit arbeitete er als Schuhputzer, Leichenwäscher und Straßenkehrer. Das Gymnasium mußte er vorzeitig verlassen. Als 17jähriger wurde Klaus Kinski in den Zweiten Weltkrieg geschickt. Er desertierte, wurde gefaßt, konnte aber der standrechtlichen Hinrichtung entgehen. Nach Kriegsende beschloß Kinski, Schauspieler zu werden. Er spielte in Berlin Kabarett und Jean Cocteaus Einpersonenstück „Die menschliche Stimme". Außerdem verdiente er sich sein Geld als Rezitator von Texten des mittelalterlichen Spottdichters François Villon (die Gedichtzeile „Ich bin so wild nach deinem Erdbeermund" verwandte Kinski später als Titel für seine Autobiographie). Nach einer Reihe von unbedeutenden Filmrollen wurde der exzentrische Mime Anfang der 60er Jahre Deutschlands meistbeschäftigter Leinwandschurke. In fast allen Edgar-Wallace-Verfilmungen verkörperte er den Bösen mit dem irren Blick und schokkierte das Publikum mit darstellerischen und privaten Entgleisungen.

„Nosferatu", 1978

Klaus Kinski

Nach seiner Übersiedlung nach Rom drehte er – der hohen Gagen wegen – zahllose Italowestern, Action- und Söldnerfilme. Er gab damals zu: „Für 100 000 Dollar pro Woche bin ich bereit, jeden noch so schlechten Streifen zu drehen." Erst 1972 fanden die enormen schauspielerischen Fähigkeiten Kinskis in Werner Herzogs „Aguirre, der Zorn Gottes" schließlich einen anspruchsvollen Rahmen. Die Dreharbeiten in Peru entwickelten sich allerdings zu einem Machtkampf zwischen Star und Regisseur, der fast zum Scheitern des Films führte. Trotzdem arbeitete das Team Herzog/Kinski in den Filmen „Nosferatu – Phantom der Nacht", „Woyzeck" (hier zeigte Kinski seine wohl beste schauspielerische Leistung), „Fitzcarraldo" und „Cobra Verde" zusammen und begeisterte Kritik und Publikum.

Nastassja Kinski

Nastassja Kinski, geboren als Nastassja Nakszynski am 24. Januar 1961 in Berlin

Die Tochter des Schauspielers Klaus Kinski begleitete als Kind ihren Vater bei seinen Engagements und besuchte Schulen in Rom, Caracas und München. Regisseur Wim Wenders entdeckte das junge Mädchen 1974 in einer Disco und engagierte es für seinen Film „Falsche Bewegung". Zwei Jahre später waren in dem Horrorfilm „Die Braut des Satans" immerhin Richard Widmark und Christopher Lee Nastassjas Partner. Mit der „Tatort"-Folge „Reifeprüfung", in der sie als frühreife Schülerin ihren Lehrer verführte, wurde sie über Nacht zum Star. Von den Medien zur erotischen Nymphe aufgebaut, vergeudete sie ihr Talent in den kommenden Jahren in billigen Erotikfilmen wie „Leidenschaftliche Blümchen" (1977). Auch Roman Polanski zeigte sich von Nastassjas unverdorbener Schönheit beeindruckt. Er ließ sie in Lee Strasbergs Actors Studio ausbilden und gab ihr die Titelrolle in „Tess" (1979). Der Film entpuppte sich zwar als Flop, ebnete der Schauspielerin jedoch den Weg nach Hollywood. Unter der Regie von Francis Ford Coppola drehte sie dort „Einer mit Herz"; Paul Schrader engagierte sie für den Thriller „Katzenmenschen" (beide 1982). Für Peter Schamonis „Frühlingssinfonie" kehrte sie 1983 nach Deutschland zurück und bot als Clara Schumann eine ihrer besten Leistungen. In US-Produktionen wie „Exposed" (1983) und „Bitte nicht heut' nacht" (1984) blieb sie hingegen meist auf konventionelle Rollen abonniert. Obwohl keiner ihrer Filme ein kommerzieller Erfolg war, erhielt sie immer wieder Angebote von renommierten Regisseuren. Ihr Entdecker Wim Wenders holte sie 1984 für „Paris, Texas" erneut vor die Kamera. Im selben Jahr heiratete Nastassja den ägyptischen Filmproduzenten Ibrahim Moussa. Seit der Geburt ihrer Kinder Aljoscha und Sonja stellte sie ihre Karriere zugunsten ihrer Familie zurück und war nur noch selten (darunter in „Stille Nacht", 1988, und „Wenn die Masken fallen", 1989) auf der Leinwand zu sehen.

„Frühlingssinfonie", 1983

„Tess", 1980

„Schrei nach Freiheit", 1987

Kevin Kline, geboren am 24. Oktober 1947 in St. Louis, Missouri

Der Sohn eines Schallplattenhändlers ging auf eine katholische Schule und wurde dort von Mönchen erzogen. Auf Wunsch seiner Mutter beschäftigte er sich mit Musik, nahm Klavierunterricht und studierte später an der Universität von Indiana Musik und Schauspielkunst. Danach besuchte er die renommierte New Yorker Juilliard School und wurde eines der Gründungsmitglieder der Acting Company von John Houseman. Vier Jahre verbrachte Kline mit diesem Ensemble und stand für Stücke wie „Maß für Maß" und „Drei Schwestern" auf der Bühne. Sein Broadway-Debüt in „On The Twentieth Century" brachte ihm sogleich den ersten „Tony" und den „Drama Desk Award" ein. 1980 erhielt er diese Auszeichnungen zum zweiten Mal für seine Darstellung des schwadronierenden Piratenkönigs in dem Musical „The Pirates of Penzance". Das machte den Filmregisseur Alan J. Pakula auf ihn aufmerksam, der ihm eine Rolle in dem poetischen Melodram „Sophies Entscheidung" übertrug. In den folgenden Jahren stellte Kevin Kline in Beziehungsstories („Der große Frust"), Western („Silverado") und Politdramen („Schrei nach Freiheit") seine Wandlungsfähigkeit unter Beweis. 1988 überraschte er die Kinozuschauer dann mit seinem komischen Talent. Für seine Leistungen als dämlicher Gauner Otto in „Ein Fisch namens Wanda" wurde er mit einem „Oscar" ausgezeichnet. „Die Komödie bietet einem Schauspieler den Freifahrtschein, albern, verrückt, grausam, völlig narzistisch und von sich selbst besessen zu sein", begründete der Schauspieler daraufhin seine Vorliebe für humorvolle Rollen. 1991 konzentrierte sich Kevin Kline nach zwei weiteren Komödien („Im Zeichen der Jungfrau" und „Ich liebe dich zu Tode") wieder stärker auf die Theaterarbeit, die für ihn schon immer mehr bedeutet hatte als nur ein Sprungbrett zum Filmruhm, und widmete sich seiner 15 Jahre jüngeren Frau, der Schauspielerin Phoebe Cates.

„Ein Fisch namens Wanda", 1988

„Sophies Entscheidung" mit Meryl Streep, 1982

Hildegard Knef, geboren am 28. Dezember 1925 in Ulm

Ihre Kindheit verbrachte Hildegard Knef in Berlin. Später arbeitete sie als Zeichnerin bei der Ufa und nahm Schauspielunterricht. Noch während des Krieges spielte sie erste Filmrollen, wie in „Unter den Brücken" und „Fahrt ins Glück". In den Nachkriegsfilmen „Die Mörder sind unter uns" und „Zwischen gestern und morgen" konnte sie Presse und Publikum überzeugen. Anfang 1948 ging Hildegard Knef nach Hollywood und versuchte, dort Karriere zu machen – vergeblich. Sie kehrte nach Deutschland zurück und drehte „Die Sünderin" (1950). Im prüden Nachkriegsdeutschland entfachte der Film einen Riesenskandal, weil die Hauptdarstellerin für einen kurzen Moment nackt zu sehen war. Nun endlich wurde auch Hollywood auf die kühne Blondine aufmerksam. 1951 spielte sie in „Entscheidung vor Morgengrauen" mit Oskar Werner, 1952 in „Kurier nach Triest" mit Tyrone Power und 1953 in „Schnee am Kilimandscharo" mit Ava Gardner und Gregory Peck. Nach ihrem großen Broadway-Erfolg als Ninotschka in dem Musical „Seidenstrümpfe" versuchte sie ein vergebliches Comeback bei der neugegründeten Ufa. Seit den 60er Jahren profilierte sie sich als Chansonsängerin und Bestsellerautorin.

„Die Sünderin", 1950

„Das große Liebesspiel" mit Thomas Fritsch, 1963

Hardy Krüger, geboren als Eberhard Krüger am 12. April 1928 in Berlin

Als 15jähriger wurde der Sohn eines Ingenieurs von Alfred Weidenmann für den HJ-Film „Junge Adler" engagiert. Trotz der ihm attestierten Begabung lehnte Hardy Krüger den Rat des Regisseurs Wolfgang Liebeneiner ab, beim Film zu bleiben. Er setzte seine Gymnasialausbildung in Sonthofen fort, wurde in den letzten Kriegswochen Soldat und dreimal von den Amerikanern gefangengenommen. Nach Kriegsende wollte Hardy zuerst Innenarchitekt werden. Da so kurz nach dem Krieg kaum Möglichkeiten für eine Ausbildung bestanden, meldete er sich bei Liebeneiner. Der empfahl ihn dem Intendanten des Deutschen Schauspielhauses in Hamburg. Nach dem Vorsprechen (für das er in 22 Stunden auf dem Hauptbahnhof drei klassische Rollen lernte) wurden dem ungelernten Schauspieler Statistenrollen zugesagt – für drei Reichsmark pro Abend. Dank seines großen Talents machte sich Hardy Krüger schnell einen Namen. 1957 spielte er in der britischen Produktion „Einer kam durch" die Hauptrolle und wurde nun auch international beachtet. Er drehte mit James Stewart „Der Flug des Phönix" und war in Stanley Kubricks „Barry Lyndon" zu sehen.

„Geschichten aus der Heimat", 1986

„Einer kam durch", 1957

Veronica Lake, geboren als Constance Frances Marie Ockelman am 14. November 1919 in New York, gestorben 1973

Veronica Lake begann ihre Filmkarriere 1939 unter dem Namen Constance Keane mit dem Film „All Women Have Secrets". Schon 1941 gelang ihr mit der Rolle einer Cabaretsängerin in „I Wanted Wings" der Durchbruch. Die junge Schauspielerin erlebte einen kometenhaften Aufstieg. Innerhalb kürzester Zeit galt sie als eine der erotischsten Darstellerinnen Hollywoods und sorgte vor allem an der Seite von Alan Ladd für volle Kinokassen („Die Narbenhand", „Der gläserne Schlüssel", „Die blaue Dahlie"). Die Rolle des geheimnisvollen Vamps wurde ihr Leinwandego, die blonde Mähne, die meist die Hälfte ihres Gesichts verdeckte, ihr Markenzeichen. Mit dieser Frisur beeinflußte Veronica Lake die Mode so sehr, daß die Regierung sie offiziell bat, den üppigen Schopf während des Zweiten Weltkrieges anders zu tragen: Zahlreiche Fans blieben mit ihren Haaren immer wieder in den Maschinen der Munitionsfabriken stecken. Doch Veronica Lakes Karriere endete genauso plötzlich, wie sie begonnen hatte. 1951 mußte die Schauspielerin Bankrott anmelden, verschwand aus Hollywood und wurde erst 1962 von einem Journalisten wieder aufgespürt, als sie in einem billigen Hotel als Bardame arbeitete. 1968 veröffentlichte sie ihre Autobiographie unter dem Titel „Veronica".

Veronica Lake

„Sullivans Reisen" mit Joel McCrea, 1942

Hedy Lamarr

Hedy Lamarr, geboren als Hedwig Eva Maria Kiesler am 9. November 1913 in Wien

Unter dem Namen Hedy Kiesler begann die Wiener Bankierstochter, eine Entdeckung von Max Reinhardt, Anfang der 30er Jahre ihre Karriere im deutsch-österreichischen Film. Nach drei Miniparts folgte 1933 unter der Regie von Gustav Machaty der Film, der ihr weltweiten Ruhm (und einen zweideutigen Ruf) einbrachte: In der Skandalproduktion „Ekstase" irrte Hedy zehn Minuten lang auf der Suche nach ihren Kleidern durch den Wald und gab sich einem Liebhaber hin. Die Szene machte Kinogeschichte und löste einen ungeheuren Eklat aus. Als Hedy Kiesler wenig später den österreichischen Waffenfabrikanten Fritz Mandl heiratete, versuchte dieser sämtliche Kopien des „anrüchigen" Streifens aufzukaufen, doch bevor er sein Ziel erreichte, wurde die Ehe geschieden. 1938 erschien Hedy in Hollywood, nunmehr unter dem Namen Lamarr, angekündigt als „schönste Frau der Welt". Studiomogul Louis B. Mayer zeigte sich beeindruckt von ihrer Erscheinung, ließ sie aber wissen: „Ich habe ‚Ekstase' gesehen. Mit so einem Zeug kommt man in Hollywood nicht durch. Niemals. Der Hintern einer Frau ist für den Ehemann, nicht für die Zuschauer", so Hedy Lamarr in ihrer 1966 erschienenen Autobiographie „Ecstasy and Me". Trotz dieses Verdikts bekam Hedy ihren Vertrag. Sie spielte etliche Traumfrau-Glamourrollen: mit Clark Gable und Spencer Tracy in „Draufgänger" (1940), in „Mädchen im Rampenlicht" (1941) und 1949 in „Samson und Delila", dem größten kommerziellen Erfolg ihrer Karriere. Doch leider entsprachen ihre mimischen Fähigkeiten nicht ihrem hinreißenden Äußeren, und so war Hedy Lamarrs Laufbahn nach rund zehn Hollywoodjahren zu Beginn der 50er Jahre so gut wie beendet. Die Schauspielerin machte allenfalls noch durch ihr Privatleben von sich reden; der zweite ihrer sechs Ehemänner war der Autor Gene Markey, Nummer drei der Schauspieler John Loder.

„Der Ring der Verschworenen", 1944

„Lady of the Tropics" mit Robert Taylor, 1939

Christopher Lambert, geboren am 29. März 1957 in New York

Ein berühmter Schauspieler wollte der Sohn eines Diplomaten und einer Pädagogin schon seit seinem zwölften Lebensjahr werden. Nach einer Banklehre in London schrieb er sich 1981 am renommierten Conservatoire de Paris ein. Zwei Jahre später wählte Regisseur Hugh Hudson den Frankoamerikaner (er besitzt beide Staatsbürgerschaften) aus 56 Bewerbern für die Titelrolle seines Dschungelepos „Greystoke – Die Legende von Tarzan" (1984) aus, die ihm Weltruhm einbrachte. In „Duett zu dritt" war er im selben Jahr der Partner von Catherine Deneuve. Für seine Leistung in „Subway" (1985) erhielt er einen „César", und an der Seite von Sean Connery sorgte er 1985 als „Highlander" für volle Kinokassen. Seine Neigung zu „eher merkwürdigen Typen" stellte der von Frauenzeitschriften zum „Sexsymbol der 80er Jahre" gekürte Schauspieler in Marco Ferreris „I Love You" (1987) unter Beweis. Nach einigen Flops („Der Sizilianer", „Priceless Beauty" und „Why me – Warum gerade ich") stand er 1990 in „Highlander II" erneut als unsterblicher schottischer Schwertkämpfer vor der Kamera.

„Greystoke – Die Legende von Tarzan", 1984

„Subway", 1985

Dorothy Lamour

Dorothy Lamour, geboren als Mary Leta Dorothy Kaumeyer am 10. Dezember 1914 in New Orleans

„Straße nach Sansibar", 1941

Dank ihrer exotischen Schönheit wurde die Amerikanerin französisch-spanischer Herkunft bereits im Alter von 17 Jahren zur „Miss New Orleans" gewählt. Ihr späterer Mann, der Bandleader Herbie Kaye, entdeckte ihre Stimme und verpflichtete sie als Sängerin für sein Orchester. Auftritte mit dem Starkomiker Rudy Vallee in Nobelhotels wie dem New Yorker Waldorf Astoria folgten. Die Zusammenarbeit mit Vallee brachte Dorothy Lamour einen Vertrag als Entertainerin beim Radiosender NBC sowie ein Engagement beim Clover Club in Hollywood ein. Bei einer ihrer Shows fiel sie einem Talentsucher von den Paramount Studios auf, der ihr die Titelrolle in „Die Dschungelprinzessin" (1936) anbot. Eine ähnliche Rolle in John Fords „... dann kam der Orkan" legte sie ein Jahr später endgültig auf das Image des glutäugigen Sarongmädchens fest: „Hölle der Südsee", „Aloma, Tochter der Südsee" und „Mabok, der Schrecken des Dschungels" sind nur einige jener typischen Streifen, die sie während des Zweiten Weltkriegs neben Rita Hayworth und Betty Grable zu einem der beliebtesten Pin-up-Girls machten. Beachtliches komödiantisches Talent zeigte Dorothy Lamour 1940 als Partnerin von Bob Hope und Bing Crosby in „Road to Singapore". Die Gag- und actionreiche Parodie auf den Abenteuerfilm kam beim Publikum so gut an, daß bis 1962 sechs weitere „Road to ..."-Filme entstanden. Über zwei Jahrzehnte lang blieb Dorothy Lamour einer der populärsten Stars und drehte u. a. zusammen mit John Barrymore („Raubfischer in Alaska", 1938), Henry Fonda („Der Tod des alten Zirkuslöwen", 1940), James Stewart („Die größte Schau der Welt", 1952) und John Wayne („Die Hafenkneipe von Tahiti", 1963). Als Anfang der 60er Jahre die Hauptrollen ausblieben, zog Dorothy Lamour mit ihrer Familie von Hollywood nach Baltimore. Während sie als Bühnen- und TV-Schauspielerin aktiv blieb, war sie im Film seither nur noch unregelmäßig als Gaststar zu sehen.

„Dann kam der Orkan" mit Jon Hall, 1937

„Die jungen Wilden", 1961

„Local Hero", 1983

„Der Mann aus Kentucky", 1955

„Vera Cruz" mit Gary Cooper, 1954

Burt Lancaster, geboren als Burton Stephen Lancaster am 2. November 1913 in New York

Der Sohn eines Postbeamten wuchs im New Yorker Armenviertel Harlem auf. Als hervorragender Sportler erhielt er nach der Schule ein Stipendium an der New York University und jobbte nebenher beim Zirkus. Zusammen mit seinem Schulfreund Nick Cravat trat er als Trapezkünstler in Varietéshows und auf Jahrmärkten auf. Nach dreijährigem Kriegsdienst bekam er 1946 seine große Chance: Ein Broadway-Produzent bot Lancaster, der gerade erst aus Übersee zurückgekommen und noch in Uniform war, die Rolle eines Sergeants in dem Stück „The Sound of Hunting" an. Hollywoods Talentsucher waren von Lancasters Leistung so begeistert, daß er gleich sieben Angebote von führenden Studios erhielt. Sein erster Film „Die Killer" (nach einer Kurzgeschichte von Ernest Hemingway) wurde 1946 von Publikum und Kritik begeistert aufgenommen. Lancaster wollte jedoch mehr als einfach nur ein guter Darsteller sein. Deshalb war er Anfang der 50er Jahre einer der ersten Schauspieler, die ihre Filme auch selbst produzierten. Mit der Filmherstellung und -finanzierung hatte er sich nach seiner Ankunft in Hollywood schnell vertraut gemacht. Mit seiner „Hecht-Hill-Lancaster-Production" war er deshalb hinter der Kamera bald ebenso erfolgreich wie davor. 1960 bekam er für „Elmer Gantry" den schon lange verdienten „Oscar", nachdem er sich als Western-

„Denen man nicht vergibt" mit Audrey Hepburn, 1960

held („Der Mann aus Kentucky", „Vera Cruz", „Denen man nicht vergibt"), Abenteurer („Der rote Korsar") und in anspruchsvollen Filmdramen („Verdammt in alle Ewigkeit", „Der Gefangene von Alcatraz") einen Platz unter den begehrtesten US-Stars erkämpft hatte. Auch mit zunehmendem Alter überzeugte Lancaster weiterhin in anspruchsvollen Charakterrollen („Atlantic City, U.S.A.", „Der Leopard", „Local Hero"). Mit dem Part eines ehemaligen Footballspielers in „Feld der Träume" (mit Kevin Costner) bewies er 1989, daß er auch neben den Stars des neuen Hollywood bestehen kann, und belehrte alle, die an seinem Gesundheitszustand zweifelten, eines Besseren: Ein Jahr zuvor hatte er auf Schadenersatz geklagt, nachdem man ihm – angeblich aus gesundheitlichen Gründen – die Titelrolle in „Old Gringo" wieder entzogen hatte.

„Der Leopard", 1962

„Wenn der Postmann zweimal klingelt", 1981

Jessica Lange, geboren am 20. April 1949 in Cloquet, Minnesota

Als Tochter eines Handelsreisenden, der ständig die Firma wechselte, wuchs Jessica mit ihren vier Geschwistern in 18 verschiedenen Städten auf. Nach dem Schulabschluß studierte sie Malerei an der University of Minnesota, brach das Studium aber nach zwei Jahren ab, um mit ihrem Freund und späteren Ehemann, dem spanischen Fotografen Paco Grande, durch die Lande zu ziehen. Ihre Reisen führten das Paar nach Paris, wo Jessica Schauspielunterricht nahm, und nach New York, wo sie sich schließlich ohne Paco niederließ und am Actors Studio einschrieb. Ihren Lebensunterhalt verdiente sie sich als Kellnerin und Fotomodell. 1976 suchte Filmproduzent Dino de Laurentiis Jessica unter Hunderten von Bewerberinnen für sein „King Kong"-Remake aus. Knapp bekleidet und reizend-hilflos debütierte Jessica Lange als Verlobte des Riesenaffen. Der Film war nicht nur ein Flop, er war eine Kassenkatastrophe. Erst drei Jahre später erinnerte sich Bob Fosse an die schöne Blondine und engagierte sie für „Hinter dem Rampenlicht" („All That Jazz"). 1981 lag Jessica mit Hollywoods „Killer-Smile" Jack Nicholson für „Wenn der Postmann zweimal klingelt" auf dem mehligen Küchentisch. Die rasante Sexszene zählt zu den heißesten Filmminuten in der Kinogeschichte und machte Jessica zum Star. Um die Hauptrolle in „Frances" (die tragische Geschichte eines Filmstars) rissen sich Jane Fonda und Goldie Hawn. Jessica bekam sie und wurde 1982 für den „Oscar" nominiert. Sie erhielt die begehrte Trophäe im selben Jahr für ihre Nebenrolle in „Tootsie". Von nun an zählte sie, neben Meryl Streep und Diane Keaton, zu den etablierten Charakterschauspielerinnen Amerikas. Jessica Lange war nicht an schnellem Geld interessiert. Die Filme „Country", „Verbrecherische Herzen", „Ein Leben voller Leidenschaft" und „Music Box – Die ganze Wahrheit" zeigen die sorgfältige Rollenauswahl des einstmaligen Affenliebchens.

„Hinter dem Rampenlicht" mit Roy Scheider, 1979

„Frances", 1982

„Das Privatleben Heinrichs VIII.", 1933

Charles Laughton, geboren am 1. Juli 1899 in Scarborough, England, gestorben am 15. Dezember 1962

„Mein Gesicht sieht aus wie das Ostende eines Elefanten, der nach Westen wandert", urteilte der Sohn eines Hoteliers über sich. Doch gerade dieses Gesicht (und natürlich sein Talent) machte ihn zu einem der begehrtesten Charakterdarsteller. Schon während seiner Ausbildung im Hotelfach interessierte sich Charles Laughton für das Theater. Nachdem er als Soldat im Ersten Weltkrieg an der Front eine Gasvergiftung erlitten hatte, kehrte er nach England zurück und schloß sich einer Laienspielgruppe an. Laughton nahm Schauspielunterricht, stand 1926 in London das erste Mal als Profi auf der Bühne und übernahm einige Rollen in britischen Filmen („Die ewige Eva", „Das Gespenst von Canterville"). Für „Das Privatleben Heinrichs VIII." erhielt er 1933 sogar den „Oscar". Danach wurde er mit Angeboten aus den USA förmlich überschüttet. Als abstoßender Fiesling machte der Schauspieler Filme wie „Meuterei auf der Bounty" (mit Clark Gable), „Der Glöckner von Notre Dame" und „Der Fall Paradin" zu Hollywood-Klassikern. In sympathischen Rollen („Spartakus") setzte man ihn aufgrund seines Aussehens nur selten ein. Laughtons größter Wunsch, „einmal eine Liebesszene mit der Garbo oder Marlene Dietrich spielen", blieb unerfüllt. 1955 versuchte sich Charles Laughton mit „Die Nacht des Jägers" zum ersten und einzigen Mal als Regisseur, kehrte aber schon bald wieder zur Schauspielerei zurück und übernahm drei Jahre später seine wohl bekannteste Rolle: die des Anwalts in Billy Wilders „Zeugin der Anklage". Hier hatte auch Elsa Lanchester, mit der Laughton seit 1929 verheiratet war, einen ihrer denkwürdigsten Auftritte: Als nervende Krankenschwester lieferte sie sich mit ihrem Patienten/Ehemann haarsträubende Wortgefechte. Ab den 40er Jahren trat Charles Laughton neben seinen zahlreichen Filmverpflichtungen auch immer wieder im Theater auf und ging als Rezitator von Bibeltexten auf Tournee.

„Meuterei auf der Bounty", 1935

„Zeugin der Anklage", 1958

Stan Laurel & Oliver Hardy

„Krach im Alpenhotel", 1938

Stan Laurel & Oliver Hardy

„Fra Diavolo", Oliver Hardy, 1933

Stan Laurel, geboren als Arthur Stanley Jefferson am 18. Juni 1890 in Ulverston, Schottland, gestorben am 23. Februar 1965
Oliver Hardy, geboren am 18. Januar 1892 in Harlem, Georgia, gestorben am 7. August 1957

Der aus einer Schauspielerfamilie stammende Stan hatte mit 16 seinen ersten Auftritt als Komödiant und Tänzer. Anwaltssohn Oliver betrat die Bühne sogar schon mit acht Jahren: als Sänger. Es dauerte aber bis 1926, ehe die Solokarrieren abgeschlossen waren und das nahezu ideale Komikerpaar gefunden wurde. Als Entdecker gilt der Produzent Hal Roach, der vor allem bei Hardy viel Überzeugungsarbeit leisten mußte, bis „Dick und Doof" zusammen durch dick und dünn gingen. Schon ein Jahr später landeten sie mit „Der Jüngling aus der Fremde" einen Hit, der in der Filmgeschichte als der erste „Laurel & Hardy" geführt wird. Bis zum Tod des „Dikken" folgten etwa einhundert Filme, die Kritiker Peter Buchka als „echte Laurel & Hardys" bezeichnet und die in Deutschland bedauerlicherweise vor allem „für das Kinderprogramm erbarmungslos zusammengestoppelt oder als Vorabendsendung durch angeblich lustige Kommentare zerstükkelt wurden". Das Laurel & Hardy-Team machte mehr Filme als Charlie Chaplin, Buster Keaton und Harold Lloyd zusammen. So populär das Komikerduo auch war, bei den amerikanischen Kritikern fanden die beiden selten Gnade, obwohl sie 1932 für

„Banditenlied", 1930

„Die musikalische Kiste" sogar mit dem „Oscar" ausgezeichnet wurden. In dem Film mühen sich Stan und Ollie als Möbelpacker mit einem Klavier ab. Ihr Talent für Charakter- und Situationskomik machte selbst aus dieser Ministory ein cineastisches Ereignis. Bei ihren gemeinsamen Leinwandabenteuern bringt meist Stan das Chaos ins Rollen. Ollie – völlig entnervt an seiner Krawatte fummelnd – versucht vergeblich, selbiges zu entwirren. Als bedeutendste Arbeiten des Duos gelten die „Dick und Doof"-Filme: „... als Schornsteinfeger" (1933), „... werden Papa" (1936), „... als Salontiroler" (1938), „... in der Fremdenlegion" (1939), „... als Studenten" (1940) und natürlich „... als Schrecken der Kompanie" (1941). Zehn Jahre später drehten sie ihren letzten Streifen („Atoll K"). Beide hatten keine Rechte an ihren Filmen, so daß sich Stan, die „bessere Hälfte" des Teams, sogar in finanzieller Bedrängnis befand, als er 1965 im Alter von 74 Jahren starb.

„Leibköche seiner Majestät", 1944

Zarah Leander, geboren als Zarah Hedberg am 15. März 1900 in Finspang, Schweden, gestorben am 23. Juni 1981

Von einer Karriere als Bühnenstar träumte die Tochter eines schwedischen Kaufmanns bereits als 14jährige. Zwei Jahre später ergriff sie die Initiative und sang dem Revuekönig Ernst Rolf vor, der die rothaarige Schönheit mit der rauchigen Stimme vom Fleck weg für die Titelrolle in Lehárs „Die lustige Witwe" engagierte. Zarah Leander hatte schon in einigen schwedischen Streifen mitgewirkt, als Carl Froelich sie 1936 für den deutschen Film entdeckte. Bereits nach zwei Filmen – „Premiere" und „Zu neuen Ufern" (beide von 1937) – zählte die Leander zu den höchstdotierten Stars der Ufa. Als tragische Heldin von Musikfilmen und Melodramen wie „La Habanera" (1937) oder „Es war eine rauschende Ballnacht" (1939) feierte sie Sensationserfolge; ebenso populär wurden ihre Filmchansons (darunter „Der Wind hat mir ein Lied erzählt" und „Kann denn Liebe Sünde sein?"). Obwohl sie sich mit dem Naziregime arrangiert hatte, verließ die Leander 1942 Deutschland und kehrte in ihre Heimat zurück. Ihre Nachkriegsproduktionen wurden von Publikum und Kritik so einhellig abgelehnt, daß sich Zarah Leander 1959 vom Film zurückzog. Auf der Bühne war sie bis kurz vor ihrem Tod als Musicalstar („Madame Scandaleuse") und bei ausgedehnten Abschiedstourneen zu sehen.

„La Habanera", 1937

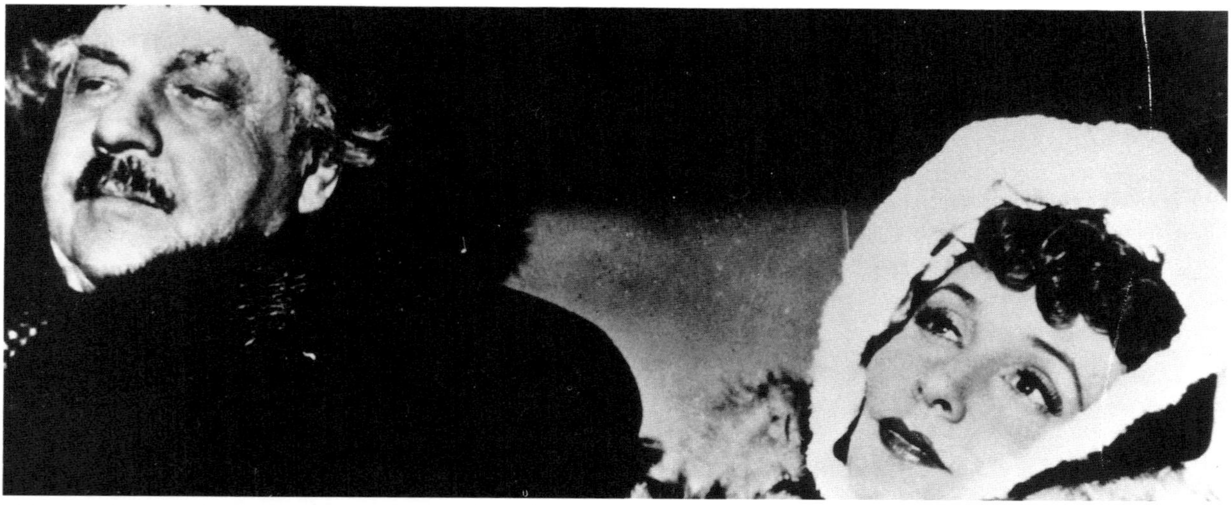

„Es war eine rauschende Ballnacht" mit Walter Slezak, 1939

Vivien Leigh

„Vom Winde verweht" mit Clark Gable, 1939

„Anna Karenina", 1947

Vivien Leigh mit dem „Oscar"

Vivien Leigh, geboren als Vivien Mary Hartley am 13. November 1913 in Darjeeling, Indien, gestorben am 7. Juli 1967

Nach der Rückkehr ihrer Eltern aus Indien verbrachte Vivien Leigh ihre Schulzeit in einer englischen Klosterschule. Sie spielte bei Schulaufführungen mit und erhielt während einer dreijährigen Europareise Kunst- und Musikunterricht. Zurück in England, ging sie auf die Londoner Royal Academy of Dramatic Arts. Während dieser Zeit heiratete sie und bekam ein Kind. 1935 hatte Vivien Leigh ihren ersten Bühnenerfolg in dem Stück „Die Maske der Tugend". Bei Dreharbeiten zu dem Film „Feuer über England" lernte die Schauspielerin 1936 Laurence Olivier kennen. Die Liebesszenen auf der Leinwand setzten sich privat fort: Beide ließen sich von ihren Ehepartnern scheiden. 1939, nach Filmen wie „Dark Journey", „St. Martin's Lane" und „Der Lausbub in Amerika", erhielt Vivien Leigh die Rolle der Scarlett O'Hara in „Vom Winde verweht". Ihre Verpflichtung war eine Sensation, da die in Hollywood noch unbekannte Schauspielerin so berühmte Konkurrentinnen wie Bette Davis, Joan Crawford und Katharine Hepburn aus dem Rennen geworfen hatte. Obwohl Vivien Leigh die Rolle nicht mochte, schuf sie mit ihrer glänzenden Darstellung der Südstaatenschönheit ein Stück Filmgeschichte und erhielt ihren ersten „Oscar". 1940, nach ihrer Eheschließung, gingen Vivien Leigh und Laurence Olivier mit dem Stück „Ro-

„Lord Nelsons letzte Liebe" mit Laurence Olivier, 1941

meo und Julia" auf Tournee. Aufgrund der miserablen Kritiken wandten sich die beiden bald wieder dem Film zu und hatten als Leinwandliebespaar in „Lord Nelsons letzte Liebe" großen Erfolg. 1949 stand Vivien Leigh in London als Blanche in „Endstation Sehnsucht" auf der Bühne. Die Verfilmung des Theatererfolges brachte ihr – Partner war Marlon Brando – den zweiten „Oscar". Zu dieser Zeit begann sich der Gesundheitszustand der Schauspielerin zu verschlechtern. Sie wurde zunehmend depressiver; außerdem litt sie an Tuberkulose. 1960 wurde die Ehe Leigh/Olivier geschieden – ein weiterer Rückschlag für den sensiblen Star. Sie führte ihre Theaterarbeit fort und drehte noch drei Filme: „Lokkende Tiefe", „Der römische Frühling der Mrs. Stone" und zuletzt „Das Narrenschiff". Am 7. Juli 1967 starb Vivien Leigh an Tuberkulose.

„Endstation Sehnsucht" mit Marlon Brando, 1951

„Ein Sommer in Manhattan", 1980

„Manche mögen's heiß" mit Joe E. Brown, 1959

„Missing" mit Sissy Spacek, 1982

„Das Mädchen Irma La Douce", 1963

Jack Lemmon, geboren als John Uhler Lemmon III. am 8. Februar 1925 in Boston, Massachusetts

„Der Damm ist gebrochen" lautete der erste Satz, den Jack Lemmon auf einer Theaterbühne sagen mußte. Damals war er vier Jahre alt und wirkte gemeinsam mit seinem Vater in dem Stück „Gold in Them Thar Hills" für eine Wohltätigkeitsveranstaltung mit. Obwohl der damalige Auftritt weder auf Jack Lemmon noch auf das Publikum besonderen Eindruck gemacht hatte, entschied sich der Sohn eines Keksfabrikanten später für die Schauspielerei. Sicherheitshalber machte er jedoch erst einen Abschluß in Naturwissenschaften an der Harvard Universität, arbeitete dann aber als Radiosprecher und wirkte in circa fünfhundert Fernsehshows mit. Seine erste Filmrolle in „It Should Happen to You" machte ihn 1953 über Nacht international bekannt. Zwei Jahre später konnte Jack Lemmon für „Keine Zeit für Heldentum" schon den „Oscar" als bester Nebendarsteller entgegennehmen. Doch erst der Regisseur Billy Wilder entdeckte Lemmons komödiantisches Talent und drehte 1959 mit ihm, Tony Curtis und Marilyn Monroe „Manche mögen's heiß". Lemmons Rolle als Musiker, der in Frauenkleidern vor einer Gangsterband flüchtet, war für ihn der Anfang einer steilen Karriere als witziges Nervenbündel. Darüber hinaus bedeutete sie den Auftakt zu einer fruchtbaren Zusammenarbeit zwischen Wilder und seinem Star, aus der noch weitere Komödien-

„Extrablatt", 1974

klassiker entstanden: „Das Apartment", „Das Mädchen Irma La Douce", „Der Glückspilz", „Avanti Avanti!" und „Extrablatt". Obwohl Lemmon auch im Alleingang immer wieder für wahnwitzige Kinounterhaltung („Nie wieder New York", „Das Nervenbündel") sorgte, schien er in Walter Matthau (mit ihm hatte er 1966 für „Der Glückspilz" das erste Mal vor der Kamera gestanden) den idealen Partner gefunden zu haben. Die beiden Stars machten Filme wie „Ein seltsames Paar" und „Buddy, Buddy" zu unvergeßlichen (und lukrativen!) Lacherfolgen. 1973 erhielt Lemmon einen weiteren „Oscar" für die Satire „Save The Tiger" und konzentrierte sich danach zunehmend auf anspruchsvolle und politisch engagierte Filmstoffe. Mit seinen Darstellungen in „Das China-Syndrom" und „Vermißt" (Regie: Costa-Gavras) konnte er sich endlich auch als Schauspieler ernster Rollen etablieren. So beeindruckte er 1989 – mit Halbglatze und Latexfalten – als seniler 80jähriger, der erst kurz vor seinem Tod eine Beziehung zu seinem Sohn entwickelt.

„Ein seltsames Paar" mit Walter Matthau, 1968

Ruth Leuwerik, geboren am 23. April 1926 in Essen

Ruth Leuwerik wuchs in Münster auf. Auf Wunsch der Eltern besuchte die Kaufmannstochter die höhere Handelsschule und arbeitete als Stenotypistin – ein Job, der ihren Neigungen kaum entsprach. Ruth wollte zum Theater. Bis 1950 spielte sie kleinere Bühnenrollen in Münster, Bremen und Hamburg. 1951 gab sie ihr Filmdebüt mit „Dreizehn unter einem Hut". Der Film wurde ein Flop. Erst mit „Ein Herz spielt falsch" gelang Ruth Leuwerik an der Seite von O.W. Fischer der Durchbruch. Sie wurde, neben Maria Schell, zum Star des deutschen Unterhaltungskinos. Ruth Leuwerik spielte gerne historische Persönlichkeiten. Zu ihren erfolgreichsten Filmen gehörten daher „Königliche Hoheit" (1953) und „Rosen im Herbst" (1955). Vor allem aber als Baronin Trapp entwickelte sie sich zum Kassenmagneten des deutschen Kinos. Nach Helmut Käutners wenig überzeugender Leinwandinszenierung des Andersch-Romans „Die Rote" (1962) zog sich die Schauspielerin immer mehr ins Privatleben zurück. Schließlich spielte sie – selten – kleinere Parts im Fernsehen (z.B. „Buddenbrooks", 1979). Die Leuwerik war dreimal verheiratet; ihr berühmtester Ehemann war Sänger Dietrich Fischer-Dieskau.

„Die Trapp-Familie in Amerika", 1958

Bei Dreharbeiten zu „Die Rote" in Venedig mit Rossano Brazzi (l.) und Giorgio Albertazzi (r.)

„Der tollkühne Jockey", 1953

„Der Tolpatsch", 1953

„Der tollkühne Jockey" mit Dean Martin, 1953

„Der verrückte Professor", 1962

Jerry Lewis, geboren als Joseph Levitch am 16. März 1926 in Newark, New Jersey

Bei einer Gesangseinlage in einem New Yorker Hotel schnupperte der Sohn einer Rundfunkpianistin und eines Barsängers im Alter von fünf Jahren zum ersten Mal Bühnenluft. Die High-School mußte Jerry Lewis zehn Jahre später verlassen, weil er einen antisemitischen Lehrer verprügelt hatte. Zunächst verdiente er sich seine Brötchen als Hotelportier, Würstchenverkäufer und Platzanweiser. 1942 versuchte er sein Glück als Conférencier und Profispaßvogel in Nachtclubs. Ein Auftritt mit dem damals noch unbekannten Sänger Dean Martin erwies sich 1946 als Glückstreffer. Wenn sich die beiden gegenseitig mit Sodawasser bespritzten oder Eiswürfel in den Ausschnitt warfen, rasten die Zuschauer vor Begeisterung. Produzent Hal Wallis holte das in Live- und TV-Shows bewährte Duo 1949 mit „My Friend Irma" zum Film. Von Publikum und Presse zu legitimen Nachfolgern von Stan Laurel und Oliver Hardy hochgejubelt, landete das Erfolgsteam mit jedem seiner insgesamt 16 Klamaukfilme einen Kassenknüller (zu den bekanntesten zählen „Krach mit der Kompanie", 1951, und „Alles um Anita", 1956). Mit Hilfe seines Freundes und Hauptregisseurs Frank Tashlin blieb Lewis auch als Solokünstler erfolgreich. In Filmen wie „Der Geisha-Boy" (1958) oder „Aschenblödel" (1960) war er zwar nach wie vor als Grimassen schneidender Clown zu

„Boeing-Boeing" mit Tony Curtis, 1965

sehen, nahm aber dabei die US-Konsumgesellschaft aufs Korn. Auf dem Höhepunkt seiner Karriere erhielt der Starkomiker 1959 einen Siebenjahresvertrag mit der Paramount, der ihm für 14 Filme die Rekordsumme von 14 Millionen Dollar zuzüglich 60 Prozent vom Reingewinn garantierte. Seinem Image des trotteligen Quatschkopfes zum Trotz machte sich Jerry Lewis seit Ende der 50er Jahre auch als Drehbuchautor, Produzent und Regisseur („Hallo Page", „Der verrückte Professor") einen Namen, übernahm an der Universität von Südkalifornien eine Professur für Film und schrieb ein Fachbuch über das Filmemachen. Als er Anfang der 70er Jahre für sein ambitioniertes Projekt „Der Tag, an dem der Clown weinte" keinen Verleih fand, zog er sich vom Leinwandgeschäft zurück und trat nur noch bei Galaabenden oder TV-Shows in der Öffentlichkeit auf. Unter der Regie von Martin Scorsese bewies Lewis 1983 dennoch seine Qualifikation als Charakterdarsteller: In „The King of Comedy" verkörperte er einen Showstar, der von einem fanatischen Fan entführt wird.

„Der tollkühne Jockey", 1953

„Liebe, Brot und Eifersucht", 1954

Gina Lollobrigida, geboren am 4. Juli 1927 in Subiaco, Italien

Die Tochter eines Möbelfabrikanten studierte Malerei und Bildhauerei, jobbte als Komparsin bei Kinoproduktionen, beteiligte sich 1947 an der Endausscheidung zur „Miss Italia" und wurde Dritte. Daraufhin erhielt die schwarzhaarige Schöne einige Filmangebote und feierte 1948 mit „Bajazzo" ihren ersten Leinwanderfolg. Drei Jahre später war sie ein Star: Als Adeline in „Fanfan, der Husar" betörte sie Publikum und Presse gleichermaßen. Ihre dunklen Augen, der sinnliche Mund und die aufregende Figur machten die „Lollo" zum Schönheitsideal der fünfziger Jahre. „Gina Nazionale", wie ihre Landsleute sie stolz nannten, ließ die Kinokassen klingeln. Dabei brillierte sie nicht nur als hinreißendes Vollweib wie etwa in „Die Schönen der Nacht" (1952), „Gefährliche Schönheit" (1953) und „Die schönste Frau der Welt" (1955). Gino Lollobrigida überzeugte ebenso als Darstellerin volkstümlicher Charaktere („Brot, Liebe und Phantasie", 1953; „Der Glöckner von Notre Dame" mit Anthony Quinn als Quasimodo, 1956). Auch in den USA erwies sich die Lollo als Kassenmagnet. Italiens schönster Export kassierte bis zu 500 000 Mark pro Film, während sich ihre schärfste Konkurrentin im inoffiziellen Oberweitenwettbewerb, Sophia Loren, mit 200 000 Mark weniger begnügen mußte. In den sechziger Jahren drehte die Schauspielerin noch eine Reihe von Filmen („Kaiserliche Venus", 1962, „Liebe, Laster und Ganoven", 1968), bevor sie nach „Herzbube" (1972) das Metier wechselte. Sie wurde Fotografin und fand mit ihren Bildern von Fidel Castro, Tito, Henry Kissinger, Dali oder Robert Redford weltweite Beachtung. 1989, im Alter von 62 Jahren, kehrte sie noch einmal in die Kinos zurück: In einer Verfilmung des Moravia-Romans „Die Römerin", für die sie 1954 als jugendliche Adriana vor der Kamera gestanden hatte, verkörperte sie nun deren Mutter.

„Der Glöckner von Notre Dame", 1956

„Brot, Liebe und Phantasie" mit Vittorio De Sica, 1953

Carole Lombard

Carole Lombard, geboren als Jane Alice Peters am 6. Oktober 1908 in Fort Wayne, Indiana, gestorben am 16. Januar 1942

Carole war sechs Jahre alt, als sie mit ihren Eltern nach Kalifornien zog. Als Zwölfjährige spielte sie ihre erste Filmrolle (in „A Perfect Crime"). Dann schloß sie die Schule ab und kehrte 1925, nun unter dem Namen Lombard, zum Film zurück. Sie erhielt einen Vertrag bei der Twentieth Century Fox, spielte typische Blondinenparts in etlichen unbedeutenden Filmen, trat 1927/28 in einem guten Dutzend Kurzkomödien von Mack Sennett auf und drehte weitere Routinespielfilme – bis 1934 der große Durchbruch kam. In Howard Hawks' Komödie „Napoleon am Broadway" konnte sie an der Seite von John Barrymore ihr brillantes komödiantisches Talent unter Beweis stellen. Als strahlende, bildschöne und witzige Mimin wurde sie zu einem der Top-Glamourstars von Hollywood und wußte ihre Rollen durch Charme und Esprit zu bereichern. Carole Lombard erschien in einer Serie von Kinokomödien: Besondere Höhepunkte waren „Mein Mann Godfrey" (1936), „Denen ist nichts heilig" (1937) und Ernst Lubitschs Klassiker „Sein oder Nichtsein" (1942). Diese Anti-Nazi-Komödie sollte ihr letzter Film werden. Auf dem Gipfel ihres Könnens und ihrer Popularität kam Carole Lombard 1942 bei einem Flugzeugabsturz ums Leben. Sie war auf der Rückreise von einer Werbetournee durch die USA, bei der sie für die Zeichnung von Kriegsanleihen geworben hatte. Ihr zweiter Mann Clark Gable kam lange nicht über ihren plötzlichen Tod hinweg; der „König von Hollywood" und die charmante Carole hatten 1939 geheiratet. Ihre als ideal geltende Beziehung wurde 1976 in dem Film „Gable and Lombard" (mit James Brolin und Jill Clayburgh) sentimental verklärt. In seinem Beileidstelegramm an Gable brachte Präsident Franklin D. Roosevelt die Gefühle unzähliger Lombard-Fans zum Ausdruck: „Sie schenkte allen große Freude, die sie persönlich kannten, und Millionen, die sie als bedeutende Künstlerin bewunderten. Sie ist und wird immer ein Star bleiben."

„Sein oder Nichtsein", 1942

Carole Lombard mit Ehemann Clark Gable

Sophia Loren

Sophia Loren, geboren als Sofia Scicolone am 20. September 1934 in Rom

Sophia Loren, Tochter einer ehrgeizigen, aber nicht sehr erfolgreichen Schauspielerin, wuchs in Pozzuoli bei Neapel in ärmlichen Verhältnissen auf. Mit 14 begann sie, an Schönheitswettbewerben teilzunehmen, von denen sie auch einige gewann. Bei einer solchen Veranstaltung wurde sie 15jährig von Produzent Carlo Ponti (den sie 1957 heiratete) für den Film entdeckt. Nach einigen Statisten- und Nebenrollen, in denen sie noch unter dem Namen Sofia Lazzaro auftrat, schaffte sie 1954 ihren Durchbruch als ernsthafte Schauspielerin in Vittorio De Sicas „Das Gold von Neapel". Unter De Sicas Regie spielte sie im Laufe ihrer Karriere noch mehrmals, darunter in „Die Eingeschlossenen" (1960), „Gestern, heute, morgen" (1963), „Die Reise nach Palermo" (1973) und vor allem in „... und dennoch leben sie" (1960), einem Film, der ihr den „Oscar" (nicht die einzige, aber die bedeutendste Auszeichnung, die sie im Laufe ihrer Karriere erhielt) einbrachte. Die Zusammenarbeit endete mit dem Tod De Sicas 1973. Sophia Loren war bereits in mehreren amerikanischen Filmen aufgetreten, als sie 1958 für insgesamt drei Jahre nach Hollywood ging. Dort war sie Partnerin fast aller bedeutenden US-Stars, darunter John Wayne („Die Stadt der Verlorenen", 1957), Cary Grant („Das Hausboot", 1958), Clark Gable („Es begann in Neapel", 1960), Paul Newman („Lady L", 1965), Gregory Peck („Arabeske", 1966) und Marlon Brando („Die Gräfin von Hongkong", 1966). Sophia Loren drehte über 70 Filme und konnte sich mehr als zwanzig Jahre lang auf der Höhe filmischen Ruhms halten. Sie gehört zu den wenigen weiblichen Stars, die sowohl das ernste als auch das komische Rollenfach beherrschen. Auch gelang es ihr, vom Image des Busenstars loszukommen und sich als ernstzunehmende Schauspielerin im internationalen Filmgeschäft durchzusetzen.

„Die Frau vom Fluß", 1955

Sophia Loren

Peter Lorre, geboren als László Loewenstein am 26. Juni 1904 in Rosenberg, Ungarn, gestorben am 23. März 1964

Eigentlich sollte der Sohn eines Rechnungsprüfers etwas „Vernünftiges" lernen. Deshalb wurde er zunächst Banklehrling. Doch schon im Alter von 18 Jahren kehrte er der Finanzwelt den Rücken und bekam ein Engagement am „Stegreiftheater" in Wien. Nach weiteren fünf Jahren, in denen Lorre in Breslau, Zürich und Berlin (unter der Regie von Bertolt Brecht) auf der Bühne stand, erhielt er 1929 seine erste Filmrolle in „Frühlingserwachen". Den Durchbruch schaffte er zwei Jahre später als psychopathischer Killer in Fritz Langs „M – Eine Stadt sucht einen Mörder". Die Rolle ebnete dem damals 27jährigen den Weg nach Hollywood. Dort drehte er ab 1935 mit namhaften Regisseuren wie Alfred Hitchcock („Der Geheimagent") und John Huston („Schach dem Teufel"). Seine denkwürdigsten Auftritte hatte er in „Der Malteserfalke", „Casablanca", „Arsen und Spitzenhäubchen" und in der Titelrolle der achtteiligen Detektivreihe „Mr. Moto". Nach dem Zweiten Weltkrieg ging Peter Lorre für kurze Zeit nach Deutschland zurück, konnte aber weder dort noch in den USA an seine alten Erfolge anknüpfen.

Peter Lorre, 1940

„Arsen und Spitzenhäubchen" mit Raymond Massey, 1944

„Nacht über Indien", 1939

Myrna Loy, geboren als Myrna Williams am 2. August 1902 in Raidersburg, Montana

Myrna Loy begann ihre Karriere als Showtänzerin und gelangte über Probeaufnahmen, die ihr Rudolph Valentino vermittelt hatte, zum Film. Nach einigen kleineren Rollen erlangte sie in den 20er Jahren eine gewisse Popularität und bekam mit der Einführung des Tonfilms immer größere Parts als orientalische Verführerin und männermordender Vamp. In „Manhattan Melodrama" spielte sie 1934 zum ersten Mal zusammen mit William Powell. Regisseur William Van Dyke war so begeistert von ihrem Zusammenspiel, daß er die beiden noch im gleichen Jahr als Detektivpärchen Nick und Nora Charles in „Mordsache ‚Dünner Mann'" besetzte. Die Krimikomödie machte die beiden Schauspieler über Nacht zu Superstars. Myrna Loy war endlich ihr negatives Image los und konnte sich nun als attraktive Komödiendarstellerin profilieren. 1937 wurde sie sogar zur „Königin des Films" gewählt. Insgesamt drehte sie noch fünf weitere „Dünner Mann"-Filme und stand mit William Powell außerdem für „Lustige Sünder" und „Love Crazy" vor der Kamera. Damit machte sie sich einen Namen als perfekte Leinwandehefrau, ein Image, daß sich in späteren Jahren zur Leinwandmutter entwickelte. Als solche agierte sie zusammen mit Cary Grant in „Nur meiner Frau zuliebe" und mit Clifton Webb in „Im Dutzend billiger". Während des Zweiten Weltkrieges ließ sie sich kurzfristig von ihren Filmverpflichtungen entbinden und leistete karitative Arbeit für das Rote Kreuz. In den 50er Jahren konzentrierte sich die Mimin zunehmend auf ihre Arbeit als UNESCO-Abgeordnete der USA, trat aber daneben weiterhin in Kino- und TV-Filmen auf: „Mitternachtsspitzen", „Darling, laß dich scheiden". Erst 1973, im Alter von 71 Jahren (!), gab Myrna Loy mit „Die Frauen" ihr Broadway-Debüt. Danach übernahm sie nur noch gelegentlich Nebenrollen in Filmen wie „Giganten am Himmel" und „Nobody is Perfekt" und zog sich 1980, nach einer Rolle in „Just Tell me What You Want", ins Privatleben zurück.

„Manhattan Melodrama" mit Clark Gable, 1934

„Renegades" mit Warner Baxter, 1930

Ali MacGraw, geboren am 1. April 1938 in Pound Ridge, New York

Alice MacGraw fing für 50 US-Dollar pro Woche als Redaktionsassistentin beim Modemagazin „Harper's Bazaar" an, stand bald selbst als Model im Studio und wurde zum amerikanischen Topgirl. Auch im Filmgeschäft wies ihr Weg nach nur einjährigem Schauspielunterricht steil nach oben. Die erste Hauptrolle („Zum Teufel mit der Unschuld", 1969) machte sie zum Star. Nach „Love Story" (1970) avancierte sie zum Idol der amerikanischen Jugend. Die Los Angeles Times kürte Ali zur „Frau des Jahres". Für den „Oscar" wurde sie auch nominiert. Bei den Dreharbeiten zu „Getaway" (1972) lernte sie Steve McQueen kennen. So manche Liebesszene in dem Film fiel echter aus als beabsichtigt. Sie ließ sich von Paramount-Boß Bob Evans scheiden und heiratete ihre neue Liebe. Die Schauspielerin zog sich vom Film zurück und suchte Erfüllung in der Mutterrolle. 1978, ein Jahr nach der Scheidung von Steve McQueen, hatte sie als Journalistin und Fernfahrerbraut in Sam Peckinpahs „Convoy" wieder einen großen Leinwanderfolg. In den 80er Jahren trat sie dann jedoch fast ausschließlich in TV-Produktionen auf.

„Love Story", 1970

„Spiel mit der Liebe" mit Maximilian Schell, 1979

„Immer Ärger mit Harry", 1955

„What a Way to go", 1964

„Am Wendepunkt" mit Leslie Browne, 1977

„Willkommen, Mr. Chance", 1979

Shirley MacLaine, geboren als Shirley MacLaine Beaty am 24. April 1934 in Richmond, Virginia

Die Tochter eines Immobilienmaklers wurde als Shirley MacLaine Beaty geboren. Ihr jüngerer Bruder fügte dem Familiennamen später noch ein „t" hinzu und machte als Warren Beatty Karriere. Shirleys Start im Showgeschäft war schleppend. Im Alter von 18 Jahren nach New York gezogen, arbeitete sie zunächst als Babysitter, Fotomodell und Reklamegirl. Danach gelang es ihr, in die Tanzgirltruppen der Musicals „Kiss me Kate" und „Me And Juliet" aufgenommen zu werden. Den gleichen Job übernahm sie 1954 auch in „The Pajama-Game". Als sich der Star des Musicals ein Bein brach, bekam Shirley MacLaine ihre große Chance: Sie übernahm die Hauptrolle und konnte Publikum und Kritiker überzeugen; ebenso den Hollywood-Produzenten Hal B. Wallis, der ihr einen Sechsjahresvertrag bei Paramount verschaffte. 1955 gab sie unter der Regie von Alfred Hitchcock in „Immer Ärger mit Harry" ihr Leinwanddebüt. Schnell avancierte sie zu einer der beliebtesten Komödiendarstellerinnen. Sommersprossen und der rotblonde Bubikopf wurden ihr Markenzeichen, Huren mit Herz ihre bevorzugten Rollen. Als solche begeisterte sie vor allem in Billy Wilders „Das Mädchen Irma La Douce" an der Seite von Jack Lemmon, mit dem sie drei Jahre zuvor schon für „Das Apartment" gemeinsam vor der Kamera gestanden hatte. Auch in Filmen wie „Sweet Charity"

„Das Mädchen Irma La Douce" mit Jack Lemmon, 1963

und „Ein Fressen für die Geier" spielte sie Prostituierte und hatte trotzdem die Sympathien der Zuschauer auf ihrer Seite. Den „Oscar" bekam Shirley MacLaine, die 30 Jahre lang die Filmgeschichte entscheidend mitbestimmt hatte, jedoch erst 1983 für „Zeit der Zärtlichkeit". Mit den Worten „Den habe ich auch verdient!" nahm sie die begehrte Auszeichnung entgegen. Der „Oscar" markierte gleichzeitig einen Wendepunkt in ihrer Karriere. Shirley MacLaine wurde nun immer häufiger auch als reife Frau in anspruchsvollen Kinofilmen eingesetzt. Ergebnisse dieser Entwicklung sind beispielsweise „Madame Sousatzka", „Magnolien aus Stahl" und „Grüße aus Hollywood". Neben ihrer schauspielerischen Arbeit engagierte sich Shirley MacLaine immer wieder politisch, setzte sich für liberale Präsidentschaftskandidaten ein und beschäftigte sich mit Okkultismus und fernöstlicher Philosophie. Ihre Bücher über diese Themen wurden Bestseller, ebenso ihre Autobiographie „Eine Raupe mit Flügeln".

„Immer Ärger mit Harry", 1955

„Who's That Girl?", 1987

Madonna, geboren als Madonna Louise Ciccione am 16. August 1958 in Bay City, Michigan

Weltberühmt zu werden, war von Kindesbeinen an erklärtes Karriereziel der ältesten Tochter einer achtköpfigen italienischen Einwandererfamilie. Sie nahm Tanzunterricht, tingelte mit verschiedenen Bands durch Nachtclubs und zog 1978 mit „35 Dollar und einem Wintermantel" nach New York. Weil ihre Gagen als Tänzerin und Schlagzeugerin der Gruppe „The Breakfast Club" zum Leben nicht ausreichten, jobbte sie nebenbei als Aktmodell, Verkäuferin sowie als Toilettenfrau. Nach mehreren Fehlstarts als Sängerin nahm sie 1982 einige selbstkomponierte Songs auf, die sie in New Yorks In-Disco „Danceteria" unterbrachte. Ihre wenig später produzierte erste LP „Lucky Star" katapultierte Madonna über Nacht an die Spitze der US-Charts. Seitdem war ihr Aufstieg zum Megastar nicht mehr aufzuhalten. Mit Hilfe provokanter Videoclips, ständig wechselnder Outfits und einer Reihe gezielt publizierter Affären und Skandale konnte sie ihre LPs „Like a Virgin", „True Blue", „Who's That Girl?" und „Like a Prayer" 50millionenmal verkaufen. Mit den über ihren Korsagen baumelnden Kruzifixketten löste sie einen weltweiten Modetrend aus. Und auf der Geldrangliste der Showgrößen nahm die Besitzerin dreier florierender Produktionsfirmen 1989 den dritten Platz ein. Mit der Komödie „Susan ... verzweifelt gesucht" setzte sie sich 1985 auf Anhieb auch als Kinostar durch. Ihr nächster Film „Shanghai Surprise" (1986), an der Seite ihres zeitweiligen Ehemanns Sean Penn, entpuppte sich allerdings als ebenso großer Reinfall wie der 1987 realisierte Streifen „Who's That Girl?". Um zu beweisen, „daß ich nicht nur Madonna spielen, sondern meine Persönlichkeit an der Garderobe lassen kann", nahm sie 1988 eine Nebenrolle in der Broadway-Produktion „Die Gunst der Stunde" von David Mamet an. Die eigens für sie geschriebene Rolle der Nachtclubsängerin „Breathless Mahoney" in „Dick Tracy" brachte ihr 1990 endlich den ersehnten Leinwanderfolg.

„Susan ... verzweifelt gesucht", 1985

„Dick Tracy", 1990

Anna Magnani

Anna Magnani, geboren am 7. März 1908 in Alexandria, Ägypten, gestorben am 26. September 1973

Als uneheliches Kind einer Italienerin und eines Ägypters wuchs Anna Magnani bei der Großmutter in den Slums von Rom auf. Ein paar Jahre besuchte sie eine Klosterschule. Mit 15 begann sie ihr Schauspielstudium an der Akademie für dramatische Kunst. Schon während dieser Zeit verdiente sie sich ihren Lebensunterhalt mit Auftritten in Nachtclubs und Varietés, wo sie Chansons zum besten gab. 1926 startete Anna Magnani ihre Theaterlaufbahn. Ein Jahr später, nach der Rückkehr von einer Tournee durch Argentinien, gab sie ihr Leinwanddebüt mit einer Minirolle in dem Stummfilm „Scampolo". Es dauerte noch viele Jahre, bis ihre Filmkarriere in Gang kam. 1935 heiratete sie den Regisseur Geoffredo Alessandrini, der den schauspielerischen Qualitäten seiner Frau skeptisch gegenüberstand, ihr 1936 aber doch eine Nebenrolle in seinem Film „Cavalleria" übertrug. Die Ehe war nicht glücklich und wurde 1950, nach langjähriger Trennung, annulliert. 1941 errang Anna Magnani in Vittorio De Sicas „Verliebte Unschuld" ihren ersten großen Filmerfolg, aber erst 1945, in Roberto Rossellinis „Rom – offene Stadt", kam ihr außergewöhnliches Talent voll zum Ausdruck. Von nun an war sie eine Leinwandberühmtheit, ein Star, der gängigen Klischeevorstellungen allerdings kaum gerecht wurde – ohne Glanz und Glamour, dafür heftig, rauh, leidenschaftlich, vital und kraftvoll. Für De Sica war sie „Italiens beste Schauspielerin", und Jean Renoir, unter dessen Regie sie 1953 in „Die Goldene Karosse" eine ihrer beeindruckendsten Rollen spielte, konstatierte: „Sie ist das vollkommene Tier – ein Tier, geschaffen für die Leinwand und die Bühne." 1955 feierte die Italienerin einen Triumph in den USA: Mit der Tennessee-Williams-Adaption „Die tätowierte Rose" erspielte sie sich einen „Oscar". Pier Paolo Pasolini setzte ihr mit „Mamma Roma" (1962) ein Denkmal. In ihren letzten Lebensjahren konzentrierte sich die Magnani vor allem auf Bühnenaufgaben.

„Die tätowierte Rose" mit Burt Lancaster, 1955

„Angelina", 1947

John Malkovich, geboren am 9. Dezember 1953 in Benton, Illinois

Weil er sich als 19jähriger an der Illinois State University in eine Schauspielschülerin verliebte, schmiß John Malkovich sein Studium hin und gründete mit neun Freunden die Steppenwolf Theatre Company. Bereits die erste Broadway-Produktion der Truppe, Sam Shepards „True West", wurde 1982 ein Sensationserfolg und brachte dem Schauspieler diverse Preise ein. Seine erste Filmrolle spielte er in Roland Joffés „The Killing Fields – Schreiendes Land". Seither zählt Malkovich zu den gefragtesten Stars der jungen Garde Hollywoods. Der blinde Farmer in „Ein Platz im Herzen" (1984), der Journalist in „Eleni" (1985), die Doppelrolle eines Wissenschaftlers und seines Alter ego in „Ein Mann à la carte" (1986) sowie der Überlebenskünstler in „Das Reich der Sonne" (1987) sind nur einige der Charaktere, die der exzentrische Mime „per Instinkt" erfaßt. 1988 verschaffte ihm die Rolle des zynischen Verführers Valmont in „Gefährliche Liebschaften" internationalen Starruhm. Unter der Regie von Bernardo Bertolucci verkörperte er 1990 den Existentialisten Port, der unter dem „Himmel über der Wüste" sein Leben läßt.

„Das Reich der Sonne" mit Christian Bale, 1987

„Gefährliche Liebschaften" mit Glenn Close, 1988

„Tod in Venedig", 1971

Silvana Mangano, geboren am 21. April 1930 in Rom, gestorben am 16. Dezember 1989

Mit 16 Jahren gewann die Tochter eines sizilianischen Bahnbeamten und einer Engländerin die Krone der „Miss Rom", die ihr sofort kleinere Filmrollen (darunter „Elisir d'amore", 1947) einbrachte. Als leichtgeschürzte Landarbeiterin in Giuseppe de Santis' damals als skandalös empfundenem Film „Bitterer Reis" erregte Silvana Mangano 1949 internationales Aufsehen: „Sie hat das Antlitz der Venus von Botticelli, und ihr Körper ist eine Sinfonie von wohlgeformten Kurven und Stromlinien", schwärmte der Schriftsteller Italo Calvino nach der Premiere. Wenig später heiratete die Schauspielerin den einflußreichen Produzenten Dino de Laurentiis, der den Kurvenstar zu einer eleganten Dame von Welt umformte. Zwar blieb sie mit Filmen wie „Anna" (1952) oder „Mambo" (1954) im Geschäft, doch in der Publikumsgunst überholten sie bald ihre Konkurrentinnen Sophia Loren und Gina Lollobrigida. Indem er fünf Starregisseure (unter ihnen Pier Paolo Pasolini und Luchino Visconti) für den auf seine Ehefrau zugeschnittenen Episodenfilm „Hexen von heute" verpflichtete, sorgte de Laurentiis 1967 für ein Comeback der Mangano. Die erstaunliche Wandlungsfähigkeit, mit der sie fünf völlig unterschiedliche Frauentypen verkörperte, überzeugte nicht nur Publikum und Kritik: Pasolini setzte sie als unnahbar-kultivierte Lady in „Teorema – Geometrie der Liebe" und „Edipo Re – Bett der Gewalt" (beide 1968) in Szene; Visconti gab ihr anspruchsvolle Rollen in „Tod in Venedig" (1970), „Ludwig II." (1973) und „Gewalt und Leidenschaft" (1974). Mitte der 70er Jahre zog sich die privat glücklose Schauspielerin (ein Sohn kam 1981 bei einem Flugzeugunglück ums Leben; 1983 folgte die Scheidung von de Laurentiis) fast völlig aus dem Filmgeschäft zurück. Ihre letzten Leinwandauftritte hatte die Mangano in David Lynchs „Der Wüstenplanet" (1984) und an der Seite von Marcello Mastroianni in Nikita Michalkows „Schwarze Augen" (1987).

„Bitterer Reis", 1951

„Man nannte es den großen Krieg" mit Vittorio Gassman, 1959

Jayne Mansfield mit „Philippe" in einer Drehpause zu „The Girl Can't Help it", 1956

Jayne Mansfield, geboren als Vera Jayne Palmer am 19. April 1932 in Bryn Mawr, Pennsylvania, gestorben am 29. Juni 1967

Daß sie ihr Dasein nicht als Hausfrau und Mutter fristen wollte, stand für Jayne Mansfield schon früh fest. Nach kurzer Ehe mit ihrem Schulfreund Paul Mansfield reichte sie die Scheidung ein, färbte sich die Haare blond und zog nach Hollywood, wo sie mit beispiellosen Publicitymethoden auf ihre üppigen Reize aufmerksam machte. „Hauptsache, die Leute merken sich meinen Namen" lautete das Motto der Marilyn-Monroe-Kopie, die nicht davor zurückschreckte, Pressekonferenzen in der Badewanne abzuhalten, ausschließlich mit einer schrillen Kleinmädchenstimme zu sprechen, einen herzförmigen Swimmingpool in ihre Villa einbauen zu lassen oder Klatschreporter höchstpersönlich über ihre neuesten Affären zu informieren. Zunächst hatte sie damit Erfolg: Mitte der 50er Jahre galt „Miss Blitzlicht" als Kurvenstar Nummer eins und startete mit Filmen wie „Schlagerpiraten", „Sirene in Blond" (beide 1957) oder „Sheriff wider Willen" (1958) eine vielversprechende Filmkarriere. Anders als die Monroe, die den Sprung von der Sexbombe zur seriösen Schauspielerin schaffte, blieb die Mansfield der Meinung „dramatische Kunst sei zu wissen, wie man einen Pullover füllt" (Bette Davis) und durfte bald nur noch drittklassige Streifen (darunter „Zu heiß zum Anfassen", 1960, und „Es geschah in Athen", 1962) dekorieren. Ihre ehemals skandalträchtigen Auftritte wurden nun nur noch belächelt. Statt ihre Träume vom Starruhm aufzugeben, versuchte Jayne Mansfield ihr Glück in Europa – unter anderem als Partnerin von Freddy Quinn in der Schnulze „Heimweh nach St. Pauli" (1963). Aufgedunsen von übermäßigem Alkohol- und Tablettenkonsum, tingelte sie zuletzt als unfreiwillige Parodie ihrer selbst durch britische und skandinavische Nachtclubs. Als Jayne Mansfield 1967 bei einem Autounfall tödlich verunglückte, war sie nach Angaben ihres Nachlaßverwalters „praktisch völlig mittellos".

„The Girl Can't Help it" mit Tom Ewell, 1956

„Sheriff wider Willen" mit Kenneth Moore, 1958

„Carmen", 1945

Jean Marais, geboren als Jean Marais-Villain am 11. Dezember 1913 in Cherbourg, Frankreich

Nachdem er Stationen als Retuscheur, Zeitungsverkäufer und Fabrikarbeiter durchlaufen hatte, wechselte der Sohn eines Tierarztes im Alter von 19 Jahren ins Schauspielmetier. Einige Jahre lang versuchte er vergeblich, im Filmgeschäft Fuß zu fassen. Bis sich 1938 das Universalgenie Jean Cocteau von dem ebenso attraktiven wie unbekannten Mimen derart beeindruckt zeigte, daß er ihm über Nacht eine Hauptrolle in „Chevaliers de la table ronde" verschaffte. Für seinen Freund und Geliebten reservierte Cocteau nun in jedem seiner surrealistisch-nihilistischen Werke die Hauptrolle: „Der ewige Bann" (1943), „Es war einmal" (1945), „Der Doppeladler" (1947) und „Orphée" (1949) demonstrieren das schöpferische Potential des Duos Cocteau/Marais und zählen heute zu den Meilensteinen der Filmgeschichte. „Er war mein Hexenmeister und ich sein Zauberlehrling", charakterisierte Jean Marais später die Zusammenarbeit mit seinem Mentor, die mit dem Tod Cocteaus im Jahr 1963 endete. Zum „begehrtesten Junggesellen Frankreichs" brachte es „Jeannot" allerdings nicht mit seinen Kunstfilmen, sondern als charmanter Draufgänger in Mantel-und-Degen-Filmen (darunter „Der Graf von Monte Christo" und „Napoleon", beide 1955), mit gefälligen Schnulzen wie „Im Schlafsaal der großen Mädchen" (1953) oder „Reif auf junge Blüten" (1954) sowie als Krimiheld, etwa in „Fantomas" (1964) und „Rendezvous der Killer" (1965). Lilli Palmer beschrieb ihren Partner aus „Ein Leben zu zweit" (1958) einmal als „genauso, wie sich Millionen Frauen ihren Traummann vorstellen: gutaussehend, charmant, höflich und immer hilfsbereit". International erfolgreich war Jean Marais auch als Maler, Kunsttöpfer, Bühnenbildner und Regisseur. Seine Beziehung zu Jean Cocteau („Seit er tot ist, tue ich nur noch so, als ob ich lebe") schilderte er 1977 in seiner Autobiographie „Spiegel der Erinnerung".

„Mein Schwert für den König", 1960

Jean Marais

Fredric March, geboren als Ernest Frederick McIntyre Bickel am 31. August 1897 in Racine, Wisconsin, gestorben am 5. April 1975

Nach seinem Militärdienst im Ersten Weltkrieg und einer abgebrochenen Laufbahn als Bankangestellter entschied sich Fredric March für die Schauspielerei. Anfang der 20er Jahre schlug er sich mit winzigen Filmrollen und Theaterauftritten in Baltimore durch. 1928 erntete er am Broadway für seine Leistung in „Eine königliche Familie" großes Kritikerlob. Daraufhin bot Paramount dem vielversprechenden Schauspieler einen Vertrag an. Schon drei Jahre später gehörte er zu den Großen Hollywoods und durfte 1932 seinen ersten „Oscar" für „Dr. Jekyll und Mr. Hyde" entgegennehmen. Den zweiten erhielt er 1946 für seine Leistungen in „Die besten Jahre unseres Lebens". Mittlerweile konnte sich March seine Rollen aussuchen: In Kinofilmen wie „Tod eines Handlungsreisenden", „An einem Tag wie jeder andere", „Der Mann im grauen Flanell" und „Wer den Wind sät" gelang es ihm, sich als Charakterdarsteller zu etablieren. Daneben baute er weiterhin seine Bühnenkarriere aus und trat in den 50er Jahren häufig im Fernsehen auf.

„Anna Karenina" mit Greta Garbo, 1935

„Sieben Tage im Mai", 1964

Dean Martin mit Ehefrau Jeanne und Sohn Ricci

Dean Martin, geboren als Dino Paul Crocetti am 7. Juni 1917 in Steubenville, Ohio

Dean Martins großes Vorbild ist Bing Crosby. Stundenlang konnte der Sohn eines italienischen Friseurs im Kino sitzen, um sein Idol singen zu hören. Wegen seiner Liebe zur Musik schlug sich Dean Martin auch Anfang der 40er Jahre mit Gesangsauftritten in diversen Kneipen durch. 1946 lernte er Jerry Lewis kennen. Die beiden traten zusammen auf – und hatten sofort Erfolg. Lewis' slapstickhafte Komik und Martins Charme trafen den Geschmack des Publikums und verschafften dem Duo einen Hollywood-Vertrag. Ab 1949 agierten sie gemeinsam in äußerst erfolgreichen Musicalkomödien, die alle nach dem gleichen Muster gestrickt waren. 1956 trennte sich Dean Martin von seinem Partner und bastelte an seiner Karriere als Sänger. Mit Songs wie „Everybody Loves Somebody Sometime" und „The Door is Still Open to my Heart" katapultierte sich der gutaussehende Italoamerikaner (der zwar keine Noten lesen konnte, aber eine gute Stimme hatte) an die Spitze der Charts. Außerdem war er inzwischen Mitglied des legendären „Rat-Pack"-Clans in Las Vegas. Der Boß war Dean Martins Kumpel Frank Sinatra. Zusammen mit Sammy Davis, jr., Joey Bishop und Peter Lawford gehörten sie schon bald zu den gefragtesten und teuersten Entertainern der Vereinigten Staaten. Auch mit Martins Schauspielkarriere lief es blendend. In Filmen wie „Verdammt sind sie alle" und „Rio Bravo" konnte er sich Ende der 50er Jahre als seriöser Schauspieler etablieren. Danach drehte der Star jedoch hauptsächlich anspruchslose Klamotten („Wer hat in meinem Bett geschlafen?", „Küss mich, Dummkopf") und konnte nur noch in seinen Western („Die vier Söhne der Katie Elder", „Bandolero", „Todfeinde", „Die Geier warten schon") überzeugen. Zwischendurch drehte er immer wieder an der Seite seiner „Rat-Pack"-Kollegen („Frankie und seine Spießgesellen", „Sieben gegen Chikago"), mit denen er 1984 auch in „Highway 2: Auf dem Highway ist wieder die Hölle los" gemeinsam vor der Kamera stand.

„Rio Bravo", 1959

„Der Zirkusclown" mit Jerry Lewis, 1954

„Tote tragen keine Karos", 1982

Steve Martin, geboren 1945 in Waco, Texas

Als Steve zehn Jahre alt war, zog seine Familie nach Kalifornien. In den Sommerferien jobbte er im nahen Disneyland als Verkäufer von Scherzartikeln. Während der Schulzeit schrieb er Sketche, die später in dem Buch „Cruel Shoes" (1979) in die Bestsellerlisten kamen. Nach der High-School studierte Steve Martin an der Universität von Los Angeles Theaterwissenschaften. Mit 21 Jahren begann er als Autor beim Fernsehen. Durch seine dortige Tätigkeit kam er Mitte der 60er Jahre zu „Saturday Night Live" und wurde Partner von John Belushi und Dan Aykroyd in der Kult-Comedy-Show. Bei seinen Solotourneen war er Garant für ausverkaufte Hallen. Alle drei Konzertmitschnitte wurden mit Platin belohnt, und seine Blödel-Single „King Tut" verkaufte sich 1,5millionenmal. In dem Zehnminutensketch „The Absent-Minded Waiter" gab Steve Martin 1978 sein Leinwanddebüt; der Kurzfilm wurde für den „Oscar" nominiert. Ein Jahr später drehte er seinen ersten Spielfilm „Reichtum ist keine Schande", für den er das Drehbuch schrieb und die Hauptrolle übernahm. Der Film spielte 100 Millionen Dollar ein, und Steve Martin war der neue Star am „Comedy"-Himmel. Mit der umwerfenden „Film noir"-Parodie „Tote tragen keine Karos" (1982) wurde er auch dem europäischen Publikum bekannt. Seinen größten Hit landete Steve 1984 mit der Komödie „Solo für 2". Für die Darstellung eines Anwalts, dessen linke Körperhälfte von einer Mandantin „besetzt" ist, wurde er von der New Yorker Critics Association als bester Schauspieler geehrt. 1987 drehte Martin mit „Roxanne" die von ihm aktualisierte Version des französischen Klassikers „Cyrano de Bergerac". Daß er auch ernstere Rollen spielen kann, bewies der meisterhafte Komödiant und Slapstickakteur 1989 in „Eine Wahnsinnsfamilie": Auch wenn manchmal der „absent-minded"-Martin durchbricht, überzeugt er hier als besorgter Familienvater. Der Schauspieler, privat eher einsilbig und introvertiert, ist seit 1986 mit Victoria Tennant verheiratet, mit der er für „Solo für 2" vor der Kamera stand.

„Solo für 2" mit Hund „Bix", 1984

„Roxanne" mit Daryl Hannah, 1987

Elsa Martinelli, geboren als Elsa Tia am 13. Januar 1935 in Grosseto, Italien

Die Tochter eines Eisenbahnangestellten kam über die Mode zum Film. Elsa Martinelli war bereits ein erfolgreiches Mannequin, als Kirk Douglas sie für seine erste Eigenproduktion „Zwischen zwei Feuern" (1955) engagierte. Ohne jegliche schauspielerische Vorbildung wurde ihr die Hauptrolle übertragen. Ein Siebenjahresvertrag mit Douglas' Produktionsfirma ermöglichte ihr eine Karriere als Filmstar. Allerdings spielte sie zunächst in Europa und den USA in einer Reihe von Filmen, die nicht in die Kinogeschichte eingingen. Bekannter wurde das Exmodel erst in den 60er Jahren. So war sie in Orson Welles' Kafka-Verfilmung „Der Prozeß" (1962) zu sehen und agierte an der Seite von John Wayne in „Hatari" (1962). Ihre Rollen entsprachen meist dem Typ der attraktiven Italienerin, der zu den Glanzzeiten von Gina Lollobrigida und Sophia Loren bei Regisseuren und Publikum hoch im Kurs stand. Dennoch erreichte sie den schauspielerischen Erfolg ihrer Kolleginnen nicht. Es war stets ihr Privatleben, mit dem die Partylöwin in den Medien für Aufsehen sorgte. Nach über 30 Filmrollen zog sie sich Ende der 70er Jahre von der Leinwand zurück.

„Das älteste Gewerbe der Welt", 1967

„Es begann in Rom" mit Charlton Heston, 1962

Lee Marvin, geboren am 19. Februar 1924 in New York, gestorben am 29. August 1987

Nach einer abgebrochenen Schulausbildung, Gelegenheitsjobs an der Wall Street und Kriegsdienst bei der Marine kam Lee Marvin eher zufällig zur Schauspielerei: Er sprang für einen erkrankten Darsteller auf einer Provinzbühne ein. Daraufhin nahm Marvin Schauspielunterricht, ging zum Broadway und bekam schon bald zahlreiche Komparsenrollen in Hollywood. Seit seinem Auftritt als Ganove in Fritz Langs „Heißes Eisen" (1953) schien er auf den Typ des Schurken festgelegt. Lediglich im Fernsehen konnte er sich von seinem Bösewicht-Image lösen: Drei Jahre lang (von 1957 bis 1960) spielte er den Polizisten Frank Ballinger in der Serie „Dezernat M". Für das Kinopublikum blieb Lee Marvin jedoch stets der grausame („Der Mann, der Liberty Valance erschoß") oder zumindest zwielichtige („Die Hafenkneipe von Tahiti") Typ. So auch in dem Western „Cat Ballou – Hängen sollst du in Wyoming", für den er 1965 mit dem „Oscar" ausgezeichnet wurde. In den folgenden Jahren traf er mit Action- und Spionagefilmen wie „Das dreckige Dutzend" (1967), „Lawinen-Expreß" (1979) und „Gorky Park" (1983) auch weiterhin den Publikumsgeschmack.

„Point Blank", 1967

„Rivalen gegen Tod und Teufel", 1976

„Die Marx Brothers im Krieg", Chico und Harpo Marx, 1933

Chico Marx, geboren als Leonard Marx am 26. März 1886, gestorben am 11. Oktober 1961

Harpo Marx, geboren als Adolph Marx am 21. November 1888, gestorben am 28. September 1964

Groucho Marx, geboren als Julius Henry Marx am 2. Oktober 1890, gestorben am 19. August 1977

Zeppo Marx, geboren als Herbert Marx am 25. Februar 1901, gestorben am 30. November 1979

„Die Marx Brothers im Krieg", Groucho Marx, 1933

Die Marx Brothers, als Söhne deutsch-jüdischer Einwanderer in New York geboren, erbten ihr komödiantisches Talent offenbar von ihrer Mutter, die aus einer Artistenfamilie stammte. Schon als Kinder mußten sie mit Gesangsauftritten in Kneipen Geld für die Familienkasse verdienen. Später traten sie an diversen Provinztheatern in revueartigen Sketchen auf. Als Hauptdarsteller der Bühnenshow „The Coconuts" wurden sie vom amerikanischen Publikum begeistert aufgenommen. Von 1926 bis 1928 lief das Stück am Broadway. Als der Tonfilm aufkam, wurde es verfilmt. Groucho erklärte später: „Sie richteten einfach eine Kamera auf uns, während wir unsere alte Bühnenversion von ‚Coconuts' herunterspielten." Obwohl die Marx Brothers mit ihrer autoritätsverachtenden Komik in konservativen Kreisen eher gemieden wurden, hatten Harpo, der stumme Harfenspieler mit der blonden Lockenmähne, Chico, der einfallsreiche Italoamerikaner, Groucho, der egoistische Frauenheld mit angeklebtem Bart und Zigarre zwischen den Zähnen, sowie Zeppo (er arbeitete nach dem fünften gemeinsamen Film nur noch hinter der Kamera), der schmalzige Schönling, schon bald eine feste Fangemeinde. Komödien wie „Die Marx Brothers auf See", „Die Marx Brothers im Krieg" und „Skandal in der Oper" – in den 30er Jahren in Deutschland verboten – gelten heute als Kultfilme. „Love Happy", ihren letzten gemeinsamen Film, drehten die Brüder 1950. Danach konnte nur Groucho, berühmt-berüchtigt wegen seines bissigen Wortwitzes, im Fernsehen Fuß fassen.

Chico, Groucho und Harpo Marx (v. l. n. r.)

„Die Gauner", 1955

Giulietta Masina, geboren am 22. Februar 1920 in Piano, Italien

Giulietta stammt aus einer sehr kultivierten und hochkünstlerischen Familie, hatte aber nie vor, Schauspielerin zu werden. Die Tochter eines Musikers ging statt dessen zum Studium nach Rom und machte ihren Doktor der Philosophie. An der Universität spielte sie mit großem Erfolg Laientheater und arbeitete hin und wieder als Aushilfssprecherin bei Radio Roma. Den Autor der Hörspielserie „Chico und Pallina" lernte Giulietta 1943 kennen. Federico Fellini, so hieß er, war ein unbekannter Journalist und Schriftsteller, der gerade versuchte, als Regisseur Fuß zu fassen. Die beiden heirateten sechs Monate später. Nach dem Tod ihres einzigen Kindes ging Giulietta ans Theater zurück. Fellini vermittelte seiner Frau Mitte der 40er Jahre Engagements bei befreundeten Filmregisseuren. Man gab der kleinen (158 cm), pausbäckigen Schauspielerin mit den Kulleraugen winzige Nebenrollen in Filmen wie „Paisa", „Ohne Gnade" und „Geschlossene Gardinen". 1954 fand Fellini endlich einen Geldgeber, der bereit war, die Verfilmung seines Drehbuchs „La Strada" zu finanzieren. Die Rolle der naiven Kindfrau Gelsomina spielte Giulietta an der Seite von Anthony Quinn. Der Film schlug ein wie eine Bombe und machte das Künstlerehepaar international berühmt. Noch im selben Jahr drehten sie gemeinsam „Die Gauner", 1957 den vielfach preisgekrönten Film „Die Nächte der Cabiria" und „Fortunella". Aber Giulietta zeigte, daß sie auch ohne Fellini schauspielern konnte. An der Seite von Anna Magnani beeindruckte sie 1958 Zuschauer und Kritiker gleichermaßen in „Hölle in der Stadt". In den deutschen Produktionen „Jons und Erdme" und „Das kunstseidene Mädchen" war sie ein Jahr später zu sehen. Doch immer wieder ragen – auch aus ihren späteren Filmrollen – die Fellini-Filme heraus, wie z. B. „Julia und die Geister" und „Ginger und Fred" (1985). Neben der Filmarbeit schrieb Giulietta Masina jahrelang eine wöchentliche Kolumne für die Zeitung „La Stampa".

„Julia und die Geister" mit Mario Pisu, 1965

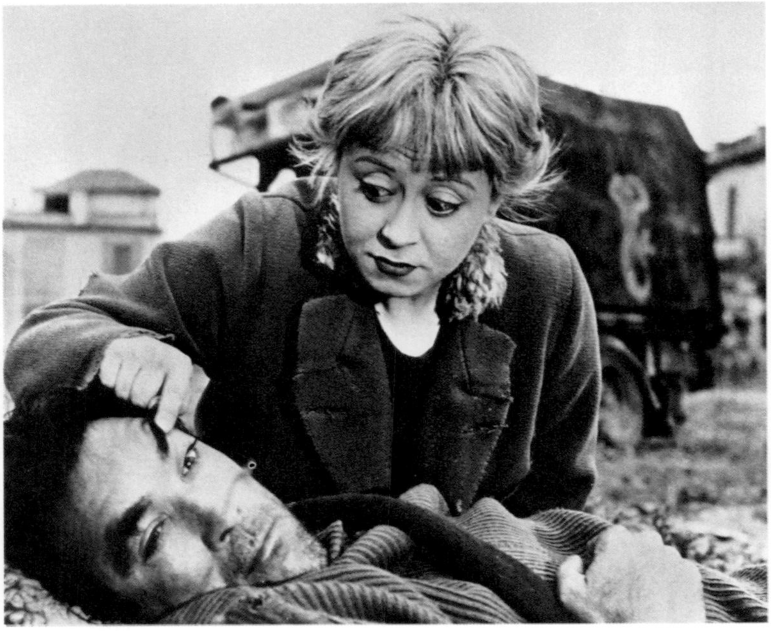

„La Strada" mit Anthony Quinn, 1954

„Frau ohne Herz", 1945

James Mason, geboren als John Neville Mason am 15. Mai 1909 in Huddersfield, England, gestorben am 27. Juli 1984

Der Sohn eines Textilhändlers studierte in Cambridge Architektur und kam über das Studententheater zur professionellen Schauspielerei. Nach dem Wechsel zur Bühne – er trat von 1933 bis 1934 am Old Vic in London auf – erhielt er bereits ein Jahr später in „Late Extra" seine erste Filmrolle, der rasch weitere folgten. Während und nach dem Zweiten Weltkrieg wurde Mason vor allem durch Hauptrollen in Melodramen wie „Der Mann in Grau" und „Gaslicht und Schatten" bekannt. Seine wahren darstellerischen Fähigkeiten zeigte der als brutaler Liebhaber abgestempelte Schauspieler 1947 in dem Film „Ausgestoßen", in dem er einen IRA-Kämpfer auf der Flucht verkörperte. Nach seinem öffentlichen Streit mit Verantwortlichen der britischen Filmindustrie wagte Mason den Sprung nach Hollywood. Dort arbeitete er mit so renommierten Regisseuren wie Max Ophüls („Schweigegeld für Liebesbriefe") und Vincente Minnelli („Madame Bovary") zusammen. Da sich Mason jedoch auch in den USA nicht mit seiner Kritik am Showbusiness zurückhielt, blieb ihm der wirkliche Starruhm weiter versagt. Erst in den 50er Jahren konnte der Schauspieler seine Karriere ausbauen und wirkte unter anderem in „Julius Caesar", „20 000 Meilen unter dem Meer", „A Star is Born" und „Der unsichtbare Dritte" mit. 1962 ging er nach Europa zurück, um mit Stanley Kubrick „Lolita" zu drehen. Mit seiner Darstellung eines Mittfünfzigers, der einer 15jährigen verfallen ist, etablierte sich der Mime endlich auch international. In den folgenden Jahren gehörte Mason zu den meistbeschäftigten Schauspielern der Branche und pendelte zwischen Broadway-Inszenierungen und Filmverpflichtungen. 1984 stand er das letzte Mal vor der Kamera und spielte als „Dr. Fischer aus Genf" (nach einem Roman von Graham Greene) eine seiner beeindruckendsten Rollen.

„Ausgestoßen", 1947

„Rommel, der Wüstenfuchs" mit Jessica Tandy, 1951

„Das süße Leben", 1960

Marcello Mastroianni, geboren am 28. September 1924 in Fontana Liri, Italien

Der Sohn eines Tischlers studierte zunächst Architektur und Volkswirtschaft an der Universität Rom. Während des Zweiten Weltkriegs wurde er von deutschen Truppen gefangengenommen und in ein Arbeitslager geschickt, aus dem er sich nach kurzer Zeit befreien konnte. Danach war Marcello Mastroianni Buchhalter in einer kleinen Firma, begann aber nebenbei, Theater zu spielen. Luchino Visconti entdeckte den gutaussehenden Nachwuchsschauspieler 1948 bei einer Studentenaufführung und setzte ihn in den kommenden Jahren mit großem Erfolg als Hauptdarsteller seiner Tennessee-Williams- und Shakespeare-Inszenierungen ein. Seit seinem ersten Leinwandauftritt in „I miserabili" (1947) auch beim Film gefragt, wurde Marcello Mastroianni in seiner Heimat populär als Partner von Sophia Loren in den Komödien „Schade, daß du eine Kanaille bist" und „Eine Frau für schwache Stunden" (beide 1955). Den internationalen Durchbruch schaffte er vier Jahre später als leichtlebiger Reporter in Federico Fellinis Skandalfilm „Das süße Leben". Daß ihn diese Rolle sowie seine Affären mit Catherine Deneuve, Faye Dunaway und Jacqueline Bisset auf das Image des Latin Lovers festlegten, tat Mastroiannis Karriere keinen Abbruch. Unter seinen insgesamt über 100 Filmen finden sich Meisterwerke wie Viscontis „Weiße Nächte" (1957), Antonionis „Die Nacht" (1961), De Sicas „Gestern, heute, morgen" (1962), Polanskis „Was" (1973) und Ferreris „Das große Fressen" (1973). Mit seinem Lieblingsregisseur Fellini drehte er „Achteinhalb", „Roma", „Stadt der Frauen" und „Ginger und Fred". Marcello Mastroianni gilt als größter Star des italienischen Kinos und wurde zweimal (1978 für „Ein besonderer Tag" und 1985 für „Maccaroni") für einen „Oscar" nominiert. Ende der 80er Jahre beeindruckte der passionierte Schauspieler („Die Schauspielerei befreit mich von der Mühe, ich selbst zu sein") durch seine sensiblen Charakterstudien in „Der Bienenzüchter" und der Tragikomödie „Schwarze Augen".

„Scheidung auf italienisch" mit Daniela Rocca, 1961

„Flucht nach Varennes", 1981

„Extrablatt", 1974

Walter Matthau, geboren als Walter Matuschanskayasky am 1. Oktober 1920 in New York

„Er würde", so urteilte Erfolgsregisseur Billy Wilder einmal über ihn, „Rhett Butler ebenso gut spielen wie Scarlett O'Hara". Dafür geübt hatte der Sohn russisch-jüdischer Emigranten schon früh: Bereits als Kind gehörte er zur Komparserie der jüdischen Theater an der 2nd Avenue in New York und spielte mit elf Jahren seine erste Rolle. Nach seinem Kriegsdienst bei der US-Luftwaffe nahm er bei Erwin Piscator Schauspielunterricht. 1948 hatte er einen ersten Auftritt am Broadway. Sechs Jahre später wurde er mit dem „New York Drama Critics Award" ausgezeichnet. Er agierte in einigen Fernsehspielen, blieb aber vorerst der Bühne treu. Seine Hollywood-Karriere begann mit einer Reihe von Auftritten als Bösewicht (darunter „Der Mann aus Kentucky"), unterbrochen von etwas differenzierteren Rollen („Das Gesicht in der Menge"), die ihn allmählich zum Star machten. Nach „Ein seltsames Paar" gehörte Matthau (für seine Darstellung in dem gleichnamigen Theaterstück hatte er 1965 den „Tony" bekommen), gemeinsam mit Jack Lemmon, zu Billy Wilders bevorzugten Komödiendarstellern. Matthaus Knautschgesicht und sein Schmuddel-Image paßten hervorragend zu Lemmons überdrehtem, auf Korrektheit bedachten Charakter. Insgesamt stand das ungleiche Paar viermal gemeinsam vor der Kamera, u. a. in „Der Glückspilz" und „Extrablatt". Doch auch solo konnte Matthau immer wieder, meist in Komödien, überzeugen. Filme wie „Leitfaden für Seitensprünge", „Opa kann's nicht lassen" (Regie: Jack Lemmon), „Die Bären sind los" und „Das verrückte California Hotel" zeigten den Schauspieler in der Rolle des liebenswerten Alltags-Chaoten und machten ihn zu einem der gewinnbringendsten Stars der 60er und 70er Jahre. In den 80er Jahren bekam er jedoch immer seltener geeignete Stoffe angeboten und wirkte nur noch in mäßig witzigen Komödien mit. Auch in Roman Polanskis „Piraten" konnte er 1986 nicht an die alten Erfolge anknüpfen.

„Die Kaktusblüte", 1969

„Die Sunny-Boys", 1975

Kelly McGillis, geboren am 9. Juli 1957 in Newport Beach, Kalifornien

Nach einer Theateraufführung in der Schule entschloß sich die Tochter eines Arztes, Schauspielerin zu werden. Mit 17 begann sie ihre Ausbildung am Pacific Conservatory of the Performing Arts und setzte sie an der Juilliard School in New York fort. 1983, noch während des Studiums, drehte sie ihren ersten Film „Ruben Ruben" mit Tom Conti. Regisseur Peter Weir gefiel sie so gut, daß er ihr die Rolle der Amish-Frau Rachel Lapp in „Der einzige Zeuge" (1985) gab. Um sich auf diesen Part vorzubereiten, lebte und arbeitete Kelly McGillis längere Zeit bei den Amish People. Ihre Darstellung kam bei Kritik und Publikum hervorragend an. 1986 drehte sie mit Tom Cruise „Top Gun", wurde zum neuen weiblichen Superstar und machte anschließend erst einmal Pause von Hollywood. Nach Theaterauftritten in Washington nahm sie 1987 die Filmarbeit wieder auf. Das Ergebnis: „Made in Heaven", „Das Haus in der Carroll Street", „Dreamers" und „Angeklagt". Hier spielte sie eine Anwältin, die ein Vergewaltigungsopfer vor Gericht vertritt. Diese Rolle bewegte sie sehr, da sie Jahre zuvor in ihrer eigenen Wohnung vergewaltigt worden war.

„Top Gun", 1986

„Der einzige Zeuge", 1985

„Thomas Crown ist nicht zu fassen", 1968

„Bullitt" mit Jacqueline Bisset, 1968

„Die glorreichen Sieben" mit (v. l. n. r.) E. Wallach, J. Coburn, H. Buchholz

„Ich, Tom Horn", 1980

Steve McQueen, geboren am 23. März 1930 in Slater, Missouri, gestorben am 7. November 1980

Steve McQueens Jugend war hart und abenteuerlich. Er wuchs in ärmlichen Verhältnissen bei seiner Mutter auf, nachdem der Vater die Familie sitzengelassen hatte, mußte in eine Anstalt für schwererziehbare Jungen und schloß sich einer Straßenräuberbande an. Steve arbeitete als Barmixer, Holzfäller, Ölbohrer und Cowboy. 1947 ging er zu den Marines und machte sich und seinen Vorgesetzten mit diversen Eskapaden das Leben schwer. Nach drei Jahren Militärzeit gab man ihm den Abschied. Danach arbeitete Steve McQueen wieder in verschiedenen Hilfsjobs. 1952 begann er seine Schauspielausbildung in New York bei Lee Strasberg am Actors Studio und am Neighbourhood Playhouse. Sein Kinodebüt hatte er 1956 in dem Film „Die Hölle ist in mir". 1958 begann er mit der TV-Serie „Wanted – Dead or Alive", in der er einen Kopfgeldjäger spielte. Im gleichen Jahr drehte er „Der Gangsterkönig von New York", „Rififi in St. Louis" und „The Blob", in dem er seine erste Hauptrolle spielte. 1960 kam der große Durchbruch mit dem Westernklassiker „Die glorreichen Sieben". Nach der Komödie „Die Heiratsmaschine" hatte er 1963 seinen nächsten großen Auftritt in „Gesprengte Ketten" als unermüdlicher Fluchtspezialist in einem deutschen Kriegsgefangenenlager. Steve McQueen gehörte danach zu den Topstars Amerikas und gründete seine eigene Pro-

„Kanonenboot am Yangtse-Kiang" mit Candice Bergen, 1966

duktionsgesellschaft „Solar Productions". Er drehte so erfolgreiche Filme wie „Die Lady und der Tramp", spielte das Poker-As „Cincinnati Kid", schlug sich im „Kanonenboot am Yangtse-Kiang" mit den Chinesen herum und raubte in „Thomas Crown ist nicht zu fassen" Banken aus. In dem Action-Reißer „Bullitt" bewies er in einer der aufregendsten Verfolgungsjagden der Filmgeschichte sein Draufgängertum, als er einige der gefährlichen Szenen selbst spielte. Nach dem Rennfahrerfilm „Le Mans" und dem Action-Thriller „Getaway" kam 1973 „Papillon", der Film, in dem Steve McQueen in der Titelrolle seine beste schauspielerische Leistung zeigte. Der passionierte Motorradfahrer und Liebhaber schneller Autos war dreimal verheiratet, mit Neal Adams, Ali MacGraw und Barbara Mitty. 1980, bereits an Krebs erkrankt, drehte er seine letzten Filme, den Western „Ich, Tom Horn" und „Jeder Kopf hat seinen Preis".

„Getaway" mit Ali MacGraw, 1972

Melina Mercouri, geboren am 18. Oktober 1925 in Athen

Melina Mercouri konnte bereits auf eine längere Theaterlaufbahn zurückblicken, als sie Ende der 50er Jahre nach Paris ging – und prompt von einem Regisseur entdeckt wurde: Jules Dassin. 1959 drehten die beiden, die ein Jahr später heirateten, den Filmklassiker „Sonntags nie“: Eine deftige Komödie mit einer fast schon mystischen Verklärung des Ewigweiblichen. Es war Melina Mercouris erfolgreichster Film, und der von ihr gesungene Schlager „Ein Schiff wird kommen“ ist längst ein Evergreen. Die Rolle der leichtlebigen, attraktiven Hafendirne Illya, die einen sauertöpfischen Amerikaner zur Lebensfreude bekehrt, brachte ihr in Cannes die Auszeichnung als beste Darstellerin ein. Zu den späteren Mercouri-Filmen zählen „Phädra“ (1961) und „Topkapi“ (1964). Da ihr Griechenland „das Liebste auf der Welt“ ist, so Melina Mercouri in ihren Memoiren, kehrte die als eine Wortführerin des Widerstands 1971 vom Athener Obristenregime ausgebürgerte Schauspielerin drei Jahre später in ihre Heimat zurück, wo sie sich ausschließlich der Politik widmete. 1977 wurde sie Parlamentsabgeordnete und 1981 Kultusministerin des Ägäisstaates.

„Sonntags nie“, 1960

„Der Mann, der sterben muß“, 1957

Bette Midler, geboren 1946 in Honolulu, Hawaii

1965 zog das rotblonde Collegegirl nach New York und gab bereits einige Monate später sein Bühnendebüt in „Miss Nefertiti Regrets". Bette spielte in verschiedenen Broadway-Musicals, bevor sie die New Yorker mit ihrer ungezogen-frechen Bühnenshow in den Sauna Continental Baths begeisterte. 1972 bekam Bette Midler für ihre erste Platte „The Divine Miss M" den „Grammy" als beste Nachwuchskünstlerin. Die folgenden elf LP's waren Hits, gewannen Gold und Platin. Die „Göttliche", wie Bette fortan genannt wurde, heimste Lob und Preise ein, vor allem für ihre dreiste Revue „Clams on the Half Shell" und das sensationelle TV-Special „O1' Red Hair is back". In „The Rose" triumphierte sie 1979 auch als Schauspielerin. „Divine Madness" brach im selben Jahr am Broadway alle Rekorde. Jeder weitere Film war ein Erfolg: „Verhext", „Zoff in Beverly Hills", „Die unglaubliche Entführung der verrückten Mrs. Stone", „Nichts als Ärger mit dem Typ", „Freundinnen" und „Stella". Nebenher schrieb Bette Midler zwei Bücher, gründete eine Filmfirma und bekam ein Baby.

Bette Midler

„Stella" mit Trini Alvarado (r.), 1990

Ray Milland, geboren als Reginald Truscott-Jones am 3. Januar 1905 in Neath, Wales, gestorben im März 1986

Den ersten Filmlorbeer erntete der Schauspieler 1929 unter den Namen Spike Milland in England. Nachdem er seinen Vornamen in Ray geändert und einige weitere britische Filme abgedreht hatte, ging er nach Amerika und etablierte sich als charmanter Komödiendarsteller („Der Major und das Mädchen", 1942). Mit Abenteuer- und Kriminalfilmen („Piraten im Karibischen Meer" mit John Wayne, „Ministerium der Angst", Regie: Fritz Lang) baute er seine Karriere aus und gehörte schon bald zu den meistbeschäftigten Schauspielern in Hollywood. Doch erst in Billy Wilders Trinkerdrama „Das verlorene Wochenende" (1945) konnte er sein Talent wirklich unter Beweis stellen und gewann den „Oscar". In den folgenden vierzig Jahren mußte er mit zahlreichen Karriereknicks fertig werden, überraschte aber immer wieder in außergewöhnlichen Filmen („Bei Anruf Mord", 1954, Regie: Alfred Hitchcock; „Der Mann mit den Röntgen-Augen", 1963; „Love Story", 1970; „Der letzte Tycoon", 1976) und arbeitete seit den 50er Jahren häufiger als Regisseur.

„Eine Lady mit Vergangenheit", 1949

„Wofür das Leben sich lohnt" mit Joan Fontaine, 1952

„Cabaret", 1972

Liza Minnelli, geboren am 12. März 1946 in Los Angeles

Als Tochter des Hollywood-Stars Judy Garland und des erfolgreichen Filmmusical-Regisseurs Vincente Minnelli lernte Liza schon früh die Höhen und Tiefen des Showbusiness kennen. Im Alter von drei Jahren stand sie 1949 für „In The Good Old Summertime“ zum ersten Mal vor einer Filmkamera, erlebte zwei Jahre später, wie die Beziehung ihrer Eltern in die Brüche ging, und tanzte als Siebenjährige neben ihrer Mutter auf der Bühne des Palace-Theaters vor einem begeisterten Publikum. Nach abgebrochenem Studium an der Sorbonne in Paris nahm sie Schauspielunterricht und tingelte sich, ähnlich wie Judy Garland, am Broadway hoch. 1965 erhielt sie als bis dahin jüngste Schauspielerin einen „Tony“ und wirkte neben ihrer Theaterarbeit in einigen Filmen mit. 1972 befreite sie sich endgültig von dem übermächtigen Vorbild ihrer Mutter und schaffte mit „Cabaret“ den Durchbruch zum Weltstar: Sie gewann den „Oscar“. Einen weiteren Höhepunkt ihrer Leinwandkarriere erreichte sie 1978 an der Seite von Robert De Niro in „New York, New York“. Da Filmmusicals jedoch nur noch selten ein großes Publikum fanden, nutzte Liza Minnelli ihr Tanz- und Gesangstalent für große Bühnenshows. Ihre Welttourneen waren fast immer ausverkauft. Lizas Karriere schien jedoch vorzeitig beendet, als die Alkohol- und Drogenexzesse des Stars wiederholt die Klatschspalten der Weltpresse füllten. Ende der 80er Jahre startete Liza Minnelli ein erfolgreiches Comeback: Zusammen mit den „Pet Shop Boys“ nahm sie eine Pop-Platte auf und stand gemeinsam mit Actionstar Burt Reynolds für die Komödie „Rent-A-Cop“ vor der Kamera. 1991 war sie dann wieder in dem Genre, das sie am besten beherrscht, auf der Leinwand zu sehen: Das Musical „Stepping Out“ zeigte die Entertainerin als Steptanzlehrerin, die sich mit einer vorlauten Schülerin herumärgern muß.

„New York, New York“, 1977

Liza Minnelli und ihre Mutter Judy Garland, 1966

„Verfolgt", 1947

„Der unbekannte Geliebte" mit Katharine Hepburn, 1946

„Bar 20" mit George Reeves, 1943

„Steiner II", 1979

Robert Mitchum, geboren am 6. August 1917 in Bridgeport, Connecticut

Im Alter von 14 Jahren riß Robert Mitchum von zu Hause aus, hielt sich mit kleinen Gaunereien über Wasser und heuerte als Kesselputzer auf einem Frachter nach Südamerika an. Später schlug er sich als Tellerwäscher, Boxer und Gelegenheitsarbeiter durch, bis er mit Hilfe seiner Schwester Julie nach Hollywood kam. 1943 erhielt er seine erste Filmrolle: In dem Billigwestern „Border Patrol" mimte Mitchum einen Bösewicht. Kurz bevor er 1945 zum Kriegsdienst eingezogen wurde, bekam der Schauspieler die erste „Oscar"-Nominierung für seine darstellerische Leistung in „Schlachtgewitter am Monte Cassino". Nach achtmonatiger Militärzeit konnte er dann nahtlos an seine gerade begonnene Karriere anknüpfen. Sogar eine 60tägige Haftstrafe wegen Drogenbesitzes 1948 schadete dem Ruf des charismatischen Künstlers nicht. Im Privatleben als „bad boy" verschrien, verkörperte er auf der Leinwand meist den schweigsamen und nachdenklichen, vom Schicksal gezeichneten Helden. Obwohl er in Western („El Dorado", „Todfeinde") und Filmen der „Schwarzen Serie" („Engelsgesicht") seine größten Erfolge feierte, blieb Robert Mitchum vielseitig. Er behauptet: „Mir ist egal, was ich spiele. Polnische Schwule, Zwerge, Frauen – alles". So bleiben auch seine Darstellungen eines psychopathischen Mörders in dem fast surrealen Thriller „Die Nacht des Jägers" und in dem Krimi „Ein Köder für

„Fluß ohne Wiederkehr" mit Marilyn Monroe, 1954

die Bestie" (1962) unvergeßlich. Robert Mitchum spielte an der Seite der schönsten Frauen der Traumfabrik: Marilyn Monroe („Fluß ohne Wiederkehr"), Elizabeth Taylor („Die Frau aus dem Nichts"), Deborah Kerr („Der Seemann und die Nonne"). Den Höhepunkt seiner Karriere erreichte er 1970 unter der Regie von David Lean in dem Irland-Epos „Ryans Tochter". Trotz seiner Alkoholabhängigkeit und seines oftmals skandalösen Benehmens blieb Mitchum auch Ende der 70er Jahre noch ein gefragter Kinostar und machte Filme wie „Fahr' zur Hölle Liebling!" und „Tote schlafen besser" zu Kassenschlagern. 1983 übernahm er in der TV-Miniserie „Feuersturm" seine erste Fernsehrolle und konzentrierte sich danach wieder auf die Leinwandarbeit. So stand 1991 ein Gastauftritt in dem Remake von „Ein Köder für die Bestie", in dem Robert De Niro den Part des Killers übernahm, auf seinem Drehplan.

„Der Seemann und die Nonne", 1957

Marilyn Monroe

MM bei einer Pressekonferenz

„Das verflixte 7. Jahr", 1955

„Der Prinz und die Tänzerin" mit Laurence Olivier, 1957

Marilyn Monroe, geboren als Norma Jean Baker am 1. Juni 1926 in Los Angeles, gestorben am 5. August 1962

Marilyn Monroe, uneheliche Tochter einer Filmtechnikerin, verbrachte den Großteil ihrer Kindheit bei Pflegeeltern und in Waisenhäusern. Nachdem sie 1943 ein Fotograf des Magazins „Yank" als Modell entdeckt hatte, besuchte sie eine Mannequinschule und erhielt 1946 einen Vertrag bei der Twentieth Century Fox. Doch erst 1950 konnte sie mit den Filmen „Asphalt Dschungel" und „Alles über Eva" auf sich aufmerksam machen. Weil das Publikum immer häufiger ihren Einsatz forderte, erhielt Marilyn Monroe 1952 ihre erste Hauptrolle: als intrigante Femme fatale in „Niagara". Mit ihrer besonderen Mischung aus Naivität, Unschuld und Sex-Appeal, die in „Blondinen bevorzugt" und „Wie angelt man sich einen Millionär?" (beide 1953) hinreißend zur Geltung kam, stieg sie zur gefeierten „Liebesgöttin" auf. Die Monroe selbst haßte jedoch bald ihr eindimensionales Dummchen-Image und bemühte sich seit Mitte der 50er Jahre um ernsthafte Rollen. 1955 nahm sie in Lee Strasbergs Actors Studio Schauspielunterricht und gründete ihre eigene Filmgesellschaft. Daß sie „durch ihre bloße Anwesenheit eine Szene zum Leben erwecken konnte, wenn man sie entsprechend einsetzte" erkannte als einer der ersten Billy Wilder, der in „Das verflixte 7. Jahr" (1955) und „Manche mögen's heiß" (1959) ihre

Marilyn Monroe

komödiantische Begabung nutzte – und ihr damit zu ihren größten Triumphen verhalf. Wegen der von der Öffentlichkeit ausgeschlachteten privaten Krisen konnte Marilyn Monroe ihre späteren, schauspielerisch überzeugendsten Arbeiten wie Joshua Logans „Bus Stop“, Laurence Oliviers „Der Prinz und die Tänzerin“ und George Cukors „Machen wir's in Liebe“ nur noch unter größten Schwierigkeiten beenden. Für den Film „Misfits – Nicht gesellschaftsfähig“ (1961), den ihr dritter Ehemann Arthur Miller eigens für sie geschrieben hatte, versuchte sie noch einmal vergeblich, sich zu disziplinieren – die massiven Spannungen während der Dreharbeiten führten zur Scheidung von Miller. Bei ihrem letzten, unvollendet gebliebenen Film „Something is Got to Give“ (1962) erschien Marilyn Monroe lediglich an sechs von dreißig Drehtagen und wurde wenige Wochen vor ihrem Freitod vom Studio gefeuert. Posthum erhielt sie die Anerkennung, die ihr zu Lebzeiten versagt geblieben war, und wurde zum Objekt eines zum Teil geschmacklosen Kults.

„Wie angelt man sich einen Millionär?“ mit Betty Grable, 1953

„Einst kommt der Tag", 1970

Yves Montand, geboren als Ivo Livi am 13. Oktober 1921 in Monsumano Alto, Italien, gestorben am 9. November 1991

Yves/Ivo, der Sohn armer italienischer Bauern, floh mit seiner antifaschistisch eingestellten Familie vor Mussolini nach Marseille. Dort wuchs er in großer Armut heran, verließ mit elf die Schule, arbeitete in Fabriken, Bars, war Friseurgehilfe und Kurier, ehe er als 18jähriger zum erstenmal in einer Bar von Marseille auftrat. Er nahm Tanz- und Gesangsstunden, bevor er sechs Jahre später – nun bereits als Yves Montand – den Sprung nach Paris wagte. Hier sang er sich bis ins „Moulin Rouge" vor, wo ihn Edith Piaf entdeckte und unter ihre Fittiche nahm. Die beiden traten zusammen auf; er festigte seinen Ruf als Chansonnier, und gab 1946 an Edith Piafs Seite sein Filmdebüt mit „Stern ohne Licht". Zunächst blieb Yves Montand jedoch in erster Linie als Sänger und Entertainer bekannt. Das änderte sich schlagartig, als er 1953 in Henri-Georges Clouzots packendem Abenteuerfilm „Lohn der Angst" die Hauptrolle übernahm – nun war Montand auch als Schauspieler ein Star. 1951 heiratete er Simone Signoret. Ihre Ehe galt als eine der dauerhaftesten im Showbusiness; sie währte bis zum Tod der Schauspielerin im Jahr 1985. Gemeinsam traten sie in Filmen wie „Hexenjagd/Die Hexen von Salem" (1957), „Mord im Fahrpreis inbegriffen" (1964) oder „Das Geständnis" (1969) auf. Sie engagierten sich politisch und machten aus ihrer sozialistischen Grundhaltung kein Hehl. Erst 1984 distanzierte sich Montand vom Sozialismus. Auch Hollywood holte den französischen Star, hatte ihm jedoch in Filmen wie „Machen wir's in Liebe" (1960 mit Marilyn Monroe) oder „Lieben Sie Brahms?" (1961 mit Ingrid Bergman) keine sonderlich glücklichen Rollen zu bieten. Wichtig für Montand war seine Zusammenarbeit mit Costa-Gavras, in dessen Politthrillern „Z" (1969) und „Der unsichtbare Aufstand" (1973) er die Hauptrollen spielte. Von seiner romantischen Seite konnte sich der Star in dem Musical „Einst kommt der Tag . . ." (1970) und „César und Rosalie" (1972 mit Romy Schneider) zeigen.

„Die schönen Wilden", 1975

„Lohn der Angst" mit Vera Clouzot, 1952

„Arthur – Kein Kind von Traurigkeit", 1981

Dudley Moore, geboren am 19. April 1935 in Dagenham, England

Schon als Kind parierte der zu klein geratene Dudley Moore (ausgewachsen 1,55 Meter) Hänseleien wegen seiner Körpergröße mit treffsicherer Komik und hatte die Lacher auf seiner Seite. Seine Mutter steckte den sechsjährigen Knirps in den Kirchenchor und weckte so seine Leidenschaft für die Musik. Mit zwölf Jahren komponierte er sein erstes Orgelkonzert; später verdiente er sich sein Taschengeld als Organist bei Hochzeiten und bekam ein Stipendium an Oxfords noblem Magdalen College. Nach Abschluß des Musikstudiums spielte Dudley mit dem Vic Lewis Orchestra in den Vereinigten Staaten. Wieder in London, begann seine Zusammenarbeit mit Peter Cook: Ihre satirische Revue „Beyond the Fringe" lief jahrelang erfolgreich in London und am Broadway. Über die Sketche von „Pete" und „Dud" in der TV-Serie „Not Only ... But Also" lachte ganz England, und die Bühnenshow „Good Evening" war ein Hit. Während dieser Zeit stand Dudley immer wieder vor der Kamera oder komponierte für Werbespots, Theater- und Ballettstücke. 1977 ging er nach Hollywood. Schon ein Jahr später spielte der Komiker in dem Leinwandlustspiel „Eine ganz krumme Tour" Filmpartner Goldie Hawn und Burgess Meredith an die Wand. Regisseur und Autor Blake Edwards war begeistert und engagierte Dudley Moore, an der Seite von Bo Derek, für „Zehn – Die Traumfrau". Der Film wurde 1980 ein Knüller, der beide Darsteller zu Stars und Bo's Zöpfchenlook zur Frisur der Saison machte. Neben Liza Minnelli und John Gielgud spielte Dudley kurz darauf einen alkoholisierten Millionenerben in „Arthur – Kein Kind von Traurigkeit" und erhielt neben einer „Oscar"-Nominierung den „Golden Globe". In den folgenden Jahren sorgten die komischen Abenteuer des kleinen Engländers immer wieder für volle Kinokassen, besonders wenn er auch an der Musik und am Drehbuch beteiligt war: „Jason, die Flasche", „Angriff ist die beste Verteidigung", „Micki und Maude", „Santa Claus" und „Arthur II – On The Rocks".

„Bitte nicht heute nacht" mit Nastassja Kinski, 1984

„Zehn – Die Traumfrau" mit Bo Derek, 1979

„Leben und sterben lassen", 1973

Roger Moore, geboren am 14. Oktober 1928 in London

Für den Sohn eines Londoner Polizisten stand nach abgebrochener Schulausbildung, dem Rauswurf bei einer Trickfilmproduktionsfirma und einer Komparsenrolle in „Cäsar und Kleopatra" der Berufswunsch fest: Schauspieler. 1944 begann er ein Studium an der Royal Academy of Dramatic Arts und schlug sich mit winzigen Theaterrollen durch. Nach dem Militärdienst und Nebenjobs als Fotomodell brachte das Jahr 1953 die Wende: Moore ging nach Amerika und bekam eine Chance am Broadway. Obwohl das Stück „A Pin to See The Peepshow" wegen Geldmangels nur eine Vorstellung erlebte, brachte es Roger Moore einen Vertrag mit MGM ein. In den folgenden zwei Jahren drehte er vier Kinofilme (u. a. „Damals in Paris" mit Elizabeth Taylor und „Diane – Kurtisane von Frankreich" mit Lana Turner), bis er 1956 die Hauptrolle in der TV-Serie „Ivanhoe" übernahm. Nach einigen filmischen Fehlschlägen (u. a. „Die Madonna mit den zwei Gesichtern" und „Jenseits des Ruwenzori") ging er zurück zum Fernsehen, schwang sich für „Maverick" aufs Pferd und machte sich als Simon Templar von 1963 bis 1968 auf Gangsterjagd. Nach der erfolgreichen TV-Serie „Die 2" (1971 mit Tony Curtis) gelang ihm dann doch noch der Durchbruch als Leinwandheld: Er wurde James Bond. In insgesamt sieben Filmen (von „Leben und sterben lassen", 1973, bis „Im Angesicht des Todes", 1985) verhalf er 007 zu Kassenrekorden und sich selbst zu Starruhm. Seine sonstigen filmischen Aktivitäten beschränkten sich jedoch auf harmlose Komödien („Auf dem Highway ist die Hölle los", 1980) und flache Brutalspektakel („Die Wildgänse kommen", 1978; „Flucht nach Athena", 1979). Zaghafte Versuche in intelligenter Krimiunterhaltung („Das nackte Gesicht", 1984) gingen im Actioneinerlei unter. 1990 stand Roger Moore nach fünfjähriger Pause gleich für drei Produktionen vor der Kamera: „Bed And Breakfast", „Bulls Eye" (mit Tochter Deborah und Michael Caine) sowie „Feuer, Eis und Dynamit" (mit Sohn Geoffrey).

„Der Spion, der mich liebte" mit Barbara Bach, 1977

„Damals in Paris" mit Van Johnson und Elizabeth Taylor, 1954

„Viva Maria", 1965

Jeanne Moreau, geboren am 23. Januar 1928 in Paris

Eine fast religiöse Berufung zur Schauspielerei fühlte die Tochter eines Kneipenbesitzers und einer englischen Revuetänzerin, seit sie als 16jährige erstmals ein Theaterstück gesehen hatte. Nach vier Monaten Schauspielunterricht bestand Jeanne Moreau die Aufnahmeprüfung am Conservatoire de Paris. Bereits 1948 drehte sie mit „Die letzte Liebe" ihren ersten Film, blieb jedoch auf Nebenrollen abonniert, bis Ende der 50er Jahre die Kritiker des „Cahier du Cinéma" auf sie aufmerksam wurden. Die Regisseure der „Nouvelle Vague" fanden in der Schauspielerin mit dem melancholischen Blick und den verächtlich heruntergezogenen Mundwinkeln ihre ideale Protagonistin: Louis Malle verhalf ihr mit seinem Regieerstling „Fahrstuhl zum Schafott" 1957 zum Durchbruch und setzte sie in „Die Liebenden" (1958) sowie in der Komödie „Viva Maria" (1965) zwei weitere Male ein. François Truffaut meinte über den Star seiner Welterfolge „Jules und Jim" (1961) und „Die Braut trug schwarz" (1967), es sei „schwer, sich eine Rolle vorzustellen, die nicht für sie gemacht wäre". Während der 60er Jahre stieg Jeanne Moreau zur beliebtesten Charakterdarstellerin Frankreichs auf und drehte mit Regisseuren wie Michelangelo Antonioni („Die Nacht", 1961), Joseph Losey („Eva", 1961) und Luis Buñuel („Tagebuch einer Kammerzofe", 1964). Ihre langjährige Erfahrung vor der Kamera nutzte sie als Regisseurin eigener Filme („Im Scheinwerferlicht", 1976, und „Mädchenjahre", 1979), ohne jedoch ihre Leidenschaft, die Schauspielerei, zu vernachlässigen. Für Aufsehen sorgte Jeanne Moreau in späteren Filmen vor allem mit ihrer Leistung als Bordellmutter in Rainer Werner Fassbinders „Querelle" (1982). Nach der Scheidung von ihrem dritten Mann William Friedkin geriet die Moreau in den 80er Jahren in eine schwere Krise, aus der sie sich erst 1986 durch ihr bejubeltes Bühnencomeback „Die Erzählung der Magd Zerline" befreien konnte.

„Querelle", 1982

„Mit dem Rücken zur Wand", 1958

Michèle Morgan

Michèle Morgan, geboren als Simone Roussel am 29. Februar 1920 in Neuilly-sur-Seine, Frankreich

Den Entschluß, „es beim Film zu etwas zu bringen", fällte Michèle Morgan mit 15 Jahren, nachdem sie sich in „Mademoiselle Mozart" erstmals als Statistin versucht hatte. Zwei Jahre lang besuchte sie danach eine Schauspielschule, ehe ihr Regisseur Marc Allégret die Hauptrolle in „Der fünfte Geschworene" anbot. Ihre Leistung machte sie über Nacht zum Publikumsliebling und zur bevorzugten Partnerin Jean Gabins. Mit ihm stand sie unter anderem für zwei Meisterwerke des französischen Realismus, „Hafen im Nebel" (1938) und „Schleppkähne" (1939), vor der Kamera. Für „Johanna von Paris" folgte Michèle Morgan 1940 dem Ruf nach Hollywood. Obwohl nun Leinwandlegenden wie Frank Sinatra („Higher and Higher", 1943) oder Humphrey Bogart („Fahrkarte nach Marseille", 1944) zu ihren Co-Stars zählten, empfand die Französin die Qualität ihrer US-Filme als „schlecht". Nach einer Zwischenstation in Großbritannien („Kleines Herz in Not", 1948) kehrte Michèle Morgan in ihre Heimat zurück. Gemeinsam mit ihrem zweiten Mann Henri Vidal spielte sie dort in einer Reihe von seichten Komödien, überzeugte darüber hinaus aber auch im Charakterfach: Beim Filmfestival in Cannes wurde sie 1946 für ihre einfühlsame Darstellung einer Blinden in „Und es ward Licht" als beste Schauspielerin ausgezeichnet. Dank ihrer Professionalität, ihrer großen Wandlungsfähigkeit und ihrer eigenwilligen Schönheit blieb die Morgan auch für die Regisseure der „Nouvelle Vague" erste Wahl. So drehte sie zusammen mit Claude Chabrol („Der Frauenmörder von Paris", 1962) und Claude Lelouch („Eine Katze jagt eine Maus", 1975). „Als ich ihr zum erstenmal gegenüberstand, fand ich sie schön und bezaubernd. Vor allem ihre Anmut bestach mich", erklärte Marcello Mastroianni die Faszination Michèle Morgans, die 1958 in „Les femmes en été" seine Partnerin war. Erst Ende der 70er Jahre verlagerte die Schauspielerin den Schwerpunkt ihrer Arbeit vom Film auf das Theater.

„Fahrkarte nach Marseille", 1944

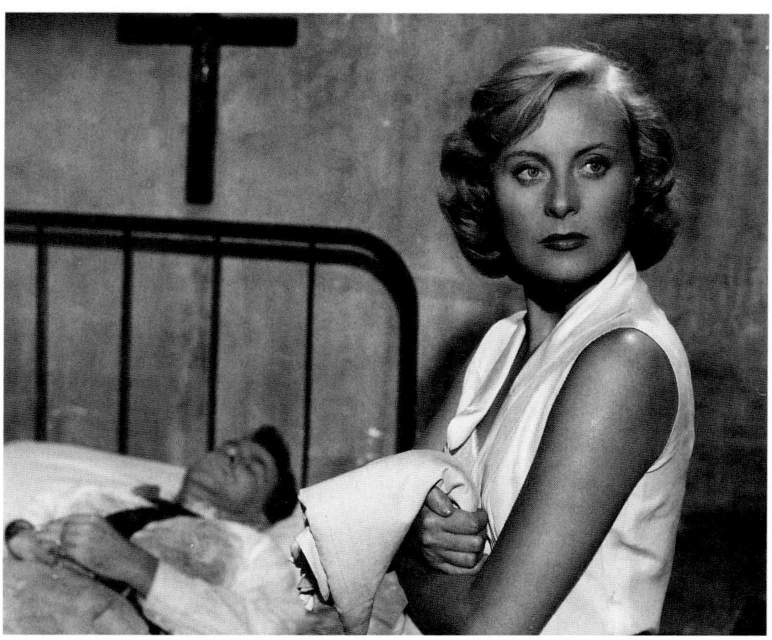

„Aufenthalt vor Vera Cruz" mit Billy Toffel, 1953

Hans Moser, geboren als Jean Julier am 6. August 1880 in Wien, gestorben am 19. August 1964

Hans Moser, Sohn eines Wiener Bildhauers, brach seine Lehre bei einem Lederhändler ab, um sich einer Theatergruppe anzuschließen. Nach langem Tingeln in der Provinz gelang ihm 1905 der Sprung an das Theater in der Josefstadt. Zum gefeierten Star der Wiener Kleinkunstszene avancierte der damals bereits über 40jährige Anfang der 20er Jahre mit seiner Solonummer „Dienstmann Nr. 13", die ihm erste Filmangebote (darunter für „Kleider machen Leute", 1921) einbrachte. Dank seines sprichwörtlichen Nuschelns, seiner eckigen Gesten und seines hintergründigen Humors etablierte sich Hans Moser bald als einer der beliebtesten Schauspieler des deutschen und österreichischen Films. Mit seiner Darstellung des typischen Kleinbürgers bereicherte er Dutzende von Vorkriegslustspielen wie „13 Stühle" (1938) oder „Maske in blau" (1942), in denen er oft auch Heurigenlieder sang. Hauptrollen boten ihm unter anderen „Das Gäßchen zum Paradies" (1936) und „Das Ferienkind" (1942). „Er war der begnadetste Komödiant und ein genialer Menschendarsteller", urteilte einmal Paul Hörbiger, Mosers Partner in den Klassikern „Wiener G'schichten" (1940), „Hallo Dienstmann" (1951) und „Ober, zahlen" (1957). Mit seinem Dauergegenspieler stand Moser kurz vor seinem Tod zum letzten Mal vor der Kamera: In „Zwei bessere ältere Herren".

„Wiener Blut", 1942

„Schwarz auf Weiß" mit Paul Hörbiger, 1943

„Angriff ist die beste Verteidigung", 1984

Eddie Murphy, geboren am 3. April 1961 in Brooklyn, New York

Nach der Scheidung der Eltern wuchs Eddie bei seiner Mutter und seinem Stiefvater auf. Schon in der Schule stand für ihn fest, daß er ein Star werden würde: „Für mich war die Schule eine endlose Party, Übungsplatz für meine Shows." Mit 15 begeisterte er das Publikum in den Jugendclubs und Bars seines Stadtteils. 1979 wurden die Produzenten von „Saturday Night Live" auf das farbige Unterhaltungstalent aufmerksam und engagierten Eddie für die legendäre Fernsehshow. In nur zwei Jahren mauserte er sich zum absoluten Zuschauermagneten. Hollywood begann, sich für ihn zu interessieren. Unter der Regie von Walter Hill gab Eddie Murphy 1982 in „Nur 48 Stunden" sein Leinwanddebüt, das ihm einen Fünf-Filme-Vertrag über 25 Millionen Dollar einbrachte. Es folgten Kassenschlager wie „Die Glücksritter" (1983) und „Angriff ist die beste Verteidigung" (1984). Im selben Jahr landete er mit der völlig auf sein Talent zugeschnittenen Action-Klamotte „Beverly Hills Cop" einen sensationellen Erfolg. Neben der Filmarbeit nahm der Star sich noch die Zeit, auf Tournee zu gehen: In seiner Stand-Up-Show „Delirious" glänzte er als hinreißendes Improvisationswunder, das sein Publikum mit atemberaubenden Redeschwallen eindeckte. 1987 drehte Eddie Murphy die lang erwartete Fortsetzung von „Beverly Hills Cop", die jedoch weit weniger Zuschauer in die Kinos lockte als die Erstversion. Vor dem zweiten Teil von „Nur 48 Stunden" erfüllte sich der Schauspieler einen langgehegten Wunsch: An der Seite seines Idols Richard Pryor trat er in „Harlem Nights" als Drehbuchautor, Regisseur, Produzent und Hauptdarsteller auf. Der erwartete Erfolg blieb jedoch aus. Trotz zweier Plagiatsprozesse (Murphy beanspruchte zu Unrecht die Drehbuchidee zu „Der Prinz aus Zamunda" und „Harlem Nights" für sich) gehört Eddie Murphy zu den erfolgreichsten farbigen Entertainern seiner Zeit und kassiert pro Film achtstellige Gagen. „Ich gebe nur so viel aus, wie ich verdiene – ich weiß nur nicht, wieviel ich verdiene".

„Beverly Hills Cop", 1984

„Der Prinz aus Zamunda", 1988

Ornella Muti, geboren als Francesca Romana Rovelli am 9. März 1955 in Rom

Der Vater ist Journalist aus Neapel, die Mutter stammt aus Estland. Meisterregisseur Damiano Damiani entdeckte die 14jährige Francesca bei Probeaufnahmen. Damit der Teenager keine Schwierigkeiten in der Schule bekam, gab er ihr den Künstlernamen Ornella Muti und engagierte die erotische Kindfrau 1970 für seinen Film „Die schönste Frau". Italiens „sinnlichste Sirene" machte schnell Karriere und drehte neben belanglosen Streifen auch mit guten Regisseuren, wie z. B. mit Luis Buñuel „Eleonore" (1975), mit Dino Risi „Ein Sack voller Flöhe" und mit Marco Ferreri „Die letzte Frau" (1975). An der Seite von Adriano Celentano bewies sie ihr ausgeprägtes komödiantisches Talent in den Kassenschlagern „Der gezähmte Widerspenstige" (1980) und „Gib' dem Affen Zucker" (1982). Zu den Höhepunkten ihrer Karriere zählte die Rolle einer verführerischen Exotin in „Flash Gordon" (1980), mit der sie auch im angelsächsischen Raum bekannt wurde. Seit Mitte der 80er Jahre widmet sich Ornella Muti mehr ihrem Mann und ihren drei Töchtern.

Ornella Muti

„Der gezähmte Widerspenstige", 1980

Pola Negri, 1924

Pola Negri, geboren als Barbara Apolonia Chalupiec am 31. Dezember 1894 in Lipno, Polen, gestorben am 1. August 1987

Pola Negri (r.) betrachtet den Stummfilmstar Pola Negri im Wachsfiguren-Museum, 1970

Als 14jährige begann die Tochter eines ungarischen Zigeunergeigers und einer Polin mit ihrer Ballettausbildung. Nach Engagements in Warschau und St. Petersburg wirkte sie zu Beginn des Ersten Weltkriegs in einigen polnischen Filmen mit. 1916 holte Max Reinhardt die slawische Schönheit mit dem Pagenkopf nach Berlin, wo sie als gewagt kostümierte Tänzerin vor allem das männliche Publikum begeisterte. Ihre charismatische Ausstrahlung erkannte unter anderen auch Ernst Lubitsch, unter dessen Regie sie bei der Ufa zu einem der führenden Stummfilmstars aufstieg. In „Die Augen der Mumie Ma", „Carmen" (beide 1918) und „Madame Dubarry" (1919) mimte sie – häufig an der Seite Emil Jannings' – so überzeugend den männermordenden Vamp, daß sie ihre Laufbahn ab 1923 zusammen mit ihrem Entdecker in Hollywood fortsetzen konnte. Neben Gloria Swanson und Louise Brooks behauptete sich Pola Negri auch hier schnell an der Spitze der Kinogöttinnen. Filme wie „Belladonna" (1923), „Das verbotene Paradies" (1923) oder „Die Königin der Nacht" (1925) wurden weniger durch ihre schauspielerischen Leistungen populär als durch ihr Image, das sie mit skandalträchtigen Affären (unter anderem mit Valentino) ständig aufpolierte. Als der Tonfilm ihren starken Akzent offenbarte, kehrte Pola Negri nach Deutschland zurück. Mit Willi Forsts „Mazurka" gelang ihr 1935 ein glänzendes Comeback, das zu weiteren Erfolgsfilmen wie „Madame Bovary" (1937) oder „Die fromme Lüge" (1938) führte.
Bei Ausbruch des Zweiten Weltkriegs versuchte Pola Negri, erneut in Hollywood Fuß zu fassen; ihre Karriere war jedoch beendet, als bekannt wurde, daß sie Hitlers Protektion genossen hatte. Anfang der 40er Jahre zog sich die Schauspielerin ins Privatleben zurück. Bis zu ihrem Tod ließ sie sich nur einmal zu einer Rückkehr auf die Leinwand überreden: In „Der Millionenschatz" hatte sie 1965 einen Gastauftritt als exzentrische Millionärin.

„Madame Dubarry" mit Emil Jannings, 1919

Franco Nero, geboren als Francesco Sparanero am 23. November 1941 in San Prospero, Italien

Franco Nero sollte nach dem Willen seines Vaters Arzt werden. Er entschied sich jedoch nach der Schulausbildung, während der er festes Mitglied des Schülertheaters war, für die Volkswirtschaft. Neben dem trockenen Studium an der Universität von Mailand nahm der junge Franco Schauspielunterricht am Teatro Piccolo bei Giorgio Strehler. Mit 22 war er fest entschlossen, Regisseur zu werden. Ersten Kontakt mit dem Filmemachen bekam er während seiner Militärzeit in einer Amateurgruppe. Den Einstieg ins internationale Filmgeschäft verdankte er einem Zufall. Auf dem Weg zu einem Vorsprechtermin bei Roberto Rossellini fiel er John Huston auf, der ihm den Part des Abel in dem Monumentalfilm „Die Bibel" (1965) gab. Die Folge war eine Flut von Rollenangeboten, darunter auch die des Einzelgängers „Django". Nach diesem mittlerweile zum Kultwestern avancierten Film galt der blauäugige Italiener als der düstere Held schlechthin. Franco Nero spielte in den 70er und 80er Jahren hauptsächlich Revolverhelden wie in „Mercenario" und glänzte in Mafia-Thrillern wie „Die Ermordung Matteottis".

Franco Nero

„Das Mädchen und der Zigeuner", 1970

Paul Newman

„Die Katze auf dem heißen Blechdach" mit Elizabeth Taylor, 1958

„Die Sensationsreporterin", 1981

„Zwei Banditen", 1969

Paul Newman, geboren am 26. Januar 1925 in Cleveland, Ohio

Paul Newman trat bereits als Schüler in Theateraufführungen auf. Während des Zweiten Weltkriegs diente er als Bordfunker von Marineflugzeugen. Nach seiner Rückkehr studierte er Wirtschaftswissenschaften und wirkte während dieser Zeit bei College-Aufführungen mit. Nach dem Tod des Vaters übernahm Paul Newman dessen Sportartikelgeschäft. Diese für ihn wenig befriedigende Tätigkeit gab er bald wieder auf und setzte seine Schauspielausbildung an der Yale Drama School und dem Actors Studio in New York fort. Mit der Broadway-Version von „Picnic" machte sich Newman bald einen Namen und schloß 1953 einen Vertrag mit Warner Brothers. Sein Filmdebüt als griechischer Sklave in „Der silberne Kelch" war eher enttäuschend. Die nächsten Filme, „Anklage: Hochverrat" und „Die Hölle ist in mir", entsprachen weit mehr seinem schauspielerischen Können, das er 1958 in „Die Katze auf dem heißen Blechdach" an der Seite von Liz Taylor voll zur Geltung bringen konnte. Diese Leistung wurde mit einer „Oscar"-Nominierung belohnt, ebenso wie seine Darstellung des besessenen Billardspielers Eddie Felson in „Haie der Großstadt". Vier weitere Nominierungen sollten folgen („Der Wildeste unter Tausend", 1963, „Der Unbeugsame", 1967, „Die Sensationsreporterin", 1981 und „The Verdict", 1982), bis er die Trophäe 1987 für den Part des alternden Billard-Gurus Eddie

„Der Mann aus Philadelphia", 1959

Felson in „Die Farbe des Geldes" endlich erhielt. 1968 gab Paul Newman sein Regiedebüt mit „Rachel Rachel", einem Film, in dem seine Frau Joanne Woodward mitspielte. Ein Jahr später war Newman erstmals gemeinsam mit Robert Redford auf der Leinwand zu sehen. Das attraktive Duo landete einen der größten Westernhits der Kinogeschichte: „Zwei Banditen". In den beiden folgenden Jahren führte der sympathische Star erneut Regie in „Sie möchten Giganten sein" und „Die Wirkung von Gammastrahlen auf Ringelblumen" (wieder mit Joanne Woodward). 1973 feierten Newman/Redford einen sensationellen Erfolg mit der Gaunerkomödie „Der Clou". Der Schauspieler mit den strahlendsten blauen Augen Hollywoods machte sich auch als leidenschaftlicher Autorennfahrer und Hersteller von Spaghetti- und Salatsaucen einen Namen. Der Reingewinn der unter „Newman's Own" firmierenden Produkte kommt karitativen Zwecken zugute.

„The Verdict" mit Charlotte Rampling, 1982

„Der Mitgiftjäger", 1976

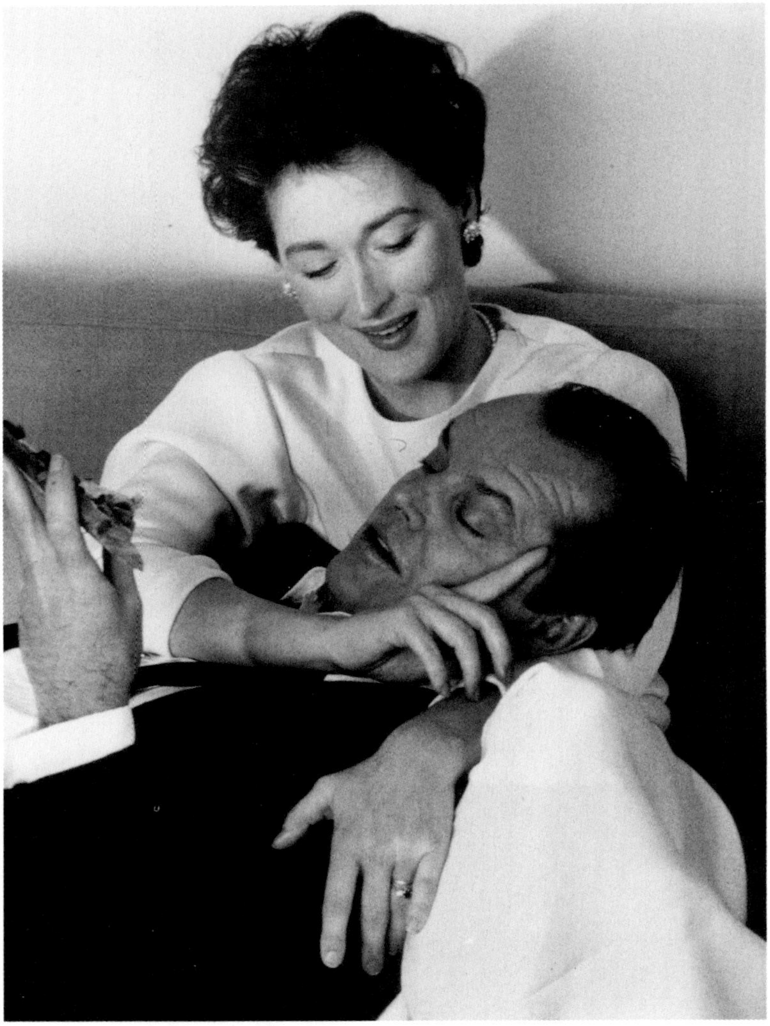

„Sodbrennen" mit Meryl Streep, 1986

„Wenn der Postmann zweimal klingelt" mit Jessica Lange, 1981

„Grenzpatrouille", 1982

Jack Nicholson, geboren am 22. April 1937 in Neptune, New Jersey

Jack Nicholson, Sohn eines ständig betrunkenen Dekorateurs, besuchte die High-School, erwies sich als äußerst intelligenter Schüler und ging nach dem Abschluß nach Los Angeles. Er arbeitete bei MGM als Botenjunge, nahm Schauspielunterricht und spielte bis 1958 Theater. Roger Corman, Produzent und Regisseur von Billigfilmen, gab ihm die erste Rolle in „Schrei, Baby-Killer". In den folgenden Jahren hielt sich Jack Nicholson mit vielen B-Filmen über Wasser. 1966 folgten die beiden Western „Das Schießen" und „Ritt im Wirbelwind". Zwei Jahre später erhielt er seine erste „Oscar"-Nominierung für den Part des versoffenen Rechtsanwaltes in „Easy Rider". Nun war er ein gefragter Star und zeigte sich in den unterschiedlichsten Rollen als eines der herausragendsten Talente Hollywoods. Der Film „Das letzte Kommando" brachte ihm seine nächste „Oscar"-Nominierung ein. 1974, nach den Dreharbeiten zu dem Detektivthriller „Chinatown", sagte Regisseur Roman Polanski über ihn: „Er ist so gut, weil es ihm völlig egal ist, wie er in einer Rolle aussieht." Seine Glanzleistung in dem 1975 gedrehten Film „Einer flog über das Kuckucksnest" wurde mit dem „Oscar" prämiert. Er hatte nun den Olymp der Superstars erklommen. 1976 war Jack Nicholson der ebenbürtige Gegner von Marlon Brando in „Duell am Missouri", seinem besten Western neben „Der Gal-

„Die Hexen von Eastwick" mit Cher, 1987

genstrick", in dem er selbst Regie führte. In den 80er Jahren drehte der wandlungsfähige Schauspieler mit dem „Killerlächeln" (Time-Magazin) einen Hit nach dem anderen: In Stanley Kubricks „Shining" erschreckte er als Wahnsinniger, in „Wenn der Postmann zweimal klingelt" verführte er Jessica Lange in der Küche. 1983 erhielt Jack Nicholson seinen zweiten „Oscar" für „Die Zeit der Zärtlichkeit". Kinohits wie „Die Ehre der Prizzis" und „Die Hexen von Eastwick" folgten. 1987 spielten er und Meryl Streep ein Pennerpaar in „Wolfsmilch". 1989 war er als Comic-Bösewicht „The Joker" in „Batman" zu sehen. Der vielleicht erfolgreichste und bestverdienende Schauspieler der 80er Jahre sagte einmal über sich: „Ich könnte heutzutage eine taubstumme Greisin spielen, die zwei Kinostunden lang in einer dunklen Ecke sitzt, und jedes Hollywood-Studio würde sich glücklich schätzen, diesen Film finanzieren zu dürfen."

„Einer flog über das Kuckucksnest", 1976

Asta Nielsen, geboren am 11. September 1883 in Kopenhagen, gestorben am 25. Mai 1972

Asta Nielsen war 14 Jahre alt, als ihre Eltern starben. Nachdem sie Ibsens Drama „Brand" gelesen hatte, wollte sie unbedingt Schauspielerin werden und begann ihre Ausbildung an der Königlichen Schauspielschule in Kopenhagen. Als sie im Theater eine Szene ohne Text vorspielte, entdeckte sie ihr Talent für den Stummfilm. Unter der Leitung des Regisseurs Urban Gad stand sie 1910 für „Afgrunden" zum ersten Mal vor der Kamera und begeisterte Publikum und Kritik mit ihrem intensiven mimischen Spiel. Nach zwei weiteren Filmen in Dänemark ging sie 1911 nach Deutschland. Ihre ersten Filme für die Deutsche Bioscop, „In dem großen Augenblick", „Die arme Jenny" und „Die Sünden der Väter", eroberten die Kinogänger im Sturm. Von 1916 bis 1918 drehte Asta Nielsen wieder in Dänemark. 1921, zurück in Deutschland, spielte sie die Titelrolle in einer abgewandelten „Hamlet"-Version und wurde zum Weltstar. Bis 1932 gehörten ihre Darstellungen tragischer und erotischer Frauengestalten zum Besten, was der Stummfilm zu bieten hatte. Ihr einziger Tonfilm, „Unmögliche Liebe", war auch ihr Abschied von der Leinwand.

„Erdgeist", 1923

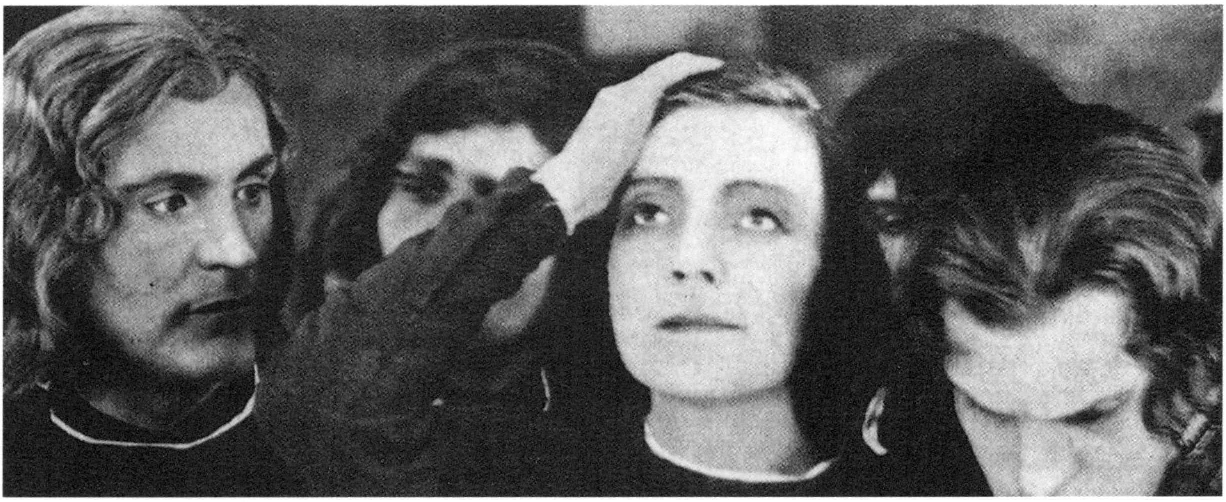

Asta Nielsen als „Hamlet", 1921

„Taxi Driver", 1976

„Der Liebe verfallen" mit Meryl Streep, 1985

„New York, New York" mit Liza Minnelli, 1977

„The Untouchables – Die Unbestechlichen", 1987

Robert De Niro, geboren am 17. August 1943 in New York

Robert De Niro, Sohn des Künstlerehepaares Virginia Admiral und Robert De Niro, sen., wuchs nach der Scheidung der Eltern bei seiner Mutter auf. Zu Hause vernachlässigt, lebte der Junge hauptsächlich auf der Straße. Mit zehn Jahren spielte er bei einer Schulaufführung den ängstlichen Löwen in „Das zauberhafte Land" und beschloß, Schauspieler zu werden. Während mehrerer Jahre zog er durch Dinner-Theater des amerikanischen Südens und nahm Schauspielunterricht, unter anderem bei Lee Strasberg und Stella Adler im Actors Studio. 1968 entdeckte ihn die Schauspielerin Sally Kirkland in „Glamour, Glory and Gold": „Ich habe noch niemals so etwas Brillantes gesehen". Die alternde Hollywood-Aktrice Shelley Winters nahm De Niro unter ihre Fittiche und drehte mit ihm 1970 „Bloody Mama". Seinen ersten Filmerfolg feierte er in der Rolle eines sterbenden Baseballspielers in „Bang The Drum Slowly" (1972). 1973 folgte Martin Scorseses „Hexenkessel". 1974 schaffte er den endgültigen Durchbruch: Für seine Darstellung des jungen Vito Corleone in „Der Pate II" bekam Robert De Niro den „Oscar" als bester Nebendarsteller. Mit den darauffolgenden Filmen „1900" und „Taxi Driver" erspielte er sich seinen Ruf als wandlungsfähigster und ausdrucksstärkster Schauspieler der Gegenwart. Regisseur Paul Schrader über den Star: „Er lebt in den Kör-

„Der Pate II", 1974

pern anderer Leute." 1977 drehte De Niro mit Liza Minnelli „New York, New York" und im Jahr darauf das Vietnam-Epos „Deer Hunter – Die durch die Hölle gehen". Seine intensive Vorbereitung für die Rolle des alternden Boxers Jake La Motta in „Wie ein wilder Stier" – De Niro trainierte ein Jahr lang jeden Tag mit dem Boxer und nahm 20 Kilo zu – brachte ihm 1980 den zweiten „Oscar" ein. Er konnte es sich nun leisten, in seiner Rollenauswahl extrem kritisch zu sein, was dazu führte, daß die Produzenten glücklich und dankbar waren, wenn De Niro ihren Projekten zustimmte. Ein Kinohit folgte dem anderen: „King of Comedy", „Der Liebe verfallen" (mit Meryl Streep), „Es war einmal in Amerika", „Mission" (mit Jeremy Irons), „The Untouchables" und „Goodfellas". Doch De Niros untrüglicher Instinkt beschränkte sich nicht nur auf seine Rollenauswahl. Mit geschickten Investitionen in Grundstücken und Restaurants in New York und Rom machte sich der Superstar auch außerhalb der Kinowelt einen Namen.

„Es war einmal in Amerika" mit James Woods, 1984

„Tod auf dem Nil", 1978

David Niven, geboren am 1. März 1909 in Kirriemuir, Schottland, gestorben am 29. Juli 1983

Nachdem David Niven von diversen Schulen geflogen war, kam er auf eine Militärakademie und diente später in Malta. Schon bald hatte er jedoch von Drill und Gehorsam die Nase voll. Er schlug sich mit Nebenjobs in Kanada und Kuba durch und landete 1934 in Hollywood. Obwohl er sofort als typischer Engländer galt, stand er zunächst als braun geschminkter Mexikaner vor der Kamera. Bald durfte er sogar Probeaufnahmen mit Claudette Colbert machen, wurde jedoch abgelehnt. Sam Goldwyn gab ihm schließlich einen Kontrakt auf sieben Jahre, räumte jedoch ein: „Ich zahle Ihnen einen Hungerlohn, weil Sie von der Schauspielerei keinen blassen Schimmer haben." So erhielt Niven seinen Part in dem Errol-Flynn-Film „Der Verrat des Surat Khan" (1936) nur, weil er den ewig fluchenden Regisseur Michael Curtiz an obszöner Sprache noch übertraf. Als er dann eine halbwegs wichtige Rolle in „Der Gefangene von Zenda" spielte, wurde er beinahe gefeuert und fürchtete, man habe seinen Talentmangel entdeckt. 1939 gab ihm Billy Wilder eine Nebenrolle in „Blaubarts achte Frau", und noch im selben Jahr bekam Niven in „Stürmische Höhen" seinen ersten wichtigen Part. Damit war ihm der Weg nach oben geebnet. Filme wie „In 80 Tagen um die Welt", „Mein Mann Godfrey" und „Bonjour Tristesse" machten ihn zum Komödienstar und legten ihn auf die Rolle des humorvollen britischen Gentleman fest. Perfekte Manieren und eine aristokratische Ausstrahlung wurden sein Markenzeichen. 1959 bekam Niven seine eigene Fernsehserie. Für „Getrennt von Tisch und Bett" erhielt er im gleichen Jahr einen „Oscar". Bis zu seinem Tod 1983 stand der Schauspieler noch häufig vor der Kamera („Das Superhirn", „Die Seewölfe kommen", „Der rosarote Panther wird gejagt") und führte mit seinen Autobiographien „Vielleicht ist der Mond nur ein Luftballon" und „Stars, die nicht vom Himmel fielen" wochenlang die Bestsellerlisten an.

„Die kleine Hütte" mit Ava Gardner, 1957

„Blaubarts achte Frau" mit Claudette Colbert, 1938

„Meine Frau ist übersinnlich", 1958

Kim Novak, geboren als Marilyn Pauline Novak am 13. Februar 1933 in Chicago

Auf Drängen ihrer Mutter wurde die eher scheue Kim Novak schon im Alter von elf Jahren Fotomodell. Während ihres Studiums der Theaterwissenschaften jobbte Kim nebenbei als Fahrstuhlführerin und Zahnarzthelferin. Später warb sie als „Miss Deepfreeze" für Kühlschränke und machte damit nicht nur die Verbraucher auf sich aufmerksam. Hollywood begann, sich für sie zu interessieren: Harry Cohn, der damalige Studioboß von Columbia, war gerade auf der Suche nach einer Nachfolgerin für die Sexgöttin Rita Hayworth. Kim Novak schien mit ihrer erotischen Ausstrahlung dafür genau die Richtige zu sein. Als blonder, unnahbarer Vamp avancierte sie in Filmen wie „Der Mann mit dem goldenen Arm", „Picknick" und „Geliebt in alle Ewigkeit" schon bald zu einem der zugkräftigsten Stars der Traumfabrik. 1958 erreichte sie mit der weiblichen Hauptrolle in Alfred Hitchcocks „Vertigo – Aus dem Reich der Toten" an der Seite von James Stewart den Höhepunkt ihrer Karriere. In den 60er Jahren stand die Schauspielerin – von der einfühlsamen Liebesgeschichte „Fremde, wenn wir uns begegnen" mit Kirk Douglas abgesehen – meist nur noch in anspruchslosen Sexkomödien à la „Bettgeflüster" vor der Kamera: „Sexy", „Küß' mich, Dummkopf" und „Die amourösen Abenteuer der Moll Flanders". In den 70er Jahren wirkte sie kaum noch in Kinoproduktionen mit, stand gelegentlich vor der TV-Kamera und widmete die freie Zeit ihrem zweiten Ehemann Robert Malloy und ihren zahlreichen Haustieren. Erst Anfang der 90er Jahre machte die Hollywood-Schönheit in der Seifenoper „Falcon Crest" als Gaststar wieder von sich reden. Außerdem unterbrach sie 1990 nach zehn Jahren ihre „Drehpause" und spielte an der Seite von „Oscar"-Preisträger Ben Kingsley die Hauptrolle in der deutsch-englischen Koproduktion „Die Kinder". Von Hollywood will sie jedoch nichts mehr wissen und erklärt: „Ich verstehe gar nicht, wie ich es so lange dort aushalten konnte."

„Hochwürden dreht sein größtes Ding", 1969

„Vertigo" mit James Stewart, 1958

Merle Oberon, geboren als Estelle Merle O'Brien Thompson am 19. Februar 1911 in Tasmanien, Australien, gestorben 1979

Merle Oberon verbrachte einen Großteil ihrer Kindheit in Indien, bis sie im Alter von 17 Jahren nach England ging. Dort verdiente sie sich ab 1930 ihr Geld als Tanzgirl und mit kleinen Nebenrollen in britischen Produktionen. Dabei wurde sie von Alexander Korda entdeckt. Von ihrer exotischen Ausstrahlung angezogen, gab er der jungen Schauspielerin 1933 die Rolle der Anne Boleyn in „Das Privatleben Heinrichs VIII.". Sechs Jahre später heiratete er sie. Ihr Hollywood-Debüt gab Merle Oberon, die mittlerweile in England längst Starruhm erlangt hatte, 1935 in „The Dark Angel". Es folgten Filme wie „These Three" und „Wuthering Heights", die sie auch in den USA zu einer begehrten Darstellerin machten. Obwohl Merle Oberon nie durch außergewöhnliches schauspielerisches Talent glänzte, blieb sie bis in die 60er Jahre hinein ein Garant für erfolgreiche Kinoproduktionen („Ohne Moral", „. . . denn keiner ist ohne Schuld", „Hotel"). 1973 drehte sie mit „Interval" ihren letzten Film und genoß danach gemeinsam mit ihrem vierten Mann, dem Schauspieler Robert Wolders, das Leben des internationalen Jet-sets.

„Infame Lügen", 1936

„Weg im Dunkel" mit Fredric March, 1935

Maureen O'Hara

Maureen O'Hara, geboren als Maureen Fitzsimmons am 17. August 1920 in Millwall, Irland

Maureen O'Hara begann ihre Schauspielkarriere mit einer Ausbildung an der Abbey Theatre School. Sie war auf dem besten Weg, ein erfolgreicher Theaterstar zu werden, als Regisseur Walter Forde die 18jährige für „Kicking The Moon Around" vor die Filmkamera holte. Schon ein Jahr später bekam sie ihre erste wichtige Rolle in Alfred Hitchcocks „Riffpiraten" an der Seite von Charles Laughton, mit dem sie noch im gleichen Jahr erneut vor der Kamera stand: Als Esmeralda in „Der Glöckner von Notre Dame" gab sie ihr Hollywood-Debüt. 1941 drehte Maureen O'Hara ihren ersten Film unter der Regie von John Ford, „So grün war mein Tal", der Anfang einer langen und erfolgreichen Zusammenarbeit. Ford erkannte, wo ihre Stärken lagen, und setzte die Schauspielerin immer wieder als selbstbewußtes irisches Temperamentsbündel ein. Ihre feuerroten Haare und die leuchtend grünen Augen machten sie schon bald zur Königin des gerade aufkommenden Farbfilms. Außerdem wurde Maureen O'Hara eine bevorzugte Partnerin von John Wayne, mit dem sie in den 50er und 60er Jahren Filme wie „Der Sieger", „Rio Grande", „Big Jake", „Dem Adler gleich" und „McLintock" drehte. Obwohl Maureen O'Hara ihre besten Leistungen als weiblicher Haudegen in Western und Abenteuerfilmen zeigte, begeisterte sie gelegentlich auch in völlig anderen Genres: in Dramen („Dieses Land gehört mir") und Frauenfilmen („Sentimentale Reise") ebenso wie in leichten Komödien („Das Wunder von Manhattan", „Belvedere, das verkannte Genie"). Bis in die 70er Jahre hinein blieb Maureen O'Hara ein gefragter Kinostar, drehte Filme wie „Unser Mann in Havanna", „Gefährten des Todes" und „Mr. Hobbs macht Ferien", zog sich dann aber – von einigen TV-Auftritten wie 1973 in „The Red Pony" abgesehen – aus dem Berufsleben zurück.

„Der Sieger" mit John Wayne, 1952

„So grün war mein Tal" mit Walter Pidgeon, 1941

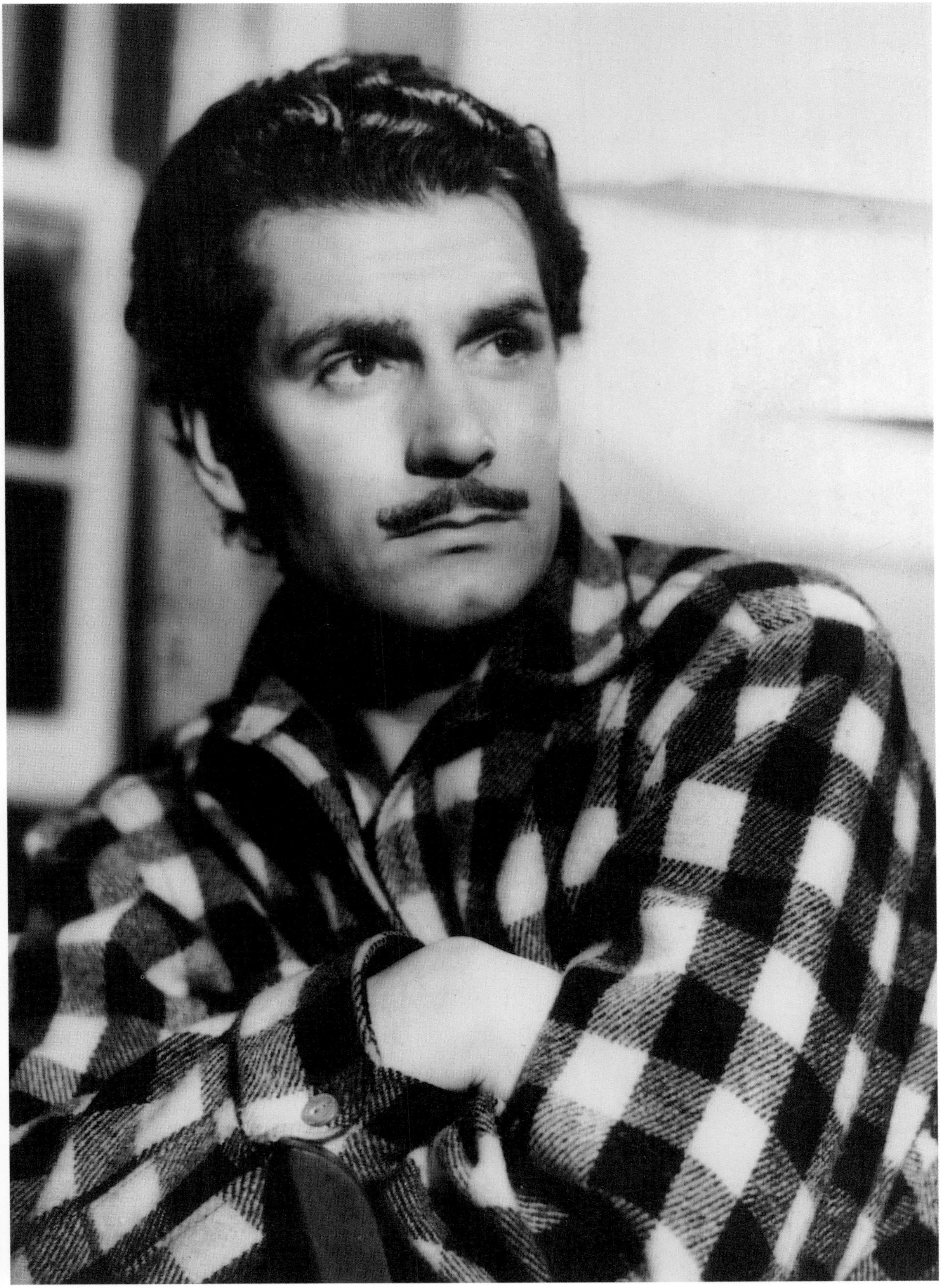

Laurence Olivier

„Hamlet", 1948

„Rebecca" mit Joan Fontaine, 1940

„Der Clan", 1978

Laurence Olivier, geboren am 22. Mai 1907 in Dorking, England, gestorben am 11. Juli 1989

Der Sohn eines Geistlichen wurde in Oxford erzogen und stand als 15jähriger zum ersten Mal in einem Shakespeare-Stück auf der Bühne: Er spielte in einer Schulaufführung von „Der Widerspenstigen Zähmung" die Katharina. Drei Jahre später war Laurence Olivier ein ausgebildeter Schauspieler und bekam ein Engagement in Birmingham. Im Alter von 21 Jahren begeisterte er bereits das Londoner Theaterpublikum. 1929 verschaffte ihm Lustspielautor Noel Coward in seinem Stück „Intimitäten" den ersten Broadway-Auftritt. Im Jahr darauf begann er seine Filmkarriere und stand für einige britische Produktionen vor der Kamera. Sein Hollywood-Debüt gab er 1931 in „Friends And Lovers". Es dauerte jedoch fast zehn Jahre (in denen er abwechselnd in England und den USA arbeitete), bis er sich als Leinwandstar weltweit etablieren konnte. Die Rolle des Grafen de Winter in Alfred Hitchcocks „Rebecca" verhalf ihm zum Durchbruch. Im Zweiten Weltkrieg meldete sich Olivier freiwillig zur Luftwaffe, von der er für einige Propagandafilme gelegentlich freigestellt wurde. So war Olivier auch nach seinem Militärdienst immer noch ein gefragter Filmstar, konzentrierte sich aber lieber wieder auf das Theater und übernahm 1944 für vier Jahre die Leitung der englischen Traditionsbühne Old Vic. Als Schauspieler und Regisseur eroberte er schnell die euro-

„Stolz und Vorurteil" mit Greer Garson, 1940

päische Theaterwelt und setzte seine Triumphe mit Gastspielreisen in Amerika fort. Nach dem überragenden Erfolg seiner Shakespeare-Verfilmungen „Heinrich V." und „Hamlet" konnte sich der englische Gentleman „par excellence", der sich seit 1947 Sir Laurence Olivier nennen durfte, vor Angeboten aus Hollywood kaum retten. Deshalb siedelte er 1951 mit seiner zweiten Frau Vivien Leigh nach Amerika über und drehte Filme wie „Der Zauberkasten", „Carrie", „Die Bettleroper" und „Der Prinz und die Tänzerin". In den 60er Jahren kehrte der Schauspieler nach London zurück und wurde Direktor des Britischen Nationaltheaters. Bis zu seinem Tod 1989 stand der vielseitige Künstler dort auf der Bühne, drehte Filme wie „In den Schuhen des Fischers", „Der Marathon-Mann" und „The Boys From Brazil" und arbeitete gelegentlich fürs Fernsehen (TV-Serie „Peter der Große"). In London „wirkte" er außerdem als übergroßes Hologramm in dem Musical „Time" mit.

„Lord Nelsons letzte Liebe" mit Vivien Leigh, 1941

Ryan O'Neal

Ryan O'Neal, geboren am 20. April 1942 in Los Angeles

Der Sohn eines Schriftstellers und einer Schauspielerin bewarb sich mit 17 Jahren beim Produzenten der Fernsehserie „Tales of the Vikings" und wurde als Statist und Double engagiert. Nach 39 Episoden und 501 Folgen der TV-Seifenoper „Peyton Place" begann 1968 seine Spielfilmkarriere. „The Big Bounce" und ein Jahr später „The Big Games" hießen die weitgehend unbekannten Einsteigerstreifen. Mit der Verfilmung von Eric Segals „Love Story" (1970) gelang ihm als Oliver Barrett der internationale Durchbruch. O'Neal wurde durch die rührselige Geschichte mit Filmpartnerin Ali MacGraw zu einem der meistgefragten Stars in Hollywood. Der Sunnyboy, dem Affären mit den prominentesten Damen der Showbranche nachgesagt wurden (u. a. Bianca Jagger, Liza Minnelli, Barbra Streisand), bewies sich als Westernheld („Missouri", 1971) ebenso wie als Leinwandkomiker in „Is' was, Doc?" (1972) und „Paper Moon" (1973), in dem auch seine Tochter Tatum eine Hauptrolle spielte und für den „Oscar" nominiert wurde. O'Neal übernahm den Titelpart in Stanley Kubricks Kostümschinken „Barry Lyndon" (1975), bevor er abermals mit Tochter Tatum und jetzt auch mit seinem Sohn Griffin (beide stammen aus der 1966 geschiedenen Ehe mit Joanna Moore) in „Klapperschlangen beißen nicht" 1976 ein Familien-Happening veranstaltete. Nach der Ehe mit Leigh Taylor-Young (1967–69) angelte sich TV-Star Farrah Fawcett den begehrtesten Junggesellen Hollywoods. Beruflich ging es auf und ab. Einer der späten Erfolge war die Fortsetzung der „Love Story": In „Oliver's Story" hieß Ryans Partnerin Candice Bergen. Es folgte die Boxerkomödie (O'Neal liebt den Boxsport) „Was, du willst nicht?", die ihn mit Exfreundin Barbra Streisand wieder zusammenbrachte. 1989 spielte der blonde Beau in „Ein himmlischer Liebhaber".

„Paper Moon" mit Tatum O'Neal, 1973

„Love Story" mit Ali MacGraw, 1970

„Lawrence von Arabien", 1962

Peter O'Toole, geboren am 2. August 1932 in Connemara, Irland

Schon als 18jähriger verkündete der Sohn eines irischen Buchhalters: „Ich werde kein gewöhnlicher Mann bleiben!" So versuchte er sich zunächst als Journalist bei der „Yorkshire Evening Post", sattelte aber nach dem Militärdienst auf die Schauspielerei um. O'Toole bekam ein Stipendium an der Royal Academy of Dramatic Arts und wurde danach Ensemblemitglied am Old Vic in Bristol. In dreieinhalb Jahren spielte er dort 73 verschiedene Rollen. Die Skala reichte von John Osbornes „Blick zurück im Zorn" bis zu Shakespeares „Hamlet". Nachdem O'Toole auch auf Londoner Bühnen überzeugen konnte, erhielt er die ersten Filmangebote. Nach kleinen Parts in britischen Produktionen („Entführt – Die Abenteuer des David Balfour", „Der Bankraub des Jahrhunderts") gab ihm Regisseur David Lean 1962 die große Chance. In der Titelrolle des Mammutwerkes „Lawrence von Arabien" (das Wüstenspektakel wurde 1990 in restaurierter Fassung wieder in den Kinos aufgeführt) avancierte Peter O'Toole zum internationalen Superstar und konnte sich vor Filmangeboten kaum noch retten. In den folgenden Jahren stellte er sowohl in dramatischen Rollen („Becket", „Lord Jim") als auch in Komödien („Was gibt's Neues, Pussycat?", „Wie klaut man eine Million") seine Vielseitigkeit unter Beweis. Obwohl seine ganze Liebe nach wie vor dem Theater gehörte (mit den Stücken „Macbeth" und „Man & Superman" erzielte er große Erfolge), sicherte sich Peter O'Toole mit Filmen wie „Ein Löwe im Winter", „Der Mann aus La Mancha" und „Der lange Tod des Stuntman Cameron" auch weiterhin einen Platz unter den begehrtesten Leinwandstars. In den 80er Jahren brillierte er vor allem in Bernardo Bertoluccis Meisterwerk „Der letzte Kaiser" (1987). Als englischer Lehrer des Imperators spielte er hier wieder die Rolle, die er am besten beherrscht: den britischen Gentleman mit Charakterkopf.

„Unternehmen Rosebud", 1975

„Der letzte Kaiser", 1987

„Der Pate“, 1972

„Cruising", 1980

„Bobby Deerfield", 1977

„Serpico", 1973

Al Pacino, geboren am 25. April 1940 in New York

Im Alter von 17 Jahren begann der Sohn italienischer Einwanderer mit der Schauspielerei. Nach einer Ausbildung am Herbert Berghof-Studio bekam er Engagements bei verschiedenen avantgardistischen Off-Broadway-Theatern. Damals begann er, seine Rollen zu „leben". Doch erst bei Lee Strasbergs Actors Studio und durch das dort praktizierte „Method Acting" fand er zur totalen Identifikation mit einer Figur. Schon bald etablierte er sich als begehrtes Nachwuchstalent am Broadway. 1969 gab er sein Filmdebüt in „Ich, Natalie". Wirklich beeindrucken konnte er jedoch erst als Junkie in seinem zweiten Film „Panik im Needle-Park". Danach verpflichtete ihn Regisseur Francis Ford Coppola für den Part des Mafia-Mitglieds Michael Corleone in „Der Pate". Pacino erhielt eine „Oscar"-Nominierung. Obwohl er danach mit der Titelrolle in „Serpico" die Seiten wechselte und einen Vertreter des Gesetzes spielte, schien der Nachwuchsstar auf einen bestimmten Typ festgelegt: den eigenwilligen, schweigsamen Italoamerikaner; so auch in „Hundstage" und „... und Gerechtigkeit für alle", für die er zwei weitere „Oscar"-Nominierungen erhielt. Obwohl Al Pacino mittlerweile längst zum Superstar aufgestiegen war, drohte er Anfang der 80er Jahre in Vergessenheit zu geraten. Von „Scarface", dem 1983 viel kritisierten Remake eines Howard Hawks-Films, abgesehen, konnte Al Pacino keine

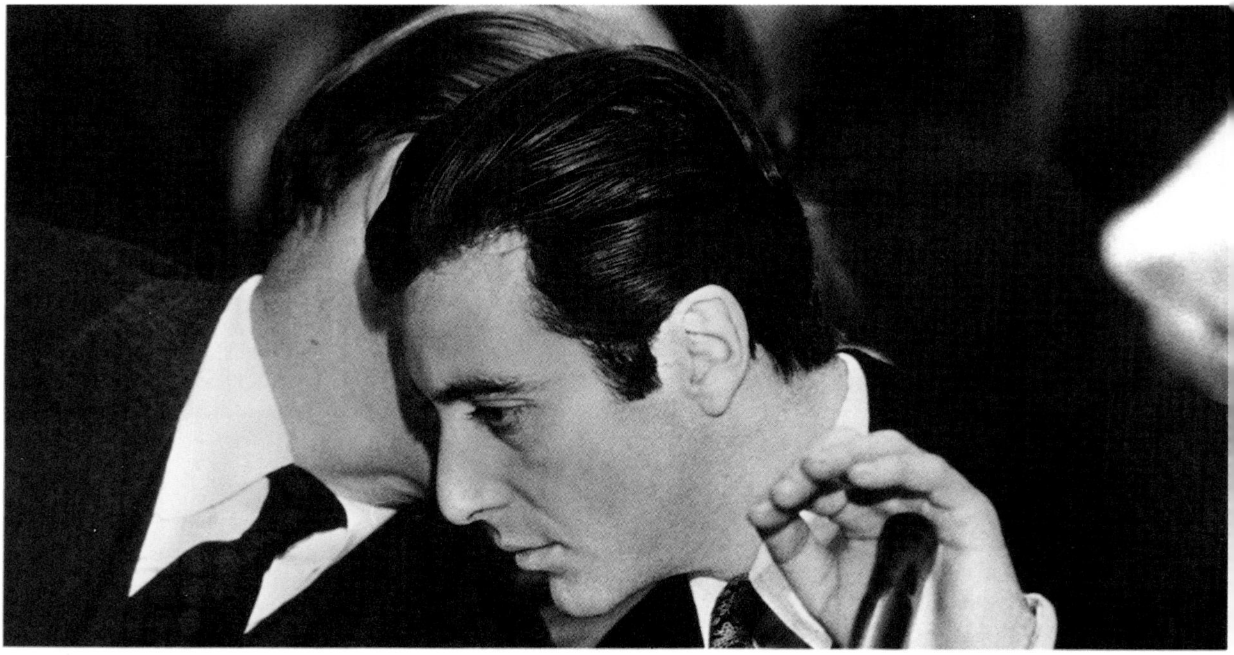

„Der Pate“, 1972

nennenswerten Kinoerfolge verbuchen. Das aufwendige Historienepos „Revolution“ aus dem Jahr 1986 wurde ein Megaflop. Sein Comeback fiel dafür um so furioser aus. Der erotische Thriller „Sea of Love – Melodie des Todes“ wurde 1990 ein Kassenhit. Nach seinen Liebesszenen mit Ellen Barkin entdeckte ihn die Presse wieder als männliches Sexsymbol. Doch Pacino, der schon immer als besonders publicityscheu galt, dachte gar nicht daran, dieses Image zu unterstützen. In seinem nächsten Streifen, Warren Beattys Comicverfilmung „Dick Tracy“, übernahm er die Rolle des Gangsterbosses Big Boy Caprice – vom Maskenbildner bis zur Unkenntlichkeit auf häßlich getrimmt. Noch im gleichen Jahr spielte er (von Kritik und Publikum hoch gelobt) die Hauptrolle im dritten Teil von „Der Pate“, in dem er erneut an der Seite seiner Lebensgefährtin Diane Keaton zu sehen war.

„Melodie des Todes“ mit Ellen Barkin, 1989

„Mein großer Freund Shane", 1953

Jack Palance, geboren als Walter Jack Palahnuik am 18. Februar 1919 in Lattimer, Pennsylvania

„Bestie der Wildnis", 1953

Jacks Vater war Bergmann, und auch der Sohn arbeitete einige Zeit unter Tage, bevor er sich am College zu einem Spitzensportler entwickelte. Anschließend verdiente er sein Geld als Profiboxer, bis er im Zweiten Weltkrieg als Bomberpilot eingezogen wurde. Bei einem Absturz erlitt er schwere Verbrennungen im Gesicht und wurde vorzeitig aus dem Wehrdienst entlassen. Daraufhin zog Jack Palance nach New York, entdeckte für sich die Schauspielerei und gab schon bald in „The Big Two" sein Broadway-Debüt. Während seines Engagements als Ersatzmann für Anthony Quinn in „Endstation Sehnsucht" (1950) fiel er Regisseur Elia Kazan auf, der ihm den Part des Killers in „Unter Geheimbefehl" anbot. Palance erklärte dazu später: „Ich sagte ja und nahm an, das würde meine erste und zugleich letzte Filmrolle bleiben." Damit lag er falsch. Bereits 1952 wurde er für den „Oscar" als bester Nebendarsteller in „Maskierte Herzen" nominiert. Ein Jahr später spielte er die Rolle, die zu seinem Markenzeichen werden sollte – den brutalen Killer in George Stevens' Westernklassiker „Mein großer Freund Shane". Wieder gab es eine „Oscar"-Nominierung. Es folgten Filme wie „Attila, der Hunnenkönig", „Hollywood-Story", „Che!" und „Chatos Land", die Palances Image des exotischen Bösewichts untermauerten. Im Fernsehen feierte der Schauspieler auch in sympathischen Rollen Triumphe: „Zirkusdirektor Johnny Slate" (1964–65), „Bronk" (1975-76). In den 80er Jahren war Jack Palance, der nie in der Riege der Superstars zu finden war, dann wieder häufiger in erfolgreichen Kinoproduktionen zu sehen. Für seine Darstellung eines liebenswerten Aussteigers in „Out of Rosenheim" (1988) erhielt er höchstes Kritikerlob, ebenso für die Parodien seines eigenen Bösewicht-Images in „Batman" und „Tango & Cash" (beide 1990). Außerdem betätigt sich Jack Palance seit Anfang der 80er Jahre sehr erfolgreich als Hobbymaler und -schriftsteller.

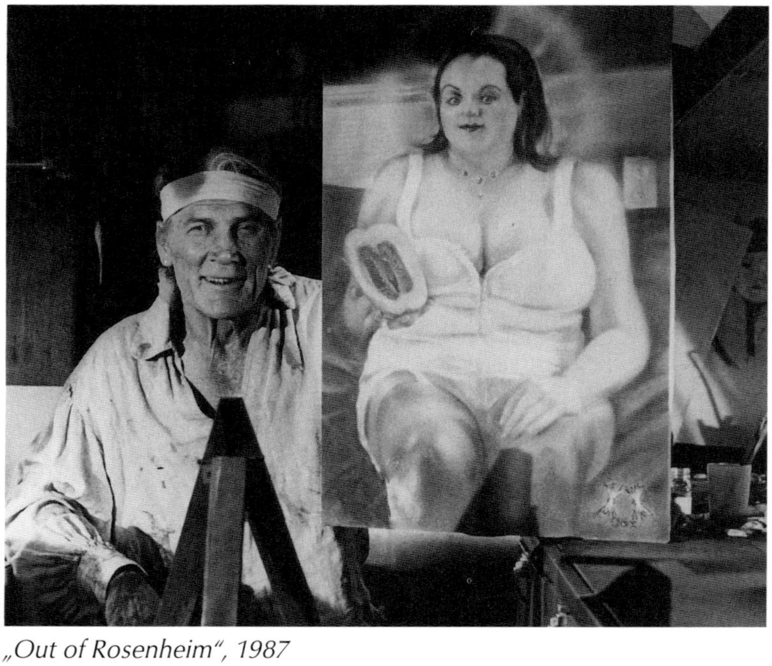

„Out of Rosenheim", 1987

Lilli Palmer, geboren als Lilli Peiser am 24. Mai 1914 in Posen, gestorben am 27. Januar 1986

Noch ehe ihre Theaterkarriere in Deutschland richtig begonnen hatte, mußte die Tochter eines jüdischen Arztes 1933 mit ihrer Familie nach Frankreich emigrieren. Einige Monate lang trat sie in Pariser Nachtclubs auf, verlegte dann ihren Wohnsitz nach London und spielte dort ihre erste Filmrolle in „Crime Unlimited" (1934). Den Durchbruch in Großbritannien schaffte sie zwei Jahre später in Alfred Hitchcocks „Geheimagent". Mit ihrem Mann Rex Harrison ging sie 1944 nach Hollywood, wo das Ehepaar unter anderem in „Der letzte Sündenfall" (1946) und „The Four Poster" (1952) gemeinsam agierte. Nach der Trennung von Harrison im Jahr 1953 kehrte Lilli Palmer nach Deutschland zurück. In der folgenden Dekade wurde sie mit Filmen wie „Teufel in Seide" (1956), „Anastasia" (1956), „Frau Warrens Gewerbe" (1960) und „Julia, du bist zauberhaft" (1962) zur „Grande Dame" des deutschen Films und blieb auch international („Montparnasse 19", 1957; „In angenehmer Gesellschaft", 1962) im Geschäft. Eine neue Herausforderung fand die arbeitswütige Palmer in den 70er Jahren als Schriftstellerin. Neben ihrer erfolgreichen Autobiographie „Dicke Lilli – gutes Kind" und deren Fortsetzung „Der rote Rabe" veröffentlichte sie vier Romane.

„Jagd nach Millionen", 1947

„Frau Cheneys Ende" mit Carlos Thompson, 1961

Gregory Peck

„Moby Dick", 1956

„Ein Herz und eine Krone" mit Audrey Hepburn, 1953

„Flammen über Fernost", 1955

Gregory Peck, geboren am 5. April 1916 in La Jolla, Kalifornien

Der Sohn eines irischen Händlers wuchs nach der Scheidung seiner Eltern bei der Mutter auf. Mit zehn Jahren trat er als Kadett in die St. John's Military Academy ein. Später studierte er in San Diego und Berkeley Medizin. Während dieser Zeit begann er, sich für die Schauspielerei zu interessieren. In New York nahm er Unterricht, zwei Jahre davon an der Neighbourhood Playhouse School of the Theatre. Anfang der 40er Jahre spielte er am Broadway mit durchschnittlichem Erfolg. 1941 ließ Produzent David O. Selznick Probeaufnahmen mit Gregory Peck machen. Einen Vertrag gab er ihm nicht, weil „Peck keine Persönlichkeit" besäße. Der Produzent Casey Robinson war anderer Meinung und engagierte Peck für „Tage des Ruhms". Der 1944 entstandene Film war zwar nicht gerade erfolgreich, doch Gregory Peck brachte er Angebote von allen großen Filmgesellschaften. Er nutzte die Gunst der Stunde, weigerte sich, einen Siebenjahresvertrag bei MGM zu unterschreiben, und schloß mehrere Einzelverträge ab, die ihm ein gewisses Maß an Unabhängigkeit garantierten. Für seinen nächsten Film, „Schlüssel zum Himmelreich" (1945), bekam Peck bereits seine erste „Oscar"-Nominierung. Zwei damals wenig erfolgreiche Streifen unter der Regie von Alfred Hitchcock, „Ich kämpfe um dich" und „Der Fall Paradin", taten seiner Karriere keinen Abbruch. Filme wie „Die Wildnis ruft",

„Wer die Nachtigall stört", 1963

„Duell in der Sonne" und „Schnee am Kilimandscharo" waren dagegen überaus erfolgreich und sicherten Gregory Peck einen Platz unter den zehn beliebtesten Schauspielern Hollywoods. Gregory Peck war in allen Genres einsetzbar; sein Repertoire reichte vom verliebten Journalisten („Ein Herz und eine Krone" mit Audrey Hepburn, 1953) bis zum düsteren Kapitän Ahab („Moby Dick", 1959). 1963 war Peck der mutige Anwalt Atticus Finch in „Wer die Nachtigall stört". Diese Rolle brachte ihm den „Oscar" ein. In den 70er Jahren war er seltener auf der Leinwand zu sehen. Sein letzter großer Kassenerfolg war 1975 „Das Omen". 1978 spielte Peck den KZ-Arzt Mengele in „The Boys From Brazil". In den 80er Jahren war er in mehreren TV-Serien, wie z. B. „Die Blauen und die Grauen", zu sehen und spielte den Schriftsteller Ambrose Bierce in Jane Fondas Revolutionsfilm „Old Gringo" (1989).

„Die Wildnis ruft", 1947

Sean Penn, geboren am 17. August 1960 in Santa Monica, Kalifornien

Der Sohn eines Regisseurs und einer Schauspielerin wuchs in Kalifornien auf. Mit seinem Bruder Christopher und den gemeinsamen Freunden Emilio Estevez, Charlie Sheen, Rob und Chad Lowe drehte er mehrere Super-8-Filme. Sean entschloß sich, nach der Schule Schauspieler zu werden. Er arbeitete beim Los Angeles Group Repertoire Theatre als Mädchen für alles, spielte gelegentlich mit und nahm Schauspielunterricht bei Peggy Feury. 1979 und 1980 war er in einer Folge der TV-Serie „Barnaby" und in zwei Fernsehfilmen zu sehen. Im Anschluß daran ging er nach New York und wurde für den Film „Die Kadetten von Bunker Hill" verpflichtet. Seine Rolle war zwar klein, seine Art der Vorbereitung dagegen äußerst akribisch. In „Fast Times at Ridgemont High" spielte er 1982 einen ständig bekifften Surf-Fanatiker. Nach „Bad Boys" und „Die Zeit verrinnt – Die Navy ruft" bekam er eine Rolle in Louis Malles Gaunerkomödie „Crackers". 1985, nach „Der Falke und der Schneemann" und „Auf kurze Distanz", lernte er die Popsängerin Madonna kennen. Die beiden heirateten und drehten gemeinsam „Shanghai Surprise" (1987). Die Ehe ging auseinander.

„Auf kurze Distanz", 1985

„Shanghai Surprise", 1987

„Psycho“, 1960

Anthony Perkins, geboren am 14. April 1932 in New York

„Die Nacht kennt keine Schatten", 1957

Als Sohn des Schauspielers Osgood Perkins bekam Anthony die Liebe zur Bühne sozusagen in die Wiege gelegt. Schon als Dreizehnjähriger interessierte er sich für Literatur und trat in den Ferien mit verschiedenen Laienspielgruppen auf. Während seines Geschichtsstudiums am Rollins College in Florida machte er Probeaufnahmen bei MGM für „Die Schauspielerin". Er bekam die Rolle. An der Seite von Jean Simmons spielte er 1953 den jugendlichen Helden – und hatte Erfolg. Nach einer „Oscar"-Nominierung für seinen zweiten Film „Lockende Versuchung" (1956) ging es mit Perkins' Karriere aufwärts. Er stand gemeinsam mit Hollywood-Helden wie Jack Palance („Der Einsame"), Henry Fonda („Der Stern des Gesetzes") und Gregory Peck („Das letzte Ufer") vor der Kamera. 1960 kam dann der große Durchbruch: Alfred Hitchcock verpflichtete ihn für die Hauptrolle in seinem Schocker „Psycho". Der Film wurde ein Klassiker, Anthony Perkins als geisteskranker, auf seine Mutter fixierter Frauenmörder Norman Bates ein Weltstar. Da ihm daraufhin jedoch nur noch Rollen angeboten wurden, in denen er das schizophrene Muttersöhnchen verkörpern sollte, drehte er in den 60er Jahren fast ausschließlich in Frankreich. Anfang der 70er kehrte er in die USA zurück. Es gelang ihm jedoch nicht, an den Erfolg von „Psycho" anzuknüpfen. Außerdem war er das Image des Irren immer noch nicht losgeworden und konnte nur überzeugen, wenn er zwielichtige Typen spielte („Mord im Orient-Expreß", „Sprengkommando Atlantik", „China Blue – Bei Tag und Nacht"). 1983 gab er endlich dem Drängen der Studiobosse nach und drehte eine Fortsetzung von Hitchcocks Mörderstory. Schon zwei Jahre später folgte der dritte Teil, bei dem Perkins auch selbst Regie führte. Neben seiner Filmarbeit trat Perkins immer wieder am Broadway auf und versuchte sich als Theaterregisseur und Drehbuchautor („The Last of Sheila").

„Lieben Sie Brahms?" mit Ingrid Bergman, 1961

„Die fabelhaften Baker Boys", 1989

Michelle Pfeiffer, geboren am 29. April 1958 in Midway City, Kalifornien

„So schön, daß einen der Schlag trifft", fand sie das „Time"-Magazin. „Harper's Bazaar" zählt sie zu den „zehn schönsten Frauen der Welt". Michelle Pfeiffers Karriere begann mit einem Schönheitswettbewerb in ihrer Heimatstadt. Als sie dort zur „Miss Orange County" gekürt wurde, entdeckte sie ein Agent, der im Publikum saß. Bis dahin hatte die Tochter eines Heizungsmonteurs in einem Supermarkt als Verkäuferin gejobbt. Entschlossen, Schauspielerin zu werden, nahm sie Unterricht, den sie mit Auftritten in Werbespots finanzierte. Ihre ersten Rollen in Fernsehserien bekam sie mehr aufgrund ihres Aussehens als ihrer schauspielerischen Fähigkeiten wegen. „Es war schwer, gegen dieses Beauty-Image anzukämpfen", erinnert sie sich. Nach einigen weniger geglückten Anläufen („Charlie Chan und der Fluch der Drachenkönigin", „Grease II") kam ihre Filmkarriere 1982 mit Brian de Palmas „Scarface" in Schwung. Als drogensüchtige Gangsterbraut an der Seite von Al Pacino schaffte sie es endlich, als Schauspielerin ernst genommen zu werden. Es folgten der Fantasy-Film „Der Tag des Falken", „Kopfüber in die Nacht" und „Sweet Liberty", bevor ihr der internationale Durchbruch mit „Die Hexen von Eastwick" als Partnerin von Jack Nicholson gelang. Mit diesem Part hatte Michelle Pfeiffer Starstatus erreicht. Ihr darauffolgender Film „Die Mafiosi-Braut" brachte ihr 1988 eine „Golden Globe"-Nominierung ein. Ihre Rolle als zerbrechlich-schöne, meist tränenüberströmte Madame de Tourvel in Stephen Frears Riesenerfolg „Gefährliche Liebschaften« war der Jury 1989 die erste „Oscar"-Nominierung wert. Die zweite folgte ein Jahr später für „Die fabelhaften Baker Boys". Michelle Pfeiffer beeindruckte hier nicht nur durch ihr hervorragendes Spiel, das ihr außerdem noch den ersten „Golden Globe" einbrachte, sondern auch als Sängerin. 1991 folgte der Spionagethriller „Das Rußland-Haus" mit den Partnern Sean Connery und Klaus Maria Brandauer.

„Kopfüber in die Nacht" mit Jeff Goldblum, 1985

„Gefährliche Liebschaften", 1988

Gérard Philipe, 1950

Gérard Philipe, geboren am 4. Dezember 1922 in Cannes, gestorben am 25. November 1959

Gérard Philipe absolvierte sein Schauspielstudium am Konservatorium in Paris. Nach einigen Tourneen in der Provinz drehte er 1944 mit Regisseur Marc Allégret seinen ersten Film „Die Kleinen vom Blumenkai". Nach „Der Idiot" und „Land ohne Sterne" wurde er in der Rolle des jugendlichen Liebhabers in „Stürmische Jugend" (1947) bekannt. In der Folgezeit spielte der beliebteste Schauspieler Frankreichs klassische Literaturrollen in „Die Kartause von Parma", „Der Pakt mit dem Teufel" und „Der Reigen". Während seiner gesamten Filmzeit setzte Gérard Philipe seine Theaterarbeit fort, hauptsächlich unter Jean Vilar am Théâtre National Populaire. Er spielte die Titelrollen in Heinrich von Kleists „Prinz von Homburg" und in Corneilles „Le Cid". Jean Cocteau sagte nach Philipes Tod: „Den Cid! Den Prinzen von Homburg! Diese ganze funkelnde, liebenswerte und siegreiche Jugend, die sich in Gestalt von Gérard Philipe einfangen läßt". Diese Attribute kamen besonders in seinem bekanntesten Film „Fanfan, der Husar" (1951) zur Geltung. Seine artistischen Fähigkeiten, die er als Fanfan teilweise zeigte, konnte er fünf Jahre später in „Die Abenteuer des Till Ulenspiegel" richtig ausleben. Philipe spielte nicht nur Abenteurer und Frauenhelden, er drehte auch Filme, in denen er hochsensible Charaktere verkörperte, wie in „Juliette oder Der Schlüssel der Träume" (1951), „Aufenthalt in Vera Cruz" (1953) und „Liebling der Frauen". Sein letzter Film war auch sein bester: „Das Fieber steigt in El Pao" (1959). Kurz danach starb Frankreichs Spitzenstar und Liebling seiner Generation nach kurzer schwerer Krankheit an einem Herzanfall.

„Rot und Schwarz" mit Danielle Darrieux, 1954

„Fanfan, der Husar", 1951

„Das Gespenst der Freiheit", 1974

Michel Piccoli, geboren am 27. Dezember 1925 in Paris

Seine Leidenschaft für die Schauspielerei entdeckte Michel Piccoli erstmals bei Schulaufführungen. Der Sohn eines Musikerehepaares italienischer Abstammung nahm ein Jahr lang Schauspielunterricht, leitete danach das Théâtre Babylone und gab 1945 sein Leinwanddebüt in „Das Geheimnis der Berghütte". Ab 1948 profilierte sich Piccoli als Charakterdarsteller an verschiedenen Pariser Bühnen, darunter dem Théâtre National Populaire. Als Kinoschauspieler wurde er erst mit seinem 18. Film, Jean-Luc Godards „Die Verachtung" (1963), einem breiteren Publikum ein Begriff. Daß er „es versteht, seine Kunst zu verbergen, weil er die Gabe hat, sie sparsam zu verwenden und seine Zeilen genau richtig zu sprechen" (Agnès Varda, die ihn 1966 in „Die Geschöpfe" einsetzte), nutzten Starregisseure wie Alfred Hitchcock („Topaz", 1969), Luis Buñuel („Schöne des Tages", 1967; „Der diskrete Charme der Bourgeoisie", 1972) und Louis Malle („Atlantic City", 1980; „Eine Komödie im Mai", 1990). Eine besonders gelungene Leinwandliaison ging Piccoli mit Romy Schneider ein, deren Partner er in sechs Filmen (darunter „Die Dinge des Lebens" und „Das Mädchen und der Kommissar") war. „Kunst ist nicht immer schön, sie muß auch stören dürfen", lautet der Grundsatz Michel Piccolis, der deshalb wiederholt ungewöhnliche, provozierende Rollen wie in „Das große Fressen" (1973) und „Trio Infernal" (1974) annahm. Im Laufe seiner Karriere wirkte er in über hundert Spielfilmen mit, blieb aber stets auch dem Theater treu (bemerkenswert etwa in Luc Bondys Inszenierung von „Das weite Land"). Mit seiner eigenen Produktionsfirma „Les Films 66" realisierte er unter anderem die schwarze Komödie „Der General der toten Armee" (1983), in der Marcello Mastroianni die Hauptrolle spielte. Von 1966 bis 1979 war der Schauspieler mit der Chansonette Juliette Gréco verheiratet.

„Die Verachtung" mit Brigitte Bardot, 1963

„Die Dinge des Lebens" mit Romy Schneider, 1970

Mary Pickford

Mary Pickford, geboren als Gladys Smith am 8. April 1893 in Toronto, Kanada, gestorben am 29. Mai 1979

Mary Pickford mußte schon als Kind auf der Bühne Geld verdienen, da ihr Vater früh starb und ihre Mutter völlig mittellos war. Sie war nur drei Monate auf einer Schule und zog in Kinderrollen von Stadt zu Stadt. 1905 wurde die damals Zwölfjährige von dem Broadway-Produzenten David Balasco für „The Warrens of Virginia" engagiert. Er gab ihr auch den Künstlernamen Mary Pickford. Vier Jahre später, nach mehreren Theatertourneen, stellte sie sich in New York D. W. Griffith vor und erhielt einen Vertrag bei Biograph Motion Pictures. Ihre ersten Filme waren „Her First Biscuits" und „Der Geigenmacher von Cremona", beide 1909. Das Mädchen mit den goldenen Locken wurde schnell Publikumsliebling. 1910 beendete Mary Pickford ihre Zusammenarbeit mit der Biograph und wurde zwei Jahre später von Adolphe Zukor für seine Famous Players Film Company, die spätere Paramount, unter Vertrag genommen. Die Neunzehnjährige war nun ein umworbener Star und kassierte für die damalige Zeit enorme Gagen – bis zu 2000 Dollar pro Woche. Nach 28 Filmen für Zukor verließ sie die Famous Players – allerdings nur, um ein Jahr später für eine Millionengage zurückzukehren. 1917 drehte sie „Die kleine Amerikanerin" und „Ein armes, kleines, reiches Mädchen", beides Filme, die auf ihr Ringellöckchen-Image zugeschnitten waren. Nach ihrer aufsehenerregenden Heirat mit Douglas Fairbanks, sen. gründete sie mit ihm, D. W. Griffith und Charlie Chaplin die Produktionsgesellschaft United Artists. Das Ehepaar war während mehrerer Jahre der gesellschaftliche Mittelpunkt des jungen Hollywood. 1929, nun ohne Ringellöckchen, drehte Mary Pickford „Kokett" und wurde für ihre Darstellung mit dem ersten „Oscar" des Tonfilms ausgezeichnet. 1933 folgte ihr letzter Streifen „Geheimnisse". Zwei Jahre später zerbrach die Ehe des beliebtesten Paares der damaligen Filmwelt. Im Alter von 83 Jahren erhielt Mary Pickford 1976 einen „Oscar" für besondere Verdienste um die Filmbranche.

„Kokett" mit Johnny Mack Brown, 1929

„Pollyanna", 1919

Sidney Poitier

Sidney Poitier, geboren am 20. Februar 1924 in Miami, Florida

Sidney Poitier, jüngstes Kind einer armen Bauernfamilie, verließ im Alter von 13 Jahren die Schule, schlug sich mit Gelegenheitsjobs durch und kam 1941 nach New York. Da er nur noch drei Dollar in der Tasche und kein Dach über dem Kopf hatte, meldete er sich freiwillig zur Armee. Nach seiner Entlassung bewarb er sich beim American Negro Theatre. Schon ein Jahr später stand er in „Lysistrata" auf einer Broadway-Bühne. 1950 gab er in „Der Haß ist blind" sein Kinodebüt als farbiger Arzt, der in Rassenunruhen verwickelt wird. In den folgenden Jahren trat Sidney Poitier hauptsächlich in engagierten (aber dennoch gewinnbringenden) Filmen auf und wurde so zum begehrtesten farbigen Darsteller Hollywoods. Mit Filmen wie „Denn sie sollen getröstet werden", „Saat der Gewalt" und „Weint um die Verdammten" bewies er seine Vielseitigkeit. Für Stanley Kramers „Flucht in Ketten" erhielt er 1958 eine „Oscar"-Nominierung. Mit „Lilien auf dem Felde" sorgte er fünf Jahre später für eine Überraschung. Die Kritiker lobten, daß Poitier die „gespielte Figur als Individuum statt als Farbigen zeigt". Der Lohn war ein „Oscar" – der erste, der je an einen schwarzen Darsteller verliehen wurde. Es folgten Filmhits wie „In der Hitze der Nacht" und „Rat mal, wer zum Essen kommt". Mit „Der Weg der Verdammten" wechselte Sidney Poitier 1972 ins Regiefach und inszenierte finanziell erfolgreiche Filme wie „Dreh'n wir noch ein Ding" und „Ausgetrickst", in denen er auch jeweils die Hauptrolle übernahm. In den 80er Jahren zog sich der Mime weitgehend von der Schauspielerei zurück und arbeitete nur noch hinter der Kamera („Zwei wahnsinnig starke Typen", „Hanky Panky – Die Geisterflieger"). 1988 feierte er in „Mörderischer Vorsprung" und „Little Nikita" ein Comeback als Schauspieler, überließ aber schon 1990 bei „Ghost Dad" das Agieren wieder einem anderen, dem bestbezahlten farbigen Darsteller Hollywoods: Bill Cosby.

„Mörderischer Vorsprung", 1988

„Rat' mal, wer zum Essen kommt" mit Katherine Houghton, 1967

Roman Polanski

Roman Polanski, geboren am 18. August 1933 in Paris

„Der Mieter" mit Isabelle Adjani, 1976

Im Alter von acht Jahren verlor Roman Polanski seine Mutter im Konzentrationslager Auschwitz. Er selbst konnte aus dem Krakauer Ghetto fliehen und wuchs versteckt bei verschiedenen Familien auf. Nach Kriegsende stand er am Krakauer Theater auf der Bühne, studierte am Pariser Lycée des Beaux Arts Kunstgeschichte und Malerei und schrieb sich 1953 an der Filmakademie von Lodz ein. Bereits seine Abschlußarbeit „Zwei Männer und ein Schrank" (1958) machte Roman Polanski über die Grenzen Polens hinaus bekannt; sein erster Spielfilm „Das Messer im Wasser" wurde 1962 als bester ausländischer Film für den „Oscar" nominiert. Der Psychothriller „Ekel", die preisgekrönte schwarze Komödie „Wenn Katelbach kommt" und die Satire „Tanz der Vampire" (mit Polanski selbst in der Hauptrolle) entstanden in England. In Hollywood drehte er die Klassiker „Rosemaries Baby" und „Chinatown". Trotz der vielfach herben Kritik, die er für seine offene Darstellung von Gewalt, seinen schwarzen Humor und die düstere Grundstimmung seiner Filme einstecken mußte, gilt Roman Polanski seither als einer der bedeutendsten Regisseure der Gegenwart. Mehr noch als für seine Arbeit interessierte sich die Öffentlichkeit allerdings für sein Privatleben. 1969 wurde seine Frau Sharon Tate durch die Manson-Kommune ermordet; 1977 stand Polanski wegen Verführung Minderjähriger vor Gericht und floh nach dem Prozeß aus den Vereinigten Staaten. Als er 1979 Schwierigkeiten hatte, für „Tess" einen Verleiher zu finden, beschloß er „ernsthaft", nie wieder einen Film zu drehen. Mit seiner Warschauer Inszenierung des Erfolgsstücks „Amadeus" (1981), in der er auch die Titelrolle übernahm, und seiner 1984 veröffentlichten Autobiographie „Roman" blieb er im Gespräch, bis er sich 1987 mit dem 17 Millionen-Dollar-Flop „Piraten" als Filmregisseur zurückmeldete. 1988 gelang Polanski mit „Frantic" ein grandioses Comeback.

Während der Dreharbeiten zu „Frantic", 1988

Eleanor Powell mit Partner „Buttons" in einer Drehpause

Eleanor Powell, geboren am 21. November 1912 in Springfield, Massachusetts, gestorben am 11. Februar 1982

„Zum Tanzen geboren" mit James Stewart, 1936

Schon als Elfjährige begann Eleanor Powell ihre professionelle Tanzkarriere; mit siebzehn landete sie am Broadway. Und als die langbeinige Schönheit 1935 ihr Filmdebüt gab, wurde sie als weltbeste Steptänzerin gefeiert. „Die ganze Person ist ein Glücksfall, ein Ereignis" schrieb der New Yorker Filmexperte und Powell-Fan James Card. „Eleanor Powell stand im richtigen Moment in der richtigen Form an der richtigen Stelle für das richtige Medium zur Verfügung". „Broadway Melodie 1936" war das erste der großen MGM-Musicals, das sie drehte und sie auf Anhieb zum Spitzenstar machte. Mit ihren Tanzkünsten, ihrer blendenden Figur, ihrer strahlenden Schönheit und ihrer zeitlosen Ausdruckskraft fasziniert die Powell bis heute. Es folgten „Zum Tanzen geboren" (1936), „Broadway Melodie 1938", „Rosalie" (1937, mit einem spektakulären Trommeltanz) und an der Seite von Fred Astaire „Broadway Melodie 1940". Für James Card ist das außergewöhnliche Tanzduell Astaire/Powell („Begin the Beguine") „die aufregendste Tanzszene, die je gefilmt worden ist". „Ein Steptänzer", so sagte Eleanor Powell selbst, „ist ein verhinderter Schlagzeuger. Mit deinen Füßen bist du ein Schlaginstrument. Du bist ein Musiker." 1943 hängte sie ihre Stepschuhe an den Nagel, heiratete den Schauspieler Glenn Ford und zog sich mehr und mehr vom Filmgeschäft zurück. 1959 wurde die Ehe geschieden. Eleanor Powell feierte 1961 ein glanzvolles Comeback auf der Showbühne; innerhalb von drei Jahren hatte sie zwanzig Engagements – im berühmten Sahara Hotel von Las Vegas hält sie den Besucherrekord. Daß sie nach knapp zehn Jahren und einem Dutzend Filme Hollywood den Rücken kehrte, hat ihr die Filmmetropole nie verziehen und jegliche Legendenbildung verweigert. Die Schauspielerin widmete sich fortan intensiv karitativen Aufgaben.

„Broadway Melodie 1940" mit Fred Astaire

William Powell

William Powell, geboren am 29. Juli 1892 in Pittsburgh, Pennsylvania, gestorben am 5. März 1984

„Mordsache ‚Dünner Mann'" mit Myrna Loy, 1934

Nach einer Ausbildung an der American Academy of Dramatic Arts und einem erfolgreichen Start am Broadway bekam William Powell 1922 seine erste Filmrolle. Er spielte den schurkischen Professor Moriarty in „Sherlock Holmes". Auch in seinen folgenden Stummfilmen übernahm er die Rolle des Gauners. Starruhm erlangte er durch Josef von Sternberg, der ihm zwei vielbeachtete Parts anbot: den grausamen Regisseur in „The Last Command" und den Unterweltboß in „The Dragnet". Als der Tonfilm eingeführt wurde, entdeckten die Hollywood-Macher, daß Powell eine angenehme Stimme hatte, und setzten ihn auch weiterhin ein. 1929 präsentierte sich der ehemalige Schurkendarsteller mit dem aristokratischen Aussehen und den perfekten Manieren als charmanter Privatdetektiv Philo Vance in „The Canary Murder Case". Der Film wurde ein Riesenhit, und es gab drei Fortsetzungen. Seine nächste Leinwandserie – sechs humorvolle „Dünner Mann"-Abenteuer –, in der er den Hobbyschnüffler Nick Charles verkörperte, lief sogar noch erfolgreicher. William Powell und Myrna Loy wurden Hollywoods Kinotraumpaar der 30er. Auch in den folgenden Jahren agierte der Mime weiterhin in Komödien („Mein Mann Godfrey", „Unser Leben mit Vater", „Wie angelt man sich einen Millionär"), konnte aber auch als Broadway-Mogul Florence Ziegfeld (1936 in „Der große Ziegfeld" und 1945 in „Broadway Melodie") überzeugen. 1955 lieferte er eine beeindruckende Darstellung in „Keine Zeit für Heldentum" (mit Henry Fonda und Jack Lemmon) und zog sich danach ins Privatleben zurück. William Powell war mit Jean Harlow bis zu ihrem frühen Tod verlobt und mit seinen Kolleginnen Carole Lombard und Diana Lewis verheiratet.

„Mordsache ‚Dünner Mann'" mit Myrna Loy (l.), 1934

Tyrone Power in den 40er Jahren

Tyrone Power, geboren am 5. Mai 1913 in Cincinnati, Ohio, gestorben am 15. November 1958

Tyrone Power entstammte einer alten irischen Schauspielerfamilie und wuchs in Hollywood und New York auf. Sein Vater war ein vielbeschäftigter Nebendarsteller in Stummfilmen. Erste Erfahrungen auf der Bühne (Shakespeares „Kaufmann von Venedig") sammelte Tyrone in Chicago als Schauspieler in einer Theatergruppe, zu der auch sein Vater gehörte. Nach dessen Tod – bei Dreharbeiten in Hollywood erlag er einem Herzschlag – war Tyrone Power auf sich allein gestellt. Er bekam zwei kleine Rollen in „Tom Brown of Culver" (1932) und „Flirtation Walk" (1934). Unzufrieden mit dem Ergebnis, tourte er mit Provinztheatern und wurde dabei von einem Talentsucher der Twentieth Century Fox entdeckt, der ihn 1936 nach Hollywood holte. Dort waren seine ersten Filme „Mädchenschlafsaal" und „Verliebte Damen". Die Öffentlichkeit wurde aufmerksam auf den blendend aussehenden Newcomer, der von der „Fox" als Konkurrent Errol Flynns aufgebaut wurde. Noch im selben Jahr hatte Power seinen ersten großen Erfolg mit der Hauptrolle in „Signale nach London". Mit Loretta Young als Partnerin folgten „Der Liebesreporter", „Café Metropol" und „Zweite Flitterwochen", Filme, die sein Image als unwiderstehlicher Liebhaber festigten. Von 1938 bis 1942 sah man Tyrone Power hauptsächlich in der Rolle des Draufgängers in Western und Mantel-und-Degen-Filmen. Hollywood-Legende wurden seine Darstellungen von Jesse James und Zorro. Der überaus beliebte Schauspieler meldete sich 1942 freiwillig zum Kriegsdienst. Es fiel ihm sehr schwer, nach Kriegsende wieder Anschluß an seine früheren Erfolge zu finden. Einige Filme allerdings bleiben unvergeßlich, darunter sein letzter, „Zeugin der Anklage" (1957). Während der Dreharbeiten zu „Salomon und die Königin von Saba" starb Tyrone Power in Madrid – wie Jahre zuvor sein Vater – an einem Herzinfarkt.

„Der Seeräuber" mit Maureen O'Hara, 1943

„In den Klauen der Borgia" mit Wanda Hendrix, 1949

„Rhythmus hinter Gittern", 1958

Elvis Presley, geboren am 8. Januar 1935 in Tuipelo, Mississippi, gestorben am 16. August 1977

„Gold aus heißer Kehle", 1957

Elvis Presley wuchs zur Zeit der Weltwirtschaftskrise als einziges Kind eines armen, tief religiösen Arbeiterehepaares auf. Mit zehn Jahren gewann er einen Preis bei einem Sängerwettbewerb; ein Jahr später schenkten ihm seine Eltern die erste Gitarre. Nach Abschluß der Schule jobbte er tagsüber als Lastwagenfahrer und hatte abends Auftritte in Bars und auf Jahrmärkten, deren Erfolg sich jedoch ebenso in Grenzen hielt wie der seiner ersten Single „That's All Right, Mama" (1954). Den Sprung vom Geheimtip zum Massenidol schaffte Elvis knapp zwei Jahre später, als er von Sun Records zu RCA wechselte. Seit seiner Debüt-LP „Heartbreak Hotel" reihte er einen Hit an den anderen; zu den bekanntesten zählen „King Creole", „Hound Dog" und „Blue Suède Shoes". Allein in den ersten zwei Jahren verdiente er rund 100 Millionen Dollar. Wie kaum einem anderen gelang es dem Sänger mit dem legendären Hüftschwung, durch seine provokativen Live-Shows und seine Musik das Lebensgefühl der Halbwüchsigen auszudrücken. Seine phänomenalen Erfolge als Sänger ebneten dem „King of Rock'n Roll" schnell den Weg nach Hollywood, wo er 1957 in „Pulverdampf und heiße Lieder" die erste von insgesamt 33 Hauptrollen spielte. Dem anfänglichen Ehrgeiz Presleys, sich als ernsthafter Schauspieler durchzusetzen, schob sein Manager „Colonel" Tom Parker einen Riegel vor: Von wenigen Ausnahmen wie „Rhythmus hinter Gittern" (1957) abgesehen, suchte er für seinen Schützling stets dieselben stereotypen Projekte wie „Blaues Hawaii" (1961) oder „Frankie und Johnny" (1966) aus, in denen Elvis lediglich ein paar seiner Lieder singen und den netten Jungen von nebenan mimen durfte. Mitte der 60er Jahre zehrte er auch als Sänger weitgehend von seinen alten Triumphen. 1973 begeisterte er mit einer TV-Show noch einmal ein Milliardenpublikum. Danach machte er jedoch nur noch durch seine Drogensucht Schlagzeilen, bis nach seinem Tod ein noch nie dagewesener Elvis-Kult einsetzte.

Elvis Presley und Priscilla Presley

Vincent Price, geboren am 27. Mai 1911 in St. Louis, Missouri

Der aus einer wohlhabenden Familie stammende Vincent Price promovierte an der Yale Universität in Kunstgeschichte und Englisch, wechselte später aber zur Schauspielerei. Er trat zunächst in kleineren Londoner Theatern auf, gelangte 1935 mit dem Stück „Viktoria Regina" an den Broadway und gab 1938 in Hollywood sein Filmdebüt mit „Service de Luxe". Es folgten viele erfolgreiche Jahre, in denen Vincent Price fast ausschließlich Hauptrollen spielte, den Durchbruch zum Star aber nicht schaffte. Das gelang ihm erst in den 50ern mit einer Reihe von Horrorfilmen: „Das Kabinett des Professor Bondi", „Die Fliege", „Das Haus auf dem Geisterhügel". Vincent Price wurde weltweit zum bekanntesten Horrordarsteller. Vor allem mit den Edgar-Allan-Poe-Verfilmungen von Roger Corman („Die Verfluchten", „Das Pendel des Todes", „Der Rabe – Duell der Zauberer") sorgte er für schauriges Kinovergnügen und volle Kassen. Neben seinen Filmverpflichtungen trat der Schauspieler gelegentlich im Fernsehen auf und widmete sich außerdem seinem Hobby, der Kunst. Er ist ein angesehener Sammler und hält Vorträge an Universitäten.

„Das Lied von Bernadette", 1943

„Die Rückkehr des Unsichtbaren" mit Virginia Field, 1940

Liselotte Pulver, geboren am 11. Oktober 1929 in Bern

Ihrem Vater zuliebe besuchte Liselotte Pulver zunächst eine Sekretärinnenschule, ehe sie bei Paul Kalbeck Schauspielunterricht nahm. Ab 1949 machte die Berner Ingenieurstochter am Zürcher Schauspielhaus mit klassischen Rollen wie dem „Käthchen von Heilbronn" Furore. Produzent F. A. Mainz erkannte ihr komödiantisches Potential und verpflichtete sie 1950 für den Film „Swiss Tour". Mit ihrem fröhlich-burschikosen Wesen und ihrem herzerfrischenden Lachen verhalf die Pulver in den 50er und 60er Jahren vor allem Komödien zum Erfolg. „Ich denke oft an Piroschka" (1955), „Die Zürcher Verlobung" (1957) oder „Das Wirtshaus im Spessart" (1957) ließen in Deutschland die Kinokassen klingeln. Billy Wilder holte sie 1961 für seine Berlin-Klamotte „Eins, zwei, drei" vor die Kamera; in Frankreich wirkte sie u. a. in Lustspielen mit Jean Marais („Pulverfaß und Diamanten", 1964) und Jean Gabin („Monsieur", 1964) mit. Einen lukrativen Hollywood-Vertrag mußte die Pulver 1960 allerdings ablehnen, weil sie sich bereits für „Gustav Adolfs Page" verpflichtet hatte. Als 1968 in Deutschland die Filmkrise ausbrach, setzte Liselotte Pulver einen Schlußstrich unter ihre Filmkarriere. Gelegentlich trat sie danach noch in Fernsehspielen („Der Regenmacher") und -serien („Mit Leib und Seele") auf.

„Helden", 1957

„Pulverfaß und Diamanten" mit Jean Marais, 1964

Dennis Quaid, geboren am 9. April 1954 in Houston, Texas

Der Sohn eines erfolglosen Mimen wurde von seinem Vater schon während der High-School zum Schauspielunterricht geschickt. Doch im Gegensatz zu seinem Bruder Randy entschied sich der leidenschaftliche Musiker nur zögernd für die professionelle Schauspielerei. Nachdem er ein Jahr als Kellner und Hilfsarbeiter in Hollywood gejobbt hatte, bekam er 1977 seine erste Filmrolle in „9/30/55". Drei Jahre später stand er für „Long Riders" (Regie: Walter Hill) gemeinsam mit Randy vor der Kamera. 1983 machte ihn sein Part in „Der weiße Hai III-D" einem breiten Publikum bekannt. Mit Streifen wie „Der Stoff, aus dem die Helden sind", „Enemy Mine – Geliebter Feind" (Regie: Wolfgang Petersen) und „Die Reise ins Ich" baute er seine internationale Karriere aus. Nach heißen Szenen mit Ellen Barkin in „Der große Leichtsinn" (1987) galt er als neues Sexsymbol. Obwohl diese Filme ebenso wie die folgenden („D. O. A. – Bei Ankunft Mord", „Great Balls of Fire", „Komm und sieh das Paradies" und „Grüße aus Hollywood") keine übermäßigen Kassenerfolge wurden, gehört Quaid weiterhin zu den begehrtesten Schauspielern Hollywoods.

Dennis Quaid

„Suspect" mit Cher, 1987

„Sturm über Jamaica", 1965

Anthony Quinn, geboren am 21. April 1915 in Chihuahua, Mexico

„Alexis Sorbas", 1964

Der Sohn eines Iren und einer Mexikanerin mußte schon im Alter von zwölf Jahren als Schuhputzer, Schlachterlehrling und Wasserträger arbeiten, um nach dem Tod des Vaters die Familie zu ernähren. Nach einer Zungenoperation bekam er Sprachunterricht und entdeckte so sein Interesse für die Schauspielerei. 1936 gab er sein Leinwanddebüt in „Parole" und spielte in den folgenden 16 Jahren immer wieder (meist schurkische) Indianer, Mexikaner und Chinesen. Sein exotisch-markantes Gesicht wurde sein Markenzeichen. Den Durchbruch schaffte er 1952 als Filmbruder von Marlon Brando in „Viva Zapata!" Der Part brachte ihm den ersten „Oscar" ein und ebnete seinen Weg nach Europa. Dort übernahm er 1954 die Rolle des grimmigen Schaustellers Zampano in Fellinis Meisterwerk „La Strada". Zurück in den USA, erhielt er 1956 für die Darstellung des Paul Gauguin in „Vincent van Gogh – Ein Leben in Leidenschaft" seinen zweiten „Oscar". Trotzdem galt Quinn noch immer nicht als wirklicher Superstar. Erst nach weiteren beeindruckenden Leistungen in „Der Glöckner von Notre Dame", „Die Kanonen von Navarone" und „Lawrence von Arabien" brachte er es 1964 als „Alexis Sorbas" zu Weltruhm. In den folgenden Jahren galt Anthony Quinn als der Leinwand-Grieche par excellence und verkörperte diesen Typ in Filmen wie „Teuflische Spiele", „Matsoukas, der Grieche" und „Der große Grieche", der ebenso frei wie sentimental nacherzählten Lebensgeschichte von Aristoteles Onassis. In den 80er Jahren trat der Schauspieler nur noch gelegentlich vor die Kamera und war in zweitklassigen und wenig lukrativen Actionthrillern („Kennwort Salamander") oder Komödien („Mein Geist will immer nur das Eine") zu sehen. Mit der Musicalversion von „Alexis Zorbas" hingegen landete er 1985 einen Broadwayhit. Der Mime konzentrierte sich zunehmend auf die Arbeit als Schriftsteller, Maler und Bildhauer und veröffentlichte 1972 seine Memoiren.

„Das Lied von Mord und Totschlag", 1972

„Fahr zur Hölle, Liebling", 1975

Charlotte Rampling, geboren am 5. Februar 1945 in Sturmer, England

Charlotte Rampling verbrachte ihre Kindheit in Fontainebleau. 1958 kehrte die Familie nach England zurück, wo Charlotte zusammen mit ihrer älteren Schwester Sarah in einer Amateurschauspieltruppe mitwirkte. Später schrieb sie sich an der Universität Madrid ein. Während des Studiums reiste sie mit einer Popgruppe durch Spanien. 1964 begann Charlotte in London eine Karriere als Topfotomodell. Sie posierte für Künstler wie Helmut Newton und Cecil Beaton. Ihre erste Filmrolle bekam sie 1964 in „Der gewisse Kniff" und entschloß sich daraufhin zum Besuch der Royal Court Stage School. Nachdem sie als Partnerin von Yul Brynner in „Der Kampf" zu sehen war, überschatteten zwei Tragödien ihr Privatleben: Ihre Schwester wurde tot aufgefunden, und fast zur gleichen Zeit erlitt ihre Mutter einen Schlaganfall. Geschockt zog sich Charlotte Rampling für ein Jahr in den Nahen Osten zurück und lebte danach in einem buddhistischen Kloster in Schottland. Luchino Visconti holte sie 1968 wieder vor die Kamera. Er gab ihr eine Rolle in seiner Familiensaga „Die Verdammten", mit der der Schauspielerin der Durchbruch gelang. Trotzdem drehte sie weiterhin höchstens einen Film pro Jahr und übernahm mit Vorliebe provokante Rollen. So sorgte sie 1974 als nacktes Opfer von KZ-Schergen in „Der Nachtportier" für einen Eklat. Der Film wurde in Italien verboten. Einen weiteren Höhepunkt ihrer Karriere erreichte die Darstellerin, die wegen ihrer kühl-erotischen Ausstrahlung oft mit Lauren Bacall verglichen wurde, in „Fahr zur Hölle, Liebling!", wo sie eine typische Bacall-Rolle übernahm. In den 80er Jahren gab sich Charlotte Rampling dann braver (von der Love-Story mit einem Affen in „Max, mon amour" abgesehen). In Filmen wie „Die Wahrheit ... und nichts als die Wahrheit" oder „Mörderischer Engel" überzeugte sie mehr durch schauspielerisches Können als durch skandalträchtige Szenen und stand mit Sexsymbolen wie Dennis Quaid („D. O. A. – Bei Ankunft Mord") und Mickey Rourke („Angel Heart") vor der Kamera.

„Der Nachtportier", 1974

Charlotte Rampling und Ehemann Jean-Michel Jarre

„Alter schützt vor Liebe nicht", 1950

Ronald Reagan, geboren am 6. Februar 1911 in Tampico, Illinois

Der Sohn eines Schuhverkäufers irischer Herkunft arbeitete nach dem College als Sportreporter bei einem kleinen Radiosender. Als er sich ein Zubrot mit Werbespots verdiente, entdeckten Talentsucher von Warner Brothers den smarten 1,90-Meter-Mann und offerierten ihm 1937 einen Siebenjahresvertrag. Nach seinem Leinwanddebüt in „Love is in The Air" (1937) spielte er vor allem Helden in B-Filmen (Billigproduktionen, die nach dem Hauptfilm liefen). Streifen wie „Kings Row" (1941) oder „Prisoner of War" (1952), von der US-Presse als „Durchschnitt" eingestuft, fanden nie den Weg in europäische Kinos. Reagans Mitwirkung in A-Filmen beschränkte sich weitgehend auf Nebenrollen wie die des „besten Freundes", den er unter anderem in „Land der Gottlosen" (1940) neben Errol Flynn verkörperte. Politisches Engagement zeigte „Ronnie" erstmals Ende der 40er Jahre: Angesichts der arbeitnehmerfeindlichen Vertragspolitik der Warner Brothers beschloß er, „die Sache selbst in die Hand zu nehmen", und wurde 1947 Präsident der Schauspielergewerkschaft „Screen Actors Guild". Hatte er bis zu seiner Einberufung in die Army 1942 bereits 29 seiner insgesamt rund 50 Filme gedreht, so schränkte er in den 50er Jahren die schauspielerische Arbeit zugunsten seines Engagements als TV-Moderator ein. Einen weiteren lukrativen Nebenjob erhielt Ronald Reagan als Leiter des Fernsehprogramms und Conférencier in den 137 Filialen des Industriekonzerns „General Electric", der seine Bemühungen mit einem Jahressalär von 125 000 Dollar vergütete. Bis Mitte der 60er Jahre kehrte Reagan regelmäßig auf die Leinwand zurück, konzentrierte sich jedoch mehr und mehr auf seine politische Karriere. Ein Jahr nach der Veröffentlichung seiner Autobiographie „Wo ist der Rest von mir?" (1965) errang der Republikaner das Amt des Gouverneurs von Kalifornien. 1976 verpaßte er nur knapp die Nominierung zum Präsidentschaftskandidaten. Vier Jahre später wurde Reagan zum 40. Präsidenten der USA gewählt.

„Der Tod eines Killers", 1964

„Opfer einer großen Liebe" mit Bette Davis, 1939

„Zwei Banditen", 1969

„Der große Gatsby" mit Mia Farrow, 1974

„Staatsanwälte küßt man nicht" mit Debra Winger, 1986

„Jenseits von Afrika", 1986

Robert Redford, geboren am 18. August 1937 in Santa Monica, Kalifornien

Der Sohn eines Selfmade-Millionärs besuchte die High-School und das College, bevor er nach Paris ging und dort als Kunstmaler lebte. Ein Jahr später kehrte er nach New York zurück, besuchte die American Academy of Dramatic Arts und begann seine Schauspiellaufbahn Anfang der 60er Jahre am Theater und in Fernsehproduktionen. 1962 war er zum ersten Mal in „Hinter feindlichen Linien" auf der Leinwand zu sehen. Nach „Verdammte süße Welt", „Ein Mann wird gejagt" und „Traumstation" hatte er 1967 seinen ersten größeren Erfolg zusammen mit Jane Fonda in „Barfuß im Park". Es dauerte noch zwei Jahre, bis er an der Seite von Paul Newman zum internationalen Star aufstieg, als der gemeinsame Western „Zwei Banditen" ein Riesenerfolg wurde. Robert Redford gehörte nun zu den Topstars Hollywoods. Er gründete seine eigene Produktionsfirma und engagierte den noch unbekannten Regisseur Michael Ritchie für den Skifahrerfilm „Schußfahrt". Im gleichen Jahr folgte der Western „Blutige Spur". 1970 spielte Robert Redford einen Motorradrennfahrer in „Stromer der Landstraße", 1972 einen politisch engagierten Rechtsanwalt in „Bill MacKay – Der Kandidat". Nach „Vier schräge Vögel" und dem beeindruckenden Western „Jeremiah Johnson" drehte er, wieder mit Paul Newman, 1973 die Gangsterkomödie „Der Clou". Robert Redford

„Der Clou“ mit Robert Shaw (l.) und Paul Newman, 1973

galt nach diesem Film und dem darauffolgenden „Der große Gatsby“ als der beliebteste Schauspieler Hollywoods. Mit seinem athletischen Körperbau und seinem außergewöhnlich guten Aussehen war er für weibliche Verehrer der Inbegriff des männlichen Sexsymbols. Der Starrummel wurde ihm bald zuviel. Er zog sich nach „Tollkühne Flieger“ und „Die drei Tage des Condor“ für einige Zeit auf seine Ranch in Utah zurück. 1976 spielten er und Dustin Hoffman in „Die Unbestechlichen“ das Reporterduo Bob Woodward und Carl Bernstein, das die Watergate-Affäre aufdeckte. Seine nächsten Filme waren u. a. „Brubaker“, „Jenseits von Afrika“ und „Staatsanwälte küßt man nicht“. Sein Regiedebüt mit „Eine ganz normale Familie“ (1980) erwies sich als Triumph: Redford bekam seinen ersten „Oscar“. Er wartete sieben Jahre, bis er seine zweite Regiearbeit präsentierte: „Milagro – Der Krieg im Bohnenfeld“.

„Der Kandidat“, 1972

„Blow-Up", 1967

Vanessa Redgrave, geboren am 30. Janaur 1937 in Blackheath, England

Vanessa Redgrave

Daß sie in die Fußstapfen ihrer Eltern, des Schauspielerehepaars Sir Michael Redgrave und Rachel Kempson, treten wollte, stand für Vanessa Redgrave von Kindesbeinen an fest. Sie besuchte die Central School of Music and Drama in London, sprach später bei Sir Laurence Olivier vor und stand 1957 in Essex erstmals auf der Bühne. An der Seite ihres Vaters gab sie ein Jahr später in „Behind the Mask" ihr Leinwanddebüt, ein zunächst einmaliger Ausflug ins Filmgeschäft. In den nächsten Jahren riß sie besonders als Shakespeare-Darstellerin in London, Stratford-upon-Avon und am Broadway die Kritiker zu Lobeshymnen hin. Erst ab 1966 („Protest") stand sie regelmäßig vor der Kamera und erregte als verführerisches Model in Michelangelo Antonionis „Blow-Up" noch im selben Jahr weltweites Aufsehen. Ihre Interpretationen der Anna Boleyn in „Ein Mann zu jeder Jahreszeit" (1967), der exzentrischen Tänzerin Isadora Duncan in „Isadora" (1969) und der „Maria Stuart, Königin von Schottland" (1971) lieferten den Beweis dafür, daß sie „zu den Schauspielerinnen zählt, die dich auf ihren Flügeln forttragen", wie Jane Fonda neidlos erkannte. Für ihre Leistung in Fred Zinnemanns "Julia" gewann die Redgrave 1977 einen „Oscar". Trotz ihrer großen Kinoerfolge gab sie im Laufe ihrer Karriere stets dem Theater den Vorzug. Bei der Auswahl ihrer Film- und TV-Rollen blieb sie immer experimentierfreudig: So wirkte sie in dem Musical „Camelot" (1967) und in dem blutrünstigen Melodram „Die Teufel" (1971) mit und drehte spektakuläre Fernsehfilme wie „Spiel um Zeit" (1982). In die Schlagzeilen geriet sie auch durch ihr bewegtes Privatleben (nach der Scheidung von Regisseur Tony Richardson 1967 hatte sie Affären mit Franco Nero und Timothy Dalton), vor allem aber durch ihre politischen Aktivitäten. Zu Beginn der 60er Jahre unterstützte sie die britischen Atomwaffengegner, engagierte sich später im Nordirlandkonflikt für die IRA und protestierte gegen den Vietnamkrieg.

„Das Geheimnis der Agatha Christie", 1979

„Sharky und seine Profis" mit Rachel Ward, 1981

Burt Reynolds, geboren am 11. Februar 1936 in Waycross, Georgia

„Auf ein Neues", 1979

Sein Vater war der Polizeichef von Palm Beach, und so wuchs Burt im sonnigen Südflorida auf. Auf der High-School und später auf der Florida State University war er ein Footballstar. Den Plan, ins Profilager zu wechseln, mußte er jedoch nach einem Autounfall aufgeben. Burt verlegte sich auf die Schauspielerei und ging zum Unterricht an das Hyde Park Playhouse in New York. Er spielte kleine Rollen beim Fernsehen, mußte aber als Tellerwäscher und Rausschmeißer dazuverdienen, bis er 1957 sein erstes Theaterengagement bekam. Die Rolle neben Charlton Heston in „Mr. Roberts" brachte Burt einen Fernsehvertrag ein. In den folgenden Jahren spielte der schnauzbärtige Mime in Serien wie „Riverboat", „Rauchende Colts", „Hawk" und „Dan Oakland". Nebenher konnte er auch beim Film Fuß fassen und übernahm Hauptrollen in „Kopfgeld: Ein Dollar", „100 Gewehre" und „Die Jagd beginnt". 1972 endlich kam der große Erfolg mit „Beim Sterben ist jeder der erste". Burts lebensechte Darstellung eines naturverbundenen Machos hatte gute Kritiken und volle Kinokassen zur Folge. „Ich habe 15 Jahre gebraucht, um über Nacht berühmt zu werden", war Burts Kommentar. Den Ruhm verdankte er allerdings nicht nur seinem Schauspieltalent. Für Riesenpublicity sorgte damals sein Nacktfoto in „Cosmopolitan", das ihn zum „Sexsymbol der 70er Jahre" machte. Von da an war ihm die Rolle des grinsenden, omnipotenten Kraftprotzes auf den männlich behaarten Leib geschrieben. Den harten Kerl mit jungenhaftem Charme spielte er in Filmen wie „Was Sie schon immer über Sex wissen wollten, aber bisher nicht zu fragen wagten", „Der Tiger hetzt die Meute" und „Der Mann, der die Katzen tanzen ließ". Kassenfüller waren 1974 „Die Kampfmaschine" und 1977 „Ein ausgekochtes Schlitzohr". Sein Sexprotz-Image entschärfte Burt immer öfter durch selbstironische Komik wie in den „Auf dem Highway ist die Hölle los"-Filmen in den 80er Jahren. Seit 1976 führt er auch Regie und hat eine eigene Produktionsfirma.

„Auf dem Highway ist die Hölle los" mit Farrah Fawcett, 1980

„Goodbye Charlie“, 1964

Debbie Reynolds, geboren als Mary Frances Reynolds am 1. April 1932 in El Paso, Texas

„Ein Stern im Westen" mit Steve Forrest, 1961

Mit dem Gewinn eines Schönheitswettbewerbs begann die flotte Karriere der damals 16jährigen Debbie Reynolds. Warner Brothers engagierte sie vom Fleck weg, und Debbie mauserte sich über Nacht von der kleinen Ballettratte zum Filmsternchen. Als Partnerin von Fred Astaire und Gene Kelly entwickelte sich die 1,55 Meter „große" Debbie rasch zu einer umjubelten, spritzigen Entertainerin, die ihr Mädchen-von-nebenan-Image aber nie einbüßte. Ihre wichtigsten Rollen spielte sie in „Du sollst mein Glücksstern sein" (1952) und „Das war der Wilde Westen" (1962). 1955 heiratete sie den Schlagersänger Eddie Fisher. Die gemeinsame Tocher Carrie, die 1956 geboren wurde, konnte jedoch nicht verhindern, daß Eddie sich mit Elizabeth Taylor liierte. 1959 verließ Eddie seine Frau und heiratete Liz. Der privaten Misere zum Trotz feierte Debbie Reynolds gerade in dieser Zeit ihre größten Erfolge mit Filmen wie „Eine tolle Nummer" (1959), „Männer über Vierzig" (1959) und „Die Nervensäge" (1959). Die auf der Popularitätsskala der US-Schauspieler ganz oben rangierende Debbie entwickelte sich in den sechziger Jahren zu einer durchsetzungsfähigen Aktrice, die sich ihre Rollen selbst aussuchen konnte. Als beispielsweise 1960 das Theaterstück „Goodbye Charlie" verfilmt wurde, bekam sie den Part, den Lauren Bacall auf der Bühne gespielt hatte. Dabei gab es zu dieser Zeit in ganz Hollywood kaum eine Schauspielerin, die der Bacall unähnlicher war. Anfang der 70er Jahre begeisterte die 40jährige mit ihrer witzigen und temperamentvollen Bühnenshow das Publikum in Las Vegas, unterstützt von ihrer Tochter Carrie. 1973 machte sich Debbie in „Irene" auch am Broadway einen Namen. Ihre Lebensgeschichte kam 1990 unter dem Titel „Grüße aus Hollywood" in die Kinos. Das Buch zum Erfolgsfilm schrieb Carrie Fisher; Debbie Reynolds wurde von Shirley MacLaine dargestellt.

„Mädchen ohne Mitgift" mit Bette Davis, 1956

Julia Roberts, geboren 1967 in Smyrna, Georgia

Die Schauspielerei wurde Julia Roberts buchstäblich in die Wiege gelegt. Ihre Eltern leiteten eine Schauspielschule. Mit 17 verließ die Südstaatenschönheit ihre Heimat, um in New York der Familientradition zu folgen. Nach einer Minirolle in der TV-Serie „Crime Story" gab sie 1986 ihr Leinwanddebüt in „Blood Red". Als mollige Kellnerin in „Pizza, Pizza – Ein Stück vom Himmel" (1988) beeindruckte sie Regisseur Herbert Ross, der Julia Roberts neben Sally Field und Shirley MacLaine für „Magnolien aus Stahl" (1989) holte. Die sensible Darstellung einer zuckerkranken jungen Frau brachte ihr den „Golden Globe" als beste Nachwuchsschauspielerin sowie eine „Oscar"-Nominierung ein. Ein Erfolg, den sie im Jahr darauf als „Pretty Woman" noch steigern konnte. Die Komödie ließ Julia Roberts' Marktwert auf eine Million Dollar pro Film klettern. Mit ihren beiden nächsten Filmen wechselte sie 1990 ins Thrillergenre: In „Flatliners" experimentierte sie als Medizinstudentin mit Leben und Tod; in „Der Feind in meinem Bett" ließ sie sich auf eine gefährliche Affäre ein.

„Der Feind in meinem Bett", 1990

„Pretty Woman", 1989

Marika Rökk, geboren als Ilona Rökk am 3. November 1913 in Kairo

Marika wuchs als Tochter ungarischer Eltern in Budapest auf, wo sie mit acht Jahren in eine Tanzschule eintrat. Ein Jahr später stand sie bereits mit dem Kinderballett auf der Bühne. Dieser Auftritt war der Beginn einer langen Karriere, in deren Verlauf die begeisterte Tänzerin zur Diva des deutschen Revuefilms werden sollte. Als 13jährige tanzte Marika im Moulin Rouge, als 15jährige im Berliner Wintergarten. Mit dem Hoffmann-Ensemble tourte die temperamentvolle Ungarin durch Europa und Amerika, wo sie als „Königin der Pirouette" gefeiert wurde. Nach ihrer Rückkehr entwickelte sie sich in Budapest zum Operettenstar. 1933 drehte Marika Rökk dort ihren ersten Film „Der Gespensterzug". Bei einem Bühnenengagement in Wien wurde sie für die Ufa entdeckt. Ihrem ersten Film in Deutschland („Leichte Kavallerie") sollten rund 30 Produktionen folgen. Im Gespann mit Johannes Heesters drehte Marika Rökk die Erfolge „Der Bettelstudent", „Gasparone" und „Hallo, Janine". Der Filmstar kehrte in den 60er Jahren auf die Operettenbühne zurück und trat im Fernsehen in eigenen Sendungen wie „Eine Frau aus unseren Träumen" und „Ja – das Temperament" auf.

„Hallo, Janine", 1939

Marika Rökk an ihrem 75. Geburtstag

„Tender Comrade", 1944

Ginger Rogers, geboren als Virginia Katherine McMath am 16. Juli 1911 in Independence, Missouri

Ihre ehrgeizige Mutter führte Ginger Rogers schon früh ins Showbusiness ein. Als Fünfjährige posierte Ginger für Werbeaufnahmen, erhielt Gesangs- und Tanzunterricht und bekam in Hollywood einen Kinderstarvertrag angeboten. Doch Lela Rogers erträumte sich für ihre Tochter eine Bühnenkarriere und lehnte das Angebot ab. Im Alter von 14 Jahren trat Ginger Rogers als Profitänzerin in Texas auf, tingelte später mit ihrem ersten Mann Jack Pepper durch die Staaten und stand für einige Kurzfilme vor der Kamera. 1930 gab sie in „Young Man of Manhattan" ihr Leinwanddebüt. Schon bald machte sie sich als schlagfertige und attraktive Blondine einen Namen. In Filmen wie „42nd Street" und „Goldgräber von 1933" überzeugte sie durch ihren burschikosen Charme. 1933 kam dann der überraschende Durchbruch zum Star: Ginger Rogers und Fred Astaire standen in „Flying Down to Rio" zwar nur an dritter und vierter Stelle der Besetzungsliste, aber das Tanzduo stahl allen anderen die Schau. Praktisch über Nacht avancierten sie zum Kinotraumpaar und machten den Film zu einem Kassenerfolg. Die RKO-Studios besetzten ihre beiden neuen Stars in den folgenden Jahren in Musicals wie „Die lustige Scheidung", „Ich tanz mich in dein Herz hinein" und „Tanz mit mir". Insgesamt standen Fred Astaire und Ginger Rogers zehnmal gemeinsam vor der Kamera und gehörten in den 30er Jahren zu den begehrtesten Stars der Traumfabrik. Trotzdem beschloß die Künstlerin, wieder eigene Wege zu gehen. Ihr Image als Astaire-Anhängsel verhinderte anfangs allerdings, daß sie sich als ernste Schauspielerin etablieren konnte. Erst mit der Hauptrolle in „Kitty Foyle" gelang ihr 1940 auch im dramatischen Fach der Durchbruch. Sie erhielt den „Oscar" und konnte sich ihre Rollen nun selbst aussuchen. Es folgten einige gelungene Komödien wie Billy Wilders „Der Major und das Mädchen", „Casanova wider Willen" und „Liebling, ich werde jünger". 1969 zog sich Ginger Rogers ganz vom Showbusiness zurück.

„Tänzer vom Broadway" mit Fred Astaire, 1950

„Upper World" mit J. Carroll Naish, 1934

Mickey Rooney, 1946

Mickey Rooney, geboren als Joe Yule, jr. am 23. September 1920 in Brooklyn, New York

Den Grundstein zu seiner Karriere legte Mickey Rooney mit 15 Monaten, als er bei einem Auftritt seiner Eltern, der Varietékünstler Joe Yule und Nell Carter, auf die Bühne krabbelte und sofort in die Show integriert wurde. In einer Serie von rund 50 Kinofilmen verkörperte er zwischen 1927 und 1933 den Comic-Helden Mickey McGuire, dessen Namen er auch privat benutzte. Max Reinhardts Shakespeare-Verfilmung „Ein Sommernachtstraum" bot dem 1932 in Mickey Rooney umgetauften Schauspieler erstmals die Gelegenheit, neben Olivia De Havilland sein beachtliches Talent unter Beweis zu stellen. Zum gefeierten Kinderstar avancierte er zwei Jahre später mit der Rolle des Andy Hardy in „A Family Affair". Noch größere Popularität erreichte er als Partner von Judy Garland in den Musicals „Babes in Arms" (1939), „Babes on Broadway" (1941) und „Girl Crazy" (1943). Seit 1939 gehörte der 1,59 Meter kleine Mann zu den ganz Großen unter Amerikas Publikumslieblingen. Als seine Popularität nach Ende des Zweiten Weltkriegs zu schwinden begann, versuchte sich Mickey Rooney mit unterschiedlichem Erfolg als Produzent, Regisseur, Entertainer, Komponist und Unternehmer. Wenn auch oft nur in Nebenrollen, war er nach wie vor als Schauspieler im Dauereinsatz, darunter in „Frühstück bei Tiffany" (1961), „Eine total verrückte Welt" (1963) und „Der schwarze Hengst" (1979). Überdurchschnittliche Leistungen zeigte er auch am Broadway („Sugarbabies", 1979) und als TV-Darsteller. Für die Titelrolle eines geistig Behinderten in dem Fernsehspiel „Bill" erhielt er 1982 den „Golden Globe". Trotz diverser finanzieller Desaster und eines turbulenten Privatlebens (acht Ehen, darunter mit Ava Gardner; sieben Kinder) gelang es Mickey Rooney, „über Jahrzehnte hinweg wie ein Gummiball immer wiederzukommen". Für seine Verdienste um den amerikanischen Film wurde er 1938 und 1982 mit je einem Ehren-„Oscar" ausgezeichnet.

„Andy Hardy's Private Secretary", 1941

„A Family Affair" mit Donna Reed, 1937

Isabella Rossellini

Isabella Rossellini, geboren am 22. Juni 1952 in Rom

Die „Scheu, den Eltern Schande zu machen", hielt die Tochter von Ingrid Bergman und Roberto Rossellini zunächst davon ab, ins Filmgeschäft einzusteigen. Nach Abschluß einer Kunstschule arbeitete sie – unter anderem für ihren Vater – als Kostümdesignerin, unterrichtete an der New Yorker School for Research Italienisch und jobbte beim italienischen Fernsehen RAI als Dolmetscherin und Reporterin. Als Moderatorin der wöchentlich ausgestrahlten Comedyshow „L'altro domenica" fiel sie Regisseur Vincente Minnelli auf, der sie 1976 an der Seite ihrer Mutter für einen kleinen Part in „Nur eine Frage der Zeit" vor die Kamera holte. Auf Wunsch ihres ersten Mannes Martin Scorsese übernahm sie drei Jahre später die Hauptrolle in dem Kunstfilm „Die Wiese" der Brüder Taviani. Während sie seit Beginn der 80er Jahre als Exklusivmodel für den Kosmetikkonzern Lancôme jährlich zwei Millionen Dollar verdiente, blieb Isabella Rossellini als Schauspielerin weitgehend unbekannt. Erst 1985, nach intensivem Unterricht an Lee Strasbergs Actors Studio, gelang der 33jährigen ein Achtungserfolg in ihrem amerikanischen Leinwanddebüt „White Nights". Den internationalen Durchbruch schaffte sie ein Jahr später mit einer Rolle, die unvereinbar mit ihrem makellosen Hochglanz-Image schien: In David Lynchs Schokker „Blue Velvet" spielte sie eine zweitklassige Nachtclubsängerin mit sadomasochistischen Neigungen. „Er gibt mir die Möglichkeit, Rollen zu spielen, die mir sonst nie angeboten würden", sagt Isabella Rossellini über die Arbeit mit ihrem Lebensgefährten. Regisseure wie Norman Mailer („Harte Männer tanzen nicht"), Mary Lambert („Siesta") oder Joel Schumacher („Seitensprünge") setzten die Italienerin meist nur als geheimnisvolle Schönheit ein. Ihre schauspielerische Bandbreite konnte sie erst 1990 – wieder unter der Regie von David Lynch – als verrückte Mexikanerin in „Wild at Heart" erneut zeigen.

„Blue Velvet", 1986

„White Nights" mit Gregory Hines (l.) und Mikhail Baryshnikov (r.), 1985

„Angel Heart", 1986

Mickey Rourke, geboren am 16. September 1956 in Schenectady, New York

Wegen fehlender Disziplin mußte Mickey Rourke seine Pläne für eine Karriere als Profiboxer schon früh aufgeben. Im Alter von 19 Jahren sattelte er auf die Schauspielerei um. Parkplatzwächter, Lagerarbeiter und Tellerwäscher waren nur einige der Jobs, mit denen sich der Sohn irischer Einwanderer während seines Studiums in New York über Wasser hielt. 1979 ging er auf Anraten eines Agenten nach Los Angeles, wo er eine winzige Rolle in dem TV-Krimi „City in Fear" erhielt. In Steven Spielbergs „1941 – Wo bitte geht's nach Hollywood?" (1979) und Michael Ciminos „Heaven's Gate" (1980) hatte er kleinere Auftritte, ehe er als Hauptdarsteller von „Eine heißkalte Frau" (1980) und „Diner" (1982) seine Leinwandpräsenz und seine schauspielerische Intensität unter Beweis stellen konnte. Einem breiteren Publikum fiel Rourke erstmals 1983 in Francis Ford Coppolas „Rumble Fish" auf. Superstarstatus erreichte er jedoch ausgerechnet mit dem ihm verhaßten Erotikthriller „$9^1/_2$ Wochen" (1985), der vor allem durch cooles Styling bestach. Sein Sexsymbol-Image bekämpfte der Schauspieler durch rüpelhaftes Auftreten in der Öffentlichkeit und seine eigenwillige Rollenauswahl: Unter der Regie von Alan Parker spielte er 1987 in „Angel Heart" einen heruntergekommenen Privatdetektiv; im selben Jahr skizzierte er in „Barfly" mehr als glaubwürdig das Leben Charles Bukowskis. „Ich nehme meinen Beruf sehr ernst – wie ich dabei aussehe, interessiert mich nicht", erklärt Mickey Rourke seinen Hang zu extremen Stoffen. „Mir geht es darum, Emotionen zu produzieren, die möglichst nah am Leben liegen." Besonders authentisch gelang ihm dies in seinem ersten selbstproduzierten, autobiographisch gefärbten Film „Homeboy" über einen erfolglosen Boxer. Weniger überzeugend war er als „Franziskus" und in dem Edelporno „Wilde Orchideen" (beide 1989). Obwohl in den USA keiner seiner Filme ein kommerzieller Erfolg war, zählt Mickey Rourke zu den Topstars des internationalen Kinos.

„$9^1/_2$ Wochen" mit Kim Basinger, 1984

„Barfly", 1987

„Max, der Taschendieb", 1962

Heinz Rühmann, geboren als Heinrich Wilhelm Rühmann am 7. März 1902 in Essen

Statt wie geplant das Hotel seines Vaters zu übernehmen, verließ Heinz Rühmann im Alter von 17 Jahren das Gymnasium und nahm Schauspielunterricht. In Breslau gab er ein Jahr später sein Theaterdebüt. Über verschiedene Stationen kam er 1929 nach Berlin, wo er unter der Regie von Max Reinhardt und Gustaf Gründgens als Komiker Triumphe feierte. Auch beim Film konnte sich der quirlige Schauspieler schnell durchsetzen. Nach seinem ersten Leinwandauftritt in „Das deutsche Mutterherz" (1926) folgten zunächst einige Stummfilme; in den 30er und 40er Jahren reihte er ein Erfolgslustspiel an das andere. Bis heute populär sind „Die drei von der Tankstelle" (1930), „Quax, der Bruchpilot" (1941) und „Die Feuerzangenbowle" (1944). Seine Spezialität war schon damals die Darstellung des klassischen Kleinbürgers, der sich mit viel Raffinesse und einer gehörigen Portion Humor durchs Leben schlägt. 1939 ließ Rühmann sich auf Druck des Naziregimes von seiner jüdischen Frau Maria Bernheim scheiden. Noch im selben Jahr heiratete er seine Kollegin Hertha Feiler. Nach dem Ende des Zweiten Weltkriegs konnte Heinz Rühmann nur mühsam Anschluß an die alten Erfolge finden. Mit seiner 1947 gegründeten Firma „Comedia" ging er in Konkurs; seine Filme fanden wenige Zuschauer. Ein Comeback gelang ihm erst 1953 mit „Keine Angst vor großen Tieren". Komödien wie „Charleys Tante" (1955) oder „Das schwarze Schaf" (1961), aber auch immer mehr ernste Rollen (darunter „Der Hauptmann von Köpenick" von 1956 und „Der brave Soldat Schwejk" von 1960) machten ihn zum beliebtesten Schauspieler Deutschlands und brachten ihm eine Fülle von Auszeichnungen ein. Während er dem Theater trotz zahlreicher Filmverpflichtungen stets treu blieb, stand er dem Fernsehen skeptisch gegenüber. In diesem Medium war er lediglich in TV-Fassungen von Theaterstücken zu sehen. Unter dem Titel „Herzlichst, Heinz Rühmann" las er 1990 in einer Sendereihe Texte berühmter Autoren.

„Das schwarze Schaf", 1960

„Charleys Tante" mit Hertha Feiler, 1955

„Bleichgesicht Junior", 1952

Jane Russell, geboren als Ernestine Jane Geraldine Russell am 21. Juni 1926 in Bemidji, Minnesota

Im kalifornischen San Fernando Valley aufgewachsen, arbeitete Jane Russell eine Zeitlang als Sekretärin bei einem Arzt. Dort entdeckte sie der Hollywood-Regisseur Howard Hawks, der die dunkelhaarige Schöne seinem Produzenten Howard Hughes vorstellte. Dieser nahm Jane Russell wegen ihrer Oberweite gleich unter Vertrag und baute sie zu einem neuen Sexsymbol auf. In dem Western „Geächtet" gab sie 1943 ihr sensationelles Leinwanddebüt: Der Film wurde in vielen Städten der USA verboten, weil er angeblich zu pornographisch war. In den übrigen Städten sorgten die Bilder einer leichtbekleideten Jane Russell im Heu für Schlangen an den Kinokassen, und ganz Hollywood sprach nur noch von ihrem Busen. Doch schon nach ihrem zweiten Film „Young Widow" drohte die Sexgöttin wieder in Vergessenheit zu geraten. Ihr Gönner Howard Hughes hatte eine neue Leinwandschönheit entdeckt, und Jane Russell wartete vergeblich auf passende Rollen. Erst Bob Hope holte sie 1948 für „Sein Engel mit den zwei Pistolen" wieder vor die Kamera. Damit begann eine neue Phase in Jane Russells Karriere. Immer häufiger wurde sie auch in witzigen Rollen eingesetzt („Der Weg nach Bali", „Ein Bleichgesicht im Wilden Westen") und zeigte 1953 in der Komödie „Blondinen bevorzugt", zusammen mit Marilyn Monroe, ihre beste darstellerische Leistung. Daneben trat sie in Western wie „Die Schönste von Montana" und „Drei Rivalen" auf und war häufig als zwielichtige Halbweltdame („Bungalow der Frauen") zu sehen. Ende der 50er Jahre zog sich die Diva, die von Anfang an mit ihrem Busen-Image unzufrieden war, immer mehr von der Schauspielerei zurück. Die streng religiös erzogene Jane Russell fand schon bald andere Betätigungsfelder: Sie engagierte sich für notleidende Kinder, hielt Bibelstunden ab, arbeitete als Regisseurin und versuchte sich sehr erfolgreich als Modeschöpferin und Schriftstellerin.

„Geächtet", 1943

„Sein Engel mit den zwei Pistolen" mit Bob Hope, 1948

Margaret Rutherford, geboren am 11. Mai 1892 in Balham, England, gestorben am 22. Mai 1972

„Mein Erfolg kam spät, aber – wenn ich so sagen darf – in recht sensationeller Art", faßte Margaret Rutherford ihre Karriere zusammen. Tatsächlich verdiente sie sich anfangs ihr Geld als Sprach- und Klavierlehrerin. Erst 1925 gab sie in London ihr Bühnendebüt. Danach dauerte es noch elf Jahre, bis sie zum ersten Mal auf der Leinwand zu sehen war. Obwohl sie sich 1945 mit David Leans Komödie „Blithe Spirit" als Filmschauspielerin etablieren konnte, arbeitete sie weiterhin in erster Linie am Theater. International bekannt machte sie dann 1961 die Rolle der von Agatha Christie geschaffenen Miss Marple in „16 Uhr 50 ab Paddington". Insgesamt stand sie viermal als schrullige Amateurdetektivin vor der Kamera – zusammen mit ihrem Ehemann Stringer Davis, der den Part des liebenswerten Assistenten übernahm. Mittlerweile war die Schauspielerin auf den Typ der resoluten Alten festgelegt und wurde als solche 1963 für „Hotel International" mit dem „Oscar" ausgezeichnet. Erst in Filmen wie „Die Gräfin von Hongkong" und „Das Mädchen und der Zigeuner" konnte sie ihre Vielseitigkeit unter Beweis stellen.

Margaret Rutherford

„Miss Marple: Der Wachsblumenstrauß" mit Stringer Davis, 1963

Maria Schell, geboren als Margarete Schell am 15. Januar 1926 in Wien

Die Tochter eines Schweizer Schriftstellers und einer österreichischen Schauspielerin wuchs in Wien und Zürich auf. 1942 spielte sie in Sigfrit Steiners „Steinbruch" ihre erste Filmrolle, gab ihren Job als Sekretärin auf und nahm Schauspielunterricht. Nach Engagements in Zürich, Biel und Bern hatte sie 1948 ihren ersten größeren Filmauftritt in „Der Engel mit der Posaune". Der englische Produzent und Regisseur Alexander Korda gab ihr daraufhin einen Siebenjahresvertrag, den sie aber vorzeitig auflöste. Zurück in Deutschland, drehte sie mit Dieter Borsche „Es kommt der Tag" (1950) und das überaus erfolgreiche Melodram „Dr. Holl" (1951) und wurde als zu Tränen rührendes „Seelchen" Liebling des deutschen Publikums. Ihre internationale Karriere begann mit Helmut Käutners vielgelobtem Werk „Die letzte Brücke" (1954). 1956 ging Maria Schell nach Hollywood. An der Seite von Yul Brynner in „Die Brüder Karamasov" und Gary Cooper in „Der Galgenbaum" eroberte sie die amerikanischen Kinofans. Anfang der 60er Jahre beschlossen Hollywoods Produzenten ein Gagenlimit. Maria Schell beendete daraufhin ihre Filmkarriere und wandte sich mehr dem Theater und dem Fernsehen zu.

„Das Herz aller Dinge", 1953

„Okkupation" mit Curd Jürgens, 1973

Maximilian Schell, geboren am 8. Dezember 1930 in Wien

Als Wilhelm Tell stand Maximilian Schell schon mit elf Jahren erstmals auf den Brettern des Zürcher Schauspielhauses. Der junge Schell studierte Germanistik und Kunstgeschichte, bis er 1952 – erschüttert durch den frühen Tod Horst Caspars – die Schauspielerlaufbahn einschlug. Nachdem er sich an diversen Bühnen im deutschsprachigen Raum als Dramaturg, Regisseur und Schauspieler durchgesetzt hatte, erschien Schell 1955 in „Kinder, Mütter und ein General" erstmals auf der Leinwand. Drei Jahre später gelang ihm mit „Die jungen Löwen" der Sprung nach Hollywood. Im Ausland stets gefragter als in seiner Heimat, übernahm er Hauptrollen in „Das Urteil von Nürnberg" (für seine Darstellung eines jungen Verteidigers erhielt er 1961 einen „Oscar"), „Julia" (1976) und „Steiner – Das eiserne Kreuz" (1976). Seine siebenstelligen Gagen investierte er in eigene, ambitionierte Projekte: 1968 produzierte er die Kafka-Verfilmung „Das Schloß"; nach seinem Regiedebüt („Erste Liebe", 1969) inszenierte er unter anderem „Der Richter und sein Henker" (1976) und die Dokumentation „Marlene" (1985). Daß er „Arbeit als Droge" empfindet, beweist nicht nur Schells Dauereinsatz als Film- und TV-Darsteller („Peter der Große"). Als Opernregisseur versuchte er sich ebenso wie als Pianist, Übersetzer und Autor.

„Peter der Große", 1985

„Das Urteil von Nürnberg" mit Richard Widmark, 1961

„Der Swimmingpool", 1968

„César und Rosalie", 1972

„Sissi – Schicksalsjahre einer Kaiserin" mit Karlheinz Böhm, 1957

„Trio Infernal", 1973

Romy Schneider, geboren als Rosemarie Albach am 23. September 1938 in Wien, gestorben am 29. Mai 1982

Romy Schneider, Tochter des Schauspielerehepaares Magda Schneider und Wolf Albach-Retty, verlebte ihre Kindheit in Wien und Berchtesgaden und besuchte eine Klosterschule. Ihr Filmdebüt hatte Romy an der Seite ihrer Mutter in „Wenn der weiße Flieder wieder blüht" (1953). Ein Jahr später folgte „Mädchenjahre einer Königin" und 1955 nach „Die Deutschmeister" die Hauptrolle in „Sissi". Mit seiner Prognose „Du wirst alle jungen Mädchen Europas zum Träumen bringen" hatte Regisseur Franz Marischka nicht zuviel versprochen. Die Trilogie „Sissi", „Sissi, die junge Kaiserin" und „Sissi, Schicksalsjahre einer Kaiserin" gehörte in den 50er Jahren zu den größten Erfolgen des Genres. Aus der süßen, lebenslustigen Romy wurde ein Superstar, der sich bemühte, das „Sissi"-Image hinter sich zu lassen. Während der Dreharbeiten zu „Christine" lernte die 20jährige den französischen Schauspieler Alain Delon kennen. Die beiden verlobten sich, und Romy Schneider blieb in Paris – ein Schock für ihr „Sissi"-Publikum. 1961 spielte sie in Luchino Viscontis „Boccaccio 70" eine Contessa, die sich ihrem Mann für Geld anbietet. Nach „Kampf mit der Insel" und „Der Prozeß" (Regie: Orson Welles) galt Romy Schneider international als ernstzunehmende Schauspielerin, wohingegen Deutschland und Österreich immer

Romy Schneider und Alain Delon

noch der verlorenen „Sissi" nachtrauerten. 1962 ging sie nach Hollywood und drehte fünf relativ unbedeutende Filme, die nicht zu ihrer Individualität paßten. Romy Schneider kehrte nach Europa zurück und präsentierte 1968 an der Seite ihres Exverlobten Alain Delon eine schauspielerische Glanzleistung in „Der Swimmingpool". In den 70er Jahren drehte sie, hauptsächlich in Frankreich, ihre schönsten Filme, die meisten an der Seite von Michel Piccoli: „Die Dinge des Lebens", „Das Mädchen und der Kommissar", „Die Frau am Fenster" und „Das Verhör". Romys Privatleben war von Schicksalsschlägen durchzogen (ihr erster Mann beging Selbstmord; ihr 14jähriger Sohn verunglückte tödlich). 1982, nach den Dreharbeiten zu „Die Spaziergängerin von Sanssouci", starb Romy Schneider an Herzversagen.

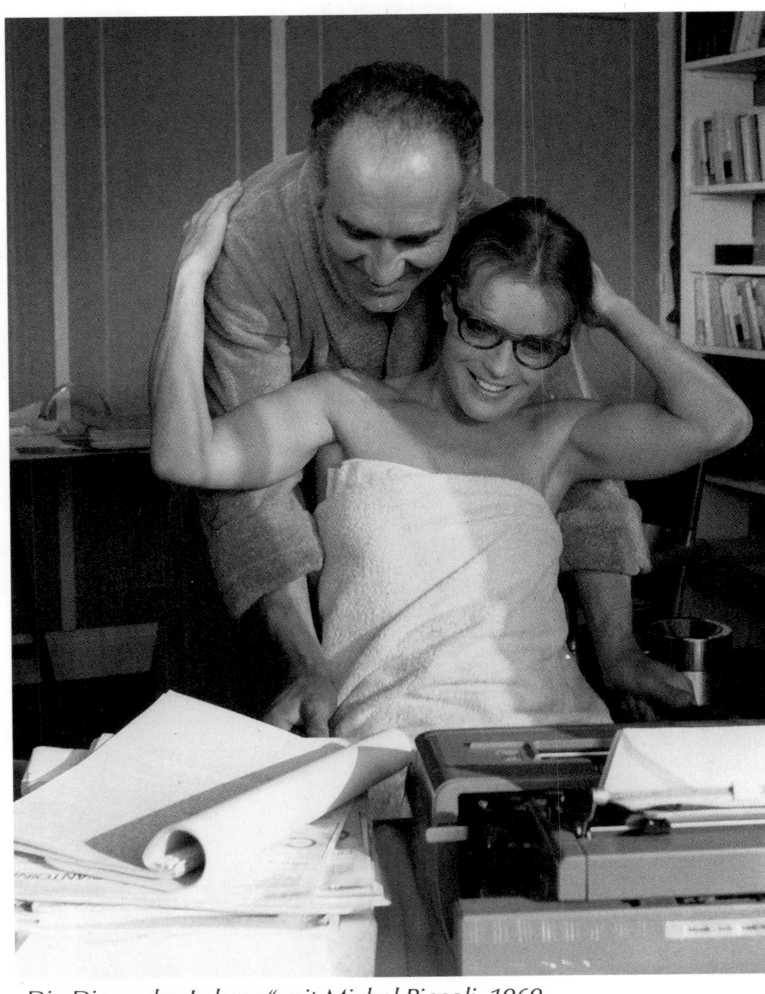

„Die Dinge des Lebens" mit Michel Piccoli, 1969

„Lili Marleen", 1980

Hanna Schygulla, geboren am 25. Dezember 1943 in Kattowitz

Hanna war noch keine zwei Jahre alt, als die Mutter mit ihr in den Westen nach München flüchtete. Nach ihrer Schulzeit verbrachte sie ein Jahr als Au-pair-Mädchen in Paris. Zurück in München, studierte sie Germanistik, Romanistik und Philologie, besuchte nebenbei eine Schauspielschule und lernte Rainer Werner Fassbinder kennen. Zusammen mit ihm gründete sie das Münchner „antitheater" und wurde die wichtigste Schauspielerin des damaligen Regie-Newcomers. 1969 stand sie für drei Fassbinder-Filme vor der Kamera: „Liebe ist kälter als der Tod", „Katzelmacher" und „Götter der Pest". Im gleichen Jahr arbeitete sie außerdem mit den Regisseuren Peter Fleischmann („Jagdszenen aus Niederbayern"), Volker Schlöndorff („Baal") und Jean-Marie Straub („Der Bräutigam, die Komödiantin und der Zuhälter"). Bis 1974 drehte Hanna Schygulla elfmal mit Rainer Werner Fassbinder. Weltberühmt wurde die unnahbar wirkende Schauspielerin mit dem Puppengesicht durch Fassbinders Kinohits „Die Ehe der Maria Braun" (1979) und „Lili Marleen" (1980). „Man kann mich weder als Traumfrau noch als reine Charakterdarstellerin verkaufen", sagte der Star über sich, nachdem sie dem neuen deutschen Film im Ausland zu viel Ansehen verholfen hatte. Hanna Schygulla wechselte ihren Wohnsitz und zog nach Paris. Weitere Arbeiten mit namhaften Regisseuren folgten. Volker Schlöndorff besetzte sie für „Die Fälschung" (1981); Jean-Luc Godard drehte mit ihr „Passion" (1982); in Margarethe von Trottas Terroristengeschichte „Heller Wahn" (1983) spielte sie ebenso eine Hauptrolle wie in Andrzej Wajdas Hochhuth-Verfilmung „Eine Liebe in Deutschland" (1984). Nach dem Tod von Rainer Werner Fassbinder wurde es ruhiger um Hanna Schygulla. Erst 1990 konnte sie sich mit dem Film „Abrahams Gold" in Erinnerung rufen. Die „deutsche Marilyn Monroe" und das „erotischste Ding seit Marlene Dietrich", wie sie von der amerikanischen Kritik bezeichnet wurde, spielte die Tochter eines Nazischergen.

„Die Flucht nach Varennes", 1982

„Die Ehe der Maria Braun" mit George Byrd, 1979

„Bonjour Tristesse", 1957

Jean Seberg, geboren am 13. November 1938 in Marshalltown, Iowa, gestorben am 29. August 1979

Unter 18000 Bewerberinnen wählte Otto Preminger die Tochter eines Apothekers schwedischer Abstammung 1956 als Hauptdarstellerin für seinen Monumentalfilm „Die heilige Johanna" aus. Obwohl die damals erst 18jährige eher wegen ihres für die Rolle raspelkurz geschnittenen Haares als durch schauspielerisches Talent auffiel, engagierte Preminger sie erneut für seine Leinwandadaption des Françoise-Sagan-Bestsellers „Bonjour Tristesse". Der Film wurde ein Flop, ebenso Jean Sebergs nächster, „Die Maus, die brüllte" (1959). Enttäuscht setzte sich die Schauspielerin nach Paris ab. Daß sie dort zufällig mit den Begründern der „Nouvelle Vague", François Truffaut, Claude Chabrol und Jean-Luc Godard, zusammentraf, wertete die von Kritikern als „französischste aller amerikanischen Filmschauspielerinnen" titulierte Provinzschönheit später zu Recht als „Glücksfall". Denn mit ihrer Darstellung der Studentin Patricia in Godards epochemachendem Regie-Erstling „Außer Atem" (1960) wurde Jean Seberg international bekannt. Ihr Garçon-Haarschnitt und der kühle College-Look machten sie zum modischen Vorbild einer ganzen Generation. Mit Filmen wie „Liebhaber für fünf Tage", „Lilith" oder „Haie bitten zu Tisch" festigte sie in den 60er Jahren ihren Ruf als wandlungsfähige Darstellerin, ohne jedoch den kommerziellen Erfolg von „Außer Atem" wiederholen zu können. Nach einer skandalträchtigen Affäre mit einem Farbigen und diversen Schicksalsschlägen zog sich Jean Seberg in den 70er Jahren mehr und mehr ins Privatleben zurück und versuchte sich unter anderem als Schriftstellerin. Unter der Regie von Hans W. Geissendörfer gelang ihr 1976 mit der Ibsen-Verfilmung „Die Wildente" ein vielbeachtetes Comeback. Ihrem dritten Mann, dem Regisseur Dennis Berry, zuliebe ließ sie sich danach auf äußerst zweifelhafte Filme wie „Das große Delirium" (1977) ein. Wenige Monate vor ihrem 41. Geburtstag nahm sich Jean Seberg mit einer Überdosis Schlaftabletten das Leben.

„Außer Atem" mit Jean-Paul Belmondo, 1960

„Diamantenbillard", 1965

„Laß mich küssen deinen Schmetterling", 1968

Peter Sellers, geboren als Richard Henry Sellers am 8. September 1925 in Southsea, England, gestorben am 25. Juli 1980

Als Sohn eines Pianisten und einer Varietékünstlerin hatte Peter Sellers schon früh Kontakt zum Showbusiness. Er entdeckte sein Talent für witzige Imitationen und benutzte dieses, um sich einen Radioauftritt zu sichern: Er rief den damaligen BBC-Chef an und lobte dann abwechselnd mit den Stimmen zweier Rundfunkstars die Begabung „dieses jungen Sellers". Der Telefonauftritt überzeugte den Hörfunkboß, und Sellers wurde zu einem beliebten Radioclown. Schon bald machte er sich in der erfolgreichen „Goon-Show" einen Namen. 1950 gab er sein Leinwanddebüt in „Let's go Crazy" und stand ein Jahr später mit seinen „Goon-Show"-Kollegen für „Penny Points to Paradise" vor der Kamera. In Filmen wie „Ladykillers" und „Die kleinste Show der Welt" perfektionierte er seinen typisch britischen Humor und avancierte in England zum Komödienstar Nr. 1. In den USA gelang ihm 1959 mit „Die Maus, die brüllte" der Durchbruch. Nachdem er 1962 in „Lolita" schon einmal für Stanley Kubrick gearbeitet hatte, verpflichtete ihn der Regisseur zwei Jahre später für seine schwarze Politsatire „Dr. Seltsam oder wie ich lernte, die Bombe zu lieben". Sellers übernahm drei Rollen und machte den Film zu einem Kultstreifen. 1964 verkörperte der Schauspieler zum ersten Mal den vertrottelten französischen Inspektor Clouseau in „Der rosarote Panther". Das war der Startschuß zu einer der erfolgreichsten Kinoserien der Filmgeschichte. Von nun an wurde Sellers immer wieder mit dem schusseligen Kriminalen identifiziert. Innerhalb von 15 Jahren stand Peter Sellers fünfmal als Polizeitölpel vor der Kamera, und sogar nach seinem Tod gelangte noch ein weiteres „Inspektor Clouseau"-Abenteuer in die Kinos. Regisseur Blake Edwards hatte noch nicht benutzte Sequenzen aus den ersten Filmen zu neuen Stories zusammengemixt.

„Der rosarote Panther" mit Capucine, 1964

„After the Fox" mit Britt Ekland, 1966

„Lawrence von Arabien", 1962

Omar Sharif, geboren als Maechel Shalhoub am 10. April 1932 in Alexandria, Ägypten

Der Sohn eines Holzimporteurs interessierte sich schon während seines Studiums an dem englischsprachigen Victoria College in Kairo für die Schauspielerei: Er betätigte sich als Darsteller und Regisseur in einer Amateurtheatergruppe. Später trat er dann in das Geschäft seines Vaters ein, bewarb sich aber schon ein Jahr später um die Aufnahme an der Royal Academy of Dramatic Arts in London. Während er noch auf Antwort wartete, lernte er den ägyptischen Regisseur Jussef Shahine kennen, der ihm die Hauptrolle in seinem nächsten Film „The Blazing Sun" anbot. Der Film wurde (in Ägypten) ein durchschlagender Erfolg und Sharif über Nacht ein Star. In den folgenden Jahren drehte er 23 Filme, die ihn zu einem der beliebtesten Schauspieler der arabischen Länder machten. 1962 kam dann der internationale Durchbruch: David Lean verpflichtete ihn für sein Monumentalwerk „Lawrence von Arabien". Für die Rolle des gerechtigkeitsliebenden Sherif erhielt der junge Schauspieler eine „Oscar"-Nominierung und konnte sich daraufhin vor Angeboten aus Hollywood kaum retten. Den Höhepunkt seiner Karriere erreichte er drei Jahre später – wieder unter der Regie von David Lean – als „Doktor Schiwago". Schon bald war Omar Sharif auf die Rolle des heißblütigen, orientalischen Liebhabers festgelegt und spielte zusammen mit Sophia Loren („Schöne Isabella"), Catherine Deneuve („Mayerling") und Barbra Streisand („Funny Girl"). Trotzdem konnte er nie wieder an die Erfolge der Lean-Filme anknüpfen. Um seinen luxuriösen Lebenswandel und seine Spielleidenschaft finanzieren zu können, übernahm der Mime in den 70er Jahren auch immer häufiger Rollen in belanglosen B-Filmen. In den 80ern arbeitete Omar Sharif hauptsächlich fürs Fernsehen (TV-Mehrteiler „Palast der Winde") und widmete sich dem professionellen Bridgespiel. Erst 1990 wirkte er wieder in einem anspruchsvolleren, epischen Kinofilm mit: „Land der schwarzen Sonne".

„Doktor Schiwago" mit Julie Christie, 1965

Omar Sharif

Norma Shearer

Norma Shearer, geboren am 10. August 1900 in Montreal, Kanada, gestorben am 12. Juli 1983

Nachdem Norma Shearer als 14jährige einen Schönheitswettbewerb gewonnen hatte, versuchte ihre Mutter, sie im Showbusiness unterzubringen. In New Yorker Filmproduktionen spielte sie 1920 erste winzige Rollen („The Flapper", „The Restless Sex", „Weit im Osten") und bekam 1923 einen Vertrag bei MGM. Durch ihre edle, fast aristokratische Ausstrahlung stieg Norma schnell zu einer begehrten Stummfilmdiva auf und drehte einige ihrer besten Filme noch in den 20er Jahren: „Der Mann, der die Ohrfeigen bekam", „Alt-Heidelberg". Später gehörte sie zu den wenigen Stars, denen der Wechsel zum Tonfilm gelang. Mit Unterstützung ihres Ehemannes, des Hollywood-Moguls Irving Thalberg, avancierte die Schauspielerin zur First Lady der Traumfabrik. Sie suchte sich nur die besten, zu ihrem Typ passenden Rollen der „Frau von Welt" aus und arbeitete ständig an ihrem Image der perfekten, unnahbaren Schönheit. So wurde Norma Shearer, nachdem sie 1930 für „The Divorcee" den „Oscar" erhalten hatte, im Jahr darauf Partnerin von Clark Gable in „Der Mut zum Glück". Regisseur George Cukor gab ihr die Hauptrolle in „Romeo und Julia" und engagierte sie 1939 für den erfolgreichen Unterhaltungsfilm „Die Frauen". Ihre Lieblingsrolle blieb jedoch die Elizabeth in „The Barretts of Wimpole Street" an der Seite von Charles Laughton und Fredric March. Außerdem stand die Schauspielerin in den 30er Jahren mit Vorliebe für Verfilmungen erfolgreicher Theaterstücke („Private Lives") vor der Kamera. Obwohl Norma Shearer ehrgeizig an sich und ihrem Beruf arbeitete – sie wußte beispielsweise über Beleuchtung ebensogut Bescheid wie ein Kameramann –, ging es nach Thalbergs Tod 1937 mit ihrer Karriere bergab. Sie drehte zwar noch einige interessante Filme wie „Marie Antoinette", „Idiot's Delight", „Her Cardboard Lover" und „We Were Dancing", zog sich aber, nachdem der erhoffte Kassenerfolg ausblieb, 1942 ganz in ihr Privatleben zurück, das sie mit einem 20 Jahre jüngeren Skilehrer teilte.

„Riptide" mit Robert Montgomery, 1934

„Idiot's Delight" mit Clark Gable, 1939

„Country", 1984

Sam Shepard, geboren als Samuel Shepard Rogers am 5. November 1943 in Fort Sheridan, Illinois

„Baby Boom – Eine schöne Bescherung", 1987

Sam Shepard, Sohn eines Luftwaffenoffiziers, brach nach zwei Semestern sein Landwirtschaftsstudium ab und schloß sich einer Wandertheatergruppe an. Bei einem Gastspiel blieb er in New York hängen, wo er, statt seine Schauspielerkarriere weiterzuverfolgen, in Jazzkneipen kellnerte, in einer Rockband Schlagzeug spielte und 1964 seine ersten Einakter „Cowboy" und „The Rock Garden" verfaßte. Weil seine Chroniken vom Zerfall der amerikanischen Familie in Off-Broadway-Kreisen eine überwältigende Resonanz hervorriefen, schrieb Shepard in den folgenden Jahren eine Fülle von weiteren Stücken; Werke wie „Action" (1974), „Goldener Westen" (1980) und „Liebestoll" (1982) machten ihn zum international meistgespielten US-Autor. Ende der 60er Jahre begann er, gelegentlich als Drehbuchautor zu arbeiten, z. B. für Michelangelo Antonionis „Zabriskie Point" (1969) und Wim Wenders' „Paris, Texas" (1984). Als Darsteller war Sam Shepard erstmals in „Renaldo und Clara" (1977) zu sehen. Durch Hauptrollen in „In der Glut des Südens" (1978), „Frances" (bei den Dreharbeiten lernte er 1982 seine Lebensgefährtin Jessica Lange kennen), „Der Stoff, aus dem die Helden sind" (1983), „Country" (1984) und „Magnolien aus Stahl" (1987) erreichte das Allroundtalent auch in diesem Medium schnell einen Superstarstatus. Besonders eindrucksvoll waren seine Leistungen an der Seite von Kim Basinger in „Fool For Love" (1985 nach seiner Vorlage gedreht) und in Volker Schlöndorffs Max Frisch-Verfilmung „Homo Faber" (1991). Seine Vielseitigkeit – unter anderem war er als Musiker mit den „Rolling Stones" unterwegs, steuerte einen Song zum Soundtrack von „Easy Rider" bei, inszenierte seine Stücke und produzierte Filme – empfindet Shepard als nichts Besonderes. Welches seiner Talente Prioriät hat, steht allerdings außer Frage: „Wenn ich vor der Wahl stünde, könnte ich am ehesten auf die Schauspielerei verzichten, niemals aber aufs Schreiben."

„Frances" mit Jessica Lange, 1982

Brooke Shields, geboren am 31. Mai 1965 in New York

Brookes Eltern ließen sich kurz nach der Geburt ihrer Tochter scheiden. Das Kind blieb bei der Mutter, einem ehemaligen Model. Schon mit elf Monaten stand Brooke dank des ausgeprägten Geschäftssinns der Mama vor der Kamera und warb für Seife und Kinderpuder. Sie wurde zum Star-Werbebaby und später zum gefragten unschuldig-erotischen Kindermodel. Der französische Regisseur Louis Malle engagierte sie 1977 für die Hauptrolle in „Pretty Baby". Mit der Rolle einer zwölfjährigen Prostituierten wurde der bildschöne Teenager international bekannt. Im selben Jahr gründeten Mutter und Tochter die Shields Corporation: Durch den Verkauf von Brooke Shields-Puppen verdienten sie ein Vermögen. Die Filme „Die blaue Lagune" (1980) und „Endlose Liebe" (1981) wurden – trotz schlechter Kritiken – Kassenschlager. Brooke war das Teenie-Idol der frühen 80er. Doch sie zog sich zum Studium an die Princeton University zurück, versorgte die Presse mit angeblichen Liebesabenteuern, entwarf eigene Modekollektionen und warb für Jeans. Vereinzelt spielte sie weiter in Filmen („Cannonball-Fieber", 1989) mit, die jedoch beim Kinopublikum erfolglos blieben.

„Pretty Baby", 1978

„Endlose Liebe" mit Martin Hewitt, 1981

Vittorio De Sica, geboren am 7. Juli 1902 in Sora, Italien, gestorben am 13. November 1974

Schon als 16jähriger stand Vittorio De Sica vor der Kamera: 1918 in „Die Affäre Clemenceau". Der Film beeinflußte seinen Berufsweg nachhaltig. Der Teenager wurde nicht Bankangestellter, wie es sein Vater wünschte, sondern schloß sich einer Theatergruppe an und kam bald zum Film. 1932 gelang ihm der Durchbruch in Mario Camerinis „Die Männer taugen nichts". De Sica wurde zum populären jugendlichen Liebhaber im italienischen Film der 30er Jahre. In den Jahren nach dem Zweiten Weltkrieg prägte er als Regisseur, gemeinsam mit Roberto Rossellini und Luchino Visconti, den Stil des Neorealismus und trug maßgeblich zur Erneuerung des italienischen Films bei. „Fahrraddiebe" (1948) wird als das Meisterwerk angesehen, für das De Sica einen seiner fünf „Oscars" erhielt. 1955 entdeckte er für „Liebe, Brot und tausend Küsse" Sophia Loren, der er den Weg zu einer Weltkarriere ebnete. In den 60er und 70er Jahren konzentrierte er sich wieder mehr auf die Schauspielerei: „Die Millionärin", „Der Garten der Finzi Contini". Die Premiere seines letzten Films „Reise nach Palermo" (1974) erlebte er nicht mehr.

„Die Spionin von Gibraltar", 1956

Vittorio De Sica

„Der Goldhelm", 1952

Simone Signoret, geboren als Simone Kaminker am 25. März 1921 in Wiesbaden, gestorben am 30. September 1985

Simone Signoret wuchs während der Nazibesetzung Frankreichs in der Bretagne auf. Ihr Vater, der Erfinder der Simultanübersetzung, floh vor den Deutschen nach England. Simone arbeitete für die Résistance, bis sie mit ihrer Familie nach Paris zurückkehrte und dort eine Stelle bei einer Tageszeitung annahm. Als Simone erfuhr, daß das Blatt für französische Kollaborateure tätig war, kündigte sie sofort und versuchte, als Statistin im Filmgeschäft Fuß zu fassen. Ohne Schauspielausbildung schaffte sie es, 1946 in dem Film „Zur roten Laterne" ihre erste Hauptrolle zu bekommen. Die erfolgreiche Darstellung einer Prostituierten legte sie für die kommenden Filme fest. Das sollte sich erst 1952 ändern, als sie in „Der Goldhelm" als schöne Diana brillierte. Ihre Wandlungsfähigkeit als Schauspielerin bewies Simone Signoret in Filmen wie „Thérèse Raquin", „Die Teuflischen" und Luis Buñuels „Pesthauch des Dschungels". Mit ihrem zweiten Ehemann, dem Sänger und Schauspieler Yves Montand (in erster Ehe war sie mit dem Regisseur Yves Allégret verheiratet), war sie in mehreren Theaterinszenierungen zu sehen, so in Arthur Millers verfemtem Stück „Hexenjagd". Ein großer Bühnenerfolg war auch ihre Darstellung der Regina in „Little Foxes" von Lillian Hellman. 1959 erhielt die Signoret den „Oscar" für ihre englischsprachige Rolle in „Der Weg nach oben". In den 60er Jahren bewies Simone Signoret erneut ihr unglaubliches Schauspieltalent mit Rollen, die von ihrer Persönlichkeit geprägt wurden, wie in „Das Narrenschiff", „Die Möwe", „Armee im Schatten", „Ein schwerer Tag für die Königin" und „Die Katze". 1977 folgte ein weiterer Höhepunkt ihrer langen Karriere, „Madame Rosa". Der Film erhielt einen „Oscar" und Simone Signoret für die Titelrolle den „César". Bis zu ihrem Lebensende war sie politisch und sozial sehr engagiert und half mit ihrem Geld Menschen, die wegen ihrer politischen Anschauungen Repressalien erdulden mußten.

„Der Weg nach oben" mit Laurence Harvey, 1959

„Madame Rosa", 1977

Jean Simmons

Jean Simmons, geboren am 31. Januar 1929 in Crouch Hill, England

Im Alter von 14 Jahren stand Jean Simmons für „Give us The Moon" das erste Mal vor der Kamera. Die Rolle der Estelle an der Seite von Alec Guinness in „Geheimnisvolle Erbschaft" machte sie drei Jahre später in ganz Europa bekannt. Noch im gleichen Jahr konnte sie als Indianerin in „Die schwarze Narzisse" überzeugen, obwohl sie kein Wort zu sprechen hatte. Der internationale Durchbruch gelang ihr 1948 unter der Regie von Laurence Olivier als Ophelia in „Hamlet". Sie wurde für den „Oscar" nominiert. Anfang der 50er Jahre ging sie zusammen mit ihrem damaligen Ehemann Stewart Granger nach Hollywood und bekam einen Vertrag bei den RKO-Studios. Schon bald galt sie als eine der schönsten Frauen der Traumfabrik und spielte zusammen mit Leinwandgrößen wie Spencer Tracy („The Actress"), Marlon Brando („Schwere Jungen, leichte Mädchen") und Gregory Peck („Weites Land"). Trotzdem konnte sie sich schauspielerisch nie ganz etablieren. Auf Wunsch der Studios mußte sie in erster Linie gut aussehen; ihr Talent zu entfalten war nicht wichtig. Erst unter der Regie ihres zweiten Mannes Richard Brooks durfte sie in „Elmer Gantry" ihr Können unter Beweis stellen. Prompt bekam sie eine weitere „Oscar"-Nominierung. Doch schon ihr nächster Film, das Monumentaldrama „Spartakus", zeigte sie wieder vor allem als schmückendes Beiwerk für ihren Partner Kirk Douglas. Die Folgen dieser Vermarktung ihres Aussehens zeigten sich bald: In den 70er Jahren kamen die ersten Fältchen, und die meist unterschätzte Schauspielerin bekam nur noch wenige lohnenswerte Rollenangebote. Deshalb arbeitete sie hauptsächlich fürs Fernsehen. 1989 übernahm sie in einem TV-Remake von „Geheimnisvolle Erbschaft" diesmal die Rolle der furchteinflößenden, alten Mrs. Havisham (Jean Simmons: „Es ist komisch, sich selbst mit den Filmen älter werden zu sehen.") und erlangte mit Serienerfolgen wie „Dornenvögel" und „Fackeln im Sturm" neue Popularität.

„Desirée", 1954

„Die Frau im Netz", 1951

„Der Attentäter", 1954

„Die oberen Zehntausend“ mit Grace Kelly, 1956

„Der Mann mit dem goldenen Arm“ mit Kim Novak, 1956

Frank Sinatra, 1942

Frank Sinatra, geboren als Francis Albert Sinatra am 12. Dezember 1915 in Hoboken, New Jersey

Ursprünglich wollte der Sohn sizilianischer Einwanderer Journalist werden. Deshalb arbeitete er in der Sportredaktion eines Lokalblattes, bevor er 1937 bei einem Amateurgesangswettbewerb entdeckt wurde. Schon 1939 trat er vor einem großen Publikum auf. Als Sänger debütierte Sinatra auch 1941 in Hollywood mit dem Film „Las Vegas Nights“. Seine erste dramatische Rolle spielte er sieben Jahre später in „The Miracle of Bells“. Doch es war die Musik, die ihn weiterbrachte. Schon bald füllte „Frankieboy“ riesige Konzertsäle und machte Musicals wie „Urlaub in Hollywood“ und „Heut' geh'n wir bummeln“ zu Kassenschlagern. Dann kam Anfang der 50er Jahre der Absturz: Wegen Blutungen an den Stimmbändern und etlicher Skandale (seine Affären und seine Verbindung zur Mafia füllten immer wieder die Boulevardblätter) wagte niemand mehr, ihn zu engagieren. Doch schon 1953 feierte Sinatra, der zu dieser Zeit mit Ava Gardner verheiratet war, in „Verdammt in alle Ewigkeit“ ein Comeback. Er erhielt zwar eine lächerliche Gage von nur 8000 Dollar, wurde aber für seine beeindruckende Darstellung eines desillusionierten GI mit dem „Oscar“ ausgezeichnet. Von da an schien der Schauspieler auf den Typ des coolen und melancholischen Verlierers festgelegt. So verkörperte er einen rauschgiftsüchtigen Spieler in „Der Mann mit dem goldenen Arm“,

„Verdammt in alle Ewigkeit“ mit Montgomery Clift und Donna Reed, 1953

einen sturen spanischen Revolutionär in „Stolz und Leidenschaft“ und einen gescheiterten Schriftsteller und Kriegsheimkehrer in „Verdammt sind sie alle“. Zwischen 1956 und 1960 gehörte Frank Sinatra zu den zehn erfolgreichsten Box-Office-Stars in Hollywood. Auch die Gesangskarriere des Allroundtalents ging steil bergauf. Zusammen mit seinen „Rat-Pack“-Kumpels (Dean Martin, Sammy Davis, jr. und Peter Lawford) gehörte Sinatra zu den bestbezahlten Entertainern der USA. Von seinen Fans und der Presse bewundernd „The Voice“ genannt, ersang er sich mit Songs wie „My Way“ Weltruhm und wurde schon zu Lebzeiten eine Legende. Nach weiteren Kinoerfolgen als schweigsamer Gangsterjäger in „Der Schnüffler“ und in „Der Detektiv“ Ende der 60er Jahre war er nur noch selten auf der Leinwand zu sehen. Sinatra konzentrierte sich auf die TV-Arbeit und die Musik. 1989 ging er zusammen mit Liza Minnelli und Sammy Davis, jr. auf Deutschlandtournee.

„Colonel von Ryan's Express“, 1965

„F. I. S. T. – Ein Mann geht seinen Weg", 1978

Sylvester Stallone, geboren am 6. Juli 1946 in New York

Sylvester Stallone wuchs bei Pflegeeltern in den Slums von Philadelphia auf. Wegen einer Muskelschwäche der linken Gesichtshälfte war der Junge dem Gespött seiner Mitschüler ausgeliefert. Seine Leistungen litten darunter so stark, daß er wiederholt die Lehranstalten wechseln mußte. Um sich nach der High-School ein Sportstudium in Europa leisten zu können, unterrichtete er Bodybuilding. Mit Hilfe eines Stipendiums verbrachte er zwei Jahre in der Schweiz und kehrte 1967 in die Vereinigten Staaten zurück. Sylvester Stallone zog nach New York, um einen langgehegten Traum zu verwirklichen und Schauspieler zu werden. Zwischen Vorsprechterminen und Gelegenheitsjobs ging er einer anderen Leidenschaft nach – dem Schreiben. Inspiriert von dem 15 Runden-Boxkampf zwischen dem „Nobody" Chuck Wepner und Weltmeister Muhammad Ali, entwarf Stallone 1975 die Rohfassung von „Rocky". Hollywood zeigte Interesse an dem Stoff, und Stallone verkaufte ihn unter der Bedingung, die Titelrolle selbst spielen zu können. Der in 19 Tagen abgedrehte Streifen wurde der Überraschungserfolg des Jahres 1976 und mit drei „Oscars" ausgezeichnet. Sylvester Stallone hatte es geschafft.

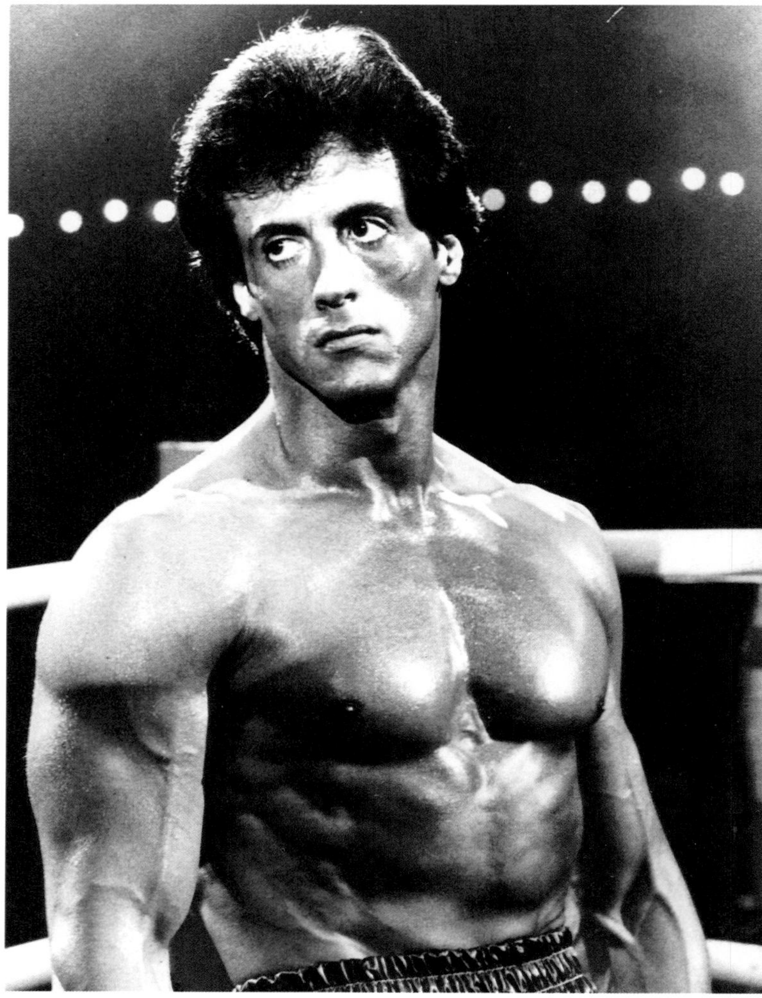
„Rocky III – Das Auge des Tigers", 1982

„Flucht oder Sieg" mit Regisseur John Huston, 1981

Fast alle darauf folgenden Filme wurden Hits, und bald kontrollierte er seine Projekte auch als Produzent und Regisseur. Besonders mit den Folgen von „Rocky" und der „Rambo"-Saga gelangen ihm weltweit erstaunliche Kassenknüller, die ihn zum Spitzenstar der 80er Jahre machten. Nach der Scheidung von seiner ersten Frau Sasha kam Stallone 1985 durch die Heirat mit dem dänischen Starlet Brigitte Nielsen in die Schlagzeilen der Boulevardpresse. Nach nur elf Monaten verließ die platinblonde Silikon-Amazone ihren Mann, der für eine Abfindung in Millionenhöhe zur Kasse gebeten wurde. 1989 drehte „Sly" seine erste Actionkomödie. In „Tango & Cash" sah man einen Stallone mit Anzug und Nickelbrille. Den filmischen Abschluß seiner Geschichte um Rocky Balboa drehte er 1990.

Barbara Stanwyck

Barbara Stanwyck, geboren als Ruby Stevens am 16. Juli 1907 in New York, gestorben am 21. Januar 1990

Nach dem Tod der Eltern im Jahr 1911 wurde Barbara Stanwyck von ihrer älteren Schwester und einer Bekannten in New York großgezogen. Um den ärmlichen Verhältnissen zu entfliehen, nahm sie Tanzstunden und wurde im Alter von 15 Jahren Revuegirl. Nach einem kurzen Zwischenspiel am Broadway gab sie 1927 in „Dance Magic" ihr Hollywood-Debüt. Schnell war sie in der Filmbranche als fleißige und verläßliche Schauspielerin beliebt und erhielt attraktive Rollenangebote. Sie drehte gemeinsam mit Regisseuren wie Frank Capra („Luxusfrauen", „The Miracle Woman", „Sehnsucht ohne Ende", „The Bitter Tea of General Yen") und William Wellman („Night Nurse", „So Big", „The Purchase Price") und arbeitete sich langsam hoch. Hauptsächlich in Komödien und Filmen der „Schwarzen Serie" zu sehen, erreichte sie in den 40er Jahren den Höhepunkt ihrer Karriere. Sie wurde zum Prototyp der starken und selbstbewußten, aber trotzdem sympathischen Heroine. In den 50er Jahren hatten die Verantwortlichen in Hollywood jedoch plötzlich keine Verwendung mehr für die blonde Schauspielerin. Die Angebote blieben aus, und Barbara Stanwyck, die zu stolz war, um um Rollen zu buhlen, zog sich in ihr zu dieser Zeit nicht gerade glückliches Privatleben zurück (1952 hatte sie sich von ihrem zweiten Mann Robert Taylor getrennt). In den 60er Jahren kam dann die Wende: Obwohl die Mimin sich bis dahin immer geweigert hatte, TV-Verpflichtungen zu übernehmen, akzeptierte sie die Rolle der Rancherin Viktoria Barkley in der Westernserie „Big Valley". Die Serie lief drei Jahre, und die alternde Schauspielerin war wieder gefragt. 1982 war es wieder das Fernsehen, das ihr Glück brachte. In dem Mehrteiler „Dornenvögel" begeisterte sie an der Seite von Richard Chamberlain auch die jüngere Generation.

Barbara Stanwyck in der Fernsehserie „Big Valley"

„Die unvergeßliche Nacht" mit Fred MacMurray, 1940

Rod Steiger, geboren am 14. April 1925 in Westhampton, New York

Rod Steiger begann seine Laufbahn bei kleinen Theatergruppen, unter anderem dem New Yorker Theatre Workshop, bis er zu Elia Kazans Actors Studio ging. Am Broadway machte er die Kritiker durch seine überzeugende Darstellung in „Night Music" auf sich aufmerksam. Die erste Filmrolle erhielt er 1951 in Fred Zinnemanns „Teresa". Der Durchbruch gelang ihm drei Jahre später als Bruder von Marlon Brando in „Die Faust im Nacken". Nachdem er 1955 in „Hollywood-Story" zum ersten Mal als skrupelloser Bursche aufgetreten war, legte man ihn in der Folge auf eher unsympathische Rollen fest wie etwa die des „Al Capone" (1959) im gleichnamigen Film. Ein schauspielerischer Höhepunkt seiner Karriere wurde 1965 der Part eines eigenbrötlerischen Juden in „Der Pfandleiher". 1967 erhielt er den „Oscar" für die Rolle des rassistischen Sheriffs aus „In der Hitze der Nacht". Während der siebziger Jahre machte der Schauspieler vor allem als Darsteller großer Persönlichkeiten (Hitler, Mussolini, W. C. Fields) auf sich aufmerksam. In letzter Zeit tauchte Rod Steiger jedoch nur noch in Billigproduktionen und Nebenrollen auf.

„Al Capone", 1959

„Zwei durch drei geht nicht" mit Judy Geeson, 1968

„Rancho River“, 1966

„Das Fenster zum Hof", 1954

„Die Glenn Miller-Story", 1953

„Der große Bluff" mit Marlene Dietrich, 1939

James Stewart, geboren am 20. Mai 1908 in Indiana, Pennsylvania

James Stewart studierte Architektur an der Princeton University und begann während dieser Zeit, an Theateraufführungen der Universität teilzunehmen. Nach Abschluß des Studiums versuchte er, am Broadway Fuß zu fassen. Stewart spielte mehrere kleine Rollen, bis er 1935 nach Hollywood ging. Durch Vermittlung der Kollegin Hedda Hopper (der später gefürchteten Klatschkolumnistin) bekam er einen Vertrag von der Metro Goldwyn Mayer. Im gleichen Jahr hatte er sein Leinwanddebüt in „The Murder Man". Daß Stewart komisches Talent besaß, zeigte sich 1938 in den drei Lustspielen „Vivacious Lady", „Engel aus zweiter Hand" und „Lebenskünstler". Ein Jahr später erhielt er die Hauptrolle in Frank Capras „Mr. Smith geht nach Washington"; der Durchbruch zum Star war geschafft. Mit seinen schlaksigen, beinahe unsicher wirkenden Bewegungen, dem schüchternen Auftreten und der leicht stockenden Stimme hatte sich Stewart in die Herzen der Amerikaner gespielt. Man schätzte in ihm den integren, für seine konservativen Grundsätze eintretenden Mitmenschen. 1940 stand James Stewart zusammen mit Katharine Hepburn und Cary Grant in „Die Nacht vor der Hochzeit" vor der Kamera und erhielt den „Oscar" als bester männlicher Hauptdarsteller. Während des Krieges kämpfte der Schauspieler als Bomberpilot über Deutschland, wurde hoch dekoriert und stieg zum Brigadegene-

„Mein Freund Harvey" mit Josephine Hull, 1950

ral auf. Mit Frank Capras „Ist das Leben nicht schön?" fand Stewart nach dem Krieg sofort wieder Anschluß an seine Erfolge der 30er Jahre. Das rührselige Leinwandmärchen entwickelte sich geradezu zu einem Kultfilm, der alljährlich zur Weihnachtszeit vom Fernsehen ausgestrahlt wird. Die 50er Jahre waren geprägt von der außergewöhnlich kreativen Zusammenarbeit zwischen James Stewart und Alfred Hitchcock. Das erfolgreiche Team schuf Krimiklassiker wie „Cocktail für eine Leiche", „Das Fenster zum Hof" (an der Seite von Grace Kelly lieferte Stewart als an den Rollstuhl gefesselter Fotograf eine Glanzleistung), „Der Mann, der zuviel wußte" und „Vertigo". Ebenfalls aus diesen Jahren stammen Filmhits wie „Mein Freund Harvey" (1950), „Die Glenn Miller-Story" (1953), „Lindbergh: Mein Flug über den Ozean" (1957) und „Meine Frau ist übersinnlich" (1958). In den 70er Jahren war Stewart am Broadway, unter anderem mit seinem großen Kinoerfolg „Mein Freund Harvey", und in einigen TV-Produktionen zu sehen.

„Die Nacht vor der Hochzeit" mit Katharine Hepburn, 1940

Meryl Streep

„Sophies Entscheidung“ mit Kevin Kline, 1982

„Die Geliebte des französischen Leutnants“, 1981

Meryl Streep

Meryl Streep, geboren als Mary Louise Streep am 22. Juni 1949 in Basking Ridge, New Jersey

Die Tochter eines vermögenden Pharmaproduzenten galt während ihrer Schulzeit als sehr zurückhaltend. „Ich hatte große Minderwertigkeitskomplexe, weil alle meine Altersgenossen mir deutlich zu verstehen gaben, daß ich sehr häßlich war. Das einzig Schöne war meine Stimme. Also begann ich zu singen.“ Am College belegte sie Theaterwissenschaften, studierte Kostümdesign und lernte, Stükke zu schreiben. Mit einem Stipendium ging sie an die Yale University, um dort Kunstgeschichte zu studieren und regelmäßig am Universitätstheater zu spielen. Sie erhielt Angebote von diversen Bühnen in den USA und landete schließlich mit dem Musical „Happy End“ am Broadway. 1978 gewann sie den „Emmy“ für die Rolle eines KZ-Opfers in der TV-Miniserie „Holocaust“. Ihre Leinwandkarriere begann sie als Bekannte Jane Fondas in „Julia“. Schon mit der zweiten Filmrolle, als Robert De Niros Geliebte in „Die durch die Hölle gehen“, konnte Meryl Streep überzeugen. Sie wurde für den „Oscar“ vorgeschlagen. 1980 erhielt sie die begehrte Auszeichnung für ihre Darstellung in dem Scheidungsdrama „Kramer gegen Kramer“. In den folgenden Jahren spielte Meryl Streep zusammen mit den begehrtesten Männern Hollywoods und erhielt für fast jeden ihrer Filme eine „Oscar“-Nominierung: „Die Geliebte des französischen Leutnants“ mit Jeremy Irons,

„Jenseits von Afrika", 1986

„Sophies Entscheidung" mit Kevin Kline, „Silkwood" mit Kurt Russell, „Jenseits von Afrika" mit Robert Redford, „Wolfsmilch" mit Jack Nicholson, „Ein Schrei in der Dunkelheit" mit Sam Neill. Durch diese anspruchsvollen, meist engagierten Rollen avancierte die Mimin zu einer der außergewöhnlichsten Charakterdarstellerinnen. 1989 wechselte sie einmal das Fach: In der schwarzen Komödie „Die Teufelin" parodierte sie als unnahbar schöne Romanautorin ihr eigenes Image. An der Seite von Shirley MacLaine sah man die Schauspielerin und Sängerin 1990 in „Grüße aus Hollywood". Meryl Streep lebt mit ihrem Mann, dem Bildhauer Don Gummer, und den gemeinsamen Kindern zurückgezogen in Schottland. Für Schlagzeilen sorgt sie nur gelegentlich durch ihre Forderungen nach Emanzipation im Filmgeschäft. Sie verlangt ebenso hohe Gagen für die weiblichen Stars wie für die männlichen.

„Kramer gegen Kramer" mit Dustin Hoffman, 1979

„Hello, Dolly!", 1969

„So wie wir waren" mit Robert Redford, 1973

„Nuts ... durchgedreht", 1988

„Yentl", 1984

Barbra Streisand, geboren als Barbara Joan Streisand am 24. April 1942 in Brooklyn, New York

Nach dem Tod ihres Vaters, eines jüdischen Lehrers im New Yorker Armenviertel Brooklyn, mußte Barbra Streisand schon früh für sich selbst aufkommen. Durch Gelegenheitsjobs als Putzfrau und Telefonistin sorgte sie während der High-School-Zeit für ihren Lebensunterhalt. Nebenbei nahm sie Schauspielunterricht und trat abends als Sängerin in Nachtclubs auf. Ein Gesangswettbewerb öffnete der 19jährigen den Weg zum Broadway. Dort gab ein Jahr später ihr Auftritt im Musical „I Can Get it For You Wholesale" den Anstoß zur ganz großen Karriere. Ihre opernreife Stimme, aber auch ihr komödiantisches Talent faszinierten Publikum und Kritik. Den internationalen Durchbruch brachte ihr 1964 die Titelrolle im Musical „Funny Girl". Diesen Erfolg konnte das Multitalent vier Jahre später, gekrönt von einem „Oscar", in der gleichnamigen Verfilmung wiederholen. Furore machte Barbra Streisand ebenso in der Bühnen- und Filmfassung des Musicals „Hello, Dolly!" (1969). Zu dieser Zeit hatte sie bereits einen Zehnjahresvertrag mit der Plattenfirma CBS in der Tasche, der sie zur Millionärin machte. Doch ihre Karriere blieb zweigleisig. Die Sängerin zeigte sich auch in nichtmusikalischen Parts auf der Leinwand. Rollen in Bogdanovichs „Is' was Doc?" (1972) und in „So wie wir waren" (1973) begründeten ihren Ruf als Schauspielerin. Nach weiteren

„Die Eule und das Kätzchen", 1969

Kinoerfolgen („A Star is Born", 1976; „Jede Nacht zählt", 1981) ging sie daran, eigene Ideen zu verwirklichen. Erstes Ergebnis war der selbst produzierte Film „Yentl" (1984), zu dem sie nicht nur Drehbuch und Songs schrieb, sondern auch Regie führte und die Hauptrolle spielte. Auch wenn ihr dafür ein „Oscar" versagt blieb, galt der Film als Markstein ihrer künstlerischen Laufbahn, die sie 1987 als Produzentin und Hauptdarstellerin in „Nuts … durchgedreht" fortsetzen konnte. Um die Sängerin Barbra Streisand ist es inzwischen stiller geworden. Seit Jahren hat sie sich aus den Konzertsälen zurückgezogen. Nur 1986 kehrte sie für einen Wohltätigkeitsauftritt zurück. Die Einnahmen kamen der von ihr ins Leben gerufenen Streisand-Stiftung zugute, die sich für Umwelt und Menschenrechte einsetzt.

„Ein neuer Stern am Himmel" mit Kris Kristofferson, 1976

Erich von Stroheim, geboren als Erich Oswald Stroheim am 22. September 1885 in Wien, gestorben am 12. Mai 1957

„Der Mann, den Sie begeistert hassen werden" kündigte 1917 die Hollywood-Presse Erich von Stroheim an. Tatsächlich bastelte der Sohn eines Wiener Hutmachers seit seiner Ankunft in Amerika 1914 an seinem Image des (bösen) deutschen Generals: Er gab sich als Nachfahre einer alten preußischen Offiziersfamilie aus und fügte seinem Namen kurzerhand das „von" hinzu. Filme wie „Foolish Wives" und „Der Hochzeitsmarsch" machten ihn schon bald zu einem der begehrtesten Charakterschauspieler der Traumfabrik. 1918 arbeitete er bei „Du sollst nicht begehren" das erste Mal als Regisseur. Insgesamt inszenierte er jedoch nur neun Filme, da seine Werke meist zu lang („Gier nach Geld", 1925, sollte ursprünglich zehn Stunden dauern) und zu teuer waren. Ab 1936 arbeitete Erich von Stroheim hauptsächlich als Schauspieler in Frankreich (unter der Regie von Jean Renoir überzeugte er 1937 in „Die große Illusion"), kehrte zwischendurch aber immer wieder in die USA zurück. Mit seiner Rolle in Billy Wilders 1950 entstandenem Meisterwerk „Boulevard der Dämmerung" setzte er den letzten Höhepunkt seiner Karriere.

„Boulevard der Dämmerung" mit William Holden, 1950

„Die große Illusion", 1937

Donald Sutherland, geboren am 17. Juli 1935 in St. John, Kanada

Bereits im Alter von 14 Jahren trat Donald Sutherland erstmals als Rundfunkansager und Diskjockey an die Öffentlichkeit. Sein Ingenieurstudium an der Universität von Toronto brach der Sohn eines kanadischen Vertreters 1956 ab, um an der Londoner Royal Academy of Dramatic Arts die Schauspielerei zu erlernen. Bei einer Theateraufführung fiel der Darsteller mit dem markanten Pferdegesicht dem britischen Produzenten Paul Maslansky auf, der ihn für den Horrorfilm „Das Schloß der lebenden Toten" (1964) engagierte. Den Durchbruch zur amerikanischen Schauspielerelite schaffte er jedoch erst sechs Jahre später als chaotischer Chirurg in Robert Altmans Kriegssatire „M.A.S.H.". Im Laufe seiner Karriere arbeitete Sutherland unter anderem unter der Regie von Alan Pakula („Klute", 1970), Nicolas Roeg („Wenn die Gondeln Trauer tragen", 1973), John Schlesinger („Der Tag der Heuschrecke", 1975), Bernardo Bertolucci („1900", 1976), Federico Fellini („Casanova", 1977) und Robert Redford („Eine ganz normale Familie", 1981). Nach eher unbedeutenden Filmen in den 80er Jahren agierte er 1990 gemeinsam mit Marlon Brando in dem Antiapartheidsfilm „Weiße Zeit der Dürre".

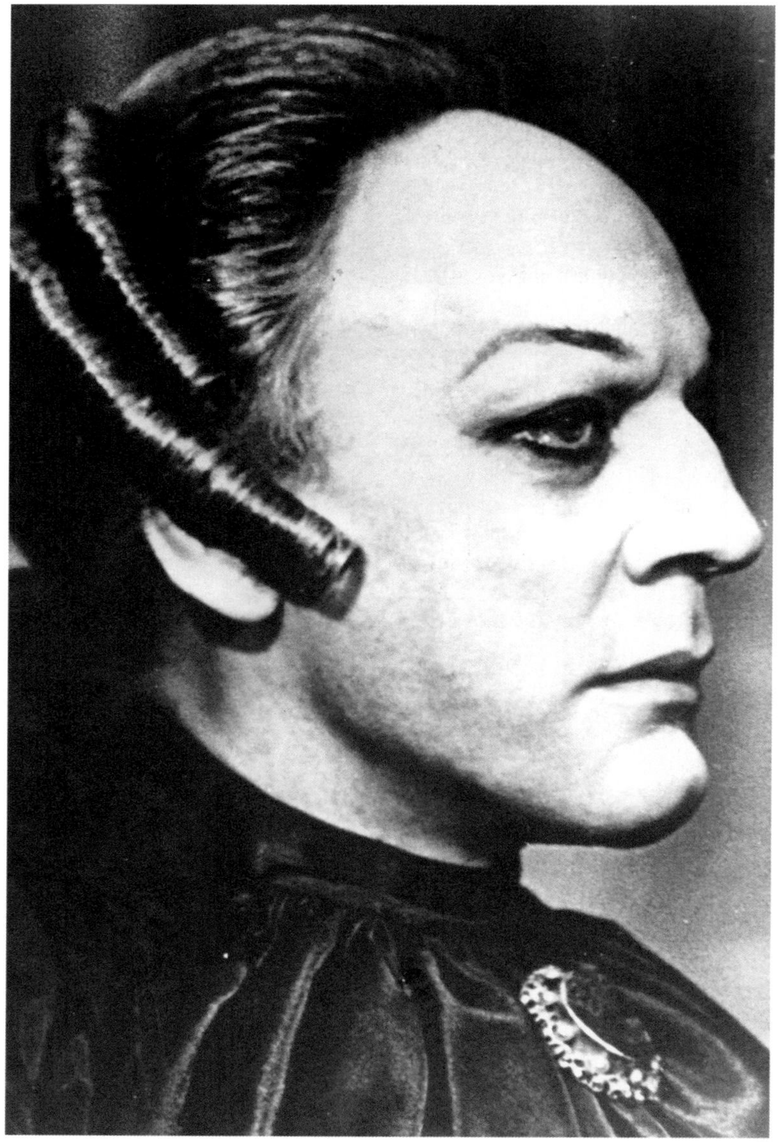

„Fellinis Casanova", 1977

„Die Böreninsel", 1980

Gloria Swanson in den 20er Jahren

Gloria Swanson, geboren am 27. März 1899 in Chicago, gestorben am 4. April 1983

Gloria Swanson mit ihrer Freundin Barbara Stanwyck (l.)

Gloria Swanson begann ihre Filmkarriere als Statistin in den Essanay Studios in Chicago. Sie spielte in mehreren Komödien und lernte dabei den Schauspieler Wallace Beery kennen, den sie 1916 heiratete. Im gleichen Jahr gingen beide nach Hollywood und wurden von Mack Sennett engagiert. 1918 verließ Gloria Swanson die Balletttruppe von Sennett und wurde von Cecil B. DeMille unter Vertrag genommen. Er erkannte ihre besondere Ausstrahlung und ihre Anziehungskraft und stellte sie als glitzernden Mittelpunkt in eine Filmwelt voller Luxus. Ihre ersten drei Filme, „Don't Change Your Husband", „For Better, For Worse" und „Male And Female" (alle 1919 gedreht), ließen Gloria Swanson zur Symbolfigur des von Glanz und Glamour bestimmten Hollywood der 20er Jahre werden, wo sie in der Folge als extravaganter Star und auch als beeindruckende Schauspielerin brillierte. 1922 schloß sie mit der Paramount einen Vertrag ab, der ihr, neben Mary Pickford, die höchsten Gagen Hollywoods einbrachte. Filme wie „Du sollst nicht begehren deines Nächsten Weib" mit Rudolph Valentino, „Ein Gesellschaftsskandal", „Madame Sans Gêne" und „Sadie Thompson" gehörten zu ihren größten Erfolgen. 1926 gründete sie zusammen mit Joseph P. Kennedy, dem Vater des späteren Präsidenten der Vereinigten Staaten, ihre eigene Produktionsgesellschaft. Das erste Filmprojekt, „Queen Kelly" unter der Regie von Erich von Stroheim, trieb Gloria Swansons Gesellschaft beinahe in den Konkurs. Sie produzierte sechs weitere Filme, darunter auch „The Trespasser" (1929), ihren ersten Tonfilm. Nach dem 1934 gedrehten MGM-Musical „Music in The Air" kehrte sie erst 1941 mit der Komödie „Father Takes a Wife" auf die Leinwand zurück. 1950 spielte sie in Billy Wilders „Sunset Boulevard" an der Seite von William Holden einen alternden Stummfilmstar und erhielt für ihre schauspielerische Glanzleistung eine „Oscar"-Nominierung.

„Boulevard der Dämmerung", 1950

Patrick Swayze

Patrick Swayze, geboren am 18. August 1952 in Houston, Texas

Von seiner Mutter, der Choreographin Patsy Swayze, erhielt Patrick vom fünften Lebensjahr an Ballettunterricht. Schon während der Schulzeit zeigte er auch Interesse an der Schauspielerei und trat als Statist am Houston Alley Theatre auf. Nach der Reifeprüfung studierte Patrick Swayze bei der Harkness Ballet Company und war später als Solotänzer engagiert – bis er sich bei einem Sportunfall so schwer am Knie verletzte, daß er als Profitänzer keine Chance mehr hatte. Patrick nahm deshalb Schauspielunterricht und spezialisierte sich auf Musicals. Am Broadway spielte er neben Joel Grey in „Goodtime Charley", danach in „Grease". Als leukämiekranker Soldat in dem Fernsehspiel „M. A. S. H." konnte das Multitalent seinen ersten Erfolg als ernsthafter Schauspieler verbuchen. Mit „Shaketown USA" gab er 1980 sein Kinodebüt. Der Kritiker der „Los Angeles Times" erkannte damals bereits Swayzes Potential als Sexsymbol: „Seit Valentino … den Tango tanzte, gab es keine dermaßen selbstbewußte Zurschaustellung männlicher Sexualität." In den kommenden Jahren spielte Swayze häufig den muskulösen Rebellen, so z. B. in „Die Outsider" (1983) und „Die rote Flut" (1984). Zum gefeierten TV-Liebling avancierte er 1986 als Südstaatenbeau Orry Maine in dem Bürgerkriegsepos „Fackeln im Sturm". Ein Jahr später konnte er diesen Erfolg noch übertreffen: Mit seiner Darstellung des Johnny Castle in dem eher konventionell gemachten Tanzfilm „Dirty Dancing" (1988), zu dem er auch den Song „She's Like the Wind" beisteuerte, ließ Swayze Millionen von Teenieherzen höher schlagen und löste einen internationalen Mamboboom aus. Weder mit „Dirty Tiger" (1988) noch mit „Steel Dawn" oder „Road House" (beide 1989) konnte er jedoch danach die in ihn gesetzten Erwartungen erfüllen. Einen neuen, umso glanzvolleren Höhepunkt erreichte seine Karriere erst mit dem Thriller „Ghost", der 1990 in den USA an der Spitze der beliebtesten Filme stand.

„Road House" mit Sam Elliott, 1989

„Ghost – Nachricht von Sam" mit Whoopi Goldberg, 1990

Jacques Tati

Jacques Tati, geboren als Jacques Tatischeff am 9. Oktober 1908 in Le Pecq, Frankreich, gestorben am 5. November 1982

Der Sohn eines Bilderrahmenhändlers ging nach Abschluß des Gymnasiums zunächst in der väterlichen Werkstatt in die Lehre. Schon nach kurzer Zeit machte er jedoch seine Sportleidenschaft zum Beruf und wurde Rugby-Profi beim Racing Club-Team. Die Pantomimen, mit denen er nach dem Spiel die Mannschaft unterhielt, kamen so gut an, daß er in den 30er Jahren begann, in Music-Halls und auf Kleinkunstbühnen aufzutreten. Seine Sketche hielt er in Kurzfilmen fest. Weil die meisten davon bei den Zuschauern durchfielen, trat Jacques Tati weiterhin als Kabarettist auf und spielte kleinere Rollen in Filmen wie „Sylvia und das Gespenst" (1945) und „Teufel im Leib" (1947). Mit dem erstmals unter seiner Regie gedrehten Film „Die Schule der Briefträger" (1947) rief er eine so überwältigende Resonanz hervor, daß er die Geschichte um einen tolpatschigen Landbriefträger in seinem ersten abendfüllenden Spielfilm „Tatis Schützenfest" (1949) erneut verarbeiten konnte. Wie in jedem seiner folgenden Filme karikierte Tati schon hier die Hilflosigkeit des Menschen in einer technikgläubigen Welt, indem er seine von ihm selbst dargestellten Helden in verzwickten Situationen zeigte und dabei fast völlig auf den Dialog verzichtete. Den größten Coup landete der Komiker mit seinem nächsten Film „Die Ferien des Monsieur Hulot", den er wegen einer finanziellen Dauerkrise erst 1953 fertigstellen konnte. Die ebenso hintergründige wie intelligente Komödie avancierte über Nacht zum Klassiker und blieb maßgebend für Jacques Tatis weitere Filme. In „Mein Onkel" (1958), „Tatis herrliche Zeiten" (1967) und „Trafic" (1971) stellte er erneut die Figur des liebenswerten Monsieur Hulot in den Mittelpunkt. Durch wirtschaftliche Engpässe konnte Tati insgesamt nur fünf, dafür äußerst bemerkenswerte Spielfilme realisieren.

„Tatis Schützenfest", 1949

„Die Ferien des Monsieur Hulot", 1953

„Ein Geschenk des Himmels", 1951

„Ein Platz an der Sonne" mit Montgomery Clift, 1951

„Hotel International" mit Richard Burton, 1963

„Wer hat Angst vor Virginia Woolf?", 1966

Elizabeth Taylor, geboren am 27. Februar 1932 in London

Die ersten Jahre ihrer Kindheit verbrachte Elizabeth Taylor in England. Sie bekam Ballettunterricht und trat mit drei Jahren vor der englischen Königin auf. Kurz vor Beginn des Zweiten Weltkriegs übersiedelten die Taylors nach Pasadena in Kalifornien, wo der Vater eine Kunstgalerie eröffnete. Ihre Filmkarriere begann die zehnjährige Elizabeth 1942 in „There's One Born Every Minute". Nach dem Lassie-Film „Heimweh" wurde sie 1943 mit „Kleines Mädchen, großes Herz" zum Kinderstar. MGM drehte daraufhin mit ihr eine Serie von Unterhaltungsfilmen, in denen sich die kindliche Schauspielerin langsam zur Darstellerin junger Frauen wandelte. 1950 spielte die herangereifte Schönheit erstmals eine verheiratete Frau in „Verschwörer". Im gleichen Jahr heiratete Elizabeth Taylor den Hotelkönig Nicky Hilton – sechs weitere Ehemänner sollten folgen. Bis 1956 spielte sie hauptsächlich die naive, romantische Schönheit in Filmen wie „Ivanhoe, der schwarze Ritter" und „Elefantenpfad". Das Ausmaß ihrer schauspielerischen Fähigkeiten zeigte sie beeindruckend in „Giganten" und „Die Katze auf dem heißen Blechdach". 1960 erhielt Elizabeth Taylor den „Oscar" für „Telefon Butterfield 8". In diesem Jahr begannen die Dreharbeiten zu dem Monumentalfilm „Cleopatra". Elizabeth Taylor erkrankte an Lungenentzündung und entging nur knapp dem Tod. Ihr

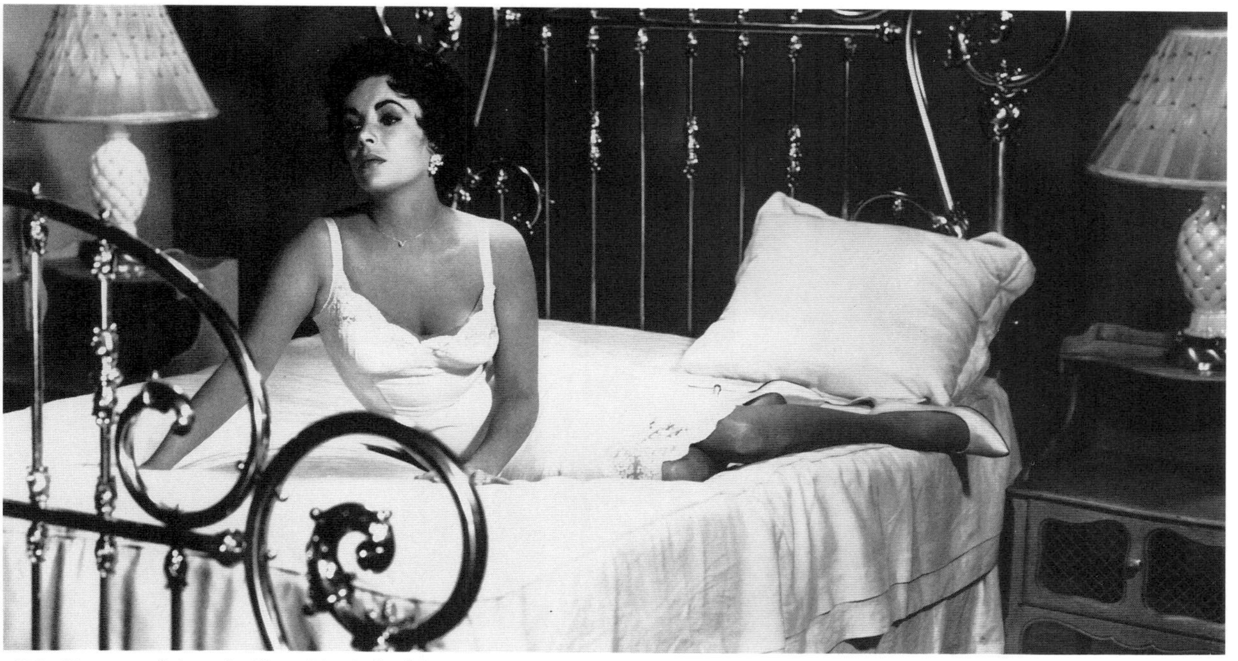

„Die Katze auf dem heißen Blechdach", 1958

Filmpartner war Richard Burton. 1964 wurde er Elizabeths fünfter Ehemann nach Nicky Hilton, Michael Wilding, Mike Todd und Eddie Fisher. Taylor/Burton wurden das bekannteste Liebespaar der Filmgeschichte. Neben einer Serie von Skandalen präsentierten die beiden zwei hervorragende Filme, „Der Widerspenstigen Zähmung" und „Wer hat Angst vor Virginia Woolf?". Elizabeth Taylors eindrucksvolle Darstellung der streit- und trunksüchtigen Martha brachte ihr den zweiten „Oscar". 1974 wurde die Ehe Taylor/Burton geschieden; ein Jahr später heirateten sie ein weiteres Mal, um sich 1976 endgültig zu trennen. Die ehemals „schönste Frau der Welt" heiratete im selben Jahr den späteren Senator John Warner und setzte sich intensiv für seine politische Karriere ein. In der Folgezeit machte Liz Taylor mehr durch Whiskeykonsum und Übergewicht als durch gute schauspielerische Leistungen von sich reden. Nach mehreren Schlankheits- und Entwöhnungskuren spielte sie in den 80er Jahren hauptsächlich Theater. 1991 wurde der 20 Jahre jüngere Larry Fortensky ihr siebter Ehemann.

„Cleopatra", 1962

„Heiße Colts in harten Fäusten", 1967

Robert Taylor, geboren als Spangler Arlington Brugh am 5. August 1911 in Filley, Nebraska, gestorben am 6. Juni 1969

Als Sohn eines Landarztes wuchs Robert Taylor in Nebraska auf, wo er später auch Musik studierte. Während des Studiums wechselte er an das Pomona College in Kalifornien und wurde dort für den Film entdeckt. 1934 erhielt er einen Vertrag bei MGM; der Anfang einer fruchtbaren Zusammenarbeit, denn Taylor blieb den Studios 25 Jahre lang treu – länger als jeder andere Hollywood-Star. Für seinen ersten Film „Handy Andy" wurde er 1934 jedoch zunächst an die Twentieth Century Fox ausgeliehen. Zwei Jahre später agierte er schon als Eleanor Powells Partner in „Broadway Melodie". Doch es war seine Rolle in „Dein Leben gehört mir", die ihn im gleichen Jahr zum Star und zum Schwarm der weiblichen Kinobesucher machte. Seine fast feminine Schönheit brachte dem Schauspieler zwar Erfolg, verhinderte aber gleichzeitig, daß er in „harten" Männerrollen besetzt wurde. An der Seite von Hollywood-Diven wie Greta Garbo („Die Kameliendame"), seiner ersten Ehefrau Barbara Stanwyck („Zwischen Haß und Liebe") und Joan Crawford („Karriere") spielte er meist nur den gutaussehenden Liebhaber. Erst 1942 konnte er auch in der Rolle eines Gangsters („Der Tote lebt") überzeugen. In den 50er Jahren kam für Robert Taylor die Wende: Nach seiner schauspielerischen Leistung in „Quo Vadis?" avancierte er zum Helden kassenträchtiger Kostümfilme, darunter die Abenteuertrilogie „Ivanhoe, der schwarze Ritter", „Die Ritter der Tafelrunde" und „Liebe, Tod und Teufel". Darüber hinaus entdeckte der Schauspieler das Westerngenre für sich und agierte in Filmen wie „Der Schatz der Gehenkten", „Vom Teufel geritten" und „Der Henker". Nachdem seine Popularität an den Kinokassen in den 60er Jahren nachließ, übernahm Robert Taylor einen Part in der TV-Serie „The Detectives", kehrte aber schon bald wieder zu Leinwandproduktionen zurück. Kurz nach Fertigstellung von „The Day The Hot Line Got Hot" starb der Kettenraucher 1969 an Lungenkrebs.

„Der unbekannte Geliebte" mit Katharine Hepburn, 1947

„Der Schatz der Gehenkten" mit Patricia Owens, 1958

Shirley Temple, geboren am 23. April 1928 in Santa Monica, Kalifornien

1931, im Alter von drei Jahren, wurde Shirley Temple für den Film entdeckt. Die Kurzfilmserie „Baby Burleske" und ihre Parodien auf die Hollywoodstars der 30er Jahre machten den niedlichen Lockenkopf schnell in ganz Amerika bekannt. Doch erst die Nebenrollen in zahlreichen Musicals verhalfen Shirley zum internationalen Durchbruch. Ihre Gesangs- und Tanznummer in „Stand Up and Cheer" (1934) brachte ihr einen Spezial-„Oscar" ein. Mit zehn Jahren wurde der Kinderstar allerdings schon zu alt für die Rolle der „süßen Kleinen". Zwar drehte sie auch noch als Teenager diverse Musikfilme, Komödien und Western (unter anderem „So einfach ist die Liebe nicht" mit Cary Grant und „Bis zum letzten Mann" mit John Wayne), konnte damit jedoch nicht an ihre alten Erfolge anknüpfen. Auch die Versuche, während der 50er Jahre im Fernsehen ein Comeback zu starten, schlugen fehl. Ende der 60er wurde die Mutter von drei Kindern UN-Abgeordnete, 1974 US-Botschafterin in Ghana. Danach übernahm sie diese Aufgabe in Prag.

„Stand Up and Cheer", 1934

„Als du Abschied nahmst" mit Jennifer Jones, 1944

„Es begann in Moskau", 1954

Gene Tierney, geboren am 20. November 1920 in Brooklyn, New York, gestorben am 6. November 1991

Gene Tierney

Die Tochter eines vermögenden Börsenmaklers genoß eine Ausbildung an Eliteschulen in Connecticut und der Schweiz. Um ihr Schauspieltalent zu fördern, gründete der Vater eine eigene Firma. Dank ihrer außergewöhnlichen Schönheit gelang es Gene Tierney, kleinere Rollen in Broadway-Produktionen zu ergattern. Von Hollywood-Tycoon Darryl F. Zanuck in dem Stück „The Male Animal" entdeckt, erhielt sie 1940 einen Vertrag bei der Twentieth Century Fox und spielte noch im selben Jahr an der Seite von Henry Fonda ihre erste Hauptrolle in „Rache für Jesse James". Drei Jahre später gelang ihr in Otto Premingers Krimiklassiker „Laura" der Durchbruch zum Topstar. Die damals als „schönste Frau der Welt" titulierte Schauspielerin agierte in mehreren Filmen der „Schwarzen Serie" als verhängnisvoller Vamp. Ihre Leistung in „Todsünde" brachte ihr 1946 eine „Oscar"-Nominierung ein. Gene Tierney überzeugte aber auch als Komödiantin („Ein himmlischer Sünder", 1943) und in dramatischen Rollen („Weißer Oleander", 1946). Zu ihren Filmpartnern zählten Leinwandlegenden wie Tyrone Power („Auf Messers Schneide", 1945) und Clark Gable („Es begann in Moskau", 1954). Eine Reihe von Schicksalsschlägen brachte Gene Tierney privat aus dem Gleichgewicht: Die älteste Tochter aus der Ehe mit Designer Oleg Cassini kam geistig behindert zur Welt, nachdem die Schauspielerin während der Schwangerschaft Masern bekommen hatte. Gene begann zu trinken, begab sich in psychotherapeutische Behandlung und ließ sich 1952 scheiden. Als auch ihre Verbindung mit Rita Hayworth' Exmann Ali Khan scheiterte, erlitt sie 1955 bei den Dreharbeiten zu „Die linke Hand Gottes" einen Nervenzusammenbruch und verbrachte mehrere Jahre in einem Sanatorium. 1962 wagte sie mit „Sturm über Washington" einen Comebackversuch, ohne jedoch an ihre früheren Erfolge anknüpfen zu können. Seither sah man sie gelegentlich in Nebenrollen und in TV-Filmen.

„Ein himmlischer Sünder" mit Don Ameche, 1943

Spencer Tracy

Spencer Tracy, geboren am 5. April 1900 in Milwaukee, Wisconsin, gestorben am 10. Juni 1967

Ursprünglich wollte der Sohn eines Lastwagenverkäufers Priester werden. Doch nach dem Militärdienst und einem erfolgreichen Auftritt bei einer Studentenaufführung entschied er sich für die Schauspielerei. In den 20er Jahren agierte Spencer Tracy auf verschiedenen Bühnen und gab 1930 sein Filmdebüt in John Fords „Up The River". Nach dem beachtlichen Erfolg seines zweiten Films „Quick Millions" gehörte er bei der Twentieth Century Fox schon zu den einträglichsten Stars. Immer wieder spielte er den typischen „tough guy", den harten Kerl wie in „20 000 Jahre in Sing Sing". Erst als er 1935 zu MGM wechselte, bot man ihm differenziertere Rollen an. Zweimal hintereinander erhielt er (für „Manuel", 1938 und „Teufelskerle", 1939) den „Oscar". Am beliebtesten jedoch waren seine Screwball-Komödien mit Katharine Hepburn („Die Frau, von der man spricht", „Pat und Mike", „Ehekrieg"). 27 Jahre lang verband die beiden Schauspieler eine tiefe Beziehung: Sie waren Partner in neun Filmen und ein Liebespaar im Privatleben. In den 50er Jahren konnte Spencer Tracy seine Karriere mit Filmen wie „Der Vater der Braut", „Stadt in Angst" und „Das letzte Hurra" weiter ausbauen und wurde mehr und mehr auf den Typ des gutmütigen, aufrechten Amerikaners festgelegt. Nur selten bekam er für ihn untypische Rollen wie die des Fischers in der Hemingway-Verfilmung „Der alte Mann und das Meer" angeboten. 1961 stand er vor einer der schwierigsten Aufgaben seiner Karriere: In „Das Urteil von Nürnberg" spielte Tracy den Richter, der das Urteil über die Naziverbrecher fällen muß. Nach „Eine total, total verrückte Welt" zog sich Tracy 1963 aus gesundheitlichen Gründen von der Filmarbeit zurück, ließ sich aber 1967 doch zu einem weiteren Leinwandauftritt bewegen. Zusammen mit Sidney Poitier und Katharine Hepburn wirkte er in „Rat mal, wer zum Essen kommt" mit. Er starb zwei Wochen nach Abschluß der Dreharbeiten.

„Die Frau, von der man spricht" mit Katharine Hepburn, 1942

„Das Urteil von Nürnberg", 1961

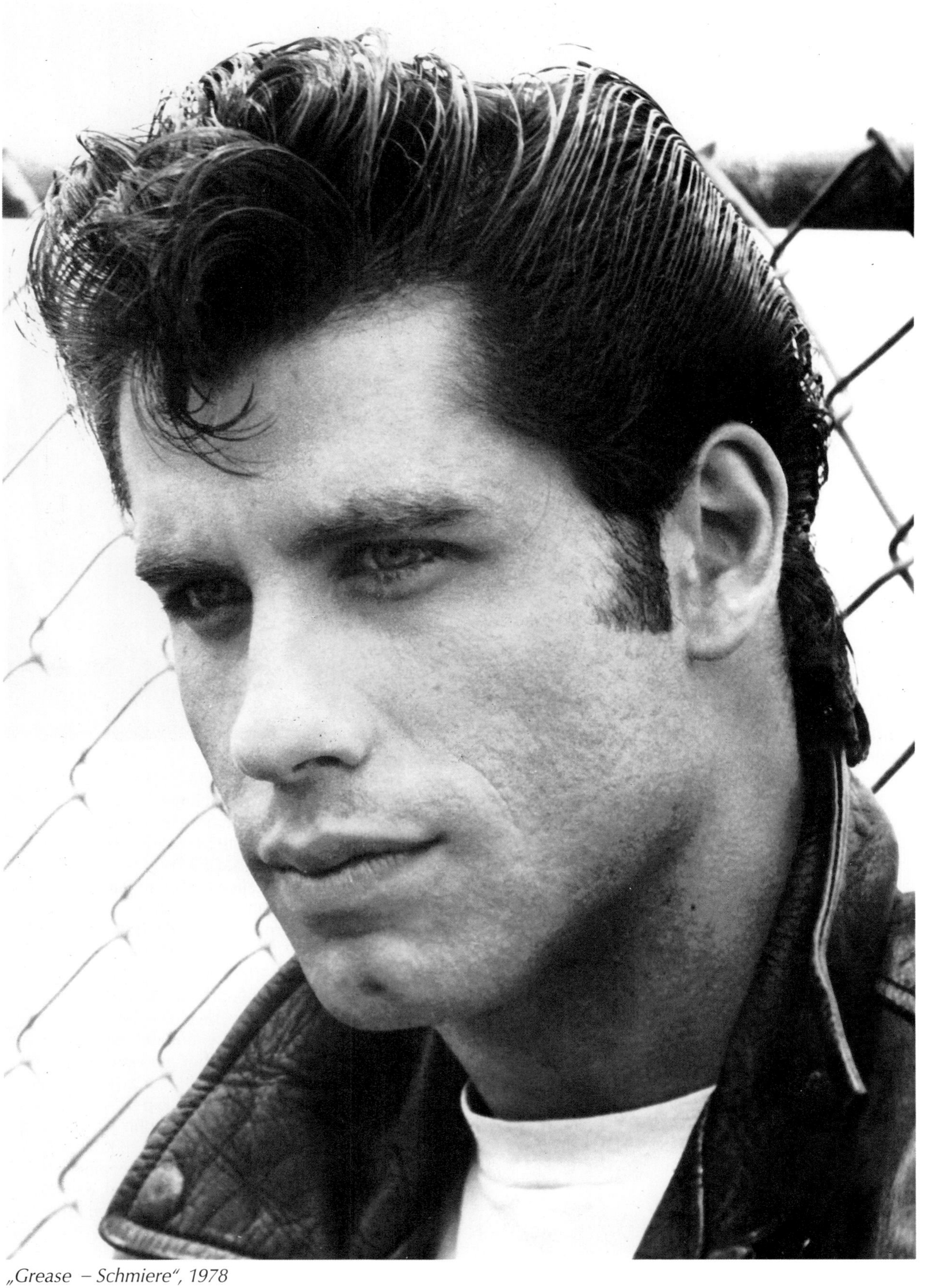

„Grease – Schmiere", 1978

John Travolta, geboren am 18. Februar 1954 in Englewood, New Jersey

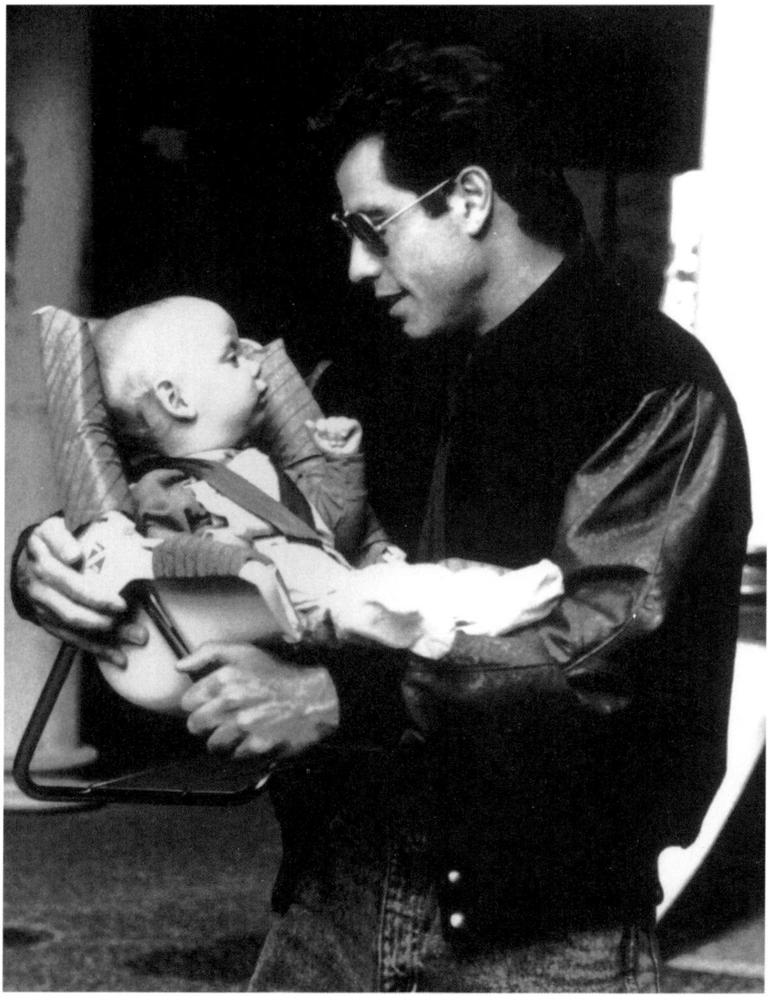
„Kuck mal, wer da spricht", 1989

John Travoltas Vater, ein Reifenhändler, war italienischer Abstammung, seine Mutter irischer Herkunft. Als 16jähriger Teenager brach John seine Schulausbildung ab und ging nach New York, um Schauspieler zu werden. Er spielte kleine Rollen in Off-Broadway-Produktionen, machte Werbespots und tourte mit dem Musical „Grease" durch Amerika. In Hollywood bekam John eine kleine Nebenrolle in Brian De Palmas „Carrie", was ihm ein Engagement in der Fernsehserie „Welcome Back, Kotter" einbrachte. Der sympathische Jungschauspieler mit dem Grübchen im Kinn, dem pechschwarzen Haar und den knallblauen Augen wurde ein Star. Sein Konterfei hing in den Schlafzimmern der High-School-Girls, und die Fanpost wuchs auf 10 000 Briefe pro Woche an. 1977 engagierte Produzent Robert Stigwood das neue Teenageridol für seinen Film „Nur Samstagnacht" („Saturday Night Fever"). In der Rolle des perfekt gestylten Schönlings Tony Manero, der zur Samstagabendaufreiße in den Tanzschuppen federt, war John so überzeugend, daß weltweit ein fast hysterisches Discofieber ausbrach. Der Mädchenschwarm wiederholte diesen Erfolg ein Jahr später an der Seite von Olivia Newton John in „Grease – Schmiere". Die New Yorker Presse nannte John Travolta „die aufregendste Leinwanderscheinung seit Brando, Dean und Newman", und der damalige Präsident Jimmy Carter lud ihn ins Weiße Haus zum Essen ein. Trotzdem wurde Travoltas nächster Film „Von Augenblick zu Augenblick" (1978) ein Flop, „Urban Cowboy" (1980) nur ein Achtungserfolg. Für „Staying Alive" trainierte ihm Sylvester Stallone monatelang stramme Muskeln an. Aber der Film fiel durch. „Perfect" war 1985 nur zwei Wochen in den Kinos, und „Expert" ging gleich in die Videotheken. John Travolta zog sich zurück und nahm 20 Kilo zu. Der Star fand erst 1989 wieder eine lohnende Rolle: Mit „Kuck mal, wer da spricht" gelang dem schönen John ein Comeback.

„Von Augenblick zu Augenblick" mit Lily Tomlin, 1978

Jean-Louis Trintignant, geboren am 11. Dezember 1930 in Fiolenc, Frankreich

Der Industriellensohn begann ein Jurastudium, doch die Theater- und Kinoszene interessierte ihn mehr. Mit 21 zog er nach Paris und nahm Schauspielunterricht. 1955 spielte Jean-Louis seine erste Filmrolle in „Pechiney". In die Schlagzeilen geriet er nach seinem Part in Roger Vadims „Und immer lockt das Weib" (1956). Die anschließende Liebesaffäre mit seiner Filmpartnerin Brigitte Bardot war ein gefundenes Fressen für die Boulevardpresse. Nachdem er seinen Kriegsdienst in Algerien abgeleistet hatte, machte ihn Regisseur Claude Lelouch mit dem Film „Ein Mann und eine Frau" 1966 zum französischen Leinwandstar. In der Folge drehte Trintignant zahlreiche Filme mit Meisterregisseuren wie Costa-Gavras, Claude Chabrol und Bernardo Bertolucci. International bekannt wurde er mit „Under Fire" (1984). Trintignants erste Ehefrau war die Schauspielerin Stéphane Audran; 1960 heiratete er die Regisseurin Nadine Marquand. Die gemeinsame Tochter Marie trat in die Fußstapfen des Vaters und gab ihr Kinodebüt in „Eine Frauensache" (1989). Der passionierte Rennfahrer zog sich 1987 aus dem Kinogeschäft zurück und spielte nur noch selten.

Jean-Louis Trintignant

„Auf Liebe und Tod", 1983

„Eine heißkalte Frau", 1980

Kathleen Turner, geboren am 19. Juni 1954 in Springfield, Missouri

Ihr Vater war ein erfolgreicher amerikanischer Diplomat und nahm die Familie auf seinen Missionen rund um die Welt mit. So wuchs Kathleen in den kultiviertesten Kreisen Lateinamerikas, Kanadas und Englands auf und kehrte erst 17jährig wieder nach Amerika zurück. Nach dem College-Abschluß ging die schöne Blondine mit 100 Dollar in der Tasche nach New York, denn: „Ich wollte Schauspielerin werden – vor allem ein Star.“ Fünf frustrierende Jahre lang klapperte Kathleen erfolglos die Besetzungsbüros ab. Nur ihr damaliger Freund und Agent David Guc glaubte an ihr Talent und besorgte der ehrgeizigen Jungschauspielerin kleine Rollen in Off-Broadway-Produktionen und in der TV-Seifenoper „The Doctors“. 1980 besetzte Regisseur Lawrence Kasdan die Rollen für seinen Film „Eine heißkalte Frau“. Kathleen Turner ging aufs Ganze. Sie flog zu Kasdan nach Los Angeles und zeigte ihr größtes „Betriebskapital“ vor, ihre langen, schlanken Beine. Sie bekam die Rolle und für ihre erotisch-mörderische Darstellung der Matty Walker höchstes Kritikerlob: „Heißer als der Juli“, befand der „New Yorker“. Von nun an galt die Turner als Idealbesetzung für verruchte Femme fatale-Rollen und männerverschlingende Vampfiguren. 1984 spielte sie Michael Douglas' Partnerin in dem Abenteuerfilm „Auf der Jagd nach dem grünen Diamanten“. Die Komödie wurde ein Hit und Kathleen Turner ein Star. Da machte es auch nichts, daß das im selben Jahr entstandene, rüde Sadomaso-Werk „China Blue“ von Ken Russell, in dem sie die Hauptrolle spielte, bei den Kritikern durchfiel. Denn Kathleen drehte bereits neben Jack Nicholson den Kassenknüller „Die Ehre der Prizzis“. Für den zweiten Abenteuerfilm mit Michael Douglas, „Auf der Jagd nach dem Juwel vom Nil“, kassierte die Turner eine Rekordsumme von 4 Millionen Dollar. In „Peggy Sue hat geheiratet“ spielte sie 1986 problemlos eine 17jährige und wurde für den „Oscar“ nominiert. 1989 war „Der Rosenkrieg“ mit Kathleen Turner in der Rolle des rächenden Eheweibes der Hit der Saison.

„Auf der Jagd nach dem grünen Diamanten“, 1984

„Peggy Sue hat geheiratet“ mit Barry Miller, 1986

Lana Turner

Lana Turner, geboren als Julia Jean Turner am 8. Februar 1920 in Wallace, Idaho

„Stadt der Illusionen", 1952

Lana Turners Vater wurde ermordet, als sie gerade zehn Jahre alt war. Daraufhin zog sie mit ihrer Mutter nach Kalifornien. Einer Hollywood-Legende zufolge wurde Lana, als sie einmal die Schule schwänzte, in einer Eisdiele am Sunset Boulevard von einem Redakteur des „Hollywood Reporter" entdeckt und dem Regisseur Mervyn LeRoy vorgestellt. Bei diesem Gespräch trug das junge Mädchen einen viel zu engen Pullover. Das brachte die MGM-Bosse später auf die Idee, Lana Turner als „Sweater-Girl" ins Showbusiness zu bringen. Bei ihrem ersten Leinwandauftritt in „They Won't Forget" mußte sie deshalb in einem hautengen Pullover durchs Bild laufen. Auch in den folgenden Jahren agierte sie hauptsächlich als attraktiver Blickfang in simpel gestrickten Filmen wie „Die Abenteuer des Marco Polo", „Liebe zu viert" und „Nicht schwindeln, Liebling". Obwohl sie nie durch schauspielerisches Können überzeugen konnte, avancierte sie schon bald zu einem gefragten Leinwandstar. Lana Turner wurde die Partnerin von Hollywood-Helden wie Clark Gable („Ein toller Bursche", „Somewhere I'll Find You"), Robert Taylor („Der Tote lebt") und Kirk Douglas („Stadt der Illusionen"). Während sie auf der Leinwand als blonder, männermordender Vamp die Kinosäle füllte, sorgte die Schauspielerin durch private Eskapaden immer wieder für Schlagzeilen. Sie war siebenmal verheiratet (unter anderem mit Bandleader Artie Shaw und Schauspielerkollege Lex Barker) und stand 1958 im Mittelpunkt eines der größten Hollywood-Skandale: Ihre 15jährige Tochter hatte Lana Turners Geliebten, den Gangster Johnny Stompanato, niedergestochen, als er versucht hatte, die Schauspielerin anzugreifen. Die Gerichtsverhandlung wurde zu einem riesigen Medienspektakel, in dessen Verlauf Lana Turners Liebesbriefe veröffentlicht wurden. „Solange es Menschen gibt", der erste Film, den sie 1959 nach dem Freispruch ihrer Tochter drehte, erreichte Rekordergebnisse. Bis in die 70er Jahre blieb die Schauspielerin ein gefragter Star.

„Der große Regen" mit Richard Burton, 1955

Liv Ullmann

Liv Ullmann, geboren am 16. Dezember 1939 in Tokio

Liv Ullmann, Tochter eines norwegischen Ingenieurs, verbrachte ihre Kindheit in Kanada, New York und nach dem Tod des Vaters in Norwegen. Mit elf Jahren hatte sie ihren ersten Theaterauftritt. Nach dem Schulabschluß ging sie auf eine Londoner Schauspielschule und wurde als 18jährige am Theater in der norwegischen Stadt Stavanger engagiert. Liv Ullmann spielte in Stücken von Brecht, Ibsen und Shaw und wirkte im Fernsehen in Verfilmungen von Arthur Millers „Hexenjagd" und Tschechows „Onkel Wanja" mit. 1963 lernte sie in Stockholm Ingmar Bergman kennen, der Beginn einer intensiven Liebes- und Arbeitsbeziehung. 1966 entstand „Persona", der erste Film, in dem Liv Ullmann unter der Regie Bergmans arbeitete. Ihre eindringliche (sprachlose) Darstellung einer schizoiden Schauspielerin, die das Sprechen aufgibt, da es nichts zu sagen gibt, begeisterte Publikum und Presse. Liv Ullmann war fortan ein gefeierter Star. Nach drei weiteren Filmen, „Die Stunde des Wolfs", „Schande" und „Passion", verließ die Schauspielerin Ingmar Bergman und ging nach Hollywood. Dort drehte sie 1970 „Kalter Schweiß" (mit Charles Bronson) und „Der unheimliche Besucher", Filme, die ihrer Begabung nicht gerecht wurden. Nach dem 1972 in England entstandenen Kostümfilm „Papst Johanna" kehrte Liv Ullmann nach Schweden zurück. 1974 begann sie erneut und sehr erfolgreich, mit Ingmar Bergman zusammenzuarbeiten. Das Ergebnis waren Filme wie „Szenen einer Ehe", der sowohl in der Kino- als auch in der Fernsehversion Aufsehen erregte; „Von Angesicht zu Angesicht", der Liv Ullmann eine „Oscar"-Nominierung einbrachte; „Das Schlangenei" und „Herbstsonate" (zusammen mit Ingrid Bergman, für die es der letzte Film sein sollte). In den 80er Jahren waren Liv Ullmanns spärliche Film- und Fernsehauftritte von politischem und menschlichem Engagement geprägt wie in „Der Weg durch die Hölle" und „Gaby".

„Eleonore", 1977

„Szenen einer Ehe" mit Erland Josephson, 1973

„Quo Vadis?", 1951

Peter Ustinov, geboren am 16. April 1921 in London

Peter Ustinovs Vater war ein deutscher Journalist mit russischen Vorfahren, seine Mutter eine französische Bühnenbildnerin italienisch-französisch-russischer Abstammung. Peter wuchs viersprachig in London auf und besuchte die Eliteschule Westminster. Er war ein schlechter Schüler, der Sport und Mathematik haßte, Satiren statt Hausaufgaben schrieb und seine Lehrer ärgerte, indem er sie gekonnt imitierte. Als 16jähriger ging Peter an das London Theatre Studio und gab sein Debüt in „The Wood Demon". Zwei Jahre später spielte er mit großem Erfolg selbstgeschriebene Sketche auf der Bühne des Player's Theatre Club und war fortan ein gefragter Schauspieler. Aber das vielseitige Sprachtalent wollte lieber schreiben: „Haus des Kummers" war das erste von mehr als 20 Theaterstücken aus seiner Feder, darunter das preisgekrönte „Die Liebe der vier Obersten". 1942 ging Peter Ustinov für vier Jahre zur britischen Armee, wo er Kommentare zu Dokumentarfilmen verfaßte. Nach seiner Entlassung schrieb und produzierte er für das Luftfahrtministerium den Film „School For Secrets" und stand in der Folge weltweit wieder auf der Bühne oder vor der Kamera. Seine Spezialität wurden brillant gespielte Nebenrollen in meist durchschnittlichen Filmen. Unvergeßlich bleibt Ustinov in der Rolle des wahnsinnigen Nero in „Quo Vadis?" (1951). Das Allroundgenie gewann alle wichtigen Preise, die das Showbusiness zu vergeben hat: Den „Oscar" 1960 für „Spartacus" und 1964 für „Topkapi", den „Emmy" für die TV-Rollen in „Dr. Johnson", „Barefoot in Athens" und „Storm in the Summer", den „Grammy" für die Plattenaufnahme „Peter und der Wolf". Der Film „Das Millionending", für den Ustinov das Drehbuch geschrieben hatte, galt 1968 als beste englische Kinokomödie. Der Schauspieler, Dramatiker, Regisseur und Stückeschreiber reist gern. Sein skurriler Humor ist in Talkshows rund um die Welt gefragt, und Peter Ustinov nutzt viele seiner Auftritte, um als Botschafter für die Kinderhilfsorganisation UNICEF zu werben.

„Das Böse unter der Sonne", 1982

„Topkapi" mit Akim Tamiroff, 1964

Rudolph Valentino

Rudolph Valentino, geboren als Rodolfo Alfonzo Raffaelo Pierre Filibert Guglielmi di Valentino d' Antonguolla am 6. Mai 1895 in Castellanetta, Italien, gestorben am 23. August 1926

Der Sohn eines Tierarztes konnte sich lange nicht entscheiden, welchen Beruf er ergreifen sollte. Er besuchte für kurze Zeit das nautische Institut in Venedig, versuchte sich als Landwirt und ging, als er durch eine Erbschaft zu Geld gekommen war, nach Paris. Dort verdiente er sich seinen Unterhalt als Tangotänzer und entwickelte eine verschwenderische Lebensweise. 1913 wanderte Valentino nach Amerika aus und arbeitete als Gärtner und Kellner, bis er sich wieder als professioneller Tänzer versuchte. Mit einer Revuetruppe kam er nach Hollywood und gab dort 1918 in „Alimony" sein Leinwanddebüt. Doch der Erfolg ließ auf sich warten. Valentino spielte Bösewichter, Gigolos und Indianer, bevor er 1921 seine erste bedeutende Rolle in „The Four Horsemen of The Apocalypse" erhielt. Noch im gleichen Jahr avancierte Rudolph Valentino zum männlichen Superstar des Stummfilms. Nach seiner Rolle als verführerischer Wüstenprinz in „Der Scheich" brach ein in der Filmgeschichte einzigartiger Kult um den geschminkten Schönling aus. Der auf den Typ des Latin Lovers festgelegte Schauspieler mit dem melancholischen Blick (der in Wirklichkeit nur eine Folge seiner Kurzsichtigkeit war) verursachte beim weiblichen Kinopublikum Hysterie und beim männlichen Eifersuchtsanfälle. Dabei taten auch sein ausschweifendes Privatleben und seine zahlreichen Affären der Popularität keinen Abbruch. Sein früher Tod 1926, dessen genaue Ursachen nie geklärt wurden, löste einen Tumult aus: Fünf weibliche Fans nahmen sich das Leben, berittene Polizei mußte die Beisetzung überwachen, die Hollywood-Diva Pola Negri fiel publicityträchtig in sein Grab, und die Biographie seiner letzten Frau Natascha Rambowa fand reißenden Absatz.

„Der Adler" mit Louise Dresser, 1925

„Der Sohn des Scheichs" mit Vilma Banky, 1926

Lino Ventura, geboren am 14. Juli 1919 in Parma, Italien, gestorben am 22. Oktober 1987

Lino Ventura, mit bürgerlichem Namen Angelo Borrini, wurde 1950 Europameister im Freistilringen und war Veranstalter von Catchturnieren, bis ihn der Regisseur Jacques Becker für den Film „Wenn es Nacht wird in Paris" (1953) verpflichtete. Seine mürrische Ausstrahlung und die gedrungen-kräftige Erscheinung machten ihn schnell zum „bad guy" im französischen Film. Ventura schlüpfte in Charakterrollen und wurde als Nachfolger von Jean Gabin gehandelt. Er drehte mit führenden Regisseuren; unter ihnen der Franzose Louis Malle („Fahrstuhl zum Schafott", 1957), der italienische Starregisseur Vittorio De Sica („Das jüngste Gericht findet nicht statt", 1961), der Spanier Carlos Saura („Cordoba", 1964) und Henri Verneuil („Der Clan der Sizilianer", 1969). Ob als Bulle oder Ganove, in über 80 Filmen stand das Rauhbein seinen Mann und wurde zum Leinwandtypus eines Genres: Was Bogart für den amerikanischen, war Ventura für den französischen Gangsterfilm. Im Alter von 68 Jahren starb der vierfache Vater in seinem Haus in der Nähe von Paris an einem Herzschlag.

„Der zweite Atem", 1966

„Die Rum-Straße" mit Brigitte Bardot, 1971

Monica Vitti, geboren als Maria Luisa Ceciarelli am 3. November 1933 in Rom

Monica Vitti wurde an der Academia d'Arte Drammatica in Rom zur Schauspielerin ausgebildet. Nach einigen klassischen und später auch komödiantischen Bühnenrollen lernte sie 1956 den Regisseur Michelangelo Antonioni kennen. Er engagierte sie zunächst für mehrere seiner Theaterinszenierungen. Von 1960 bis 1964 drehten sie gemeinsam Filme: „Die mit der Liebe spielen", „Die Nacht", „Sonnenfinsternis" und „Die rote Wüste". Die leidenschaftliche Ausstrahlung und gleichzeitig kühle Distanz der Vitti erwies sich für Antonionis Filme als ideal. Nach acht Jahren des Zusammenarbeitens und -lebens trennte sich das Paar. Monica Vitti wandte sich erneut komödiantischen Rollen zu. Nach der wenig erfolgreichen Agentenparodie „Modesty Blaise" konnte sie ihren Charme und sprühenden Witz Ende der 60er Jahre in „Mit Pistolen fängt man keine Männer" und „Eifersucht auf italienisch" voll zur Geltung bringen und fand wieder ein großes Publikum. In den 80er Jahren sah man die Vitti vor allem an verschiedenen Theaterbühnen.

„Eine Laus im Pelz", 1976

„Liebe 1962" mit Alain Delon, 1962

John Wayne

„Rio Bravo", 1959

„Spuren im Sand", 1948

John Wayne, geboren als Marion Michael Morrison am 26. Mai 1907 in Winterset, Iowa, gestorben am 11. Juni 1979

Die Filmkarriere des Apothekersohns begann mit einem Fußtritt. Diesen verpaßte er 1928 dem schon damals berühmten Regisseur John Ford nach einem Streit. Von so viel Mut beeindruckt, beschäftigte Ford den College-Footballspieler regelmäßig als Requisiteur und verschaffte ihm kleine Rollen. Danach beeinflußte vor allem der Filmemacher Raoul Walsh die Karriere des angehenden Schauspielers. Er verschaffte Morrison seine erste Hauptrolle („The Big Trail", 1930) und einen neuen Namen: John Wayne. Nach zahlreichen Billigproduktionen wurde der „Duke", wie ihn seine Fans und Freunde nannten, 1939 als „Ringo" ein Star. In den folgenden Jahren festigte er hauptsächlich in Western- und Actionfilmen sein Image des harten Kerls. 1941 drehte er den ersten Film unter der Regie von Henry Hathaway („The Shepherd of The Hills") – der Anfang einer fruchtbaren Zusammenarbeit. In den kommenden Jahrzehnten schuf das Team Leinwandklassiker wie „Die vier Söhne der Katie Elder" (1965) und „Der Marshal" (1969); hierfür bekam John Wayne seinen einzigen „Oscar". Auch gemeinsam mit Howard Hawks schrieb Wayne (Western-)Filmgeschichte: „Red River" (1948), „Rio Bravo" (1959), „El Dorado" (1967). Waynes eigentlicher Mentor jedoch blieb John Ford. Diesem gelang es immer wieder, Wayne zu schauspieleri-

„Der gelbe Strom" mit Lauren Bacall, 1955

„Ringo", 1939

schen Glanzleistungen anzuspornen: „Rio Grande" (1950), „Der schwarze Falke" (1956), „Der Mann, der Liberty Valance erschoß" (1962) und andere. 1960 gab der Schauspieler mit „Alamo" sein Debüt als Regisseur und Produzent. Schon hier wurde seine patriotische Haltung deutlich, die er mit seinem nächsten Regiewerk „Die grünen Teufel" offen zur Schau stellte: Der proamerikanische Vietnamkriegsschinken verärgerte 1968 Presse und Publikum. Auch sein privates Engagement für die politische Rechte und gegen den Kommunismus stieß oft auf Widerstand, schadete dem Ruf des Schauspielers aber nicht. Im Gegenteil: Fünf Jahrzehnte lang galt er als der amerikanische Held schlechthin; so auch in seinem letzten Film „Der Scharfschütze" (1976). Als alternder Revolverheld erfährt er, daß er krebskrank ist. Deshalb provoziert das Rauhbein lieber ein Duell, als im Bett auf seinen Tod zu warten. John Wayne starb drei Jahre nach Abschluß der Dreharbeiten – an Krebs.

„Piraten im karibischen Meer" mit Paulette Goddard, 1942

„Ghostbusters II", 1989

Sigourney Weaver, geboren als Susan Alexandra Weaver am 8. Oktober 1949 in New York

„Gorillas im Nebel", 1988

Sigourney Weaver schien für das Mediengeschäft „vorbelastet". Ihr Vater Sylvester „Pat" Weaver war in den 50er Jahren Präsident der Fernsehgesellschaft NBC, und ihre Mutter ist die britische Schauspielerin Elizabeth Inglis. Trotzdem entschied sich Sigourney Weaver erst nach einem abgeschlossenen Englischstudium für die Schauspielerei und absolvierte an der Yale Drama School eine Bühnenausbildung. Ihre erste Rolle als professionelle Schauspielerin erhielt sie 1974 in John Gielguds Inszenierung von „The Constant Wife" mit Ingrid Bergman. Ende der 70er Jahre konnte sich die junge Mimin in Off-Broadway-Stücken wie „The Nature And Purpose of The Universe", „Titanic" und „Beyond Therapy" einen Namen machen. Nebenbei verdiente sie sich Geld mit Fernsehauftritten in „Somerset", „The Best of Families" und „The Sorrows of Gin". Nachdem sie bereits 1977 mit einer winzigen Rolle in Woody Allens „Der Stadtneurotiker" ihr Leinwanddebüt gegeben hatte, kam bereits zwei Jahre später mit ihrer zweiten Rolle der große Durchbruch. In dem mittlerweile zum Kultfilm avancierten Science-fiction-Thriller „Alien – Das unheimliche Wesen aus einer fremden Welt" erhielt sie den Part der mutigen Weltraumoffizierin Ripley und wurde für den „Oscar" als beste Hauptdarstellerin nominiert. Sigourneys Konterfei landete auf dem Cover von „Newsweek", und die Rollenangebote häuften sich. Filme wie „Ein Jahr in der Hölle", „Ghostbusters" und „Aliens – Die Rückkehr" (die Fortsetzung des erfolgreichen Weltraumhorrors) waren Kassenhits und festigten Sigourney Weavers Image der toughen, emanzipierten Frau. 1988 erhielt die Schauspielerin gleich zwei „Oscar"-Nominierungen (für „Gorillas im Nebel" und „Die Waffen der Frauen"). Nachdem der zweite Teil des Kinoerfolges „Ghostbusters" abgedreht war, zog sie sich 1990 vorläufig von der Filmarbeit zurück. Sie bekam ihr erstes Baby.

„Ein Jahr in der Hölle" mit Mel Gibson, 1982

Raquel Welch

Raquel Welch, geboren als Raquel Maria Tejada am 5. September 1940 in Chicago

Nach einer gescheiterten Ehe verdiente sich die Tochter eines bolivianischen Ingenieurs ihr Geld als Fotomodell und Kellnerin, bis sie 1964 dem ehemaligen Kinderstar Patrick Curtis begegnete. Gemeinsam gründeten sie die Firma Curtwell Enterprises, die einzig und allein der Vermarktung von Raquels Sex-Appeal diente. Curtis sorgte dafür, daß seine Geschäftspartnerin (und spätere Ehefrau) an zahlreichen Schönheitswettbewerben teilnahm, und verschaffte ihr 1964 ihre erste Filmrolle in „König der heißen Rhythmen" an der Seite von Elvis Presley. Nach zahlreichen Auftritten in TV-Shows erhielt Raquel Welch einen Vertrag mit der Twentieth Century Fox. In dem Science-fiction-Spektakel „Die phantastische Reise", ihrem ersten Film für die Studios, mußte sie jedoch den Großteil ihrer Qualitäten unter einem engen Gummianzug verstecken. Erst durch den 1966 gedrehten britischen Urzeitstreifen „Eine Million Jahre vor unserer Zeit" wurde man auch international auf sexy Raquel und ihren Superbody aufmerksam. Patrick Curtis unterstützte diese Entwicklung mit einer der aufwendigsten Werbekampagnen des modernen Kinos. Innerhalb eines Jahres zierte die dunkelhaarige Schöne die Titelseiten von 92 europäischen und 16 amerikanischen Magazinen. Selbst ihre Eheschließung mit Curtis war in erster Linie ein Publicitygag, ebenso das Foto, auf dem das junge Paar sich sogar im Bett bewundern ließ. Obwohl Raquel Welch kein nennenswertes Schauspieltalent besaß und ihre Filme keine sonderlichen Kassenerfolge waren, galt sie schon bald als einer der begehrtesten weiblichen Kinostars der Welt. Sie drehte Filme wie „Die Platinbande", „Das älteste Gewerbe der Welt" und „Tote Bienen singen nicht" und sorgte selbst in Western wie „Bandolero" und „100 Gewehre" für knisternde Erotik. In den 80ern stand sie seltener vor der Filmkamera und verdiente statt dessen kräftig als Aerobic-Vortänzerin. Erst 1986 überraschte die 46jährige in dem Fernsehfilm „Das Recht zu sterben" mit einer Spitzenleistung.

„Myra Breckinridge", 1970

Raquel Welch und Barbra Streisand (r.), 1976

„Herr Satan persönlich", 1955

„Der dritte Mann“, 1949

„Othello“ mit Suzanne Cloutier, 1952

Orson Welles

Orson Welles, geboren am 6. Mai 1915 in Kenosha, Wisconsin, gestorben am 10. Oktober 1985

Orson Welles' Karriere begann mit einem Schwindel: Im Alter von 16 Jahren (er war schon damals Zigarrenraucher) ließ sich der Sohn eines reichen Erfinders und einer Konzertpianistin als angeblicher Broadway-Star an einem Dubliner Theater engagieren. Doch schon ein Jahr später kam es zum Bruch (Welles hatte die Hauptrolle in „Othello“ nicht bekommen), und der in Amerika geborene Schauspieler kehrte in seine Heimat zurück. Im „Federal Negro Project“, einem schwarzen Theater in Harlem, begeisterte er Mitte der 30er Jahre die Kritik mit Produktionen wie „Macbeth“, „Julius Cäsar“ und „Dantons Tod“. Im Herbst 1938, Welles arbeitete mittlerweile sehr erfolgreich fürs Radio, sorgte er für weltweites Aufsehen: Seine als aktuelle Reportage getarnte Hörspielversion von H. G. Wells' „Krieg der Welten“ hatte ganz Amerika in Angst und Schrecken versetzt; die Menschen glaubten an eine tatsächliche Invasion vom Mars. Dieser dreiste Streich beeindruckte die Bosse von RKO so sehr, daß sie dem jungen Mimen 1941 vollkommen freie Hand für sein Filmdebüt „Citizen Kane“ ließen. Als Hauptdarsteller, Co-Autor und Regisseur machte Welles aus der kaum getarnten Lebensgeschichte des Zeitungszars Randolph Hearst einen Film, der, so urteilten damals die Kritiker, „die Kinozukunft vorausgenommen hat“. Trotzdem hatten die Lobrufe auf

„Ein Mann zu jeder Jahreszeit", 1966

„Citizen Kane" auch negative Seiten für das Multitalent. Welles erklärte später: „Ich habe oben angefangen und mich langsam hinuntergearbeitet". Tatsächlich konnte er in den folgenden Jahren nie wieder an seinen gigantischen Erfolg anknüpfen. Nachdem seine Ehe mit Hollywoods Sexgöttin Rita Hayworth in die Brüche gegangen war, kehrte er Ende der 40er Jahre nach Europa zurück. Dort drehte er gleich zwei Meisterwerke: „Macbeth" (Autor, Hauptdarsteller und Regisseur) und „Der dritte Mann" (Darsteller). Danach blieb Welles mit Nebenrollen in zahlreichen Kinofilmen und mit Fernsehverpflichtungen zwar weiterhin im Geschäft, konnte aber keine herausragenden Erfolge mehr verbuchen. In den 70er Jahren ging er wieder in die USA, wo er 1977 den „Oscar" für sein Lebenswerk erhielt.

„Citizen Kane", 1941

Oskar Werner, geboren als Oskar Josef Bschließmayer am 13. November 1922 in Wien, gestorben am 22. Oktober 1984

Schon als 18jähriger wurde der Sohn einer Hutmacherin Ensemblemitglied beim Wiener Burgtheater. Nach seinen ersten Filmauftritten 1946 in „Eroika" und „Der Engel mit der Posaune" offerierte ihm Twentieth Century Fox einen Siebenjahresvertrag. Seine Darstellung in „Entscheidung im Morgengrauen" (1951) überzeugte sogar Spencer Tracy, der ihn als „den größten Schauspieler überhaupt" bezeichnete. In den folgenden Jahren wirkte Oskar Werner hauptsächlich in internationalen Produktionen mit. Unter der Regie von François Truffaut drehte er seine bekanntesten Filme „Jules und Jim" und „Fahrenheit 451". Für seine Rolle in Stanley Kramers „Das Narrenschiff" wurde er 1964 für den „Oscar" nominiert. Gezeichnet von Depressionen und seiner Alkoholkrankheit, zog sich Werner in den siebziger Jahren in sein Domizil in Liechtenstein zurück und ließ sich nur noch gelegentlich – darunter für „Reise der Verdammten" (1976) – zu Leinwandgastspielen überreden. Ein Comeback-Versuch als Organisator von Theaterfestspielen geriet ebenso zum Fiasko wie seine ambitionierten Regieprojekte und Lesungen.

„Jules und Jim" mit Jeanne Moreau, 1961

„Fahrenheit 451" mit Julie Christie, 1966

Paula Wessely, geboren am 10. Januar 1907 in Wien

Nach zwei Jahren Schauspielakademie in Wien begann die Tochter eines Schlachters im Alter von 17 Jahren am Wiener Volkstheater zu spielen. Über diverse Bühnen in Prag und Österreich kam sie acht Jahre später nach Berlin. Mit ihrer beeindruckenden Darstellung in der Titelrolle der „Rose Bernd" ging sie in die Theatergeschichte ein. Als sie 1934 unter der Regie von Willi Forst ihren ersten Film „Maskerade" drehte, war sie schon ein Star. In den folgenden Jahren konnte Paula Wessely auf der Leinwand vor allem in Melodramen wie „Das Herz muß schweigen", „Maria Theresia" und „Wenn du noch eine Mutter hast" überzeugen. 1935 heiratete die Schauspielerin ihren Kollegen Attila Hörbiger, mit dem sie zusammen jahrelang die Wiener Theaterszene entscheidend beeinflußte. Gemeinsam traten sie in Stücken von Shakespeare, Schiller und Ibsen auf. Nach dem Krieg gründete Paula Wessely ihre eigene Produktionsfirma. Daß sie während ihrer 27 Jahre dauernden Leinwandkarriere insgesamt in nur 25 Filmen zu sehen war, erklärt sich durch ihren Grundsatz: „Ich habe nie gleichzeitig Theater gespielt und einen Film gedreht."

Paula Wessely

„So endete eine Liebe" mit Willi Forst, 1934

„Every Day's a Holiday", 1938

Mae West, geboren am 17. August 1892 in New York, gestorben am 22. November 1980

Die Tochter eines Boxers und einer Schauspielerin begann schon als Kind mit dem Theaterspielen. Über das Varieté kam sie zum Broadway und wurde in der Rolle der schlagfertigen, leichtlebigen Frau schnell zum Star. Sie schrieb mehrere Komödien unter dem Namen Jane Mast, darunter auch 1926 das Stück „Sex", das ihr acht Tage Gefängnis einbrachte wegen „Obszönität auf der Bühne". Mae Wests Ansichten zum Thema Erotik waren den Moralhütern der damaligen Zeit zu freizügig. 1932 ging die fast 40jährige Femme fatale nach Hollywood. Die Twentieth Century Fox und Warner Brothers lehnten sie ab, die Paramount gab ihr einen Vertrag. Nach „Night After Night" spielte Mae West in „Sie tat ihm unrecht" – gedreht nach ihrem selbstverfaßten Bühnenstück „Diamond Lil" – zum ersten Mal die Verführerin auf der Leinwand. Der Film wurde ein Riesenerfolg. Er bewahrte Adolph Zukor vor dem Verkauf seiner Paramount an MGM und machte Mae West zur bestbezahlten Frau in den Vereinigten Staaten. Ihre beiden nächsten Filme, „Ich bin kein Engel" und „Die Schöne der Neunziger", waren ebenfalls große Publikumserfolge. Allerdings riefen sie die „National Legion of Decency" auf den Plan, die Mae West als Gefahr für die amerikanische Moral einstufte und zum Boykott ihrer Filme aufrief. Diese Hetzkampagne nahm drastische Formen an, als der Zeitungsfürst Hearst den Kongreß gegen Mae West aufbringen wollte. Das Sexsymbol der 30er Jahre mußte in den nächsten Filmen „Goin' to Town", „Klondike Annie", „Auf in den Westen" und „Every Day's a Holiday" etwas harmloser agieren, um nicht an der Zensur zu scheitern. 1937 löste die Paramount den Vertrag mit Mae West. Nach „Mein kleiner Gockel" und „The Heat's on" zog sie sich 1943 vom Film zurück. Nach einer langen Pause und der Veröffentlichung ihrer Memoiren hatte sie 1970 ein Comeback in „Myra Breckinridge". 1977 war sie zum letzten Mal als Verführerin in „Sextette" zu sehen.

„I'm no Angel", 1933

„Sie tat ihm unrecht" mit Dewey Robinson (l.) und Owen Moore, 1933

Bernhard Wicki, geboren am 18. Oktober 1919 in St. Pölten, Österreich

Bernhard Wicki begann seine Karriere mit 17 Jahren als Schüler von Gustaf Gründgens. Am Wiener Max Reinhardt-Seminar schloß er 1940 seine Ausbildung ab und spielte in den nächsten zehn Jahren unter anderem in Zürich und München Theater. In Harald Brauns „Der fallende Stern" hatte er 1950 seinen ersten Filmauftritt, gefolgt von so unterschiedlichen Produktionen wie „Die letzte Brücke" (1954), „Es geschah am 20. Juli" (1955) und „Rosen im Herbst" (1955). Weil er „den vielen schlechten Filmen jener Zeit etwas Positives entgegensetzen" wollte, wechselte Wicki Ende der 50er Jahre ins Regiefach. Ein Jahr nach dem Dokumentarfilm „Warum sind sie gegen uns?" (1958) konnte er bereits mit seinem Spielfilmerstling „Die Brücke" einen internationalen Erfolg verbuchen. Seine nächsten Filme, darunter „Der Besuch" (1964) und „Morituri" (1965), entstanden in Hollywood; da er mit den dortigen Produktionsbedingungen nicht zurechtkam, kehrte er nach Deutschland zurück und spezialisierte sich auf Literaturverfilmungen („Das falsche Gewicht", 1971). „Ich habe mich nie mit der leichten Lösung begnügt", sagt Wicki, der diesem Grundsatz auch bei seinem Meisterwerk „Das Spinnennetz" (1989) treu blieb: Von der Idee bis zur Realisierung des Mammutprojekts vergingen zwölf Jahre.

„Frühlingssinfonie", 1982

„Königin Luise" mit Ruth Leuwerik, 1956

„Die gebrochene Lanze", 1954

Richard Widmark, geboren am 26. Dezember 1914 in Sunrise, Minnesota

Richard Widmark studierte Dramaturgie und politische Wissenschaften, Fächer, die er von 1936 bis 1938 auch unterrichtete. Anschließend ging er nach New York, begann Theater zu spielen und hielt sich als Radiosprecher über Wasser. 1947 gab Richard Widmark sein bemerkenswertes Filmdebüt als psychopathischer Killer mit einem schaurig-heiseren Lachen in Henry Hathaways „Der Todeskuß". Der Mime erhielt eine „Oscar"-Nominierung und wurde in Cannes als bester Schauspieler ausgezeichnet. Fast schien Widmark schon auf eine bestimmte Rolle festgelegt. Immer wieder spielte er den irren und skrupellosen Schurken, so auch in Filmen wie „Straße ohne Namen", „Die Ratte von Soho" und „Nachtclub-Lily". Doch der vielseitige Schauspieler ließ sich nicht in ein Schema pressen und überraschte 1950 als „good guy" in Elia Kazans „Unter Geheimbefehl". Publikum und Presse zeigten sich angetan, und die Hollywood-Bosse zögerten nicht länger, Widmark weiterhin in der Rolle des „Guten" einzusetzen, wie etwa in „Okinawa", „Die Froschmänner" und „Die Feuerspringer von Montana". Darüber hinaus begann Richard Widmark, sich mit Filmen wie „Der Garten des Bösen" und „Die gebrochene Lanze" als Westernheld zu etablieren – ein Rollenfach, das er in den folgenden Jahren in zahlreichen Pionierstorys perfektionierte: „Der letzte Wagen", „Alamo", „Zwei ritten zusammen", „Das war der Wilde Westen", „Cheyenne", „Alvarez Kelly" und „Der Weg nach Westen". 1971 trat er in „Vanished" zum ersten Mal im Fernsehen auf und wurde im Jahr darauf in der Titelrolle der Polizeiserie „Madigan" ein erfolgreicher TV-Star. Seine Leinwandarbeit beschränkte sich in dieser Zeit auf einige uninteressante, aber gewinnbringende Katastrophenfilme („Achterbahn", „Der tödliche Schwarm"). Erst 1987 konnte er unter der Regie von Volker Schlöndorff in „Ein Aufstand alter Männer" wieder das anspruchsvollere Kinopublikum überzeugen.

„Der Todeskuß" mit Victor Mature, 1947

„Swarm – Der tödliche Schwarm" mit Katharine Ross, 1978

„Du bist so leicht zu lieben", 1953

Esther Williams, geboren am 8. August 1923 in Los Angeles

„Sie konnte nicht schauspielern, sie konnte nicht tanzen, sie konnte nicht singen – aber, wow, sie konnte schwimmen." So beschrieb ein amerikanischer Filmkritiker Esther Williams, die in den 30er Jahren ihre Karriere begann. Schon als 15jährige feierte sie erste Erfolge als Leistungsschwimmerin. Später unterbrach sie ihr Studium am Los Angeles City College, um bei Billy Roses Wassershow „Aquacade" mitzuwirken. Dort entdeckte sie ein Talentsucher der MGM-Studios, und Esther Williams wurde eines der vielen Starlets, die oft jahrelang auf ihre Chance warteten. Ihr Filmdebüt gab sie 1942 an der Seite von Mickey Rooney in „Andy Hardy's Double Life". Ihr erstes Schwimmspektakel folgte zwei Jahre später mit „Badende Venus". Obwohl der Film ein Riesenerfolg wurde, zögerte Esther Williams anfangs, ihre Leinwandkarriere fortzuführen, da sie sich ihres Mangels an schauspielerischem Talent bewußt war. MGM jedoch überredete „Hollywoods Meerjungfrau", weiterhin in Filmen wie „Auf einer Insel mit dir", „Neptuns Tochter" und „Die goldene Nixe" mitzuwirken. Mehr als zehn Jahre gelang es Esther Williams, mit ihrer Über- und Unterwasserakrobatik das Publikum zu faszinieren. Vor allem das aufwendige Finale in „Du bist so leicht zu lieben", in dem sie eine Schar von hundert Wasserskiartisten anführte, machte sie unvergeßlich. Dafür ging sie mit ihren Versuchen, eine Filmkarriere außerhalb des Swimmingpools zu starten, kläglich baden. Lediglich in dem Musical „Spiel zu dritt" hatte sie an der Seite von Gene Kelly und Frank Sinatra Erfolg, ohne auch nur einmal herumplanschen zu müssen. Als Esther Williams' Karriere Anfang der 50er langsam zu Ende ging, stellte die US-Entertainerin Fanny Brice treffend fest: „Sie ist eben nur naß ein Star." Nach mehreren Leinwandflops zog sich der ehemalige MGM-Kassenmagnet 1961 vom Filmgeschäft zurück, vermarktete seinen Namen jedoch weiterhin gewinnbringend im Zusammenhang mit allerlei Badeprodukten.

Esther Williams

„Badende Venus" mit Red Skelton, 1944

„Moskau in New York" mit Maria Conchita Alonso, 1984

Robin Williams, geboren am 21. Juli 1951 in Edinburgh, Schottland

Als leitender Angestellter der Firma Ford war Robins Vater wiederholt gezwungen, mit seiner Familie den Wohnsitz zu wechseln. Während der High-School-Zeit in Chicago wurde Robin zum „witzigsten Mitschüler" seines Jahrgangs gewählt. Am College studierte er politische Wissenschaften; jedoch machte ihm sein Mitwirken in einer Theatergruppe wesentlich mehr Spaß, und so wechselte er College und Studienfach. Das Ergebnis war ein Stipendium an der New Yorker Juilliard School. Nach der Ausbildung trat er mit eigenen Sketchen in Nachtclubs auf und wurde ein Geheimtip der Künstlerszene. Sein TV-Debüt gab er in der Blödelshow „Laugh-In". Ein Gastauftritt als Außerirdischer „Mork" in der Serie „Happy Days" kam beim Publikum derart gut an, daß Robin Williams eine eigene TV-Show („Der Mork vom Ork") bekam und sein Name bald überall in den Vereinigten Staaten bekannt war. Seinen ersten Leinwandauftritt hatte er 1980 mit „Popeye". Der Film wurde jedoch kein Erfolg. Frustriert griff der Schauspieler immer häufiger zu Drogen, entschloß sich aber erst zu einer Therapie, als John Belushi 1982 an einer Überdosis starb. Eine beeindruckende schauspielerische Leistung zeigte Robin Williams im selben Jahr an der Seite von Glenn Close in der Verfilmung des John Ivory-Romans „Garp – und wie er die Welt sah". Im Rahmen einer Tournee durch 53 US-Städte füllte er riesige Theater mit einer „One Man-Show", die vor allem von seinem unschlagbaren Improvisationstalent lebte. Höhepunkt dieser Gastspielreise war der Auftritt in New Yorks Metropolitan Opera. Der Fernsehsender HBO übertrug die Show live, und Robins Programm „An Evening at the Met" hatte die höchste Einschaltquote des Jahres 1986. Trotz vieler „Oscar"-Nominierungen ging Robin Williams für „Good Morning, Vietnam" (1987) und „Der Club der toten Dichter" (1989) leer aus. In „Zeit des Erwachens" glänzte der Komödiant 1991 erneut als Darsteller differenzierter Charaktere.

„Good Morning, Vietnam", 1987

„Cadillac Man" mit Tim Robbins, 1990

„Urban Cowboy", 1980

Debra Winger, geboren am 17. Mai 1955 in Cleveland, Ohio

Die aus einer jüdischen Mittelklassefamilie stammende Debra Winger wuchs in Südkalifornien auf. Als hochbegabtes Kind übersprang sie zwei Klassen und schloß an der California State University schon früh ihr Studium der Soziologie ab. Im Alter von 17 Jahren ging Debra Winger nach Israel und lebte dort ein Jahr lang in einem Kibbuz. Sie bewarb sich sogar für die israelische Staatsbürgerschaft und diente drei Monate in der Armee. Zurück in den USA, hatte sie einen schweren Unfall. Sie erlitt starke Gehirnblutungen und verbrachte mehrere Monate blind und einseitig gelähmt im Krankenhaus. Für die junge Debra war dies ein Schlüsselerlebnis: „Damals schwor ich mir, solltest du je lebend hier herauskommen, machst du nur noch, wozu du Lust hast." Sie beschloß, Schauspielerin zu werden, und begann ihre Karriere in Los Angeles, wo sie nach dem Besuch mehrerer Workshops erste kleine Rollen in Werbespots, am Theater und beim Fernsehen übernahm. Ihr erster Kinofilm war 1977 „Slumber Party '57". Drei Jahre später gelang ihr an der Seite von John Travolta der Durchbruch in „Urban Cowboy". Debras nächster Film war 1982 „Die Straße der Ölsardinen" nach einem Roman von John Steinbeck. Die erste „Oscar"-Nominierung brachte ihr im gleichen Jahr der Kinohit „Ein Offizier und Gentleman". Damit war Debra Winger als eine der führenden Schauspielerinnen Hollywoods etabliert. Sie spielte unter anderem neben Robert Redford in der Komödie „Staatsanwälte küßt man nicht" und in Bob Rafaelsons Thriller „Die schwarze Witwe". Danach war sie immer häufiger in anspruchsvollen Filmen zu sehen – zusammen mit den begehrtesten Männern der Traumfabrik: Sie drehte mit Tom Berenger das Rassendrama „Verraten", mit Nick Nolte die gesellschaftskritische Arthur Miller-Verfilmung „Everybody Wins" und mit John Malkovich unter der Regie von Bernardo Bertolucci die Ehetragödie „Himmel über der Wüste" nach einem Roman von Paul Bowles.

„Zeit der Zärtlichkeit", 1982

„Staatsanwälte küßt man nicht", 1986

Shelley Winters, geboren als Shirley Schrift am 18. August 1922 in St. Louis, Missouri

„Ungeschminkt hat sie entfernte Ähnlichkeit mit Oliver Hardy", urteilte ein Kritiker 1975 über Shelley Winters. Dabei begann sie nach einer Schauspielausbildung und einem kurzen Engagement am Broadway 1943 ihre Filmkarriere als attraktives Starlet in „What a Woman". Der Durchbruch ließ aber noch auf sich warten. Erst 1948 konnte sie in „Ein doppeltes Leben" (Regie: George Cukor) überzeugen und wurde für den „Oscar" nominiert. Sieben Jahre lang wirkte Shelley Winters in den verschiedensten Hollywood-Produktionen („Winchester '73", „Gangster unter sich") und Broadway-Inszenierungen als schöne, aber meist ziemlich dümmliche Blondine mit. Der nahtlose Übergang zur (etwas fülligen) Charakterdarstellerin gelang ihr 1955 mit dem Drama „Das Tagebuch der Anne Frank", für das sie ihren ersten „Oscar" erhielt. Von diesem Zeitpunkt an verkörperte sie fast ausschließlich die dominante Mutter oder ordinäre Matrone, Rollen, die sie (nach einem weiteren „Oscar" für „Träumende Lippen", 1965) bis in die 80er Jahre hinein spielte. Zwischendurch kehrte Shelley Winters immer wieder an den Broadway zurück und gab selbst Schauspielunterricht.

Shelley Winters in den 40er Jahren

„Träumende Lippen", 1966

Natalie Wood

Natalie Wood, geboren als Natasha Gurdin am 20. Juli 1938 in San Francisco, gestorben am 29. November 1981

Ganze vier Jahre alt war die Tochter eines französisch-russischen Einwandererpaars, als sie Regisseur Irving Pichel auffiel und in dessen Film „Happy Land" erstmals vor der Kamera stehen durfte. Zwei Jahre später meisterte sie ihren Part als Tochter von Claudette Colbert in „Morgen ist die Ewigkeit" so bravourös, daß Filmpartner Orson Welles ihr „erschreckendes Talent" attestierte. Für ihre Auftritte in Melodramen wie „Das Wunder von Manhattan" (1947) oder „Das Herz einer Mutter" (1952) kassierte das aufgeweckte Mädchen bereits eine Wochengage von 1000 Dollar. Als Judy in „... denn sie wissen nicht, was sie tun" gelang Natalie Wood 1955 an der Seite von James Dean der Sprung vom Kinderstar zum Teenie-Idol. Nach dem tödlichen Unfall Deans, kurz vor der Premiere des späteren Kultfilms, sicherte sich Warner Brothers seine Partnerin mit einem langfristigen Vertrag. Während sich die Boulevardpresse vor allem für die Affäre mit ihrem späteren Ehemann Robert Wagner interessierte (ihn heiratete sie gleich zweimal, 1957 und 1972), zeigte sich die Kritik von Natalie Woods schauspielerischen Leistungen beeindruckt, z. B. in „Die Liebe der Marjorie Morningstar" (1958) und „Fieber im Blut" (1961). Mit der Leinwandversion von Leonard Bernsteins „West Side Story" entstand im selben Jahr auch ihr größter Filmerfolg. Nach zahlreichen Kassenknüllern, u. a. „Gypsy", „Verliebt in einen Fremden" und „Bob & Caroline & Ted & Alice", entschloß sich Natalie Wood 1969, „in erster Linie Mutter und erst in zweiter Linie Schauspielerin" zu sein. In den 70er Jahren nahm sie nur noch gelegentlich Filmrollen an, startete aber eine zweite Karriere beim Fernsehen: So erhielt sie für den Dreiteiler „Verdammt in alle Ewigkeit" 1980 den „Golden Globe". Natalie Wood hatte die Dreharbeiten zu ihrem letzten Film „Projekt Brainstorm" (1981) noch nicht beendet, als sie unter mysteriösen Umständen vor der Küste Kaliforniens ertrank.

„West Side Story" mit George Chakiris, 1961

„Projekt Brainstorm", 1981

„Von der Terrasse", 1960

Joanne Woodward, geboren am 27. Februar 1930 in Thomasville, Georgia

Nach einem Studium an der Universität von Louisiana arbeitete Joanne Woodward kurze Zeit als Sekretärin, entschied sich jedoch schon bald für die Schauspielerei und trat einer Theatergruppe unter der Leitung von Albert MacLaine bei. Zwei Tage, nachdem sie sich in New York an der Schauspielschule eingeschrieben hatte, bekam sie ihr erstes Engagement, eine Rolle in der TV-Serie „Penny". In den folgenden Jahren trat Joanne Woodward in mehreren Fernsehproduktionen auf, wartete aber immer noch auf ihre große Chance am Broadway. Bei den Proben zu dem Bühnenstück „Picnic" lernte sie ihren Schauspielerkollegen Paul Newman kennen. Die beiden heirateten 1958. Im gleichen Jahr ging es für Joanne Woodward auch beruflich bergauf. Für ihre Darstellung in „Eva mit den drei Gesichtern" erhielt sie den „Oscar". Obwohl sie während ihrer gesamten Karriere (freiwillig) immer im Schatten ihres Mannes stand, konnte sich Joanne Woodward als vielseitige Charakterdarstellerin einen Namen machen. In Filmen wie „Fluch des Südens", „Der Mann in der Schlangenhaut" und „Simson ist nicht zu schlagen" stellte sie ihr Talent unter Beweis, immer darauf bedacht, sich nicht in ein Klischee pressen zu lassen. So oft wie möglich stand sie gemeinsam mit ihrem Mann vor der Kamera („Ein langer heißer Sommer", „Paris Blues", „Harry & Sohn") oder übernahm Hauptrollen in von ihm inszenierten Filmen („Die Liebe eines Sommers", „Die Wirkung von Gammastrahlen auf Ringelblumen"). In den siebziger Jahren führte die Schauspielerin auch selbst Regie bei Fernsehproduktionen wie „Family" und „Come Along With Me" und widmete sich im übrigen ihren drei Töchtern. 1990 erreichte sie einen weiteren Höhepunkt ihrer Karriere. Für die Familiengeschichte „Mr. & Mrs. Bridge" erhielt sie eine „Oscar"-Nominierung. Ihr Partner in dem geistreichen Rührstück: natürlich Paul Newman.

„Passion"

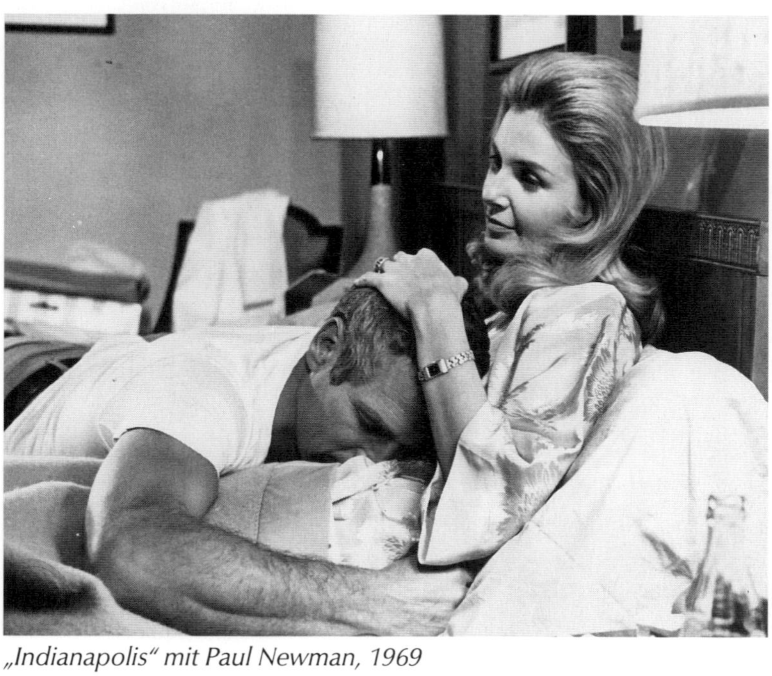

„Indianapolis" mit Paul Newman, 1969

Jane Wyman beim Golfspiel

Jane Wyman, geboren als Sarah Jane Fulks am 4. Januar 1914 in St. Joseph, Missouri

„Was der Himmel erlaubt" mit Rock Hudson, 1955

Nach Jobs als Telefonistin und Maniküre begann die Tochter des Bürgermeisters von St. Joseph ihre Showkarriere unter dem Künstlernamen Jane Durrell. Nach einigen Achtungserfolgen beim Radio gab sie Mitte der 30er Jahre ihr Leinwanddebüt. Der erste Satz, den sie je in einem Film zu sagen hatte, prädestinierte sie nicht gerade für tiefgründige Charakterrollen: „Mein Name ist Bessie Fuffnik, ich kann schwimmen, reiten, tauchen, Vögel imitieren und Posaune spielen." Daraufhin war Jane Wyman jahrelang auf die Rolle der dümmlichen Blondine festgelegt. Erst Billy Wilder gab der Schauspielerin 1945 eine Chance, ihr wahres Talent unter Beweis zu stellen: Als Verlobte eines Alkoholsüchtigen (Ray Milland) in „Das verlorene Wochenende" durfte sie nach Herzenslust leiden. Ihre erste „Oscar"-Nominierung erhielt Jane ein Jahr später für „Die Wildnis ruft" an der Seite von Gregory Peck. Von diesem Zeitpunkt an galt sie als Idealbesetzung für vom Schicksal gebeutelte Frauenfiguren. So war es 1948 die Hauptrolle in „Schweigende Lippen", die ihr den „Oscar" einbrachte: Jane Wyman spielte ein taubstummes Mädchen, das Opfer einer Vergewaltigung wird. Damit stieg sie schlagartig zu einer der gefragtesten Schauspielerinnen Hollywoods auf. Bis Mitte der 50er Jahre konnte sie sich vor Rollenangeboten kaum retten und drehte Filme wie „Die Glasmenagerie" (mit Kirk Douglas), „Die rote Lola" (unter der Regie von Alfred Hitchcock spielte sie an der Seite von Marlene Dietrich und Richard Todd) und „Die wunderbare Macht" (mit Rock Hudson). Danach zog sich die Schauspielerin von der Filmarbeit zurück und legte eine längere Pause ein. 1981 hatte sie ein Comeback im Fernsehen: Als resolute Weingutbesitzerin Angela Channing begeisterte sie in der Seifenoper „Falcon Crest" und machte in Sachen Bosheit sogar Alexis aus dem „Denver Clan" Konkurrenz. Jane Wyman war viermal verheiratet, davon acht Jahre lang mit ihrem Schauspielerkollegen und späteren US-Präsidenten Ronald Reagan.

„Die Glasmenagerie" mit Kirk Douglas, 1950

Michael York, geboren am 27. März 1942 in Fulmer, England

Im Alter von 16 Jahren hatte Michael York zum ersten Mal Berührung mit dem Theater. Er wirkte beim Croft's National Youth Theatre in verschiedenen Shakespeare-Stücken mit und entschied sich nach einem abgebrochenen Studium endgültig für die Schauspielerei. Laurence Olivier engagierte ihn für das British National Theatre, wo er 1967 von Regisseur Franco Zeffirelli für den Film entdeckt wurde. Nach seinem Leinwanddebüt in „Der Widerspenstigen Zähmung" avancierte Michael York in Europa schon bald zu einem gefragten Nachwuchsstar. Mit seinen Rollen in „Cabaret" (1972), „Die drei Musketiere" (1974) und „Flucht ins 23. Jahrhundert" (1976) machte er sich auch in den USA einen Namen und trat dort in diversen Fernseh- und Kinoproduktionen als sympathischer jugendlicher Held auf. In den 80er Jahren war er immer seltener auf der Leinwand zu sehen, machte in Deutschland aber als eiskalter Killer in „Der Joker" (1987) auf sich aufmerksam. 1989 versuchte er schließlich, mit „Die Rückkehr der drei Musketiere" an alte Erfolge anzuknüpfen.

„Cabaret" mit Liza Minnelli, 1972

„Die drei Musketiere", 1974

Loretta Young

Loretta Young, geboren als Gretchen Michaela Young am 6. Januar 1914 in Salt Lake City, Utah

Schon als Vierjährige wirkte die Tochter deutscher Immigranten, die 1917 nach Kalifornien zogen, als Komparsin in Filmen mit. Mit sieben spielte sie einen winzigen Part in „Der Scheich", mußte dann jedoch zunächst eine Klosterschule besuchen – bis ein Anruf kam, der den letzten Anstoß zu der beachtlichen Karriere der Loretta Young geben sollte. Am Telefon meldete sich Regisseur Mervyn LeRoy, der eigentlich Lorettas ältere Schwester Polly Ann sprechen wollte. Da diese verreist war, schlug die 13jährige vor, ihr selbst die Rolle in „Susannes erstes Abenteuer" zu übertragen, und erhielt einen Vertrag mit der Produktionsgesellschaft. Die außergewöhnliche Schönheit des jungen Mädchens und sein bemerkenswertes Talent ermöglichten ihm einen raschen Aufstieg in Hollywood. Nahtlos schaffte Loretta den Übergang zum Tonfilm und zu bedeutenderen Rollen („Vor Blondinen wird gewarnt", 1931). Zwar gehörte die Schauspielerin nie zur Topriege der weiblichen Stars, doch Hollywood produzierte in den 30er Jahren so viele gute Unterhaltungsfilme mit ihr, daß sie zu den beliebtesten Darstellerinnen dieser Zeit zählte (z. B. „Ein Schloß in New York", 1933 mit Spencer Tracy oder „Goldfieber in Alaska", 1935 mit Clark Gable). 1939 spielte sie zusammen mit ihren drei Schwestern in der Verfilmung der Lebensgeschichte des Telefonbauers Alexander Graham Bell. Unzufrieden mit dem Image der eleganten, souveränen Beauty, engagierte sich Loretta Young in den 40er Jahren mehr im melodramatischen Rollenfach. Erwähnenswert sind vor allem ihre Darstellungen in „Die Spur des Fremden" (1946), „Die Farmerstochter" (1947), für die sie den „Oscar" erhielt, und „Der Himmel lacht dazu" (1949), einem Film, der mit einer „Oscar"-Nominierung ausgezeichnet wurde. 1953 beendete Loretta Young ihre Leinwandkarriere und wandte sich dem Fernsehen zu – mit großem Erfolg, denn ihre eigene „Loretta Young Show" (1953–1961) wurde mit drei „Emmys" prämiert.

„The Girl in The Glass Cage", 1929

„Taxi" mit James Cagney, 1932

„Die Diebin von Bagdad", 1952

Sonja Ziemann, geboren als Sonja Alice Selma Toni Ziemann am 8. Februar 1926 in Eichwalde

„Eine kleine Sommermelodie", 1944

Als Tochter eines Steuerberaters wuchs Sonja Ziemann in gutbürgerlichen Verhältnissen auf und verfolgte von Anfang an zielstrebig ihre Schauspielkarriere. Im Alter von zehn Jahren begann sie mit Ballettunterricht und nahm später Tanzstunden bei Tatjana Gsovsky. Als sie 15 Jahre alt war, erhielt sie ein Engagement beim Berliner Platz-Theater und wirkte in einigen Revuen und Operetten mit. Schon 1942 bekam sie kleine Rollen beim Film. Mit der Wiederbelebung der deutschen Kulturszene nach dem Zweiten Weltkrieg ging es auch mit der Karriere der Sonja Ziemann bergauf. Die Schauspielerin trat in Kabarettprogrammen und Theaterinszenierungen auf und feierte vor allem auf der Leinwand große Erfolge. In Filmen wie „Nichts als Zufälle" und „Nach Regen scheint Sonne" spielte sie das nette, unkomplizierte Mädchen von nebenan. 1950 drehte sie zum ersten Mal mit Rudolf Prack. „Schwarzwaldmädel", die herzige Liebesgeschichte zwischen einem Mädchen vom Lande und einem Studenten, wurde ein Publikumsrenner: 16 Millionen Kinobesucher wollten Hans Deppes Unterhaltungsfilm sehen. Das Traumpaar des deutschen Nachkriegsfilms war entdeckt. Allein in den Jahren 1950/51 standen Rudolf Prack und Sonja Ziemann viermal gemeinsam vor der Kamera. 1958 konnte sich die Schauspielerin schließlich vom Image der Naiven lösen. In „Der achte Wochentag" spielte sie eine Studentin, die ihr Glück mit einem angehenden Architekten aufs Spiel setzt, als sie die Nacht mit einem anderen verbringt. Der Film entstand nach einer Erzählung des polnischen Schriftstellers Marek Hlasko, den Sonja Ziemann 1961 heiratete. Nachdem sie nun endlich auch als ernstzunehmende Schauspielerin akzeptiert wurde, erhielt sie einige interessante Rollen in internationalen Filmen wie „Geheime Wege" und „Die Brücke von Remagen". Mitte der 60er Jahre zog sie sich von der Filmarbeit zurück und trat fast ausschließlich in Theater- und Fernsehproduktionen auf. 1989 heiratete sie ihren Kollegen Charles Regnier.

„Liebe ohne Illusion" mit Curd Jürgens, 1956